Kombi BUCH Deutsch 7

Lese- und Sprachbuch für Gymnasien

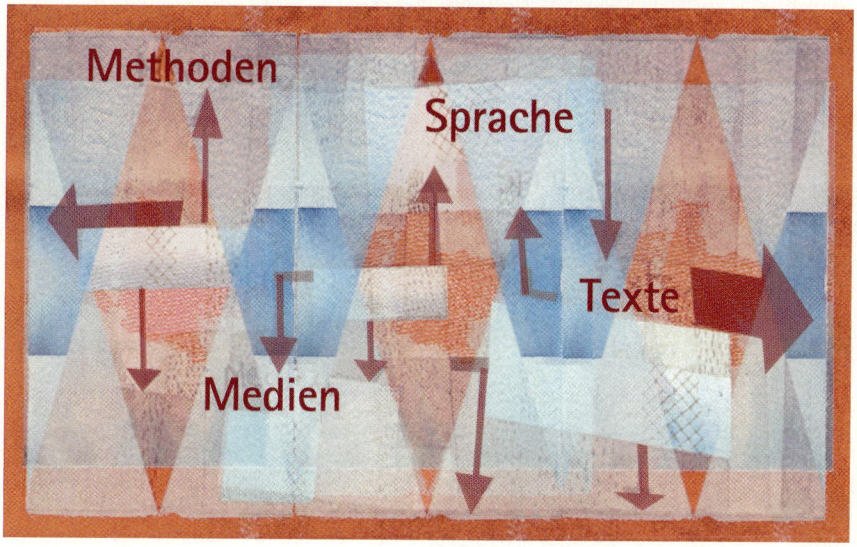

Herausgegeben
von Karla Müller
unter Mitarbeit von
Gottlieb Gaiser

Bearbeitet von
Kerstin Dambach
Ursula Hartmüller
Markus Knebel
Markus Kondert
Oliver Kriegsmann
Elke Langendorf
Karla Müller
Andreas Ramin
Armin Stadler
Silke Zeller

C. C. BUCHNER

Kombi-Buch Deutsch 7

Der Band wurde erarbeitet von

Ursula Hartmüller:
Gegeneinander – Miteinander

Markus Knebel:
Schulgeschichten

Markus Kondert:
Alles Liebe
Marken – Mode – Meinungen:
Schöne bunte Werbewelt

Oliver Kriegsmann:
Langeweile?
Spiele mit Sprache

Elke Langendorf:
Fantastische Begegnungen
In meiner Welt

Prof. Dr. Karla Müller:
Aus fernen Zeiten
Folgt mir!

Dr. Armin Stadler:
Tinte – Tastatur – Thesaurus
Erlesene Welten

Silke Zeller:
Zukunftswelten – Welt der Zukunft

RECHTSCHREIBREFORM 2006

2. Auflage 5 4 3 2 1 2010 2009 2008 2007 2006
Die letzte Zahl bedeutet das Jahr des Druckes. Alle Drucke dieser Auflage sind, weil untereinander unverändert, nebeneinander benutzbar.

Dieses Werk folgt der reformierten Rechtschreibung und Zeichensetzung. Ausnahmen bilden Texte, bei denen künstlerische, philologische oder lizenzrechtliche Gründe einer Änderung entgegenstehen.

www.ccbuchner.de

Einband: Artbox Grafik & Satz GmbH, Bremen
Herstellung und Grafik: Artbox Grafik & Satz GmbH, Bremen
Druck- und Bindearbeiten: Stürtz GmbH, Würzburg

ISBN 3-7661-3877-4
ISBN 978-3-7661-3877-4

Inhaltsverzeichnis

Fantastische Begegnungen

Aus fernen Zeiten

Langeweile?

Lesen und Interpretieren

Sprechen und Schreiben

Schulgeschichten

Lesen und Interpretieren

Sprechen und Schreiben

Spiele mit Sprache – Nachdenken über Sprache

Lesen und Interpretieren

Sprechen und Schreiben

Tinte – Tastatur – Thesaurus

Lesen und Interpretieren

Erlesene Welten

Lesen und Interpretieren

Alles Liebe

Lesen und Interpretieren

Sprechen und Schreiben

Sprechen und Schreiben

Sprechen und Schreiben

Marken – Mode – Meinungen: Schöne bunte Werbewelt

Lesen und Interpretieren

Sprechen und Schreiben

Gegeneinander – Miteinander

Lesen und Interpretieren

Sprechen und Schreiben

In meiner Welt

Lesen und Interpretieren

Sprechen und Schreiben

Folgt mir!

Lesen und Interpretieren

Sprechen und Schreiben

Zukunftswelten – Welt der Zukunft

Lesen und Interpretieren

Sprechen und Schreiben

Anhang

Max Ernst, Les Dieux obscurs (1957)

FANTASTISCHE BEGEGNUNGEN

Tonke Dragt

Auf der anderen Seite der Tür

Jede Tür ist etwas Besonderes. Durch eine Tür gehst du von dem einen Raum in den anderen: Immer kommst du irgendwo anders hin. Denkst du manchmal nach, bevor du eine Tür aufmachst? Du weißt nie wirklich, was auf der anderen Seite ist. Du meinst, es zu wissen, aber mit Sicherheit weißt du es erst, wenn du die Tür geöffnet hast. Nimm die Tür deines eigenen Zimmers. Warum solltest du durch sie nicht einmal an einen anderen Ort kommen können – draußen oder drinnen, bekannt oder unbekannt? Warum immer derselbe Flur, dasselbe Treppenhaus? Geh einmal aus deinem Zimmer, indem du die Tür auf die richtige Art, zur rechten Zeit öffnest, und sieh, wohin du dann kommst …

1

Aufgaben: Seite 20

Lewis Carroll

Alice hinter den Spiegeln

Die Fortsetzung des Klassikers „Alice in Wonderland“ von Lewis Carroll trägt den Titel „Alice hinter den Spiegeln“ (1872). Wie Alice „hinter die Spiegel“ gelangt, beschreibt der folgende Text. Er beginnt mit einer Rede, in der das Mädchen Alice seine ungehorsame Katze ausschimpft:

... „– und wenn du dich nicht auf der Stelle besserst“, sagte sie dazu, „dann stecke ich dich in das Haus hinterm Spiegel. Und was machst du dann?“

„Also, wenn du einmal ordentlich zuhörst, Mieze, und nicht dauernd dazwischenredest, will ich dir erzählen, wie ich mir das Haus hinterm Spiegel vorstelle. Zuerst einmal kommt das Zimmer, das du hinter dem Glas siehst – das ist genau wie unser Wohnzimmer, nur ist alles verkehrt herum. Wenn ich auf einen Stuhl steige, kann ich alles genau erkennen, bis auf das Stück hinter dem Kamin. Ach, wenn ich da doch auch hineinsehen könnte! Ich wüsste zu gerne, ob sie dort im Winter auch ein Feuer brennen haben; genau weiß man das nämlich nie – höchstens, wenn unser Kaminfeuer qualmt, dann qualmt es in dem andern Zimmer auch: Aber vielleicht tun sie dort nur so, damit es wie ein Feuer aussehen soll. Nun ja, und die Bücher sind auch ungefähr wie die unsern, nur laufen die Wörter alle nach der falschen Seite, so viel weiß ich, denn ich habe schon einmal ein Buch vor den Spiegel gehalten, und dann halten sie einem von drüben aus dem Zimmer genauso eins entgegen.

Wie gefiele dir das, Mieze, wenn du in dem Haus hinterm Spiegel wohnen müsstest? Ob sie dir dort auch deine Milch zu trinken gäben? Aber vielleicht schmeckt Spiegelmilch nicht so besonders gut – aber jetzt, Mieze, jetzt kommen wir zum Korridor! Davon kann man einen winzigen Blick erhaschen, wenn man bei uns die Wohnzimmertür weit aufmacht; der Korridor ist dann dem unseren sehr ähnlich, soviel man davon sehen kann, aber dahinter könnte er natürlich ganz anders sein. Ach, Mieze! Wie schön das wäre, wenn wir in das Spiegelhaus hinüber könnten! Sicherlich gibt es dort, ach! so herrliche Dinge zu sehen! Tun wir doch so, als ob aus dem Glas ein weicher Schleier geworden wäre, dass man hindurchsteigen könnte. Aber es wird ja tatsächlich zu einer Art Nebel! Da kann man ja mit Leichtigkeit durch –“, und während sie das sagte, war sie schon auf dem Kaminsims, sie wusste selbst nicht wie, und wirklich schmolz das Glas dahin, ganz wie ein heller, silbriger Nebel.

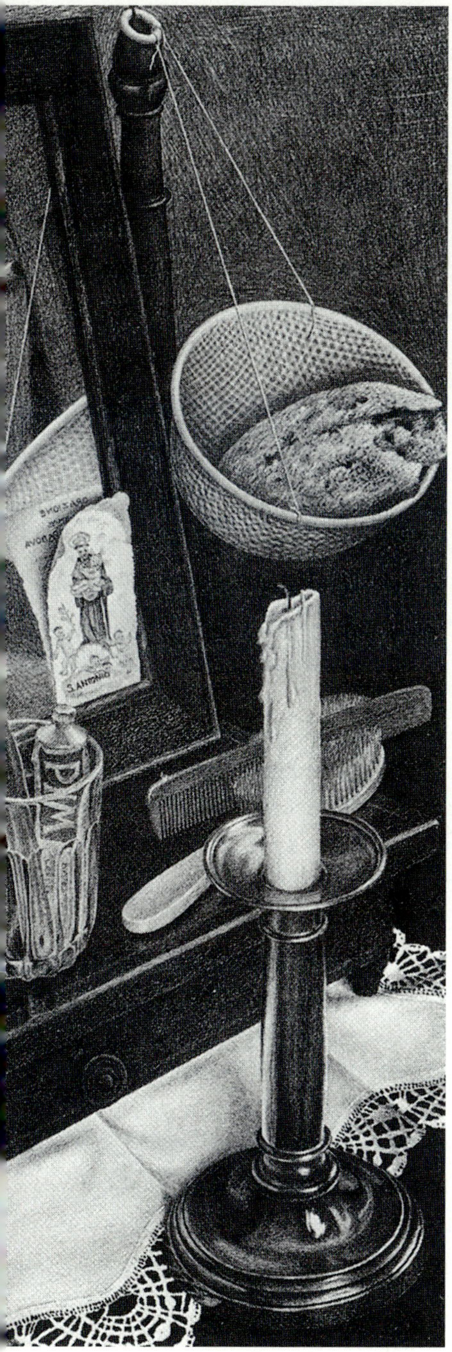

Sogleich war Alice durch das Glas geschlüpft und flink in das Spiegelzimmer hinabgesprungen. Als Erstes drehte sie sich gleich einmal um, um zu sehen, ob da auch ein Feuer im Kamin brannte, und zu ihrer großen Zufriedenheit knisterte da wirklich eins und flackerte genauso hell wie das auf der anderen Seite. „Da wird mir hier so warm sein wie in dem vorigen Zimmer“, dachte sich Alice, „und sogar noch wärmer, denn hier vertreibt mich niemand vom Feuer. Ach, wie lustig das wird, wenn sie mich hier drüben im Spiegel sehen und nicht zu mir herkommen können!“

Dann sah sie sich allmählich um und stellte fest, dass alles, was man drüben von dem Zimmer aus hatte sehen können, ganz gewöhnlich und alltäglich war; das übrige aber war so verschieden wie nur möglich. Die Bilder neben dem Kamin zum Beispiel schienen alle lebendig zu sein, und sogar die Uhr auf dem Kaminsims (das wisst ihr ja, dass man im Spiegel nur ihre Rückseite sehen kann) hatte sich statt des Zifferblatts das Gesicht von einem alten Männlein aufgesetzt und grinste sie an.

M. C. Escher (1898–1972), Stillleben mit Spiegel (1931)

2

Aufgaben: Seite 20

Ian McEwan

Der Kater

An kalten Winternachmittagen, wenn Peter aus der Schule nach Hause kam, mochte er nichts lieber, als seine Schuhe abzustreifen und sich neben William dem Kater vor den Kamin im Wohnzimmer zu legen. Er bettete sich gern genauso flach wie William und hielt sein Gesicht dicht an das des Katers, um zu sehen, wie außergewöhnlich dieses doch war, wie wunderbar unähnlich allem Menschlichen: schwarze Haarborsten, die aus einem winzigen Gesicht im Rund unter dem Fell hervorsprossen, und die weißen, leicht nach unten gebogenen Barthaare und die Augenbrauen, deren Haare wie Radioantennen in die Höhe ragten, und die blassgrünen Augen mit ihren senkrechten Schlitzen, wie angelehnte Türen zu einer Welt, die Peter nie betreten konnte. Sobald er sich dicht an den Kater schmiegte, setzte das tiefe grollende Schnurren ein, so tief und stark, dass der Fußboden vibrierte. Peter wusste, er war willkommen. [...]

„Soll ich dich am Kinn kraulen?", murmelte er. Aber nein. Der Kater wollte an der weichen Vertiefung unter seiner Kehle gekitzelt werden. Da fühlte Peter etwas Hartes. Wenn er es berührte, gab es seitlich nach. Etwas hatte sich in dem Pelz verfangen. Peter stützte sich auf den Ellbogen, um nachzuforschen. Er zerteilte das Fell. Zuerst glaubte er, ein Stück Schmuck zu erkennen, einen kleinen silbernen Anhänger. Aber da war keine Kette, und wie er so stocherte und starrte, sah er, dass das Etwas gar nicht aus Metall war, sondern ein glattes Knöchelchen, oval und in der Mitte abgeflacht. Am merkwürdigsten war, dass es an der Haut von William dem Kater befestigt war. Das Knöchelchen passte gut zwischen seinen Zeigefinger und seinen Daumen. Er fasste zu und zerrte daran. Williams Schnurren wurde noch lauter. Peter zog von neuem, nach unten, und diesmal spürte er, wie etwas nachgab.

Als er durch das Fell nach unten blickte und es mit den Fingerspitzen auseinandertrennte, sah er, dass er einen schmalen Schlitz in der Katzenhaut geöffnet hatte. Es war, als hielte er den Schieber eines Reißverschlusses in der Hand. Er zog erneut, und jetzt tat sich eine fünf Zentimeter lange dunkle Öffnung auf. Williams Schnurren kam von dort drinnen. Vielleicht, dachte Peter, sehe ich sein Herz schlagen. Wieder drückte eine Pfote sanft gegen seine Finger. William der Kater wollte, dass er weitermachte.

Und das tat er auch. Er öffnete den Reißverschluss des Katers vom Hals bis zum Schwanz. [...] Und plötzlich entstieg William, dem Kater, ein, nun ja, ein Etwas, ein Wesen. Aber Peter war sich nicht sicher, ob es sich wirklich anfassen ließ, denn es schien ganz aus Licht zu sein. Und obwohl es weder Barthaare noch Schwanz aufwies, weder ein Schnurren noch ein Fell, noch vier Beine, schien alles an ihm „Kater" zu besagen. Es war die Quintessenz[1] des Wortes, der innere Kern der Idee. Es war ein leises, geschmeidiges, gekurvtes Etwas aus rosaviolettem Licht und kam aus dem Kater herausgeklettert.

[1] *Quintessenz:* Hauptinhalt, Wesen einer Sache

„Du musst Williams Seele sein“, sagte Peter laut. „Oder bist du ein Geist?“

Das Licht gab keinen Laut von sich, aber es verstand ihn. Ohne die Worte auszusprechen, schien es sagen zu wollen, dass es dies beides war und außerdem noch vieles mehr.

Als die Katzenseele sich von William, der weiterhin rücklings auf dem Teppich vor dem Kaminfeuer lag, ganz gelöst hatte, schwebte sie zu Peters Schulter empor, wo sie sich niederließ. Peter fürchtete sich nicht. Er fühlte die Glut der Seele an seiner Wange. Und dann schwebte das Licht hinter seinen Kopf, außer Sichtweite. Er spürte, wie es seinen Nacken berührte und ein warmer Schauer seinen Rücken hinabrieselte. Die Katzenseele ergriff etwas Knorriges oben an seiner Wirbelsäule und zog es den ganzen Rücken hinab nach unten, und als sein eigener Körper sich auftat, strich die kühle Zimmerluft über seine warmen Innereien.

Es war höchst seltsam, aus dem eigenen Körper herauszuklettern, einfach aus ihm herauszusteigen und ihn auf dem Teppich liegen zu lassen wie ein Hemd, das man gerade abgestreift hatte. Peter sah seinen eigenen Glast[2], Rot und reinstes Weiß. Die beiden Seelen hingen, einander zugewandt, in der Luft. Aber plötzlich wusste Peter, was er tun wollte, was er zu tun hatte. Er flatterte zu William dem Kater und blieb über ihm in der Luft stehen. Dessen Balg stand offen wie eine Tür und sah so einladend, so gastlich aus. Er ließ sich fallen und stieg hinein. Wie angenehm es sich im Fell einer Katze anfühlte!

Ando Hiroshige, Katzen (1850)

[2] *Glast:* Glanz

3

Aufgaben: Seite 20

Georg Britting

Krähenschrift

Die Krähen schreiben ihre Hieroglyphen[1]
In den Abendhimmel, in den bleichen:
Wunderliche, schnörkelhafte Zeichen,
Tun geheimnisvoll mit ihren schiefen
Schwarzen Flügen.

Was sie schreiben, ob es uns betrifft?
Wer es deuten könnte, wär ein weiser Mann.
Ach, der Anblick nur muss uns genügen!

Hilflos sind wir vor der schwarzen Schrift
An der bleichen Himmelswand,
Wie ein Kind, das noch nicht lesen kann,
Und das Blatt verkehrt hält in der Hand.

[1] *Hieroglyphen:* hier: schwer lesbare Schriftzeichen

Saatkrähe im Blütenbaum, Chinesisches Seidenbild

Rainer Maria Rilke

Die Aufzeichnungen des Malte Laurids Brigge

Aufgaben: Seite 20

Es ist ausgemacht, dass ich an jenem Abend einen Ritter zeichnete, einen einzelnen, sehr deutlichen Ritter auf einem merkwürdig bekleideten Pferd. Er wurde so bunt, dass ich oft die Stifte wechseln musste, aber vor allem kam doch der rote in Betracht, nach dem ich immer wieder griff. Nun hatte ich ihn noch einmal nötig; da rollte er (ich sehe ihn noch) quer über das beschienene Blatt an den Rand und fiel, ehe ichs verhindern konnte, an mir vorbei hinunter und war fort. Ich brauchte ihn wirklich dringend, und es war recht ärgerlich, ihm nun nachzuklettern. Ungeschickt, wie ich war, kostete es mich allerhand Veranstaltungen, hinunterzukommen; meine Beine schienen mir viel zu lang, ich konnte sie nicht unter mir hervorziehen; die zu lange eingehaltene kniende Stellung hatte meine Glieder dumpf gemacht; ich wusste nicht, was zu mir und was zum Sessel gehörte. Endlich kam ich doch, etwas konfus, unten an und befand mich auf einem Fell, das sich unter dem Tisch bis gegen die Wand hinzog. Aber da ergab sich eine neue Schwierigkeit. Eingestellt auf die Helligkeit da oben und noch ganz begeistert für die Farben auf dem weißen Papier, vermochten meine Augen nicht das Geringste unter dem Tisch zu erkennen, wo mir das Schwarze so zugeschlossen schien, dass ich bange war, daran zu stoßen. Ich verließ mich also auf mein Gefühl und kämmte, kniend und auf die linke gestützt, mit der andern Hand in dem kühlen, langhaarigen Teppich herum, der sich recht vertraulich anfühlte; nur dass kein Bleistift zu spüren war. Ich bildete mir ein, eine Menge Zeit zu verlieren, und wollte eben schon Mademoiselle[1] anrufen und sie bitten, mir die Lampe zu halten, als ich merkte, dass für meine unwillkürlich angestrengten Augen das Dunkel nach und nach durchsichtiger wurde. Ich konnte schon hinten die Wand unterscheiden, die mit einer hellen Leiste abschloss; ich orientierte mich über die Beine des Tisches; ich erkannte vor allem meine eigene, ausgespreizte Hand, die sich ganz allein, ein bisschen wie ein Wassertier, da unten bewegte und den Grund untersuchte. Ich sah ihr, weiß ich noch, fast neugierig zu; es kam mir vor, als könnte sie Dinge, die ich sie nicht gelehrt hatte, wie sie da unten so eigenmächtig herumtastete mit Bewegungen, die ich nie an ihr beobachtet hatte. Ich verfolgte sie, wie sie vordrang, es interessierte mich, ich war auf allerhand vorbereitet. Aber wie hätte ich darauf gefasst sein sollen, dass ihr mit einem Male aus der Wand eine andere Hand entgegenkam, eine größere, ungewöhnlich magere Hand, wie ich noch nie eine gesehen hatte. Sie suchte in ähnlicher Weise von der anderen Seite her, und die beiden gespreizten Hände bewegten sich blind aufeinander zu. Meine Neugierde war noch nicht aufgebraucht, aber plötzlich war sie

[1] *Mademoiselle:* frz. Fräulein; die Erzieherin des kleinen Jungen

Rainer Maria Rilke (1875 - 1926)

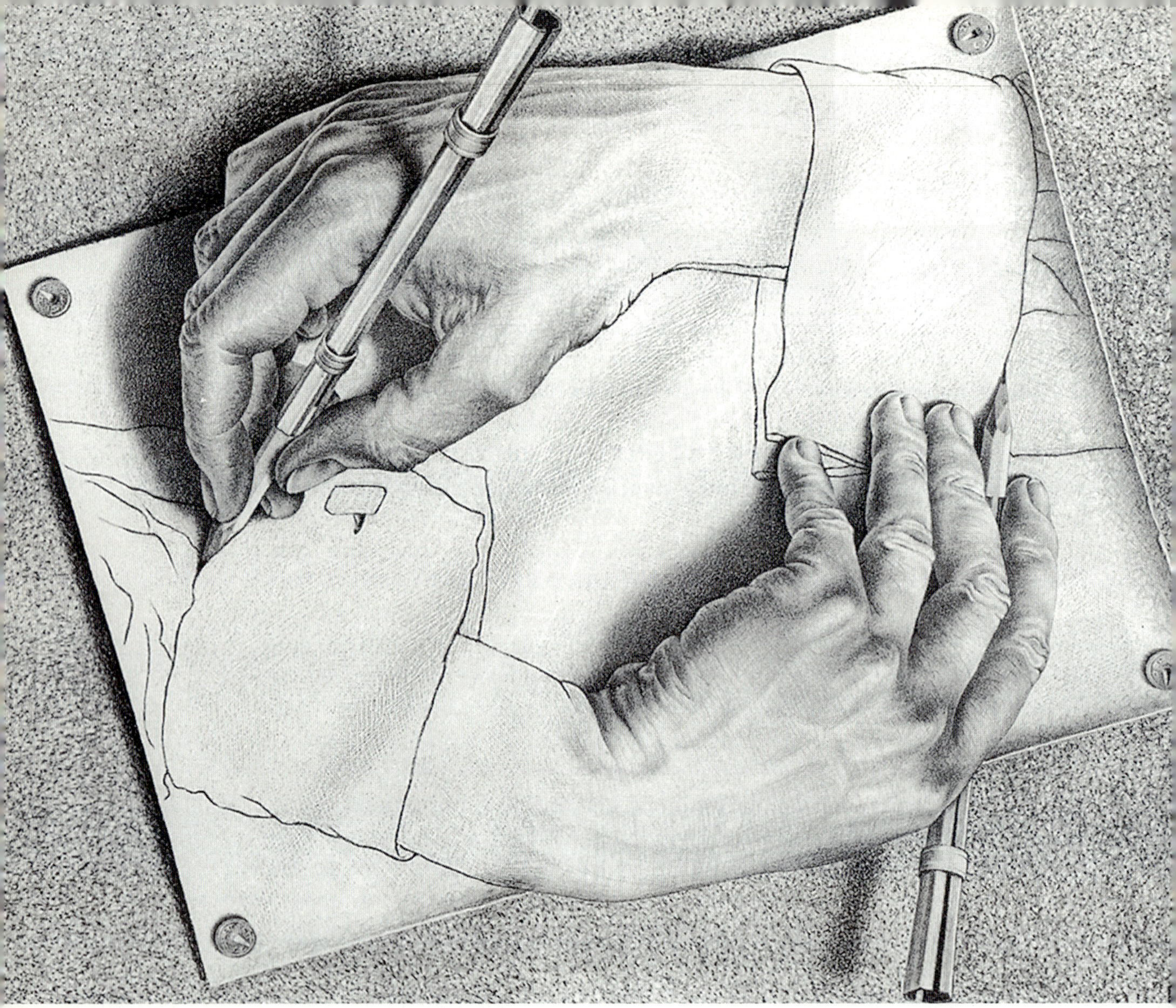

M. C. Escher, Zeichnen (1971)

zu Ende, und es war nur Grauen da. Ich fühlte, dass die eine von den Händen mir gehörte und dass sie sich da in etwas einließ, was nicht wiedergutzumachen war. Mit allem Recht, das ich auf sie hatte, hielt ich sie an und zog sie flach und langsam zurück, indem ich die andere nicht aus den Augen ließ, die weitersuchte. Ich begriff, dass sie es nicht aufgeben würde, ich kann nicht sagen, wie ich wieder hinaufkam.

Sarah Kirsch

Die Nacht streckt ihre Finger aus

Die Nacht streckt ihre Finger aus
Sie findet mich in meinem Haus
Sie setzt sich unter meinen Tisch
Sie kriecht wird groß sie windet sich

Und der Rauch schwimmt durch den Raum
Wächst zu einem schönen Baum
Den ich leicht zerstören kann –
Ich rauche einen neuen, dann

Zähl ich alle meine lieben
Freunde an den Fingern ab
Es sind zu viele Finger, die ich hab
Zu wenig Freunde sind geblieben

Streckt die Nacht die Finger aus
Findet sie mich in meinem Haus
Rauch schwimmt durch den leeren Raum
Wächst zu einem Baum

Der war vollbelaubt mit Worten
Worten, die alsbald verdorrten
Schiffchen schwimmen durch die Zweige
Die ich heut nicht mehr besteige

6

Aufgaben: Seite 20

Oscar Wilde

Das Gespenst von Canterville

Mr. Hiram B. Otis, ein amerikanischer Diplomat in England, hat Schloss Canterville gekauft, obwohl ihn jeder vor dem Spuk im Schloss gewarnt hat. Nun ist er dort mit seiner Frau, seinem ältesten Sohn Washington, seiner Tochter Virginia und den Zwillingen eingezogen. Am dritten Tag erscheint ihnen zum ersten Mal das Gespenst von Canterville.

Der Tag war warm und sonnig gewesen, und in der abendlichen Kühle unternahm die ganze Familie eine Ausfahrt. Sie kehrte erst um neun Uhr zurück und nahm ein leichtes Abendessen ein. Da in der Unterhaltung Gespenster überhaupt nicht erwähnt wurden, konnte jene erwartungsvolle Stimmung, die so oft dem Erscheinen spiritistischer[1] Phänomene vorausgeht, gar nicht erst aufkommen. […]

Um elf Uhr zog sich die Familie zurück, und um halb zwölf waren alle Lichter gelöscht. Etwas später wurde Mr. Otis durch ein seltsames Geräusch auf dem Korridor vor seinem Schlafzimmer geweckt. Es klang wie das Klirren von Metall und schien immer näher zu kommen. Er stand sofort auf, zündete ein Streichholz an und sah auf die Uhr. Es war Punkt eins. Er blieb ganz ruhig, fühlte seinen Puls und konnte nicht die mindeste Beschleunigung feststellen. Noch immer vernahm er das merkwürdige Geräusch, und jetzt hörte er auch deutlich den Klang von Schritten. Er schlüpfte in die Pantoffeln, nahm ein längliches Fläschchen aus seinem Necessaire[2] und öffnete die Tür. Im fahlen Mondlicht sah er einen alten Mann vor sich, der einen schrecklichen Anblick bot: Seine Augen waren rot wie glühende Kohlen, das lange graue Haar fiel ihm in verfilzten Strähnen auf die Schultern, seine Kleidung, ein Gewand im Stil einer längst vergangenen Zeit, war verschmutzt und zerschlissen, und an den Handgelenken und Fußknöcheln trug er schwere Fesseln, von denen rostige Ketten herabhingen.

„Verehrter Sir", sagte Mr. Otis, „ich muss Sie dringend bitten, Ihre Ketten zu ölen, und habe Ihnen zu diesem Zweck ein Fläschchen Tammanys Aurora-Schmieröl gebracht. Es ist bekannt für seine sofortige Wirkung, und wie Sie den auf der Verpackung abgedruckten Empfehlungen entnehmen können, haben einige unserer prominentesten Geistlichen dies bestätigt. Ich stelle es hier neben die Nachtkerzen und werde Ihnen auf Wunsch gern mehr davon besorgen." Mit diesen Worten stellte der Gesandte der Vereinigten Staaten die Flasche auf einen Marmortisch, zog sich wieder ins Schlafzimmer zurück und schloss die Tür.

Einen Augenblick lang blieb das Gespenst von Canterville in verständlicher Entrüstung wie angewurzelt stehen. Dann schleuderte es die Flasche wütend auf den gebohnerten Fußboden und floh durch den Korridor, wobei es ein hohles Stöhnen von sich gab und ein geisterhaftes grünes Licht ausstrahlte. Es

[1] *spiritistisch:* den Glauben an Erscheinungen von Seelen Verstorbener betreffend

[2] *Necessaire:* kleiner Behälter, Beutel

hatte gerade den oberen Absatz der großen Eichentreppe erreicht, als plötzlich eine Tür aufgerissen wurde, zwei kleine weiß gekleidete Gestalten erschienen und ein großes Kopfkissen dicht an seinem Kopf vorbeiflog! Da jetzt offenbar keine Zeit mehr zu verlieren war, flüchtete sich das Gespenst eilends in die vierte Dimension und verschwand durch die Wandtäfelung. Danach war es im Haus wieder ganz still.

Als es in einem kleinen Geheimgemach im rechten Flügel des Schlosses angelangt war, lehnte sich das Gespenst gegen einen Mondstrahl, um Atem zu schöpfen, und versuchte, sich über seine Situation klarzuwerden. Während seiner glänzenden Karriere, die im Verlauf von dreihundert Jahren keine einzige Unterbrechung erfahren hatte, war es noch nie so schmählich beleidigt worden. Es dachte an die Herzoginmutter, der es einen furchtbaren Schrecken eingejagt hatte, als sie gerade in ihrem Spitzenkleid und dem Diamantschmuck vor dem Spiegel stand; an die vier Hausmädchen, die einen hysterischen Anfall bekamen, nur weil es ihnen durch die Vorhänge eines unbenutzten Schlafzimmers zugegrinst hatte; an den Gemeindepfarrer, dessen Kerze es ausgeblasen hatte, als er eines Nachts zu später Stunde aus der Bibliothek kam, und der von diesem Tag an, von nervösen Störungen regelrecht gemartert, bei Sir William Gull in Behandlung gewesen war. […] Alle seine großartigen Erfolge rief sich das Gespenst ins Gedächtnis zurück, beginnend bei dem Butler, der sich in der Speisekammer erschoss, weil er eine grüne Hand an die Fensterscheibe klopfen sah, bis hin zur schönen Lady Stutfield, die stets ein schwarzes Samtband um den Hals tragen musste, damit niemand die auf ihrer weißen Haut eingebrannten Male von fünf Fingern bemerkte, und die sich schließlich im Karpfenteich am Ende der Königspromenade ertränkte. Mit der leidenschaftlichen Egozentrik[1] des wahren Künstlers vergegenwärtigte sich das Gespenst seine berühmtesten Rollen und lächelte bitter, als es seines letzten Auftritts als „Roter Ruben oder Der erwürgte Säugling“ gedachte […] und des Aufsehens, das es eines stillen Juliabends erregt hatte, nur weil es auf dem Tennisplatz mit seinen eigenen Knochen Kegel spielte. Und nach alledem mussten ein paar erbärmliche moderne Amerikaner kommen, ihm Aurora-Schmieröl anbieten und Kissen an den Kopf werfen! Es war nicht zum Aushalten! Und zudem war noch nie in der Geschichte ein Gespenst so schlecht behandelt worden. So beschloss es denn, Rache zu nehmen, und blieb bis zum Morgengrauen in tiefes Nachdenken versunken.

Zeichnung von Ronald Searle (geb. 1920)

[1] *Egozentrik:* Verhaltensweise od. Einstellung, die die eigene Person als Zentrum allen Geschehens betrachtet

1 *Lewis Carroll,* **Alice hinter den Spiegeln** *(Seite 10)*

Schreibe die Geschichte weiter. Du kannst die Zeichnung von M. C. Escher auf S. 10/11 als Anregung verwenden.

2 *Ian McEwan,* **Der Kater** *(und zu dem Bild „Katzen" von Hiroshige) (Seite 12/13)*

1. Teile die Geschichte in Sinnabschnitte ein und beschreibe, wie sich der Seelenaustausch dabei Schritt für Schritt vollzieht.
2. Der Erzähler schildert sehr genau, was Peter tun muss, um den Seelenaustausch vorzunehmen. Finde heraus, wie Peter sich dabei fühlt.
3. In der Geschichte wird die Seele des Katers als „ein leises, geschmeidiges, gekurvtes Etwas aus rosaviolettem Licht" (Z. 40/41) dargestellt. Überlege, wie dir diese Beschreibung gefällt, und erfinde dein eigenes Bild von einer Kater-Seele.
4. Die Augen des Katers sind „wie angelehnte Türen zu einer Welt, die Peter nie betreten konnte" (Z. 10/11). Wenn Peters Seele in den Katzenbalg eingezogen ist, betritt Peter diese Welt. Erzähle die Geschichte weiter und stelle dar, was Peter als Kater erleben könnte. Auf dem Bild siehst du, wie Katzen sich bewegen. Nimm das Bild als Vorbild, wenn du erzählst, wie Peter sich im Körper seiner Katze William fühlt.

3 *Georg Britting,* **Krähenschrift** *(Seite 14)*

1. Untersuche, wie Menschen und Krähen beschrieben und gesehen werden.
2. Stelle dir vor, ein Tier würde dir eine Botschaft vermitteln. Schreibe einen Text dazu; er muss sich nicht reimen.

4 *Rainer Maria Rilke,* **Die Aufzeichnungen des Malte Laurids Brigge** *(Seite 15)*

Kläre, was bei dem Ich-Erzähler „Grauen" (Z. 41) hervorruft. Dabei hilft es dir, wenn du den Text daraufhin untersuchst, was über die Hände gesagt wird.
Besprecht, wie ihr euch eine Verfilmung vorstellen würdet.

5 *Sarah Kirsch,* **Die Nacht streckt ihre Finger aus** *(Seite 17)*

1. Versetze dich in die Rolle des Lyrischen Ichs. Schreibe aus seiner Sicht auf, was es tut, was es sieht, worüber es nachdenkt und wie es sich fühlt.
2. Versuche zu erklären, was „die Finger der Nacht" bedeuten.

6 *Oscar Wilde,* **Das Gespenst von Canterville** *(und zur Zeichnung von Searle) (Seite 18/19)*

1. Aus dem Text erfährst du, wie der Geist von Canterville auf die nächtliche Begegnung reagiert. Aber wie steht es mit der Familie Otis? Überlege dir, wie die Familie sich am nächsten Morgen am Frühstückstisch über den Geist unterhält. Dieses Gespräch kann von der Klasse als Rollenspiel gestaltet werden.
2. Schreibe zu Searles Zeichnung (S. 19) eine Geschichte, die auch humorvoll sein darf.

Erzählungen untersuchen und gestalten

Anfänge

Der amerikanische Schriftsteller Ray Bradbury hat mehrere Geschichten über die sehr seltsame Familie Elliott geschrieben. Die Geschichte „Die Reisende" beginnt folgendermaßen:

Kurz vor Morgengrauen schaute Vater in Cecys Zimmer. Sie lag auf dem Bett. Er schüttelte verständnislos den Kopf und deutete mit einer Handbewegung zu ihr hin.
„Also, wenn du mir sagen kannst, wozu sie gut ist, wenn sie da so rumliegt", sagte er, „dann fress ich den Krepp auf meiner Mahagonikiste. Schläft die ganze Nacht, frühstückt und liegt dann den ganzen Tag auf dem Bett."
„Aber sie ist doch so hilfsbereit", wandte Mutter ein und führte ihn weg von Cecys blassem, schlummerndem Körper, den Flur entlang. „Sie ist wirklich eines der vielseitigsten Mitglieder unserer Familie. Wozu sind deine Brüder schon gut? Die meisten von ihnen schlafen den ganzen Tag und machen sonst überhaupt nichts. Cecy ist wenigstens *aktiv*."
Sie gingen die Treppe hinab durch den Geruch schwarzer Kerzen; die schwarzen Kreppstreifen am Geländer, die seit dem Familientreffen vor einigen Monaten unberührt dahingen, raschelten, als sie vorbeigingen. Vater lockerte erschöpft seine Krawatte. „Na ja, wir arbeiten eben nachts. Was können wir dafür, wenn wir, wie du es nennst, altmodisch sind?"
„Natürlich nichts. Es kann ja nicht jeder in der Familie modern sein." Sie öffnete die Kellertür; Arm in Arm gingen sie hinunter ins Dunkel. Lächelnd wandte sie sich seinem runden, weißen Gesicht zu. „Wir können von Glück sagen, dass ich *überhaupt nicht* zu schlafen brauche. Wenn du mit einer Nachtschläferin verheiratet wärst, überleg mal, was das für eine Ehe wäre. Jeder für sich allein, jeder irgendwie anders. Alles durcheinander. So ist das bei uns in der Familie. Mal ist da jemand wie Cecy, ganz Geist; und dann gibt's welche wie Onkel Einar, ganz Flügel; und dann wieder haben wir einen wie Timothy, ganz ausgeglichen, ruhig, normal. Dann du, der tagsüber schläft. Und ich, die ich mein ganzes Leben lang wach bin. Es sollte eigentlich gar nicht so schwer für dich sein, sie zu verstehen. Sie hilft mir jeden Tag auf tausenderlei Weise. Sie schickt ihren Geist für mich zum Gemüsehändler, nachsehen, was es gibt. Sie steckt ihn in den Metzger hinein. Das erspart mir einen langen Weg, wenn er gerade nichts Brauchbares mehr da hat. Sie warnt mich, wenn Klatschbasen im Anmarsch sind, die den ganzen Nachmittag bei mir vertratschen wollen. Und dann gibt's noch Hunderte von anderen Sachen –!"
Sie blieben im Keller vor einer großen, leeren Mahagonikiste stehen. Er ließ sich darin nieder, noch immer nicht überzeugt. „Wenn sie doch nur ein

bisschen mehr mit anpacken würde“, sagte er. „Ich denke, ich muss sie mal bitten, sich irgendeine Arbeit zu suchen.“
„Schlaf erst mal drüber“, meinte sie zu ihm. „Denk noch mal drüber nach. Vielleicht änderst du deine Meinung bis heute Abend.“
Sie ließ den Deckel auf ihn herab. „Ich weiß nicht“, sagte er nachdenklich. Der Deckel schloss sich.
„Guten Morgen, Schatz“, sagte sie.
„Guten Morgen“, antwortete eine gedämpfte Stimme aus der geschlossenen Kiste. Die Sonne ging auf. Sie eilte die Treppe hinauf und machte Frühstück.

1. Schreibe heraus, was du aus dem Anfang der Geschichte über die Familienmitglieder erfahren kannst.
2. Untersuche, wie lange es beim Lesen dauert, bis du erkennst, worum es hier geht.
3. *„Cecy Elliott war die ‚Reisende'. Sie schien ein ganz normales achtzehnjähriges Mädchen zu sein ..."* Beginne mit diesem Satz eine Erzählung, beschreibe Cecy und erfinde so einen alternativen Anfang der Geschichte.
4. Vergleiche den Anfang von Bradbury und deinen eigenen Anfang: Welcher Anfang ist spannender und weckt eher Neugierde auf die Handlung?
5. Überlege, wie die Geschichte deinen Erwartungen nach weitergehen könnte.

Am **Anfang einer Geschichte** kann man
- entweder erklären, worum es in der Geschichte geht bzw. wer die Hauptpersonen sind, oder
- mitten im Geschehen einsetzen.

Der Anfang mitten in der Handlung wirkt besonders interessant. Aber auch wenn man diesen unmittelbaren Einstieg wählt, muss der Anfang der Erzählung Informationen enthalten:
- über die Hauptpersonen
- über die äußeren Umstände: Ort, Zeit, Situation.

Aus dem Anfang einer Erzählung entwickelt der Leser Vermutungen zu folgenden Fragen:
- Was wird mit diesen Personen geschehen?
- Wie sind die Personen in diese Situation geraten?

Der **Anfang** einer Erzählung enthält also den **Keim der Geschichte.**

6. Überprüfe, wie die Anfänge der Erzählungen in diesem Buch gestaltet sind; du kannst z.B. folgende Geschichten untersuchen:
„Als die Gedanken in der Luft gefroren" (S. 132); „Wenn die Nachtigall verstummt" (S. 318); „Kleider machen Leute" (S. 215).

Wiedergabe von Gedanken und Gefühlen

Der folgende Text ist der Anfang von Victor Kellehers „Der Herr der dunklen Mächte". Der Roman handelt von den Abenteuern eines Jungen in einem fernen, vergangenen Land:

Ausschnitt 1:

Als er die Augen öffnete, konnte er sich an nichts erinnern, nicht einmal an seinen Namen. Es war so, als erwachte er zum allerersten Mal und betrachtete aus entgeisterten Augen eine Welt, die er nicht begriff. Alles aus der Vergangenheit – seine Person, seine Herkunft – war wie ausgelöscht. Er wusste nur, dass er schrecklich fror und dass sein Kopf unerträglich schmerzte. Leise stöhnend wälzte er sich herum und schaute um sich.

Er brauchte eine Zeitlang, bis er klar sehen konnte, dann stellte er fest, dass er irgendwo im Wald am Rand einer hohen Schneewehe lag. Es gab keinen farbigen Fleck in der Landschaft vor ihm: Über ihm war der winterliche Himmel grau, der Wald zeichnete sich schwarz und weiß davor ab, und die dunklen Stämme ragten aus einer eintönigen Schneedecke empor.

Er stöhnte, als er sich unbeholfen aufrappelte und an einen nahen Ast lehnte. In seinem Kopf pochte es weiter und er hob die Hand, um den Schmerz zu lindern. Dabei merkte er, dass er auf der Stirn eine blutverkrustete Beule hatte. Offenbar war er überfallen und im Wald zurückgelassen worden, damit er hier zugrunde ging. Aber wer konnte so etwas getan haben? Und warum? Er suchte nach einem Erinnerungsfetzen, nach einem Hinweis, der ihm helfen konnte, die Vergangenheit wiederzufinden, doch er stieß nur auf Dunkelheit und Stille. Nichts.

Trotz seiner dicken Wollkleidung klapperten seine Zähne unkontrollierbar, und sogar in seinem wirren Zustand wusste er, dass er wohl erfrieren würde, falls er nicht bald ein Obdach fände. Diese Vorstellung spornte ihn an und er machte einen unsicheren Schritt, doch sobald er sein volles Gewicht auf seinen rechten Fuß verlagerte, fiel er wieder in den weichen Pulverschnee.

Verdutzt setzte er sich auf und tastete sein Bein unterhalb des Knies ab. Der Knöchel war, wie er bestürzt feststellte, schlaff und locker. Immerhin schien er nicht gebrochen zu sein; er schmerzte nicht. Weshalb konnte der Fuß dann sein Gewicht nicht tragen?

Gleichsam als Antwort auf diese Frage ging ihm ein verschwommenes Bild durch den Sinn: ein Gesicht mit aufgerissenen Augen, die ihn anstarrten, allerdings nicht unfreundlich. Er versuchte sich zu erinnern, wer es war, aber das Bild verblasste zu schnell …

1. In diesem Text erfährt man nicht nur, was geschieht, sondern auch, was der Junge denkt. Schreibe die Sätze, die seine Gedanken wiedergeben, in zwei Spalten auf:

Gedanken werden vom Erzähler mitgeteilt:	Gedanken werden direkt wiedergegeben:
Er wusste nur, dass er entsetzlich fror.	Aber wer konnte so etwas getan haben? ... ...

2. Untersuche, was diese Sätze unterscheidet.

3. Zeige, welche Informationen über die Situation und das Geschehen in den „Gedanken-Sätzen", die du aufgeschrieben hast, enthalten sind.

In den meisten Erzählungen erfährt der Leser nicht nur, was geschieht und was die Personen (Figuren) sprechen, sondern auch, was sie denken und fühlen bzw. wie sie das Geschehen erleben. Das kann auf zweierlei Art geschehen:

- Der Erzähler berichtet von den Gedanken und Gefühlen; dieser Bericht gehört zur **Erzählerrede.**
- Die Gedanken der Personen oder Figuren werden unmittelbar wiedergegeben; das nennt man **Figurenrede.**

Wer erzählt die Geschichte?

Auf der nächsten Seite von Victor Kellehers Roman steht Folgendes:

Ausschnitt 2:

Wie er sich so den Weg durch den Wald bahnte, den rechten Fuß schonte, strauchelte und manchmal in den tiefen Schnee fiel, wirkte er kleiner, als er tatsächlich war. Vielleicht lag das an den gewaltigen Bäumen um ihn herum oder daran, dass er sich vor Kälte krümmte. Denn eigentlich war er für einen Vierzehnjährigen ziemlich groß und kräftig. Das wurde deutlich, als er ungefähr zehn Minuten später aus dem Wald auftauchte, sich aufrichtete und über das flache Land blickte, das sich vor ihm erstreckte.

1. Vergleiche den Romananfang mit dieser zweiten Textstelle: Untersuche, aus welcher **Perspektive** der Erzähler jeweils den Jungen und dessen Umwelt betrachtet.

2. Für die folgenden Aufgaben könnt ihr die Klasse in drei Gruppen teilen; jeder oder jede aus der Gruppe formuliert einen neuen Romananfang:

Gruppe 1: Stell dir vor: Du bist der Junge, der dort im Schnee liegt. Schreibe die Gedanken auf, die dir durch den Kopf gehen, als du aufwachst und dich umblickst. Du könntest z. B. folgendermaßen beginnen: *„Mir ist kalt. Warum ist mir so kalt? ..."*

Gruppe 2: Gestalte den Romananfang so um, dass er aus der gleichen Perspektive wie die zweite Textstelle geschrieben ist: *„Ein eisiger Wind hatte im Wald hohe Schneewehen aufgetürmt. Aus der eintönigen Schneedecke ragten die dunklen kahlen Stämme in den grauen Himmel. Plötzlich bewegte sich ..."*

Gruppe 3: Stell dir vor, du bist dieser Junge, und du erzählst Jahre später von deinen Abenteuern: *„Meine Geschichte beginnt damit, dass ich nicht mehr wusste, wer ich war ..."*

Ihr habt jetzt vier Texte vorliegen, die dasselbe beschreiben. Aber diese vier Texte unterscheiden sich voneinander.

3. Schreibe in Tabellen auf, welche Informationen der Leser erhält und welche ihm nicht vermittelt werden können.

Er-Erzählform		**Ich-Erzählform**	
Außensicht	**Innensicht**		
Ein Er-Erzähler, der das Geschehen von außen beschreibt (Gruppe 2)	Ein Er-Erzähler, der das Geschehen aus der Sicht einer Figur schildert (Originaltext)	Eine Ich-Erzählung (Gruppe 3)	Ein Monolog (Gruppe 1)
Der Leser erfährt, wie der Junge aussieht; er erfährt ... er erfährt nicht ...	Der Leser erfährt, was der Junge denkt ... er erfährt ... er erfährt nicht ...	Der Leser erfährt ... er erfährt nicht ...	Der Leser erfährt ... er erfährt nicht ...

4. Erläutere, ob der Text jeweils von einem Ich-Erzähler oder von einem Er-Erzähler geschrieben ist. Zeige, was die verschiedenen Erzählformen leisten können.

5. Überprüft noch einmal in der Gruppe eure Texte und achtet darauf, ob ihr „eure" Perspektive eingehalten habt.

Erzählungen können aus verschiedener Sicht, d. h. auch aus verschiedenen **Perspektiven** geschrieben sein:

- In der **Außenperspektive** kennt der Erzähler die Gedanken der Personen nicht.
- Wenn der Erzähler von den Gedanken und Gefühlen der Personen berichtet, schreibt er aus der **Innenperspektive.** Dabei kann er die **Figurenrede** anwenden.
- In einer Ich-Erzählung beschreibt ein **Ich-Erzähler,** was er oder sie erlebt hat.
- In manchen Erzählungen steht die Figurenrede im Präsens und in der Ich-Form.

Achtung:

- Der Erzähler sollte nicht zwischen Ich- und Er-Form wechseln.
- Wer in der Außenperspektive beschreibt, kennt die Gedanken der Personen nicht.
- Wer aus der Perspektive einer Person schreibt, kann nicht etwas beschreiben, was diese Person gar nicht weiß oder sieht.

6. Im Lesebuchteil des Kapitels „In meiner Welt" findest du ein Bild von Edvard Munch (☞ S. 246/247), auf dem dargestellt ist, wie drei Mädchen auf einer Brücke stehen. Zwei davon schauen gemeinsam in die Landschaft; das dritte wendet sich in die Gegenrichtung und scheint in Gedanken versunken. Erzähle das Erlebnis, das diese drei Mädchen vielleicht hatten, bevor das Bild entstand. Wähle die Perspektive des „abgewandten" Mädchens. Entscheide dich für die Innen- oder Außenperspektive und formuliere einen Text, der zeigt, wie das Mädchen dieses Ereignis erlebt hat.

Szenisches Erzählen

Als der Junge in Kellehers Erzähltext in einem Dorf ankommt, trifft er …

Ausschnitt 3:

… eine alte Frau mit wirrem grauen Haar, die in einen knöchellangen, verschlissenen Umhang gehüllt war.

„Du hast es also überlebt, Derin“, sagte sie mit leiser klagender Stimme. „Ich hätte es mir denken können. Was mich wundert, ist, dass du hierher zurückgekommen bist. Ich dachte, dass die Reue über dein Benehmen dich von hier fernhalten würde.“

„Ihr … Ihr kennt mich?“, stammelte er.

„Und ob ich dich kenne!“, erwiderte die Alte mit freudlosem Lachen. „Glaubst du etwa, dass so ein Kratzer auf deiner Stirn mich hindert, dich zu erkennen? Habe ich dich nicht nach dem Tod deiner Mutter gepflegt? Haben dein Vater und ich nicht in all den Jahren versucht, etwas aus dir zu machen, auch wenn es nicht viel genützt hat? Nein, mein Junge, vor mir kannst du dich nicht so leicht verbergen.“

„Aber ich versuche doch gar nicht, mich vor irgendwem zu verbergen!“, rief Derin verzweifelt. „Ich will nur wissen, wer ich bin und was ich hier zu suchen habe.“ …

1. Zeige, welche Wendung die Geschichte an dieser Stelle nimmt.

2. Formuliere die Textstelle in eine Erzählung ohne direkte Rede um:
„Als der Junge in einem Dorf ankam, traf er auf eine alte Frau, die ihn sofort unfreundlich empfing und die seinen Namen kannte …"

3. Vergleiche die beiden Fassungen: In welcher Fassung lernst du die Personen besser kennen? In welcher wird der Leser von der Wendung der Geschichte mehr überrascht?

Als **Szene** bezeichnet man eigentlich das, was auf einer Bühne geschieht. Genauer wird dieser Begriff im Kapitel „Folgt mir!" (S. 303) erklärt. Wenn du ein Buch liest, stellst du dir das, was geschieht, bildlich vor. In deinem Kopf läuft sozusagen ein Film ab.

4. Beschreibe, wie du dir das Dorf, in dem sich der Junge und die alte Frau treffen, vorstellst.
5. Beschreibe auch dein Bild des Jungen und der alten Frau. Hierbei greifst du auf die Informationen des Textes zurück. Vergleicht eure Darstellungen.
6. Der Text zeigt dir auch, wie die beiden miteinander sprechen und wie sie sich während der Unterhaltung fühlen. Suche die entsprechenden Textstellen heraus.
7. Wenn ihr euch das alles klargemacht habt, könnt ihr die Szene spielen.

Wenn eine Geschichte spannend und lebendig wirken soll, sollte man die **wörtliche Rede** verwenden und eine Art **Szene** gestalten.

Zeitgestaltung

Im Lesebuchteil findest du einen Auszug aus dem Roman „Das Gespenst von Canterville" (S. 18 f.); dieser Romanauszug schildert das erste Zusammentreffen der Familie Otis mit dem Gespenst. Aber schon vor dieser ersten Begegnung hatte Mr. Otis das Gespenst verärgert, weil er einen unauslöschlichen Blutfleck zunächst erfolgreich mit einem modernen Anti-Flecken-Mittel behandelt hatte. Folgendermaßen geht die Geschichte weiter:

Für den Rest der Woche [blieb die Familie Otis] unbehelligt; nur die Tatsache, dass der Blutfleck in der Bibliothek immer wieder erschien, erregte ihre Neugier. Die Sache war deshalb so merkwürdig, weil Mr. Otis jede Nacht die Tür abschloss und weil die Fenster stets fest verriegelt wurden. Dass der Flecken seine Farbe wie ein Chamäleon wechselte, gab ebenfalls Anlass zu den verschiedensten Vermutungen […]. Zum zweiten Mal erschien das Gespenst Sonntagnacht. Kurz nach dem Schlafengehen wurde die Familie plötzlich von einem fürchterlichen Gepolter in der Halle aufgeschreckt. Alle rannten hinunter, und da sahen sie, dass sich eine große, alte Ritterrüstung vom Podest gelöst hatte und auf den Steinboden gefallen war. Daneben saß auf einem hochlehnigen Stuhl das Gespenst und rieb sich mit schmerzverzerrtem Gesicht die Knie. Die Zwillinge, die ihre Schleudern mitgebracht hatten, ließen sofort zwei Geschosse schwirren – mit einer Treffsicherheit, wie man sie nur durch langes,

konzentriertes Training an einem Schreiblehrer erwerben kann –, und der Gesandte der Vereinigten Staaten richtete den Revolver auf das Gespenst und forderte es nach bester kalifornischer Etikette auf, die Hände hoch zu nehmen. Das Gespenst fuhr mit einem schrillen Wutschrei hoch, fegte wie ein Nebelschwaden durch sie hindurch, löschte dabei Washington Otis' Kerze und ließ alle im Stockdunkeln zurück. Als es den oberen Treppenabsatz erreicht hatte, schöpfte es neue Kraft und beschloss, in sein berühmtes diabolisches Gelächter auszubrechen. Mehr als einmal hatte es damit die besten Erfahrungen gemacht. Man erzählte sich, dieses Gelächter habe Lord Rakers Perücke in einer einzigen Nacht ergrauen lassen [...]. Das Gespenst lachte also sein fürchterliches Lachen, bis das alte Dachgewölbe davon widerhallte, doch kaum war das letzte grausige Echo verklungen, als eine Tür aufging und Mrs. Otis in einem hellblauen Morgenrock erschien. „Ich fürchte, es geht Ihnen gar nicht gut", sagte sie. „Hier bringe ich Ihnen eine Flasche ‚Dr. Dobells Tinktur'. Falls Sie an Verdauungsstörungen leiden, ist das die allerbeste Medizin." Das Gespenst starrte sie wütend an und machte augenblicklich Anstalten, sich in einen großen schwarzen Hund zu verwandeln, ein Trick, für den es zu Recht berühmt war und auf den der Hausarzt die unheilbare Verblödung von Lord Cantervilles Onkel, dem ehrenwerten Thomas Horton, zurückführte. Doch da der Klang näher kommender Schritte das Gespenst an seinem grausigen Vorhaben hinderte, begnügte es sich mit einem leichten Phosphoreszieren und verschwand mit einem dumpfen Friedhofsstöhnen genau in dem Moment, als die Zwillinge oben ankamen.
In seinem Gemach erlitt es einen völligen Nervenzusammenbruch und wurde von heftigster Erregung geschüttelt.

1. Lies den Text noch einmal und notiere, über welche Zeitabschnitte berichtet wird.
2. Markiere die Textstellen, an denen der Erzähler vom Bericht zum szenischen Erzählen übergeht, und die Textstellen, an denen er frühere Ereignisse erwähnt.
3. Untersuche auch im Textabschnitt auf S. 18/19, wie der Erzähler die zeitlichen Abläufe gestaltet.
4. Überlege, warum sich das Gespenst an seine früheren Erfolge erinnert, und erläutere die Wirkung dieser Erinnerungen auf die Leser der Geschichte.

Erzählende Texte bestehen aus **Erzählerbericht** und **szenischer Darstellung**. Im Erzählerbericht kann der Erzähler die Ereignisse eines längeren Zeitraums zusammenfassen. Dies nennt man **Zeitraffung**. Die Erzählzeit (= der zeitliche Umfang, der benötigt wird, um eine Geschichte zu erzählen) ist kürzer als die **erzählte Zeit** (= der Zeitraum, über den sich eine Erzählung erstreckt).
Um Vergangenes darzustellen, das für das Verständnis des Geschehens wichtig ist, greift der Erzähler auch zu Rückblenden.

Schilderungen

Im Lesebuchteil findest du einen Ausschnitt aus Rilkes „Die Aufzeichnungen des Malte Laurids Brigge" (☞ S. 15f.). Dort wird geschildert, wie ein kleiner Junge sich gruselt.

1. Schon bevor die geheimnisvolle Hand erscheint, wirkt die Geschichte unheimlich. Suche alle Textstellen, die dir zeigen, wie der Junge seine Umwelt wahrnimmt, und die darauf vorbereiten, dass etwas Ungewöhnliches geschieht.
2. Schreibe die wichtigen Sätze und Wörter untereinander, und führe so die Tabelle fort:

Empfindungen/Wahrnehmungen	Geschehen
	Der Stift „rollte ... hinunter und war fort", Z. 8 – 11
„meine Beine schienen mir viel zu lang", Z. 13 „ich wusste nicht, was zu mir und was zum Sessel gehörte", Z. 15/16	der Junge klettert vom Stuhl, Z. 11-17
der Junge ist „etwas konfus", Z. 16	„Endlich kam ich ... unten an", Z. 16
...	...

3. Zeige anhand dieser Auflistung, wie sich die Wahrnehmung des Jungen verändert und wie sich sein seltsames Erlebnis aufbaut.
4. Erkläre den Satz: *„... ich war auf allerhand vorbereitet."* (Z. 35)
5. Schätze die Zeit, die der Junge braucht, um vom Stuhl zu steigen und sich unter dem Tisch zu orientieren. Beurteile – ausgehend von dieser Zeitschätzung – die Genauigkeit der Schilderung.
6. Untersuche, auf welche Beobachtungen und Erinnerungen der Ich-Erzähler besonderen Wert legt.
7. Überlege, ob die Geschichte ein gutes Ende nimmt.
8. Beschreibe, wie du dich fühlst, wenn du den Schluss der Erzählung gelesen hast.

Schilderungen machen eine Geschichte anschaulich. **Schildern** bedeutet, nicht Vorgänge, sondern **Umgebung**, **Atmosphäre**, **Sinneseindrücke** und **Gefühle** darzustellen und zu beschreiben.

9. Schreibe selbst eine fantastische Geschichte.

A) Entweder schilderst du eine unheimliche oder fremdartige Atmosphäre:
- Stelle dir z.B. eine Burg oder ein Schloss vor.
- Überlege, welche geheimnisvollen Räume, Gegenstände, Bewohner dort zu finden sind.
- Welche geheimnisvollen Geräusche kann man dort hören?
- Wie riecht es dort? Wie wirkt die Burg, von außen und von innen?

B) Oder deine Geschichte spielt in einer ganz normalen Umgebung (im Wohnzimmer, am Kamin, auf der Straße): Wähle einen Raum, den du gut kennst (z.B. den Klassenraum, die Pausenhalle, dein Zimmer zuhause), und schildere, wie etwas Fantastisches geschieht. Du kannst von den Überlegungen auf der Auftaktseite dieses Kapitels (S. 8/9) ausgehen: „Nimm die Tür deines eigenen Zimmers. Warum solltest du durch sie nicht einmal an einen anderen Ort kommen können […]?"

Eigene Geschichten schreiben

Ausgestalten eines Erzählkerns

In der Familie Elliott – du erinnerst dich an Cecy, die Reisende, aus Ray Bradburys „Das Familientreffen" (☞ S. 21 f.) – gibt es einen Jungen, der anders als alle anderen ist: Timothy.

Er ist gerade aufgestanden, es ist der Abend vor dem Familientreffen an Halloween:

Die Spinne baumelte an ihrem silbrigen Lasso um Timothys schlanken Hals, als er sich das Gesicht wusch. „Denk nur, Spid, morgen ist es endlich so weit, der Abend vor Allerheiligen!"
Er hob den Kopf und schaute in den Spiegel. Er war der Einzige im Haus, der einen Spiegel haben durfte. Das war ein Zugeständnis seiner Mutter, wegen seiner Krankheit. Oh, wenn er doch nicht so leiden müsste! Er öffnete den Mund, musterte die armseligen kleinen Zähnchen, die ihm die Natur mitgegeben hatte. […]
Es war völlig dunkel, und er zündete eine Kerze an, um etwas sehen zu können. Er war erschöpft. […] Er hatte dunkle Schatten unter den Augen.
„Spid, ich tauge einfach nicht dazu", sagte er ruhig zu dem kleinen Tier. „Ich kann mich nicht einmal daran gewöhnen, am Tag zu schlafen, so wie die anderen."
Er nahm den Kerzenständer in die Hand. Ach, hätte er doch ein kräftiges Gebiss mit Schneidezähnen wie stählerne Dornen, oder wenigstens starke Hände oder einen starken Geist. Oder gar die Macht, seinen Geist auszusenden, frei, wie Cecy es tat. Doch nein, er war der Unvollkommene, der Kranke.

Ja – er zitterte und hielt die Kerze näher ans Gesicht – er hatte sogar Angst vor der Dunkelheit. Seine Brüder lachten ihn aus. Bion und Leonard und Sam. Sie machten sich über ihn lustig, weil er in einem Bett schlief.

1. Trage zusammen, was du bisher über die Familie Elliott und Timothy erfahren hast.
2. Überlege, wie es Timothy auf dem Familientreffen an Halloween ergehen könnte.
3. Finde eine Einleitung, in der du in die Situation Timothys an Halloween einführst; sie sollte am Halloween-Abend spielen.
4. Schreibe die ganze Geschichte.

Parallelgeschichten

Bei einer Parallelgeschichte geht es darum, das Muster einer Erzählung zu übernehmen und mit eigenen Ideen auszugestalten. In der Geschichte über die erste Erscheinung des Gespensts von Canterville auf S. 18/19 kannst du ein Muster erkennen:
Der Geist macht einen Plan, er tritt in einer bestimmten Rolle auf, die Familie Otis durchkreuzt diesen Plan, das Gespenst zieht sich beleidigt zurück.

1. Vervollständige das Muster für die Erscheinungen des Geistes: Zeige, wo Schilderungen notwendig sind, wo Gedanken oder Gefühle ausgedrückt werden und wo du wörtliche Rede und Dialoge verwenden solltest. Zeige auch, an welchen Stellen du typische Gruselelemente einbauen kannst.
2. Der nächste Auftritt des Gespenstes kann z. B. am Teich im Park oder in der Küche stattfinden. Überlege dir noch weitere Situationen, in denen der Geist spuken könnte.
3. Du musst überlegen, wie und als was er auftritt, wem er begegnet und was ihm zustößt. Überlege dir auch, aus wessen Perspektive du die Geschichte erzählen willst. Schreibe diese Geschichte.

Fantasiegeschichten

Das Kapitel „Fantastische Begegnungen" bietet viele Anregungen für eigene Geschichten. Die folgende Geschichte hat ein Schüler einer siebten Klasse zum Thema „Ich wache auf und bin in ein Tier verwandelt" geschrieben.

Ich hatte so ein ungutes Gefühl

Alles fing damit an, dass ich wie jeden Morgen den Wecker ausschalten wollte. Mein Wecker klingelt immer um fünf Minuten vor sechs und zwanzig Minuten später noch einmal; dann stehe ich wirklich auf. An diesem Morgen drehte ich mich auf dem Rücken hin und her, aber ich konnte mich einfach nicht aufsetzen. Ich drehte mich mithilfe meiner Pfoten auf den Bauch – was heißt hier „Pfoten“, ich habe doch keine Pfoten! Ungläubig schaute ich an die Stelle, wo bis vor kurzem noch meine Hände waren, jetzt waren dort – nein, keine Pfoten – aber Schweineklauen. Das konnte nicht wahr sein! Ich beschloss, die Klauen zu ignorieren und weiterzuschlafen. Da klingelte mein Wecker das zweite Mal. Auf allen Vieren kroch ich zur Hochbettleiter, die ich sofort hinunterfiel. Schon wieder war so etwas Ungewöhnliches geschehen. Erst konnte ich mich im Bett nicht aufsetzen, und jetzt fiel ich auch noch die Leiter hinunter, die ich mehrmals täglich benutze. Benommen stand ich auf, um meine Schulsachen zu packen. Aber auch das fiel mir heute gewaltig schwer. Ich musste die Bücher mit dem Maul greifen und sie dann in die Tasche fallen lassen. Ich lief auf allen Vieren ins Badezimmer, um mir die Zähne zu putzen. Aber wieso auf allen Vieren? Ein Mensch kriecht doch nicht durchs Haus! Im Badezimmer wollte ich mich eigentlich im Spiegel beschauen, aber zu meiner Erleichterung bemerkte ich, dass der Spiegel viel zu hoch hing. Denn auf einmal hatte ich Angst vor meinem Spiegelbild. Ich hatte Angst, ich könnte ein haariges Tier mit Klauen und einem Maul sein. Anzuziehen brauchte ich mich wohl heute nicht, da ich ja ein wunderschönes Haarkleid besaß. Ich lief in die Küche, schon wieder auf allen Vieren. Ich hatte so ein ungutes Gefühl, dass ich gestörte Empfindungen habe. Soll ja vorkommen. Ich sprang auf einen Küchenstuhl und wartete auf meinen Vater. Er trat ein, starrte mich an, packte mich am Nacken und warf mich aus dem Fenster. In diesem Moment konnte ich auch verstehen, warum er mich hinauswarf. Ich hatte nämlich mein Spiegelbild in der Fensterscheibe gesehen. Ich war ein hässliches, behaartes Etwas: ein Wildschwein. Ich beschloss, heute lieber nicht zur Schule zu gehen, denn ich wollte mir das Gelächter meiner Mitschüler ersparen. Traurig, weil mein Vater mich einfach aus dem Fenster geworfen hatte, schlich ich ums Haus. Da die Terrassentür zu meinem Zimmer offen stand, lief ich hinein und legte mich auf dem Teppichboden schlafen, doch kurze Zeit später wurde ich von meinen Wecker geweckt, der schon das dritte Mal klingelte. Ich merkte sofort, dass ich wieder ich war. Glücklich fuhr ich zur Schule.

1. Untersuche, wie der Ich-Erzähler auf die Verwandlung reagiert und wie lange es dauert, bis er wirklich erkannt hat, was mit ihm geschehen ist.

2. Gib dem Autor Tipps, wie er die Geschichte noch verbessern könnte. Halte dich an die Regeln, die du im Methoden-Tipp über die Schreibkonferenz (S. 260) nachlesen kannst.

Weitere Themen für Fantasie-Erzählungen:

- Als ich die Zeitung von morgen fand
- Plötzlich konnte ich verstehen, was mein Hund (meine Katze, mein Kaninchen, mein Pferd ...) mir erzählte
- Eine Zeitreise

Novelle

Jeremias Gotthelf
Der Kuss

1842 erschien die Novelle „Die schwarze Spinne". In dem Text geht es um einen Pakt, den ein Schweizer Dorf mit dem Teufel schließt, damit die Bauern ihre übermäßigen Frondienste erfüllen können. Sie sollen nämlich für den Ritter Hans von Stoffeln um sein Schloss auf dem Bärenhegendubel einen Schattengang, also eine Allee, anlegen; dafür müssen sie im Frühjahr 100 ausgewachsene Buchen im Sumiswald ausgraben, über drei Wegstunden transportieren und auf dem Bärenhegendubel einpflanzen. Der Teufel bietet den Bauern an, Transport und Pflanzung zu übernehmen, dafür sollen sie ihm allerdings als Lohn ein ungetauftes Kind überlassen. Die entsetzten Bauern lehnen das Angebot ab. Eines Nachts, als die Bauern während des Transports rasten, kommt die Bauersfrau Christine, die Lindauerin, mit einem Essenspaket für ihren Ehemann und kritisiert die Bauern, die sich gegen den Ritter nicht wehren konnten. Die Sache müsse „anders zur Hand genommen werden".

Da kam plötzlich über die Achsel des Weibes eine lange schwarze Hand und eine gellende Stimme rief: „Ja, die hat Recht." Und mitten unter ihnen stand mit grinsendem Gesicht der Grüne, und lustig schwankte die rothe Feder auf seinem Hute. Da hob der Schreck die Männer von dannen, sie stoben die Halde auf wie Spreu im Wirbelwinde.

„Nur Christine, die Lindauerin, konnte nicht fliehen, sie erfuhr es, wie man den Teufel leibhaftig zu sehen kriegt, wenn man ihn an die Wand mahlt. Sie blieb stehen wie gebannt, musste schauen die rothe Feder am Baret, und wie das rothe Bärtchen lustig auf- und niederging im schwarzen Gesichte. Gellend lachte der Grüne den Männern nach, aber gegen Christine machte er ein zärtlich Gesicht und fasste mit höflicher Gebärde ihre Hand. Christine wollte sie wegziehen, aber sie entrann dem Grünen nicht mehr, es war ihr als zische Fleisch zwischen glühenden Zangen. Und schöne Worte begann er zu reden und zu den Worten zwitzerte lüstern sein roth Bärtchen auf und ab. So ein schön Weibchen habe er lange nicht gesehen, sagte er, das Herz lache ihm im Leibe; zudem habe er sie gerne muthig, und gerade die seien ihm die liebsten, welche stehen bleiben dürften, wenn die Männer davon liefen. Wie er so redete kam Christinen der Grüne immer weniger schreckhaft vor: Mit dem sei doch noch zu reden, dachte sie, und sie wüsste nicht warum davonlaufen, sie hätte schon viel Wüstere gesehen. Der Gedanke kam ihr immer mehr: Mit dem ließe sich etwas machen, und wenn man recht mit ihm zu reden wüsste, so thäte er einem wohl einen Gefallen, oder am Ende könnte man ihn übertölpeln wie die andern Männer auch. Er wüsste gar nicht, fuhr der Grüne fort, warum man sich so vor ihm scheue, er meine es doch so gut mit allen Menschen, und wenn man so grob gegen ihn sei, so müsse man sich nicht wundern, wenn er den Leuten nicht immer thäte, was ihnen am liebsten wäre. Da fasste Christine ein Herz und antwortete: Er erschrecke aber die Leute auch, dass es schrecklich wäre. Warum habe er ein ungetauft Kind verlangt, er hätte doch von einem andern Lohn reden können, das komme den Leuten gar verdächtig vor, ein Kind sei immer ein Mensch und ungetauft eins aus den Händen geben, das werde kein Christ thun. „Das ist mein Lohn an den ich gewohnt bin, und um anderen fahre ich nicht, und was frägt man doch so einem Kinde nach, das noch Niemand kennt. So jung gibt man sie am liebsten weg, hat man doch noch keine Freude an ihnen gehabt und keine Mühe mit ihnen. Ich aber habe sie je jünger je lieber, je früher ich ein Kind erziehen kann auf meine Manier, um so weiter bringe ich es, dazu habe ich aber das Taufen gar nicht nöthig und will es nicht." Da sah Christine wohl, dass er mit keinem andern Lohne sich werde begnügen wollen; aber es wuchs in ihr immer mehr der Gedanke: Das wäre doch der Einzige, der nicht zu betrügen wäre.

„Darum sagte sie: Wenn aber einer etwas verdienen wolle, so müsste er sich mit dem Lohne begnügen, den man ihm geben könne, sie aber hätten gegenwärtig in keinem Hause ein ungetauft Kind und in Monatsfrist gäbe es keins, und in dieser Zeit müssten die Buchen geliefert sein. Da schwänzelte gar höflich der Grüne und sagte: „Ich begehre das Kind gar nicht zum Voraus. Sobald man mir verspricht, das Erste zu liefern ungetauft, welches geboren wird, so bin ich schon zufrieden." Das gefiel Christine gar wohl. Wenn nun einmal der Grüne sein Versprechen gehalten und die Buchen gepflanzt seien, so brauche man ihm gar nichts mehr zu geben, weder ein Kind noch etwas anders; man lasse Messen lesen zu Schutz und Trutz und lache tapfer den Grünen aus, so dachte Christine. Sie dankte daher schon ganz herzhaft für das gute Anerbieten und sagte: Es sei zu bedenken und sie wolle mit den Männern darüber reden. „Ja", sagte der Grüne, „da ist gar nichts mehr weder zu denken noch zu reden. Für heute habe ich euch bestellt, und jetzt will ich den Bescheid; ich habe noch an gar vielen Orten zu thun und bin nicht blos wegen euch da. Du musst mir zu oder ab sagen, nachher will ich von dem ganzen Handel nichts mehr wissen." Christine wollte die Sache verdrehen, denn sie nahm sie nicht gerne auf sich, allein der Grüne war nicht aufgelegt, wankte nicht, jetzt oder nie, sagte er. Sobald aber der Handel geschlossen sei um ein einzig Kind, so wolle er in jeder Nacht so viel Buchen auf Bärhegen führen, als man ihm vor Mitternacht unten an den Kilchstalden liefere, dort wollte er sie in Empfang nehmen. – „Nun, schöne Frau, bedenke dich nicht", sagte der Grüne, und klopfte Christine holdselig auf die Wange. Da klopfte doch ihr Herz, sie hätte lieber die Männer hineingestoßen, um hintendrein die Schuld geben zu können. Aber die Zeit drängte, kein Mann war da als Sündenbock, und der Glaube verließ sie nicht, dass sie listiger als der Grüne sei, und wohl ein Einfall kommen werde, ihn mit langer Nase abzuspeisen. Darum sagte Christine: Sie für ihre Person wolle zugesagt haben, wenn aber dann später die Männer nicht wollten, so vermöchte sie sich dessen nicht, und er solle es sie nicht entgelten lassen. Mit dem Versprechen zu thun was sie könne, sei er hinlänglich zufrieden, sagte der Grüne. Jetzt schauderte es Christine doch an Leib und Seele, jetzt meinte sie, komme der schrecklich Augenblick, wo sie mit Blut von ihrem Blute dem Grünen den Akkord unterschreiben müsse. Aber der Grüne machte es viel leichtlicher und sagte: Von hübschen Weibern begehre er nie eine Unterschrift, mit einem Kuss sei er zufrieden. Somit spitzte er seinen Mund gegen Christinens Gesicht und Christine konnte nicht fliehen, war wiederum wie gebannt, steif und starr. Da berührte der spitzige Mund Christinens Gesicht, und ihr war als ob von spitzigem Eisen das Feuer durch Mark und Bein fahre, durch Leib und Seele; und ein gelber Blitz fuhr zwischen ihnen durch und zeigte Christine freudig verzerrt des Grünen teuflisch Gesicht, und ein Donner fuhr über sie, als ob der Himmel zersprungen wäre.

1. Untersuche, warum der Grüne Christine ausgesucht hat, um mit ihr zu verhandeln.
2. Christine wird sich nach dieser Begegnung überlegen, ob sie sich richtig verhalten hat. Schreibe ihre Gedanken auf. Sie kann entweder den Pakt bedauern oder damit rechnen, dass die Sache gut ausgeht. Zeige auch, warum sie sich mit dem Teufel eingelassen hat.
3. Diskutiert in der Klasse über Christines Verhalten und ihre Überlegungen, wie der Teufel betrogen werden könnte.

Christine befindet sich in einem Konflikt. Sowohl der Ritter Hans von Stoffeln als auch der Teufel bedrohen die Bauern, die sich selbst nicht helfen können.
Vom Teufelskuss könnte auch eine Sage oder ein Märchen handeln. In dieser Erzählung ist aber Christines Entscheidung das Wichtigste; und der Teufelskuss wird als unerhörtes Ereignis dargestellt, das sich im Mittelalter in einem Schweizer Dorf abgespielt hat. Es handelt sich um eine Novelle.

Eine **Novelle** ist eine Erzählung, in der eine **unerhörte Begebenheit**, ein noch nie dagewesenes Ereignis geschildert wird. Die Hauptperson einer Novelle erlebt einen **Konflikt**, der für sie eine **Wende** im Leben bedeutet.

Aus fernen ZEITEN

Luciano de Crescenzo

Der Listenreiche

Doch was für ein Mensch war Odysseus eigentlich? Meiner Ansicht nach der einzige wahre Mann in den Epen Homers. Die vielen anderen Helden waren doch im Grunde nichts weiter als bloße Rambos, die es allein durch ihre Muskeln und nicht durch das, was sie im Kopf hatten, zu Ruhm und Ansehen brachten. Achill und Aias etwa, um nur zwei herauszugreifen, taten sich allein im Austeilen von Hieben und Schlägen hervor, und in einer Gesellschaft, in der Hiebe und Schläge sehr hoch im Kurs standen, erreichten sie mit diesem Können den Status von Halbgöttern. Odysseus hingegen vereinigte in sich alle Stärken und Schwächen, die ein Mensch nur haben kann. Er war unerschrocken und listig, intelligent und neugierig, ein Abenteurer und ein Familienmensch, aber auch hinterlistig und verlogen, ein Schwindler, Verräter und Aufschneider.

aus dem homerischen Sagenkreis

1 Das Trojanische Pferd

Aufgaben: Seite 45

Zehn Jahre lagen die Griechen nun schon vor Troja, doch immer noch war kein Ende des furchtbaren Krieges abzusehen. […]

Unaufhörlich wogte der Streit hin und her. Erfolg und Misserfolg, Sieg und Niederlage verteilten die Götter auf beide Seiten. Vergeblich versuchten die Griechen, eine Entscheidung zu erzwingen. Aineias[1], der strahlende Held, war der stärkste Rückhalt der Trojaner.

Da rief Kalchas, der Seher, die vornehmsten Helden des griechischen Heeres zusammen. „Lasst ab von dem Versuche, die Stadt mit Gewalt zu nehmen", redete er zu ihnen, „denn so werdet ihr nie zum Ziele kommen! Besinnt euch lieber auf eine List, die euch den Erfolg bringen mag!" […]

Keinem der Helden aber wollte ein Mittel einfallen, wie man dem Kriege mit einer List ein Ende setzen könne. Schließlich hatte der schlaue Odysseus den erlösenden Einfall: „Lasst uns ein riesengroßes Pferd zimmern, in dessen Leib sich unsere edelsten Helden verbergen sollen. Durch einen scheinbaren Abzug unseres Heeres werden die Troer[2] sich aus der Stadt herauslocken lassen." Der erfindungsreiche Held hatte seinen Plan bis in alle Einzelheiten zu Ende gedacht. Ein mutiger Mann, den keiner der Feinde kannte, solle zurückbleiben, sich als Flüchtling ausgeben und den Troern das Lügenmärchen vortragen, er sei vor der frevelhaften Gewalt der Achaier[3] geflohen, die ihn für ihre glückliche Rückkehr den Göttern als Opfer hätten schlachten wollen. Und habe er das Misstrauen der Troer überwunden, so solle er sie veranlassen, das hölzerne Pferd in die Mauern ihrer Stadt zu ziehen!

Als Odysseus ausgeredet hatte, lobten alle seinen erfindungsreichen Geist. „Du hast meine Worte richtig verstanden!", rief Kalchas anerkennend. Zugleich beobachtete er auch günstige Vogelzeichen und zustimmende Donnerschläge des Zeus. „Geht sofort ans Werk, ihr Freunde!", rief er drängend.

Der kunstfertige Epeos übernahm die Leitung. Ihm war Pallas Athene im Traume erschienen. Sie trug ihm auf, das mächtige Ross aus Balken zu zimmern, und versprach ihm ihren Beistand. Eiligst schickten die Atriden[4] in die waldreichen Täler des Idagebirges und ließen die stärksten Fichten fällen. Epeos zimmerte zuerst die Füße des Pferdes, dann den Bauch, fügte darüber den

[1] *Aineias:* auch in den Schreibweisen „Aeneas" oder „Äneas" zu finden

[2] *Troer:* auch „Trojaner", entsprechend existieren nebeneinander „Troia" und „Troja", „troisch" und „trojanisch"

[3] *Achaier/Achäer:* Ehrenname der Griechen, die gegen Troja kämpften

[4] *Atriden:* Nachkommen des Atreus

gewölbten Rücken, die Weichen und zuletzt den Hals mit dem mächtigen Kopfe. Schweif und Haare, Ohren und Augen, nichts fehlte. Nur drei Tage hatte die Arbeit gedauert. Staunend stand das ganze Heer vor der Schöpfung des Künstlers.

„Jetzt gilt es, ihr Führer des Danaervolkes[1]!", rief Odysseus. „Mehr Mut gehört dazu, in dieses Versteck zu kriechen, als dem Tode in offener Feldschlacht zu trotzen! Darum, wer sich zu den Tapfersten zählt, der entscheide sich für dieses Wagnis! Die andern mögen vorerst zum Scheine abfahren und sich außer Sichtweite halten! Ein mutiger Jüngling aber soll zurückbleiben, wie ich geraten habe!"

Sinon hieß der Waffengefährte, der dazu bereit war. Dreißig Helden aber, voran Neoptolemos, dann Menelaos, Diomedes, Odysseus und viele andere berühmte Kämpfer, stiegen in voller Waffenrüstung in den geräumigen Leib des Riesentieres. Zuletzt stieg Epeos, der das Wunderpferd gebaut hatte, hinein, zog die Leiter ein und schloss von innen den Riegel.

Die andern Griechen aber steckten die Zelte und alles Lagergerät in Brand; unter Agamemnons und Nestors Führung brachen sie mit den Schiffen auf und verließen die Küste. Mit ungläubigem Staunen hatten die Trojaner von der Mauer aus alle Vorbereitungen für die Abfahrt beobachtet. Wirklich, der Feind, der sie zehn Jahre lang bedroht hatte, war plötzlich verschwunden!

Aber eines konnten die Trojaner nicht sehen: Die Griechenschiffe gingen außer Sichtweite hinter der Insel Tenedos, die der Küste vorgelagert ist, vor Anker. Die Krieger stiegen an Land und warteten mit Spannung auf die verabredeten Feuerzeichen.

Voll Freude öffneten die Trojaner ihre Tore und strömten in Scharen über das Schlachtfeld dem Ufer zu. […]

Staunend umstanden sie das große hölzerne Pferd. Welch gewaltiger Bau! Was sollte man mit dem seltsamen Wunderwerke anfangen? Sollte man es in die Stadt schaffen und als Siegesdenkmal für alle Zukunft auf der Burg aufstellen? Sollte man es ins Meer stürzen oder verbrennen? Erregt gingen die Meinungen hin und her. Da trat mit eiligen Schritten Laokoon, Apollons Priester, mitten unter das Volk. „Was für ein Wahnsinn treibt euch, ihr Toren!", rief er schon von weitem. „Glaubt ihr etwa, die Achaier seien wirklich abgefahren? Glaubt ihr, es gebe ein Danaergeschenk, das ohne List und Ränke[2] ist? Kennt

[1] *Danaervolk:* „Danaer" ist ein Gesamtname für die griechischen Stämme

[2] *Ränke:* hinterhältige Anschläge, Intrigen

ihr den Odysseus denn so schlecht? Entweder birgt das Ross irgendeine Gefahr, oder es ist eine Kriegsmaschine, die gegen unsere Stadt gerichtet ist. Trauet dem Pferde nicht, ihr Troer! Was es auch sein mag: Ich fürchte die Danaer – besonders, wenn sie uns Geschenke bringen!"

Da entdeckten Hirten den zurückgelassenen Sinon, der sich versteckt gehalten hatte, und schleppten ihn vor Priamos[1]. Das troische Kriegsvolk eilte neugierig herbei. Waffenlos, mit gefesselten Händen und wirrem Haare, stand der Gefangene vor dem König. Er verstand es vortrefflich, die Rolle zu spielen, die Odysseus ihm aufgegeben hatte. Flehend streckte er die Arme zum Himmel und dann wieder zu den Umstehenden, und unter Schluchzen rief er aus: „Weh mir Armem! In welchem Lande, auf welchem Meere soll ich Schutz suchen! Ich leugne nicht, ein Grieche zu sein; aber meine Landsleute haben mich ausgestoßen, und die Troer werden mich jetzt ohne Erbarmen töten!"

Neugierig lauschte man seinen Worten. „Schon lange", berichtete Sinon, „waren die Achaier des hoffnungslosen Krieges müde, und schon längst sannen sie auf Heimfahrt. Wie einst in Aulis aber hemmten widrige Winde ihre Reise, und auch jetzt forderte Kalchas einen Griechen als Opfer. Er hasst mich, der Seher, und so benannte er mich als denjenigen, dessen Blut die Götter forderten. Schon war der Schreckenstag gekommen, schon hatte man das Opfer vorbereitet, da konnte ich meine Fesseln zerreißen und entfliehen. Ich verbarg mich im Schilfrohr des Sumpfes, bis sie abgesegelt waren."

Mit solchem Lügen verstand es der schlaue Späher, die Trojaner zu täuschen. Sie ließen sich davon überzeugen, dass er die Wahrheit spreche und nichts Feindliches im Schilde führe. „Ich bin in eurer Hand, ihr Troer", sagte er ergeben, „und von euch hängt es ab, ob ihr mir in eurer Großmut das Leben schenken oder mir den Tod geben wollt, mit dem mich meine eigenen Landsleute bedrohten."

Mitleid ergriff die Angesprochenen; der greise Priamos ließ ihm die Fesseln abnehmen und sprach ihm freundlich zu. „Du sollst bei uns eine sichere Zuflucht finden, Sinon, doch vorher lass uns noch wissen: Weshalb erbauten die Griechen dieses mächtige Ross? Ist es ein Bild zu Ehren der Götter? Ist es ein Kriegs-

[1] *Priamos:* König von Troja

Statue der Göttin Pallas Athene, 7. Jh. v. Chr.

werkzeug, mit dem unsere listigen Feinde uns noch nach ihrer Abfahrt vernichten wollen?“

Sinon, der Meister der Heuchelei, scheute sich nicht, die Götter zu Zeugen anzurufen, als er mit seinen Lügen fortfuhr: „So wisset, dass die Achaier den Zorn ihrer Schutzgöttin Pallas Athene erregt haben. Das Pferd, das ihr hier errichtet seht, soll ein Weihgeschenk für die Göttin sein, um ihren Zorn zu versöhnen. Und so mächtig groß und breit haben sie es gebaut, damit ihr es nicht durch eure Tore bringen könnt. Denn ist es erst einmal innerhalb der Mauern eurer Stadt, so würde Athene euch noch mehr als bisher ihren Schutz spenden. Höret aber, worauf die arglistigen Achaier hoffen: Ihr sollt euch an dem geheiligten Rosse vergreifen, denn dann wäre der Untergang eurer Stadt gewiss!“ […]

Da eilte ein Teil der Trojaner der Stadt zu und schlug eine Bresche in die Mauer, ein anderer fügte Rollen unter die Füße des Rosses, wieder andere drehten gewaltige Seile aus Werg[1] und warfen sie dem hölzernen Riesentier um den Hals. […]

Die halbe Nacht hindurch überließen sich die Trojaner der Freude, endlich von aller Bedrängnis frei zu sein. Alles ergab sich festlichem Schmause, sang und lauschte der Musik. Immer wieder wurden die Becher gefüllt, bis die Trinker die Müdigkeit übermannte.

Endlich sanken auch die letzten in tiefen Schlaf, überwältigt von dem Geschehen des Tages und der lärmenden Feier. Da erhob sich Sinon, der wacker mit den Trojanern gezecht und sich zuletzt schlafend gestellt hatte, von seinem Lager. Er schlich hinaus zum Stadttor, zündete eine Fackel an und gab damit zur Insel Tenedos hinüber das verabredete Zeichen. Ebenso leise begab sich der Späher sodann zum hölzernen Pferde und klopfte an den mächtigen Bauch, wie Odysseus ihn geheißen hatte. Mit klopfendem Herzen stiegen die Helden aus der dunklen Höhlung. Sie zogen ihre Schwerter und schlichen durch die Straßen zu den Toren, um die Wächter niederzumachen.

Grässlich war das Gemetzel, das dann unter den schlaftrunkenen, weinberauschten Trojanern anhob, die sich nur schwach zur Wehr setzen konnten. Feuerbrände wurden in die Wohnungen geschleudert, und bald loderten ringsumher die Häuser. Zu gleicher Zeit trieb ein günstiger Wind die Flotte der Griechen in den Hafen. Ihr Heer stürmte durch die breite Mauerlücke, durch die tags zuvor das Ross hineingezogen worden war, in die Stadt. […]

Hoch hinauf bis zum Äther stieg die Flammensäule und verkündete den Bewohnern der Inseln und den Schiffen ringsum den Untergang der unglücklichen Stadt Troja.

[1] *Werg:* Flachs, Hanfabfall

Wer war Homer?

2

Aufgaben: Seite 45

HOMER (um 800 v. Chr.)

Die griechischen Fürsten in den Küstenländern Kleinasiens liebten es, sich bei ihren Hoffesten von Sängern unterhalten zu lassen, die zugleich Dichter und Rezitatoren waren. Die Dichtungen, die sie vortrugen, handelten vom Leben der Götter, von Kriegstaten und Heldengestalten. Bald schlossen sie sich um zwei gewaltige Stoffe: den Krieg um Troja (= Ilion), dem ein bedeutendes geschichtliches Ereignis zugrunde lag, wie es Schliemanns Ausgrabungen später bewiesen, und die abenteuerliche Heimfahrt des griechischen Fürsten Odysseus. Diese Stoffe liegen uns in zwei Epen von je vierundzwanzig Gesängen unter den Namen „Ilias" und „Odyssee" vor. Es ist möglich, dass die beiden großen Werke von einem einzigen Dichter geschaffen wurden. Es kann aber auch sein, dass alte, schon vorhandene Einzeldichtungen verwendet und eingebaut wurden. Die Griechen selbst haben alles, was vielleicht eine ganze Dichtergeneration geschaffen hat, dem einen Namen Homer zugeschrieben. Wer Homer war, wissen wir nicht. Hat er gelebt, so ist der Schluss erlaubt, dass er etwa um 800 v. Chr. im kleinasiatischen Kolonialland gewirkt hat. Die Griechen fügten seiner Gestalt einen tiefbewegenden Zug hinzu: Da sie annahmen, der Dichter habe in dem des Augenlichts beraubten Sänger Demodokos in der Odyssee sich selbst nachgebildet, glaubten sie, Homer sei blind gewesen.

Homer. Römische Kopie nach dem griechischen Original von 469/450 v. Chr.

Die homerischen Gesänge wurden in der klassischen Zeit zur Bibel der Griechen, ja in Athen lernten die Schüler an ihnen nicht nur Religionskunde, sondern auch Lesen und Schreiben ihrer Muttersprache, Geschichte und Erdkunde. Alle vier Jahre wurden sämtliche Gesänge bei den großen Festspielen (Panathenaien) vorgelesen.

Attische Augenschale des Exekias (um 530 v. Chr.): Meerfahrt des Dionysos

Die „Odyssee“ des Odysseus

3

Aufgaben: Seite 45

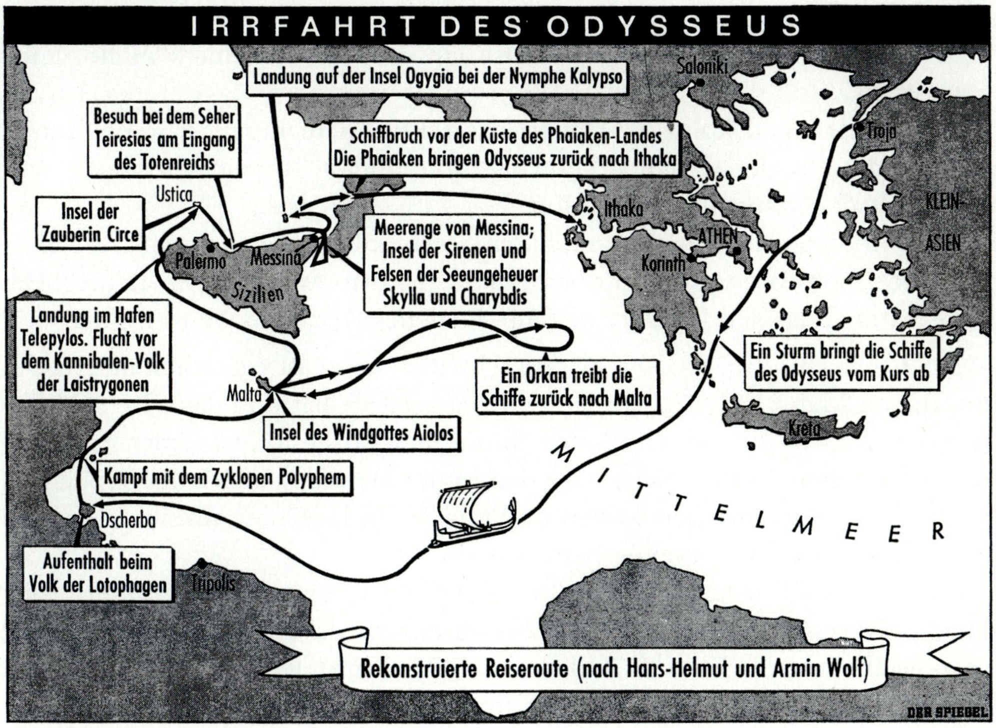

Sharon Creech

Mary Lou Finney liest die „Odyssee“

4

Aufgaben: Seite 45

Nicht nur der zeitgenössische italienische Autor Luciano de Crescenzo hat Homers großes Werk erneut gelesen und den Inhalt auf seine Art kommentiert, auch eine dreizehnjährige amerikanische Schülerin hat sich ihre Gedanken zur „Odyssee“ gemacht, jedenfalls in Sharon Creechs vergnüglichem Roman „Das total normale Chaos“.
Mary Lou Finney muss nämlich während der Sommerferien als Hausaufgabe Homers „Odyssee“ lesen und ein Tagebuch führen. Zu Besuch ist ihr Cousin Carl Ray.

Ich habe heute versucht, die *Odyssee* zu lesen, aber mehr als die ersten paar Seiten habe ich nicht geschafft. Dieser Homer hat echt einen komischen Stil. Das ist der Anfang: „Sage mir, Muse, die Taten des viel gewanderten Mannes, welcher so weit geirrt nach der heiligen Troja Zerstörung.“ Klingt das nicht ziemlich übertrieben?

Zum Glück wusste ich aus dem Englischunterricht, was eine Muse ist. Eine Muse ist eine Göttin, die rumsitzt und die Leute inspiriert. Wenn man eine Geschichte erzählen will und sich nicht inspiriert fühlt, dann kann man die Muse um Hilfe bitten. Homer brauchte offenbar gleich von Anfang an Unterstützung. Wenn ich Homer wäre, hätte ich das wahrscheinlich nicht gleich zugegeben.

Und außerdem gefällt mir die Hauptperson der Geschichte nicht so besonders, dieser Odysseus, der als „Held“ und als „göttergleich“ bezeichnet wird – weil er eine Stadt zerstört hat. Mein Gott!

Homer drückt sich überhaupt ziemlich geschraubt aus. Er schreibt zum Beispiel nicht „obwohl er sich sehr bemühte“, sondern „wie eifrig er strebte“. Das erinnert mich an den Prediger in Tante Radenes Kirche in West Virginia.

Was ich aus dem Anfang der Odyssee schließen kann, ist eigentlich nur, dass es um diesen Mann Odysseus geht, der Troja zerstört hat und dann nach Hause fahren will, aber die ganzen Götter bestimmen, ob sie ihn zu seiner Frau fahren lassen sollen. Dann erfährt man, dass in der Heimat jede Menge Typen sich an die Ehefrau ranmachen wollen und nur darauf lauern, wann sie sie endlich heiraten können. Wie in einer Seifenoper!

Ich finde es total irre, wie diese Götter alles entscheiden. Da ist dieser große Held Odysseus, und alles, was er tut, das tut er, weil die Götter beschließen, dass es so geschehen soll. Es ist so ähnlich wie bei Schriftstellern und ihren Figuren.

Ich habe gestern Nachmittag das zehnte Buch der Odyssee gelesen. […]

Dann fahren sie zu einer anderen Insel, auf der Kirke lebt, und sie verwandelt alle (außer Odysseus, der selbstverständlich viel zu schlau ist) in Schweine (manchmal übertreibt dieser Homer aber wirklich!).

Am Ende bleiben Odysseus und seine Schweinemänner ganze zwölf Monate bei Kirke.

Carl Ray hat sich im Wohnzimmer von hinten an mich rangeschlichen, als ich die Odyssee gelesen habe. Er wollte wissen, wie weit ich bin. Als ich sagte: „Bei Kirke und den Schweinen“, meinte er: „Ach ja, zehntes Buch.“ Das hat mich echt verblüfft. Und als ich sagte, ich finde das ziemlich übertrieben, dass die Männer in Schweine verwandelt werden, meinte er: „Na ja, das ist eben eine Metapher.“

Abends, als wir ins Kino gingen (Beth Ann und Carl Ray wollten Minigolf spielen), fragte ich Alex, was er von Carl Rays These hält. Offenbar wusste er das schon alles. Er sagte: „Klar, die ganzen Fahrten sind Metaphern. Die Irrfahrten sind wie das Leben. Man will immer irgendwie nach Hause kommen (ehrlich wahr?), und dann erlebt man dauernd solche Abenteuer.“ Und so weiter.

Ich wusste gar nicht, dass Alex im Englischunterricht überhaupt aufpasst. Eigentlich bin ich doch diejenige, die gut in Englisch ist. Ich kam mir ganz schön blöd vor. Aber die Odyssee gefällt mir jetzt um einiges besser.

Luciano de Crescenzo, Der Listenreiche *(Seite 37)*

Was macht nach Ansicht des Autors einen „wahren Mann" im Unterschied zu den „anderen Helden" aus? Diskutiert diese Meinung.

1 *aus dem homerischen Sagenkreis,* Das Trojanische Pferd *(Seite 38)*

1. Schau in einem Geschichtsbuch für Jugendliche deines Alters nach, wo dort der Trojanische Krieg erwähnt wird. Ordne ihn zeitlich ein, informiere dich über seine Entstehung und seinen Verlauf bis zum „Trojanischen Pferd".
2. Laokoons Satz „*Ich fürchte die Danaer – besonders, wenn sie uns Geschenke bringen*" hat zum Begriff „Danaer-Geschenk" geführt; ein Begriff, den man auch außerhalb der griechischen Sagenwelt verwendet. Umschreibe, was für eine Art von Geschenk damit wohl gemeint ist.
3. Finde heraus, welche der im Auftakttext beschriebenen Eigenschaften des Odysseus durch den Sagenausschnitt bestätigt werden.
4. Die Forschung hat inzwischen herausgefunden, dass diese Sagen vielleicht gar nicht vom Dichter Homer stammen. Sammle Informationen zu Homer aus dem Internet und vergleiche „deine Funde" mit den Informationen aus Text 2.

2 Wer war Homer? *(Seite 42)*

1. Erkläre mithilfe des Textes, warum die Kapitel der „Odyssee" als „Gesänge" bezeichnet werden.
2. Vorschlag für ein Referat (☞ S. 185): Leben und Werk Heinrich Schliemanns.

3 Die „Odyssee" des Odysseus *(Seite 43)*

1. Beschreibe die Grafik so, dass jemand, der die Abbildung nicht sehen kann, ihre Informationen mitgeteilt bekommt.
2. Lest arbeitsteilig die Abenteuer des Odysseus, die auf der Karte Schauplätzen zugeordnet sind, in einer Sagensammlung nach und erzählt sie euren Mitschülern.

4 *Sharon Creech,* Mary Lou Finney liest die „Odyssee" *(Seite 43)*

1. Informiere dich auf S. 267 darüber, was eine Metapher ist. Überlege, ob die dort gegebene Definition auf die „Odyssee" anwendbar ist.
2. Diskutiert, ob euch Carl Rays und Alex' Interpretationen einleuchten.
3. Überlegt, warum Mary Lou wohl die „Odyssee" besser gefällt, nachdem sie sich mit ihren Freunden über die Bedeutung der dort geschilderten Ereignisse unterhalten hat.
4. Ermittelt die Bedeutung des umgangssprachlichen Ausdrucks „jemanden bezirzen" und erklärt seine Herkunft.

Inhaltsangabe/Textzusammenfassung

Arten und Aufgaben von Inhaltsangaben

Die 13-jährige Isabelle verbringt ihre Ferien bei Verwandten in Südfrankreich. Bei einem Ausflug findet sie zusammen mit ihren Vettern und ihrer Cousine den Eingang zu einer eiszeitlichen Höhle. Darin entdecken die Jugendlichen 20 000 Jahre alte Zeugnisse der Cromagnon-Menschen: Skelette, Werkzeuge und wunderschöne Höhlenbilder! Doch dann geschieht etwas Entsetzliches! Durch einen Erdrutsch wird Isabelle von den anderen abgeschnitten …

Von der Entstehung der Welt, von Herakles, den Argonauten, von Theseus und von Oedipus und seinem Geschlecht, vom Trojanischen Krieg, dem Schicksal der Tantaliden und den Irrfahrten des Odysseus erzählen die schönsten Sagen des klassischen Altertums.

Gustav Schwab hatte sie im 19. Jahrhundert herausgegeben, und Richard Carstensen ergänzte und bearbeitete sie nach dem neuesten Forschungsstand und gab ihnen eine klare, kraftvolle Sprache.
Die Helden, Götter und Naturgottheiten der Griechen waren die Leitbilder der antiken Völker und beeinflussten nachhaltig die spätere europäische Kultur. Dichter und Komponisten der Vergangenheit und der Gegenwart von Goethe bis Anouilh und von Händel bis Orff bedienten und bedienen sich noch immer des vielfältigen Stoffes.

Ein Buch, für Jugendliche verständlich, aber auch für Ältere interessant.

15.25 Die Abenteuer des Odysseus (2). (USA, 1996). Kampf um ein Königreich. Mit Armand Assante, Greta Scacchi. Nach einer zwanzigjährigen Irrfahrt kehrt Odysseus nach Hause zurück. Als Bettler verkleidet, kämpft er um die Hand von Penelope. Monumentalschinken, frei nach Homer …

1. Zählt auf, wo sich überall Texte wie diese finden.
2. Entscheide für jedes der Beispiele: Welche Absicht verfolgt der Verfasser oder die Verfasserin? Wie erreicht der Verfasser oder die Verfasserin die gewünschte Wirkung?
3. Sammle weitere Beispiele für Inhaltsangaben. Diskutiert, wie diese auf euch wirken.

Die Inhaltsangabe informiert darüber, worum es in einer Geschichte geht, egal, ob diese Geschichte als Text oder als Film vorliegt. Bei Texten spricht man manchmal auch von Textzusammenfassung.
Wer eine Inhaltsangabe schreibt, verfolgt meist eine der folgenden **Absichten**: Information, Werbung, Kritik.
Wer werben, also den Leser oder die Leserin bewegen will, das Buch zu kaufen bzw. den Film anzuschauen, lässt positive Urteile einfließen und baut meist Spannung auf, indem er das Ende offenlässt. Wer Kritik üben, also von der Lektüre oder dem Filmbesuch eher abraten will, macht dies dadurch deutlich, dass die eigene negative Meinung ausdrücklich aufgenommen wird. Dies geschieht manchmal, indem Buch oder Film lächerlich gemacht werden. Wer informieren will, äußert sich möglichst neutral.

In unserem Kapitel geht es von jetzt ab nur noch um eine bestimmte Art der Inhaltsangabe: die sachlich informierende.

Merkmale der Inhaltsangabe

Ein Gespräch

Paul ist in den Osterferien bei seiner Cousine Anna in München zu Besuch. Sie besichtigen die Residenz. Vor einem der großen Wandgemälde, das hier abgebildet ist, bleibt Paul stehen.

PAUL: Wer? Was?

ANNA: Na klar, er zielt auf die einzige verletzliche Stelle, im Nacken, dort, wo kein Drachenblut hingekommen ist.

PAUL: Jetzt verstehe ich auch nicht mehr. Ist wohl eine Fantasy-Geschichte von anno dazumal?

ANNA: Nein, ich kenn' die Geschichte aus der Schule, da haben wir das Nibelungen-Lied gelesen. Hätte nie geglaubt, dass ich das noch mal brauchen kann. Also, im Grunde geht's um Folgendes: Angefangen hat alles damit, dass … blablabla … [5 Minuten später] Paul, wo bist du denn geblieben?

PAUL: Ich bin eben nicht du.

ANNA: Warum bist du denn weggelaufen? Die Geschichte ist echt interessant. Ich wollte erst gar nicht weiterlesen, aber dann habe ich doch das Buch in zwei Nachmittagen durchgelesen. Das Bild ist ja vielleicht etwas altmodisch, aber ich habe mir den Siegfried beim Lesen immer vorgestellt wie den … im Film … Paul, wo bist du denn jetzt schon wieder? Was ist denn nun los?

1. Anna versucht zweimal, Paul den Inhalt der auf dem Bild dargestellten Geschichte zu erklären. Beide Versuche scheitern. Warum wohl?

2. Überlegt, welche Fehler Anna gemacht hat. Arbeite dazu heraus, was Anna über sich selbst und was sie über die auf dem Bild dargestellte Handlung verrät.

Eine Inhaltsangabe muss alle Informationen enthalten, die für das Verständnis des Verlaufs einer Geschichte notwendig sind. Vor allem müssen alle **W-Fragen** (wer? wo? wann? ...) – sofern möglich – beantwortet werden. Sehr wichtig ist es auch, die **Zusammenhänge** deutlich zu machen (warum? zu welchem Zweck?). Die Inhaltsangabe muss so geschrieben sein, dass sie aus sich heraus verständlich ist, nichts voraussetzt und keine Rückfragen nötig sind.

Die Inhaltsangabe ist deutlich **kürzer** als die Vorlage. Alle ausschmückenden Passagen, die zum Verständnis des Handlungsverlaufs nicht notwendig sind, werden zusammengefasst oder entfallen ganz.

Eine **sachliche** Inhaltsangabe schließt Spannung ebenso aus wie persönliche Bewertungen und Kommentare.

Einem Text das Wichtigste entnehmen

Der folgende Sagentext erzählt von den Anfängen der Geschichte, die zu der Ermordungs-Szene auf dem Bild führte.

Vom Fluch, der auf dem Golde liegt

Odin, Hönir und Loki, die Götter, gingen miteinander über Land. Da sahen sie auf einer Felsklippe am Rande eines norwegischen Wasserfalles einen Fischotter liegen, der gierig einen Lachs verspeiste. Loki tötete das Tier durch einen Steinwurf. Die Götter luden ihre Beute auf und gingen weiter. Sie kamen an das Gehöft des zauberkundigen Riesen Hreidmar und baten ihn um ein Nachtlager. Es wurde ihnen gewährt. Als die Götter schliefen, rief Hreidmar seine Söhne Regin und Fafnir und sprach zu ihnen: „Habt ihr den toten Otter gesehen, den unsere Gäste bei sich haben? Das ist niemand anders als Otr, mein Sohn und euer Bruder, der es liebte, in dieser Gestalt den Lachsen nachzustellen. Nun hat er von der Hand der Götter ein schlimmes Ende gefunden. Wir aber wollen Rache für ihn nehmen.“ Die Riesen gingen an das Lager der schlafenden Götter und fesselten sie mit unzerreißbaren Stricken. „Nun sollt ihr euer Leben verlieren“, sagte Hreidmar, „denn ihr habt mir meinen Sohn erschlagen.“ Die Götter boten den Riesen Buße für den Erschlagenen. Da zog Hreidmar dem Otter das Fell ab und sprach: „Füllt mir diesen Balg mit Gold, dass er aufrecht steht, und beschüttet ihn von außen so mit Gold, bis kein Härchen mehr zu sehen ist. Wenn ihr das getan habt, sollt ihr frei sein. Andernfalls verliert ihr das Leben.“ „Du verlangst Unmögliches“, sprach Odin; aber Loki, der Listenreiche, sagte: „Lasst mich nur machen“, und ging in das Land der Nibelungen. Das waren Zwerge, die wohnten in Niflheim am nördlichen Rande der Welt und hüteten in den Bergen unermessliche Schätze. Loki sagte zu Andwari, ihrem König: „Ich brauche den Schatz, den ihr Nibelungen verborgen haltet. Wenn du ihn nicht auf der Stelle herausgibst, bringe ich dich um.“ So gezwungen führte Andwari den Gott zu dem Schatz. Da lagen Berge von Helmen, Schalen und Bechern ganz aus rotem Gold. Da flammten purpurne Helmbänder, mit Granat[1] und Edelsteinen besetzt. Da waren Halsringe, Armreifen und Fingerringe aus schmalen Goldbändern, zwischen denen geschliffene Steine: Tür-

Adlerfibel, ca. 1. Hälfte 6. Jh.

Helm, um 520

[1] *Granat:* weinroter Edelstein

kis, Karfunkel, Perlmutter oder Bernstein schimmerten. Da gab es große Fibeln[1], Gürtelschnallen und Gewandnadeln in Form von Tieren: von Adlern und Drachen aus kleinen goldenen Zellen, die mit blitzendem Gestein gefüllt waren. Da gleißten Schwerter mit Griffen aus Gold, besetzt mit kostbaren Steinen. Loki lud den ganzen Schatz in einen riesigen Sack, und als er damit fertig war, sprach er zu Andwari: „Nun sei so gut und gib mir auch noch den Ring, den du am Finger hast.“ Es war dies nur ein kleiner, unscheinbarer Ring, aber in dem Ring war ein besonderer Zauber. Wer ihn trug, dem wuchs immer neuer Reichtum zu. Der Zwerg wollte den Ring, der mehr wert war als alle anderen Schätze zusammen, nicht abgeben. Aber Loki fasste ihn beim Bart und zwang ihm auch noch den Ring ab. Vor Zorn bebend rief da Andwari einen schrecklichen Fluch über das Gold: „Zum Verderben nahmst du mir den Schatz, zum Verderben den Ring, und wer je ihn besitzt, der soll darum erschlagen werden. Niemand soll Freude haben an dem Gold bis an den Tag, da alles wieder mein ist.“ Loki aber höhnte: „Fluchen ist die Art der Schwächlinge.“ Dann nahm er das Gold auf den Rücken, steckte den Ring an den Finger und ging davon.

Er brachte das Gold dem Riesen. Der stopfte so viel in den Otterbalg, wie nur hineingehen wollte. Dann bedeckten die Götter den Balg von außen mit Gold. Hreidmar ging immer rund um den Balg herum und entdeckte immer noch eine Stelle, an der er noch ein Haar von dem Otter sah, bis der ganze Schatz vertan war und nicht mehr übrig als der Ring an Lokis Finger; den hätte der Riese allzu gern auch noch gehabt. Er sah den Otterbalg von allen Seiten an und endlich entdeckte er noch die Spitze eines Barthaares. Da musste Loki sehr gegen seinen Willen den Ring abgeben, damit die Stelle bedeckt würde. Nun ließ Hreidmar die Götter frei. Unter der Türe wandte Loki sich noch einmal um und sprach zu dem Riesen: „Ich möchte dir nur sagen, dass Andwari einen Fluch auf das Gold legte. Der wird nun über dich kommen als Lohn deiner Habsucht.“

„Darum mach du dir keine Sorge“, erwiderte Hreidmar, „du ärgerst dich ja bloß über die Buße.“

Als die Götter hinweg waren, begann Hreidmar das Gold in eine große Truhe zu legen. Da kamen seine Söhne Regin und Fafnir und wollten auch etwas mit haben. Aber Hreidmar verweigerte es ihnen. Da gingen seine Söhne murrend hinaus und in der Nacht nahm Fafnir ein Beil und erschlug den Vater im Schlaf. Am Morgen sprach Regin zu Fafnir: „Nun lass uns das Gold redlich teilen.“ Da lachte Fafnir höhnisch: „Das hast du gedacht! Wer hat denn den Mord vollbracht? Ich ganz allein und mir allein gehört der Schatz. Mach, dass du fortkommst, oder es ergeht dir, wie es Hreidmar erging.“ Da floh Regin. Fafnir aber verwandelte sich in einen bösen Drachen und schleppte das Gold weit fort bis nach Ungarn. Dort verbarg er es auf der Gnitaheide in einer Höhle und deckte es mit seinem Bauche. Regin umschlich die Höhle und sah, dass er allein gegen den Bruder nichts vermochte. Er machte sich auf die Wanderschaft um einen zu suchen, der keine Furcht kenne.

[1] *Fibel:* eine Art Sicherheitsnadel, zugleich Schmuckstück

Eine mögliche Inhaltsangabe könnte so aussehen:

Inhaltsangabe

In der Sage „Vom Fluch, der auf dem Golde liegt“ gehen drei Götter in Norwegen über Land und töten einen Fischotter. Sie bitten am Abend um eine Übernachtungsmöglichkeit bei einem Riesen namens Hreidmar und dessen Söhnen Regin und Fafnir.

Weil das Tier in Wirklichkeit ein weiterer Sohn Hreidmars war, der sich zum besseren Fischfang in einen Otter verwandelt hatte, wollen die Riesen Rache nehmen. Um ihr Leben zu retten, gehen die Götter auf die Bedingungen der Riesen ein: Das abgezogene Fell des toten Otters soll mit Gold ausgestopft und dann von außen so mit Gold umschüttet werden, dass kein Härchen des Tiers mehr zu sehen ist.

Einer der Götter geht, um das Gold zu besorgen, in das Land der Nibelungen, das sind Zwerge, die unermessliche Reichtümer hüten. Er entwendet dem Zwergenkönig die Schätze, indem er ihn seinerseits mit dem Tod bedroht.

Sogar einen kleinen Ring muss der Zwergenkönig hergeben, den er erst zurückgehalten hat, weil dieser immer neuen Reichtum verschafft. In seinem Zorn verflucht der Zwerg die Beute: Wer das Gold besitzt, soll keine Freude daran haben. Wer den Ring hat, soll deswegen erschlagen werden.

Mit den Schätzen schaffen es die Götter, den Otter fast vollständig zu bedecken. Als die Riesen auch noch den Ring für eine kleine Ritze haben wollen, weist einer der Götter auf den Fluch hin, den die Riesen jedoch ebenso missachten, wie es die Götter zuvor getan haben.

Nachdem die so befreiten Götter gegangen sind, weigert sich Hreidmar, seinen Söhnen etwas von dem Gold abzugeben, und wird deshalb von Fafnir erschlagen. Fafnir, der wiederum seinem Bruder nichts abgeben will, verschleppt den Schatz ins ferne Ungarn, versteckt ihn in einer Höhle und bewacht ihn in Gestalt eines furchtbaren Drachens. Regin aber macht sich auf die Suche nach einem Helfer, der keine Furcht kennt und den Drachen besiegen kann.

1. Wie kommt man von einem Text zu so einer Inhaltsangabe? Zunächst einmal: Lass dir von deiner Lehrkraft ein Arbeitsblatt mit der Sage geben. Zeichne ein, wo jeweils ein Sinnabschnitt endet. Die Aufgabe ist in diesem Fall nicht allzu schwierig:

Jeder Absatz in der vorgegebenen Inhaltsangabe entspricht einem Sinnabschnitt des Sagentextes. Überprüfe am gegliederten Sagentext die Aussage des folgenden Kastens.

Sinnabschnitte liegen in der Regel dann vor, wenn eine neue Person auftritt, wenn ein Zeitsprung vorliegt, der Schauplatz gewechselt wird, die Handlung eine Wendung nimmt oder eine Handlung neu einsetzt.

2. Unterstreiche auf deinem Textblatt die wichtigsten Informationen. Wieder kann dir die vorgegebene Inhaltsangabe als Hilfestellung dienen. Das sieht dann etwa so aus:

Odin, Hönir und Loki, die Götter, gingen miteinander über Land. Da sahen sie auf einer Felsklippe am Rande eines norwegischen Wasserfalles einen Fischotter liegen, der gierig einen Lachs verspeiste. Loki tötete das Tier durch einen Steinwurf. Die Götter luden ihre Beute auf und gingen weiter. Sie kamen an das Gehöft des zauberkundigen Riesen Hreidmar und baten ihn um ein Nachtlager. Es wurde ihnen gewährt. Als die Götter schliefen, rief Hreidmar seine Söhne Regin und Fafnir und sprach zu ihnen: „Habt ihr den toten Otter gesehen, den unsere Gäste bei sich haben?

3. Erstelle mit den Ergebnissen aus den Aufgaben 1 und 2 eine Tabelle in der folgenden Weise:

Abschnitt	Stichworte zum Inhalt
Z. 1–8	Schauplatz: Norwegen Götter töten Otter, kehren bei Riesen ein
...	

METHODE M

Exzerpieren, einen Stichwortzettel anlegen

Etwas aus einem Buch herausschreiben, nennt man exzerpieren (lat. *excerpere* = herausnehmen, auslesen). Was man dem Text entnimmt, hängt davon ab, welche Informationen für das Ziel, das man verfolgt, wichtig sind. Wichtig für das Ziel „eine Inhaltsangabe schreiben" sind z. B. alle Informationen, die man braucht, um die Geschichte zu verstehen. Dazu gehören Antworten auf die W-Fragen. Einzelheiten, die z. B. die Spannung steigern oder das Geschehen ausschmücken, sind meist nicht wichtig. Eine besonders übersichtliche Form des Exzerpts ist der Stichwortzettel, auf dem einzelne Wörter oder Kurzsätze tabellarisch festgehalten werden.

4. Übe diese Einteilung in Abschnitte, das Unterstreichen der wesentlichen Informationen und das stichwortartige Exzerpieren an einer Kopie der folgenden Sage.

Wie Siegfried den Drachen erschlug

Regin kam an den Niederrhein ins Land der Franken. Dort herrschte in der Stadt Xanten eine Königin mit Namen Sieglind. Sie war die Witwe des Königs Siegmund. Der Sohn Siegmunds und Sieglinds war Siegfried. Er war noch ein Knabe, als Regin an den Hof kam und als Waffenschmied in den Dienst der Königin trat. Nach Knabenart kam Siegfried oft in die Schmiede und schaute Regin bei der Arbeit zu. Einmal gab Regin ihm den Hammer in die Hand und ließ ihn schmieden. Siegfried tat einen einzigen Schlag auf den Amboss, der war so gewaltig, dass der Amboss sogleich tief in den Boden hineinfuhr. Da dachte Regin: „Ich habe den Richtigen gefunden." Eines Tages kam Siegfried und brachte dem Schmied die Stücke eines Schwertes. „Ich fand es in der Kammer meiner Mutter, schmiede es mir wieder zusammen", bat er. Das tat Regin. Es war aber Siegmunds Schwert Balmung, das in Siegmunds letztem Kampf zersprungen war. Als Regin die Trümmer zusammengeschmiedet hatte, schlug Siegfried mit dem Schwert auf den Amboss und spaltete ihn.

Da sprach Regin zu Siegfried: „Hast du Mut? Ich weiß eine Tat für einen Helden, der keine Furcht kennt. Auf der Gnitaheide liegt Fafnir, der Drache, auf einem unermesslichen Schatz. Da ist so viel Gold, dass man die ganze Welt dafür kaufen könnte." „Ich kenne keine Furcht", rief Siegfried, „ich will den Drachen töten."

Heimlich verließen Regin und Siegfried das Land und zogen ostwärts zur Gnitaheide. Siegfried ritt auf seinem schnellen Ross Grani. Nicht weit von der Höhle, in der Fafnir auf seinem Golde lag, war eine Quelle. Dorthin kroch der Drache jeden Morgen, um

Wilhelm von Kaulbach, Siegfrieds Kampf mit dem Drachen (1883)

zu trinken. Man sah deutlich seine Spur. Mitten auf dem Wege machte Regin eine Grube, Siegfried setzte sich hinein und hielt Balmung auf den Knien. Regin verdeckte die Grube mit Reisig und verbarg sich dann in der Heide. Als der Drache ahnungslos von seiner Höhle zur Tränke kroch und über die Grube fuhr, stieß Siegfried ihm von unten das Schwert in den Leib. Der tödlich getroffene Wurm schlug mit Haupt und Schweif gewaltig um sich, dass die Bäume um ihn her zersplitterten. Flammen spie er aus seinem Munde. Aber es half ihm alles nichts. Als er Siegfried erblickte, der aus der Grube gesprungen war, sprach er zu ihm: „Knabe, der du mich erschlugst, auf dass der Fluch erfüllet werde, höre: Auch dir wird der blutrote Nibelungenhort[1] den Tod bringen!" Siegfried aber lachte sorglos: „Einmal müssen wir alle sterben. Ich freue mich, dass ich den Schatz erworben habe."

Als Regin von ferne sah, dass Fafnir tot war, kam er eilends heran, schnitt dem Drachen das Herz aus dem Leibe, drückte den Mund an die Wunde und trank das Blut. Dann zündete er ein Feuer an, steckte das Herz an sein Schwert und bat Siegfried: „Brate mir dies Herz, Knabe, und wenn es gar ist, rufe mich, so will ich es essen." Dann legte er sich in den Schatten der Bäume und tat, als ob er schliefe. Aber heimlich bedachte er, wie er Siegfried töten könne; denn er wollte den Schatz allein besitzen.

Siegfried drehte unterdessen arglos das Herz Fafnirs über dem Feuer. Als er dachte, dass es gar wäre, berührte er es mit dem Finger und steckte ihn schnell in den Mund. So kam etwas von dem Herzblut Fafnirs an seine Zunge. Aber das Blut war voll Zauberkraft und Siegfried verstand plötzlich die Sprache der Vögel. Er hörte, wie die Meisen, die auf einem Baume saßen und ihm zusahen, untereinander sagten: „Da sitzt nun Siegfried und brät Fafnirs Herz. Wenn er gescheit wäre, äße er selbst das Herz und badete im Blute des Drachen." „Und dort liegt Regin und überlegt, wie er Siegfried töte." „Wäre Siegfried so schlau, wie er stark ist, dann käme er Regin zuvor." „Er ist leider noch ein Kind! Ich fürchte, wir sehen ihn geschlagen!" Siegfried aber lachte und rief: „Habt Dank, ihr Vöglein, für euern Rat!" Er sprang hurtig auf und schlug Regin den Kopf ab. Dann aß er Fafnirs Herz und badete in dessen Blut. Überall, wohin das Blut kam, wurde er unverwundbar, dass kein Schwert und kein Speer ihn verletzten konnte. Aber der Wind wehte ein Lindenblatt herüber, es fiel ihm zwischen die Schultern, ohne dass er es merkte, und hielt da das Blut fern. So blieb diese eine Stelle verwundbar.

[1] *Hort:* Schatz

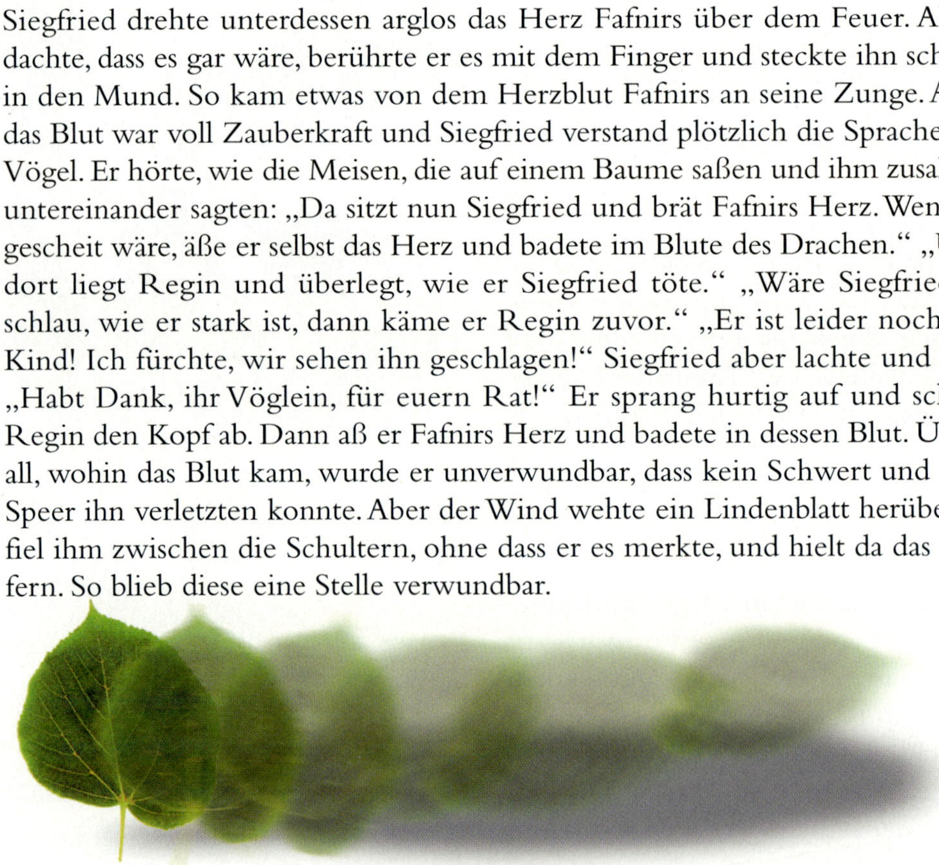

Sprachliche Möglichkeiten der Verkürzung

1. In dem Text „Vom Fluch, der auf dem Golde liegt" (S. 49/50) wurde in allen Einzelheiten beschrieben, woraus das Gold der Nibelungen besteht. In der Inhaltsangabe wurde daraus lediglich „Schätze".
Versuche, auch die folgenden Aufzählungen in ein oder zwei Begriffen oder in einem Satz zusammenzufassen:

- Rubine, Smaragde, Diamanten (ein Wort): ?
- rote, grüne, blaue und honigfarbene Steine (zwei Wörter): ?
- Hemden aus arabischer Seide, grün und weiß, hermelinbesetzte Mäntel, Umhänge aus Brokat, mit Edelsteinen bestickte Gürtel (zwei Wörter): ?
- Sie weinte und schrie, riss sich an den Haaren, warf sich auf die Erde und stieß Flüche aus, dass die Räume nur so hallten (ein Satz): ?

2. Manchmal verschwinden bei der Inhaltszusammenfassung auch ganze Nebensätze und tauchen als Adverbiale wieder auf.
Beispiel: *„Weil er deswegen sehr zornig war"* wird zu *„in seinem Zorn"* oder *„weil sie nicht mehr hofften, dass sie gerettet würden"* wird zu *„ohne Hoffnung auf Rettung"*.
Kürze soweit möglich:

- Da sie fürchteten, dass die Riesen sich rächten ...
- Weil er habgierig war, plante er, Siegfried zu ermorden.
- Obwohl er furchtlos war, überlegte er doch genau, bevor er etwas tat.
- In der Zeit, als Regin schlief, entdeckte Siegfried, dass das Drachenblut Zauberkraft hatte.

Textverkürzung

Bei der Verkürzung von Texten hilft es,
- für Aufzählungen Oberbegriffe zu finden.
- aus Nebensätzen Adverbiale zu machen.

Auf den Stil der Formulierungen achten

Annas Telefonanruf

Anna erzählt Paul am Telefon, wie die Nibelungensage weitergeht:
Also: Als Siegfried den Drachen und Regin getötet hat, ist auch schon der Zwergenkönig zur Stelle und will den Schatz zurück. Da hat er sich aber geschnitten. Siegfried nimmt ihm sogar noch eine Tarnkappe ab und reitet mit dem Nibelungenschatz im Gepäck und dem verfluchten Ring am Finger davon. Er kommt dann zu einem Berg auf Island, der von einer Feuerwand

umgeben ist, aber er als Held schafft es natürlich, das Feuer zu durchqueren, und dort mittendrinne findet er die Superfrau! Eine sogenannte Walküre, schön und mit übermenschlichen Kräften. Brünhild heißt sie und hat hier verzaubert im Schlaf gelegen und darauf gewartet, dass sie einer erlöst. Irgendwo sind die beiden also füreinander bestimmt. Deshalb verloben sie sich auch. Aber Siegfried will nicht gleich als Ehemann zu Hause vorm Fernseher sitzen, sondern in die Welt hinaus und Kämpfe bestehen. Er schenkt also Brünhild den Ring, zieht los und während seine Verlobte wartet, vergisst Siegfried, diese treulose Tomate, seine Braut. Er verliebt sich stattdessen am Hof der Burgunder in Kriemhild, eine wunderschöne Blondine. Das ist die Schwester des Königs Gunther, der dort herrscht. Eines Tages hört Gunther einen fahrenden Sänger von der Superfrau Brünhilde berichten und will sie gleich zur Ehefrau. Nun gibt's aber ein kleines Problem: Brünhild will nur den als Ehemann akzeptieren, der sie im Zweikampf besiegt. Da kommt es zum ganz fiesen Deal: Siegfried soll Kriemhild bekommen, wenn er Gunther hilft, Brünhild zu besiegen. Und nun kannst du selbst weiterlesen.

1. Welche Stellen in dieser mündlichen Inhaltszusammenfassung wären in einer schriftlichen ganz undenkbar? Begründe jeweils dein Urteil. Suche dazu den Merkkasten, in dem etwas über den verlangten Stil gesagt wird.
2. Versuche, den Text so umzuformulieren, dass du den Stil der Inhaltsangabe möglichst genau triffst.

[1] *Recken:* Krieger, Helden

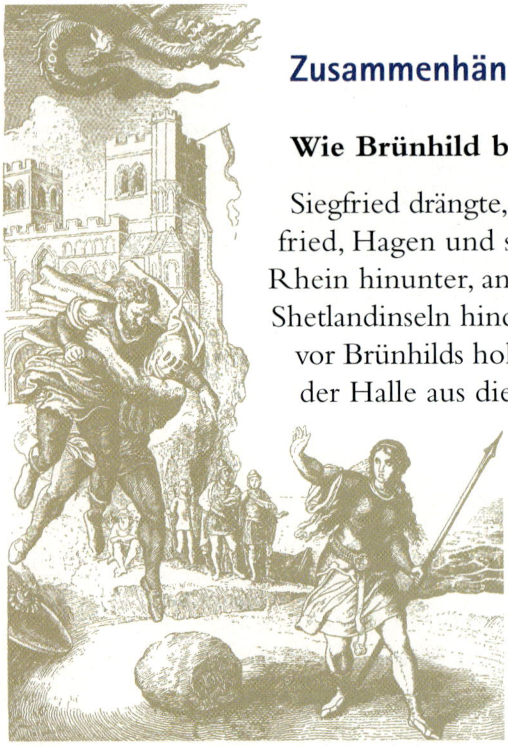

Zusammenhänge verdeutlichen

Wie Brünhild betrogen wurde

Siegfried drängte, dass man sich sofort auf den Weg mache. Gunther, Siegfried, Hagen und sein Bruder Dankwart stiegen in ein Schiff, fuhren den Rhein hinunter, an der Ostküste Englands vorbei, zwischen Orkney- und Shetlandinseln hindurch und kamen endlich an den Strand von Island und vor Brünhilds hohes Schloss. Brünhilds Frauen beobachteten vom Fenster der Halle aus die Ankunft der Recken[1]. Da sprang eine der Frauen auf, lief zu Brünhild und verkündete ihr: „Siegfried ist gekommen!“ Freudestrahlend eilte Brünhild dem so lange und sehnlichst erwarteten Manne entgegen. „Endlich bist du da“, rief sie und streckte die Arme nach ihm aus. Siegfried aber trat zurück, sah sie fremd an, verneigte sich kühl und höflich und sagte: „Nicht

Holzschnitt nach der Zeichnung von Julius Schnorr von Carolsfeld

ich komme zu euch, Herrin, nicht mir gelte euer erster Gruß. Hier ist Gunther, mein König, dem ich diene, der will euch zum Weibe haben!“

Da war es Brünhild, als erstarre ihr das Blut in den Adern. Doch sie nahm sich zusammen, wandte sich zu Gunther und sprach: „Wenn ihr der Herr seid und dieser nur euer Knecht und ihr so vermessene Wünsche habt, so rüstet euch zum Kampfe mit mir!“ Siegfried ging vor aller Augen zurück zum Schiff. Aber er zog die Tarnkappe, die unsichtbar macht, über den Kopf und stellte sich ungesehen hinter Gunther. Da trugen vier Kämmerer Brünhilds Schild herbei und zwölf starke Männer einen Stein. Gunther dachte, als er das sah: „Wär ich daheim im Burgunderland geblieben.“ Siegfried aber flüsterte ihm zu: „Nur keine Angst, ich will das schon machen. Vollführe du die Gebärde des Kampfes, das Werk tu ich.“ Der Speerkampf begann. Siegfried deckte Gunther mit dem Schild und schleuderte den Speer so gewaltig, dass Brünhild zu Boden sank. Es folgte der Wettkampf im Steinstoßen und Springen. Siegfried warf den gewaltigen Stein für Gunther, den dieser nicht einmal allein heben konnte. Siegfried warf weiter als Brünhild. Dann sprang Siegfried mit Gunther im Arm und sprang weiter als Brünhild. Da staunten die Leute. Siegfried und Brünhild, die Kinder der Götter, die vom Schicksal füreinander bestimmt waren, konnten allein so große sportliche Leistungen vollbringen. Brünhild aber wähnte, Gunther habe den Kampf bestanden, und wusste nicht, wie sehr sie betrogen war. Sie verbarg den wütenden Schmerz in ihrem Herzen und reichte dem Burgunderkönig ihre Hand.

Siegfried legte nun die Tarnkappe ab, tat, als käme er eben vom Schiffe, und ließ sich von Dankwart berichten, was vorgefallen sei.

So könnte ein Stichwortzettel aussehen:

- Gunther und Siegfried → Brünhild
- B. freut sich.
- S., kühl: dient G.
- G. will B. zur Frau.
- B. fordert G. zum Wettkampf: Speerkampf, Steinstoßen, Springen.
- S. hilft G. mittels Tarnkappe, ohne dass B. es merkt.
- B. ist wütend, aber akzeptiert G.

1. Verknüpfe und ergänze die Sätze mündlich so, dass ein verständlicher Gedankengang herauskommt. Achte dabei auf einen sachlichen Stil.

2. Lies auf S. 116 dieses Buches nach, was dort über Satzreihe und Satzgefüge steht. Suche in der Inhaltsangabe auf S. 51 alle Konjunktionen, mit denen Sätze verknüpft werden. Bestimme, was Haupt- und was Nebensatz ist. Suche auch die Stellen, an denen Hauptsätze verknüpft werden.

Um die Zusammenhänge der Handlungsschritte zu verdeutlichen, werden in der Inhaltsangabe die Sätze so oft wie möglich in der Form von **Satzgefügen** verbunden. Auch **Satzreihen** können manchmal gut den Sinnzusammenhang verdeutlichen.

Vermeide ein bloßes „und dann ... und dann ... und dann ...", schließlich fragt man ja auch nicht immer nur „und was kam dann?", sondern man will wissen, warum etwas geschehen ist, unter welcher Bedingung, wozu, wie usw. Nebensätze, die auf solche Fragen Antwort geben, machen also die Aussage des Hauptsatzes klarer:

- *Brünhild **freut sich, weil** sie Siegfried lang erwartet hat.*
- *Gunther **siegt**, **obwohl** er schwächer als Brünhild ist.*
- *Siegfried **kann** Gunther **helfen**, **wenn** er die Tarnkappe **trägt**.*

Nebensätze, die wie ein Adverb das Prädikat des Hauptsatzes näher erläutern, nennt man **Adverbialsätze**. Für die verschiedenen Arten der Adverbialsätze gibt es spezielle Bezeichnungen (linke Hälfte der Tabelle). In der Tabelle sind rechts typische Konjunktionen aufgelistet.

Bezeichnung	**Konjunktionen**
Kausalsatz (Grund, Ursache)	weil, da
Finalsatz (Zweck, Absicht)	damit, dass
Temporalsatz (Zeit)	als, nachdem, bis, bevor, wenn, während, solange
Modalsatz (Art und Weise)	indem, dadurch dass, ohne dass
Konzessivsatz (Einräumung)	obwohl, obgleich, selbst wenn
Konditionalsatz (Bedingung)	wenn, falls, sofern
Konsekutivsatz (Folge)	so dass, so ..., dass, ohne dass
Adversativsatz (Gegensatz)	anstatt dass, während, wohingegen

3. Verknüpfe folgende Sätze zu Satzgefügen. Dabei hast du folgende Konjunktionen zur Auswahl und darfst die Reihenfolge der Sätze verändern:
obwohl • während • damit • da • bevor • weil • wohingegen.
Bestimme sodann die Art des Adverbialsatzes.

- Siegfried hilft Gunther. Er ist mit Brünhild verlobt. Er will Kriemhild heiraten.
- Siegfried tut so, als wäre er Gunthers Dienstmann. Brünhild glaubt, dass er hinter seinem Herrn zurücksteht.
- Siegfried greift in die Wettkämpfe ein. Siegfried setzt die Tarnkappe auf.
- Gunther freut sich. Brünhild ist wütend und traurig.
- Siegfried ist stark und schön. Sein Charakter ist nicht sehr eindrucksvoll.
- Das alles kann nicht gut gehen. Es beruht auf einem Betrug.

Die Zeitenfolge in der Inhaltsangabe

1. Vergleiche, in welchen Zeiten die Sage auf S. 49f. und die Inhaltsangabe auf S. 51 geschrieben sind. Leite daraus eine Regel für das Tempus der Inhaltsangabe ab.
2. Auf das richtige Tempus musst du vor allem achten, wenn du ausdrücken willst, dass etwas früher als etwas anderes geschehen ist (Vorzeitigkeit). Finde heraus, welcher der folgenden Sätze in der richtigen Zeit der Inhaltsangabe steht, und benenne das Tempus, mit dem Vorzeitigkeit ausgedrückt wird.

- Nachdem Gunther Brünhild im Wettkampf besiegt hatte, konnte er ihr Ehemann werden.
- Nachdem Gunther Brünhild im Wettkampf besiegt hat, kann er ihr Ehemann werden.

Die Inhaltsangabe steht im **Präsens**, Vorzeitigkeit wird mit dem **Perfekt** ausgedrückt. Die Texte, deren Inhalt zusammengefasst wird, stehen meist im **Präteritum**. Vorzeitigkeit wird in ihnen mit dem **Plusquamperfekt** ausgedrückt.

3. Forme die Zeiten in den folgenden Sätzen so um, dass sie in einer Inhaltsangabe stehen könnten:

- Siegfried wurde zwangsläufig zum Verräter an Brünhild, nachdem er sich für Kriemhild entschieden hatte.
- Nachdem alle Wettkämpfe durchgeführt worden waren, musste Brünhild Gunther akzeptieren.
- Brünhild war wütend, nachdem Gunther sie besiegt hatte.
- Nachdem Siegfried die Tarnkappe abgelegt hatte, tat er ahnungslos.

Wiedergabe der direkten Rede

Nach dem Sieg über Brünhild findet eine Doppelhochzeit Brünhild-Gunther und Kriemhild-Siegfried statt. Brünhild wehrt sich aber in der Hochzeitsnacht gegen Gunther, verschnürt ihn mit ihrem Gürtel wie ein Paket und hängt ihn an einen Nagel an der Wand, damit sie ihre Ruhe vor ihm hat. Gunther erzählt dies Siegfried, der ihm in einer der folgenden Nächte zu Hilfe kommt. Brünhild merkt nicht, dass es in Wirklichkeit Siegfried ist, der sie in einer Art Ringkampf besiegt, weil dieser die Tarnkappe aufgesetzt hat. Siegfried nimmt heimlich Brünhilds Gürtel und den Nibelungenring mit und erzählt alles Kriemhild. Er und seine Frau ziehen in Siegfrieds Heimat um und es scheint zunächst Ruhe einzukehren. Doch eines Tages kommt es zu einem furchtbaren Streit.

Der Streit der Königinnen

Eines Tages sagte Brünhild zum König: „Ich möchte deine Schwester so gerne einmal wieder sehen. Wir wollen Kriemhild und Siegfried zu uns einladen.“ Da sandte Gunther Boten an Siegfried und Kriemhild. Kriemhild und Siegfried nahmen die Einladung an und brachen mit einem großen Geleit auf. Ehrenvoll wurden sie zu Worms empfangen. Es war um die Zeit der Sommersonnenwende. Die Tage vergingen in Freude. Eines Nachmittags ergötzten sich die Helden im Hofe mit Spielen, wie die Männer sie treiben, mit Speerwerfen, Fechten und Steinstoßen. Siegfried tat allen zuvor, er schleuderte den Stein über alle Male[1] hinaus und den Speer mitten durch das Ziel. Die Frauen schauten vom hohen Balkon zu. Voller Stolz blickte Kriemhild auf ihren Gemahl. „Sieh ihn an, Brünhild“, rief sie frohgemut, „ist er nicht der herrlichste von allen Recken?“ Da verdüsterte sich Brünhilds Angesicht. „Du magst Recht haben“, sagte sie, „aber das ändert nichts an der Tatsache, dass er doch nur ein Dienstmann König Gunthers ist.“ Kriemhild schlug die Hände über dem Kopf zusammen. „Liebe Schwester, wie kommst du nur dazu, so etwas zu sagen? Glaube das ja nicht! Siegfried ist ein König und freier Herr und niemandem untertan und kein Mann auf Erden kommt ihm gleich an Wohlgestalt und Kraft, an Reichtum und an Ruhm, auch Gunther nicht im Entferntesten!“ „Du scheinst gar nicht zu wissen, was du uns schuldig bist! Damals, als sie kamen um mich zu werben, da hat Siegfried es mir selbst gesagt, dass König Gunther der Herr und er nur der Knecht ist, doch sollte es mich nicht wundern, wenn Siegfried auch den Lehenseid[2] nicht hielte, hat der doch schon andere Eide, die er schwor, gebrochen.“ Da lachte Kriemhild und sprach voll Spott und Hohn: „Wenn du wüsstest, was Siegfried alles für Gunther getan hat!“, stand auf und ging weg.

Am anderen Morgen ging Brünhild zum Münster. Vor dem Tore blieb sie stehen und wartete auf Kriemhild. Es dauerte nicht lange, so kam diese mit ihren Frauen und hatte sich, der Königin zum Trotz, herrlicher geschmückt als je

[1] *Male:* Markierungen

[2] *Lehenseid:* Eid, den einer schwört, der ein Lehen – ein Gut (Besitz) – erhalten hat, das ihn zu Lehnstreue verpflichtet

zuvor. Ohne Brünhild eines Blickes zu würdigen, schritt sie sogleich die Stufen hinan. Da trat Brünhild hervor und gebot ihr, stehen zu bleiben. „Es ziemt sich nicht, dass das Weib eines Lehensmannes vor ihrer Herrin in das Münster geht!", rief sie. Alle hörten den Ruf, erschraken und wussten nicht, was das zu bedeuten hatte. Kriemhild aber hielt nicht an, stieg die Stufen alle hinan, doch auf der obersten wandte sie sich um und rief: „Wenn du doch geschwiegen hättest! Nun aber hast du mich gereizt und nun sollst du es hören: Nie wärest du König Gunthers Weib geworden, wenn nicht Siegfried dich dazu gemacht hätte!" Dann ging sie in das Münster hinein. Brünhild war wie vom Donner gerührt. Auch sie ging in die Kirche, aber sie hörte und sah nichts von allem, was um sie her geschah. Nach der Messe vertrat sie Kriemhild vorm Münster den Weg: „Nun erkläre mir deutlicher, was das heißen sollte, was du gesagt hast", sprach sie. Statt aller Worte hielt Kriemhild ihr den Nibelungenring unter die Augen und er gab einen blutroten Schein. „Kennst du den?", schrie sie höhnisch, dann zog sie den Gürtel, den Siegfried Brünhild in jener Nacht genommen hatte, unter ihrem Gewande hervor. Brünhild verfärbte sich. Mühsam kamen die Worte: „Nun kenne ich den Dieb!" „Nichts von Dieben", sagte Kriemhild, „Siegfried nahm dir Ring und Gürtel in der Nacht, als er dich für Gunther bezwang, und Siegfried ist es auch gewesen, der dich in Island im Wettkampf überwand, nicht Gunther!" Als sie das gesagt hatte, rauschte sie triumphierend hinweg, so verblendet war sie.

Der Streit der Königinnen vor der Domtür, Fresko von Julius Schnorr von Carolsfeld in der Münchner Residenz

Brünhild eilte zu Gunther und sprach: „Jetzt weiß ich alles. Siegfried hat mich betrogen. Sterben muss der Verräter oder ich fahre heim, woher ich kam, und du siehst mich nimmer wieder."

Für die Inhaltsangabe könnte die direkte Rede unterschiedlich umgeformt werden:

Vorlage: Brünhild sprach: „Siegfried hat mich betrogen. Sterben muss der Verräter."

Erste Möglichkeit: Brünhild sagt, dass Siegfried sie betrogen habe und dass der Verräter deshalb sterben müsse.

Zweite Möglichkeit: Brünhild sagt, Siegfried habe sie betrogen und der Verräter müsse deshalb sterben.

Dritte Möglichkeit: Brünhild erkennt den Betrug Siegfrieds und beschließt deshalb seinen Tod.

1. Beschreibe die Unterschiede der drei Möglichkeiten.

2. Untersuche die Möglichkeiten eins und zwei genauer, indem du die folgende Liste aufmerksam betrachtest und die mit V1–4 gekennzeichneten Veränderungen in eigenen Worten formulierst:

Direkte Rede:	Kriemhild sagt	:		„	Mein	Mann	ist	ein	König.	"
Indirekte Rede:	Kriemhild sagt	,	dass		ihr	Mann		ein	König sei.	
Indirekte Rede:	Kriemhild sagt	,			ihr	Mann	sei	ein	König.	
		↓ V1		↓ V2	↓ V3		↓ V4			↓ V2

3. Bilde von folgenden Verben die Formen des Konjunktiv I, wobei dir der Kasten eine Hilfestellung bietet: lügen • reden • kämpfen • geben • dürfen • mögen • wollen

Direkte Rede wird in der Inhaltsangabe vermieden. Meist genügt es, den Inhalt der direkten Rede stark zusammenzufassen. Wenn der Wortlaut einer Rede für das Textverständnis sehr wichtig ist, wird die direkte Rede in die **indirekte Rede** umgewandelt.
Dabei verändern sich die Satzzeichen, die Personalpronomina und der Modus. Der Modus der indirekten Rede ist in der Regel der Konjunktiv I.

Die Formen des **Konjunktivs I** lassen sich vom Präsensstamm des Verbs herleiten. Dafür orientiert man sich am Infinitiv:

sein: ich sei, du sei(e)st, er/sie/es sei, wir seien, ihr seiet, sie seien
haben: ich habe, du habest, er habe, wir haben, ihr habet, sie haben
kommen: ich komme, du kommest, er/sie/es komme, wir kommen, ihr komm(e)t, sie kommen
siegen: ich siege, du siegest, er siege, wir siegen, ihr sieget, sie siegen

Die Formen werden durch ein eingeschobenes -e- gekennzeichnet. Das ist jedoch nur in der 2. oder 3. Person Singular und manchmal in der 2. Person Plural erkennbar. Die anderen Formen lauten wie der Indikativ.

4. Forme folgende Sätze in die indirekte Rede um und verwende dabei den Konjunktiv I (ohne „dass"):

- Brünhild verkündet hochmütig: „Siegfried ist doch nur ein Dienstmann König Gunthers."
- Kriemhild schleudert ihr entgegen: „Nun sollst du die Wahrheit hören."
- Brünhild sagt: „Nun kenne ich den Dieb."
- Brünhild droht: „Du siehst mich nimmer wieder."

5. a) Überlege, was sich bei der Einleitung der indirekten Rede ändert, wenn es sich bei der direkten Rede um eine Frage handelt:

- Kriemhild fragt: „Kennst du den Ring?" → ?

b) Überlege, wie man einen Aufforderungssatz in eine indirekte Rede umformt.

- Brünhild fordert Gunther auf:

„Bitte deine Schwester doch einmal zu uns!" → ?

6. Sprich die folgenden Sätze laut und prüfe, ob der 2. oder der 3. Satz als Umformung des ersten Satzes besser klingt.

- Ich sagte ihm: „Ich komme gleich."
- Ich sagte ihm, ich komme gleich. (K I)
- Ich sagte ihm, ich käme gleich. (K II)

Lauten die Formen des Konjunktivs I und des Indikativs gleich, wird auf den Konjunktiv II ausgewichen.
Die Form des **Konjunktivs II** wird vom Präteritumstamm des Verbs gebildet. Der Vokal wird dabei oft zum Umlaut:

Infinitiv	**Präteritum**	**K II**
kommen	*kam*	*ich käme, du käm(e)st, er/sie/es käme, wir kämen, ihr kämt, sie kämen*
haben	*hatte*	*ich hätte …*
sprechen	*sprach*	*ich spräche …*
laufen	*lief*	*ich liefe …*
rede	*redete*	*ich redete …*

7. Bilde den Konjunktiv II von folgenden Verben:
bringen • tanzen • rufen • reiten • malen

8. Forme folgende Sätze in die indirekte Rede um und verwende dabei den richtigen Konjunktiv:

- Ich sagte ihm: „Ich warte auf dich."
- Sie verkündeten: „Wir sprechen wieder mit den Feinden."
- Wir sagten ihnen: „Wir vergeben euch."

9. Wandle folgende Fragen und Aufforderungen in die indirekte Rede um.

- Brünhild sagt zu Kriemhild: „Bleib stehen!"
- Brünhild fordert Kriemhild auf: „Erkläre mir deutlicher, was das heißen soll!"
- Kriemhild fragt Brünhild: „Kennst du den Ring?"
- Kriemhild fragt: „Ist er nicht der herrlichste aller Recken?"
- Brünhild fragt Kriemhild: „Wie kommst du dazu, so etwas zu sagen?"
- Kriemhild erwidert Brünhild: „Glaube das ja nicht!"

Übungen zur Sprache in der Inhaltsangabe

1. Übung zu den Konjunktiven: Im Lesebuchteil „Das Trojanische Pferd" (☞ S. 38 ff.) findet ihr viele direkte Reden. Formuliert die folgenden in die indirekte Rede um, wobei ihr Konjunktiv I bzw. II verwendet:

- Kalchas mahnt die Helden des griechischen Heers: „Lasst ab von dem Versuch, die Stadt mit Gewalt zu nehmen."
- Der schlaue Odysseus schlägt vor: „Lasst uns ein riesengroßes Pferd zimmern, in dessen Leib sich unsere edelsten Helden verbergen sollen."
- „Ihr habt meine Worte richtig verstanden", rief Kalchas anerkennend, „geht sofort ans Werk, Freunde."
- Odysseus meint: „Mehr Mut gehört dazu, in dieses Versteck zu kriechen, als dem Tode in offener Feldschlacht zu trotzen."
- Laokoon fragt: „Was für ein Wahnsinn treibt euch, ihr Toren?"
- Sinon heuchelt: „So wisset, dass die Achaier den Zorn der Schutzgöttin Pallas Athene erregt haben. Das Pferd, das ihr hier errichtet seht, soll ein Weihgeschenk für die Göttin sein, um ihren Zorn zu versöhnen. Und so mächtig und groß haben sie es gebaut, damit ihr es nicht durch eure Tore bringen könnt."

2. Übung zu den Adverbialsätzen: Bildet aus den folgenden Einzelsätzen Satzgefüge mithilfe von Adverbialsätzen. Ziel ist es, den Inhaltszusammenhang der Sätze zu verdeutlichen. Manchmal sind mehrere Lösungen möglich. Wenn ihr den Inhalt verstehen wollt, solltet ihr erst einmal den Lesebuchtext „Mary Lou Finney liest die ‚Odyssee'" (☞ S. 43 f.) lesen. Aufgepasst! Ihr könnt die Sätze umstellen:

- Ich habe heute versucht, die „Odyssee" zu lesen.
Ich habe nicht mehr als die ersten paar Seiten geschafft.
Dieser Homer hat einen echt komischen Stil.
- Mir gefällt die Geschichte nicht besonders.
Odysseus wird als „göttergleich" bezeichnet.
Er hat eine Stadt zerstört.
- Kirke verwandelt alle Männer in Schweine.
Odysseus ist zu schlau.
Er wird nicht verwandelt.
Alle bleiben zwölf Monate bei Kirke.
- Alex sagt etwas Schlaues über die Odyssee.
Ich bin diejenige, die in Englisch gut ist.
Ich weiß nicht, ob Alex überhaupt in Englisch aufpasst.
Ich komme mir ganz schön blöd vor.
Die Odyssee gefällt mir nun um einiges besser.
- Sharon Creech schrieb ein Jugendbuch über eine 13-jährige amerikanische Schülerin.
Die Autorin ist Amerikanerin.
Sie zeigt überzeugend, dass sich auch andere junge Leute auf der Welt mit den klassischen Sagentexten beschäftigen.

Eine Inhaltsangabe vorbereiten, schreiben und überarbeiten

Nach den gründlichen Vorübungen kannst du nun mal daran gehen, eine ganze Inhaltsangabe zu schreiben. Dazu eignet sich z.B. der Text auf S. 38ff. Mach dir dazu nochmals klar, welche Vorarbeiten zu einer Inhaltsangabe du kennengelernt hast:

Inhaltsangabe vorbereiten

Um eine Inhaltsangabe vorzubereiten, muss man

- den Text zunächst genau, am besten mehrfach, lesen und Unverstandenes klären (z.B. sich den Sinn unbekannter Wörter klarmachen),
- sich klar machen, wie die Handlung abläuft,
- wichtige Informationen durch Unterstreichungen hervorheben (dabei helfen z.B. die W-Fragen),
- den Text in Sinnabschnitte gliedern.

1. Schreibe den Entwurf deiner Inhaltsangabe am besten mit dem Computer, damit du ihn später leichter überarbeiten kannst.

Textentwürfe am Computer bearbeiten

Mit dem Computer geschriebene Textentwürfe müssen so formatiert sein, dass sie übersichtlich sind und sich gut handschriftlich überarbeiten lassen. Deshalb sind wichtig:

- eine gut lesbare Buchstabengröße (z.B. 12),
- eine gut lesbare, klare Schrifttype (z.B. Arial, Times),
- ein ausreichender Zeilenabstand (1,5 oder 2),
- ein Korrekturrand (mind. 4 cm an einer Seite).

Verzierungen in Form von Farbeffekten, Bordüren, Clip-Art o.Ä. lenken nur von der eigentlichen Aufgabe ab und kosten Zeit, die man für Wichtigeres braucht.

2. Schreibe dir aus den Merkkästen dieses Kapitels stichwortartig heraus, welche Merkmale eine gute Inhaltsangabe kennzeichnen. Vergleicht eure so entstandenen Check-Listen und ergänzt, wo nötig.
3. Überarbeite den Entwurf deiner Inhaltsangabe mithilfe dieser Check-Liste. Korrigiere erst handschriftlich in den Entwurf hinein. Erstelle dann mithilfe des Computers eine neue, saubere Fassung.
4. Sammelt in Form eines Brainstormings, worauf Schülerinnen und Schüler bei Aufsätzen noch allgemein achten sollten (z.B. typische Fehlerquellen aus der Rechtschreibung, Satzbau, Ausdruck), und macht euch stichwortartige Notizen. Überlege und hebe hervor: Was sind deine ganz persönlichen typischen Fehlerquellen? Überprüfe und überarbeite deinen Text nochmals hinsichtlich dieser zweiten Check-Liste.
5. Lest euch gegenseitig in einer Gruppe von etwa fünf Personen ein paar Aufsätze vor und diskutiert, was gut gelungen ist und was noch zu verbessern wäre.

Epos

1. Die germanischen Sagenstoffe, mit denen du dich in diesem Kapitel beschäftigt hast, sind teilweise Inhalt eines der bedeutendsten Kunstwerke der deutschen Sprache: des Nibelungen-Liedes. Versuche, den Inhalt der Anfangsstrophen zu verstehen. Überlege nun, welche Elemente des Stoffs dem Dichter des Nibelungen-Liedes so wichtig waren, dass er sie an den Beginn seines Werks stellte. Diskutiert: Hättet ihr das erwartet? Was daran überrascht euch vielleicht?

mære: mündliche Erzählung
geseit: gesagt
lobebære: ruhmreich
arebeit: Mühsal, Kampf
hôchgezît: Fest
strît: Kampf
mugen: können

magedîn: Mädchen
wîp: Frau
degene: Helden
verliesen: verlieren
lîp: Leben

Uns ist in alten mæren wunders vil geseit
von helden lobebæren, von grôzer arebeit,
von freuden, hôchgeziten, von weinen und von klagen,
von küener recken striten muget ir nu wunder hœren sagen.

Es wuohs in Burgonden ein vil edel magedîn,
daz in allen landen niht schœners mohte sîn,
Kriemhild geheizen: si wart ein schöne wîp.
dar umbe muosen degene vil verliesen den lîp.

Das **Nibelungen-Lied** wurde um 1200 verfasst. In ihm sind zwei germanische Sagenstoffe vereinigt: die Brünhild-Siegfried-Sage und die Sage vom Untergang der Burgunden. Obwohl das Nibelungen-Lied in 35 Handschriften überliefert ist, kennen wir nicht den Namen des Verfassers, wissen aber, dass es sich um einen bayerisch-österreichischen Dichter handeln muss. Viele Künstler haben bis in unsere Zeit hinein Elemente der Nibelungen-Handlung aufgegriffen und daraus neue Werke geschaffen. Am bekanntesten ist der Opern-Zyklus „Der Ring der Nibelungen" von Richard Wagner, der im 19. Jahrhundert entstand und bis heute auf der ganzen Welt aufgeführt wird. In manchen früheren Zeiten galt das Nibelungen-Lied als eine Art Nationaldichtung der Deutschen und wurde auch dazu missbraucht, die Menschen für Kriege zu begeistern („Nibelungentreue"). Heute dagegen gibt es auch viele Künstler, die sich bisweilen auf durchaus respektlose Weise mit dem Stoff beschäftigen und lustige Comics, Filme und Theaterstücke schreiben.

2. Suche im Internet nach Verarbeitungen des Nibelungenstoffs.

3. Schau dir nochmals den Anfang des Nibelungen-Liedes an. Warum hättest du den Text normalerweise nicht als „Lied" bezeichnet?

4. Das Nibelungen-Lied wird auch als Nibelungen-Epos bezeichnet. Aus Fernsehprogrammen kennst du vielleicht den Begriff „Epos", z. B. als „Familien-Epos", „Südstaaten-Epos" o. Ä. Überlege, was für eine Art Film dich unter dieser Bezeichnung wohl erwartet.

5. Lies den Lexikontext und überlege, welche der von euch vermuteten Merkmale eines „Epos" ihr hier wiederfindet und wo eure Erwartungen nicht bestätigt wurden.

Epos (griech. Wort, Erzählung, Gedicht) Im 18. Jh. ist Epos an die Stelle von **Epopöe** (= epische Dichtung) als Bezeichnung für die dem Roman vorangegangene epische Großform in Versen getreten.

Das Epos zeichnet sich durch strenge Form (gleichbleibendes Versmaß, oft strophische Gliederung) und gehobene Sprache aus. Stofflich wird auf Mythen, Götter- und Heldensagen zurückgegriffen oder es werden bedeutende historische Ereignisse/Personen besungen (früher mündlich vorgetragen in feierlicher Umgebung). Das über lange Zeit mündlich überlieferte **Volksepos** hat anonyme, wahrscheinlich mehrere Verfasser; das **Kunst-** oder **Buchepos** geht auf einen Einzeldichter zurück.

Schon das älteste Epos der Weltliteratur, das mesopotamische Gilgamesch-Epos aus dem 3./2. Jahrtausend v. Chr., ist ein **Heldenepos**; diesem Typus gehören die im 8. Jh. v. Chr. entstandenen, Homer zugeschriebenen Epen „Ilias" und „Odyssee" ebenso an wie das Nibelungenlied (um 1200; vgl. Heldendichtung). Ein Heldenepos hat mitunter den Charakter eines **Nationalepos** gewonnen (z. B. Vergils „Aeneis"). […]

6. Stell dir vor, du müsstest ein Referat zum Thema „Epos" halten. Dazu musst du dem Lexikonartikel wesentliche Informationen entnehmen, für dein Referat aufbereiten und dir einprägen. Versuch es einmal auf folgende Art:

- Schreib Schlüsselbegriffe heraus, indem du sie mit dem PC untereinander aufreihst und mit einem Doppelpunkt versiehst.
- Notiere nun rechts von jedem Begriff in einer Spalte stichwortartig die Erklärung, die dir der Lexikonartikel gibt.
- Mach einen Haken dorthin, wo du dir gedacht hast: „Ja, das wusste ich schon aus der bisherigen Beschäftigung mit dem Nibelungen-Lied und mit dem Odysseus-Epos."
- Decke nun die rechte Spalte ab und versuche, die Begriffe links aus dem Gedächtnis zu kommentieren.
- Denk dir eine schöne Einleitung und einen geeigneten Schluss für ein Mini-Referat aus und sprich dir den gesamten Text laut vor. Wer schafft dies ganz ohne „Spickzettel"?

7. Entleiht aus der Schul- oder Stadtbücherei verschiedene Übersetzungen des Nibelungen- und des Odysseus-Epos. Es sollten gereimte Übersetzungen und Prosa-Übersetzungen dabei sein. Lest euch die verschiedenen Anfänge laut vor und diskutiert, welche Fassung ihr besser gelungen findet.

Bedeutungswandel, Bedeutungsübertragung und bildliches Sprechen

Wenn ihr Gäste aus dem späten Mittelalter eingeladen hättet, könnten diese versuchen, euch mit dieser Aussage ein Kompliment zu machen.

1. Der Besuch aus dem 14. Jahrhundert meint mit dem Begriff „Ampel" eine Deckenbeleuchtung. Überlegt, wie sich die heutige Hauptbedeutung des Wortes daraus entwickelt haben könnte. Vielleicht gelingt es euch, eine weitere Bedeutung des Wortes „Ampel", die wir heute kennen, zu finden und gleichfalls zu erklären.

Mit der Welt verändert sich auch die Sprache. Viele Wörter erhalten deshalb im Lauf der Jahrzehnte und Jahrhunderte neue Bedeutungen. **Bedeutungswandel** ist also ein Spiegel der geschichtlichen Entwicklung, er gibt viele Hinweise auf die Änderung der Lebensverhältnisse und des Denkens der Menschen.
Beispiel: „Zeitung" bedeutete zuerst *Ereignis, Nachricht.* Daraus wurde im Laufe der Zeit die heutige Bezeichnung für ein Druckerzeugnis, das Nachrichten enthält. Die ursprüngliche Bedeutung ging verloren.

2. Das Wort „Gabel" wird heute meist in drei Bedeutungen gebraucht: Besteck, Astgabel und landwirtschaftliches Gerät. Klärt zu zweit, in welcher Reihenfolge sich diese Bedeutungen entwickelt haben, und begründet eure Entscheidung.

Die Beispiele der Ampel und der Zeitung sind nur zwei von Tausenden, die im Deutschen vorkommen. Um die ursprünglichen Bedeutungen der Wörter herauszufinden, gibt es sogenannte etymologische Wörterbücher (Etymologie = Lehre von der Herkunft der Wörter).

3. Setzt euch zu zweit oder in Gruppen zusammen und versucht, den Wandel der Bedeutung folgender Wörter mithilfe folgender Erläuterungen aus einem wortgeschichtlichen Wörterbuch zu erklären:

- **erfahren:** Das Verb (...) bedeutete ursprünglich „reisen; durchfahren; durchziehen; erreichen".
- **flunkern:** Das im 18. Jahrhundert (...) ins Hochdeutsche übernommene Verb bedeutet eigentlich (...) „glänzen, schimmern".
- **Gift:** Die alte Bedeutung „Gegebenes; Gabe" ist im Deutschen noch in den Zusammensetzungen (wie) Mitgift (...) erhalten.
- **billig:** Das Adjektiv „billig" bedeutete ursprünglich „angemessen; richtig".

4. Nehmt ein etymologisches Wörterbuch (fast jede Schülerbibliothek verfügt über solche Bücher) und schlagt folgende Einträge nach: Kopf • Senkel • Karussell • mausern • flott

5. Oft verläuft der Bedeutungswandel nach einem bestimmten Muster. Man kann es an den Ausdrücken „am Fuß des Berges" oder „Lampenfuß" erkennen. Überlegt, welches Prinzip der Entstehung diesen neuen Bedeutungen zugrunde liegt.

> **Bedeutungsübertragung** ist ein besonderer Fall des Bedeutungswandels. Hier wird eine vorhandene Bedeutung bildhaft in einem anderen Bereich verwendet.
> Beispiel: (Schreib-)feder, jemanden anstacheln (= zu etwas antreiben)

6. Versucht, die Bedeutungsübertragung in den folgenden Fällen zu erklären, indem ihr die ursprüngliche Bedeutung erschließt. Geht dabei von der Tatsache aus, dass die ältere Bedeutung oft auf etwas Konkretes zurückgeht:

- Lösung
- ein bisschen
- lästig
- Begabung
- sich entpuppen
- verschleiern

Ordnet in der folgenden Liste die richtigen Bedeutungen der bildlichen Wendungen zu und übertragt sie in eine Tabelle:

- nicht viel Federlesen(s) mit jemandem/etwas machen
- Fersengeld geben
- jemanden unter seine Fittiche nehmen
- jemandem etwas ankreiden
- jemandem den Wind aus den Segeln nehmen
- ein Ass im Ärmel haben

- (= etwas in Reserve haben)
- (= davonlaufen, fliehen)
- (= keine Umstände machen)
- (= jemandem die Voraussetzungen für seine Argumente nehmen)
- (= jemanden beschützen, betreuen)
- (= jemandem etwas vorwerfen)

> **Bildliche Wendungen** machen das Sprechen und Schreiben anschaulicher, lebendiger, abwechslungsreicher und interessanter.

7. Erstellt in Gruppen eine eigene Liste mit 10–12 bildlichen Wendungen und schreibt jeweils die Bedeutung hinzu. Falls ihr ein Wörterbuch zur Hand habt, könnt ihr es zur Prüfung und Ergänzung eurer Liste benutzen.

8. Bildliche Wendungen entstammen häufig bestimmten Bereichen, einer der umfangreichsten ist der menschliche Körper. Ergänzt die folgenden Sätze mit einer passenden Wendung.

- Wer jemandem Glück wünscht, ... (Daumen)
- Wenn eine Behauptung völlig unsinnig ist, ... (Haare)
- Wer etwas sagt, das man besser verschweigen sollte, ... (Mund)
- Wenn jemand etwas gegen alle Widerstände erreichen will, ... (Kopf)
- Wer zu langsam ist, ... (Zahn)
- Wenn sich zwei besonders gut verstehen, ... (Herz)

PEANUTS
by CHARLES M. SCHULZ
WAS HAST DU DA, SCHRÖDER?
EINE NEUE SCHALLPLATTE VOM BRAHMS' 4. SINFONIE.
WAS MACHST DU DAMIT?
ICH GEHE NACH HAUSE UND HÖR' SIE MIR AN...
DU GEHST DABEI IM ZIMMER HIN UND HER?
NEIN, ICH SITZE UND HÖRE ZU...
DU MEINST, DU PFEIFST ODER SINGST BEIM ZUHÖREN?
NEIN, ICH HÖRE ZU...

JONI JAMES
BEETHOVEN
DU MEINST, DU TANZT DAZU?
NEIN, ICH HÖRE SIE MIR AN...
BRAHMS
DAS IST DAS LÄCHERLICHSTE, WAS ICH JE GEHÖRT HABE!
Tm. Reg. U.S. Pat. Off.—All rights reserved
Copr. 1958 by United Feature Syndicate, Inc.
SCHULZ

LANGE WEILE ?

1

Aufgaben: Seite 78

Kirsten Boie

Ich ganz cool

Kirsten Boie (geb. 1950) war zuerst Lehrerin und wurde dann Autorin für Kinder- und Jugendbücher. Der folgende Ausschnitt aus dem Buch „Ich ganz cool" beschreibt einen dreizehnjährigen Jungen in seiner Freizeit.

Schule, also logisch, das bockt nicht so, aber was sollst du machen, ich geh trotzdem meistens hin. Und zurück denn immer, also zurück ist logisch besser, geh ich meistens mit Holger und Recep, und denn machen wir noch Mutjoggen auf dem Weg.

Also Mutjoggen, nä, darfst du erst losrennen, wenn das Auto voll auf der Kreuzung ist; der Kühler muss hinter der Fensterscheibe von Edeka, sonst gilt das nicht. Gibt es auch keine Ausnahme, Recep sagt, egal, ob einer kleiner ist oder was und kürzere Beine hat, ganz egal. Wer mitmachen will, gleiche Spielregeln. Der Trick ist, du musst an der Stelle rennen, wo die Baustelle ist, da können die Autos nicht ausweichen. Bremsen können sie da auch nicht mehr, haben wir alles abgecheckt. Entweder, du bist schnell genug rüber, oder bommmppp!, ist es gewesen. Alles nur noch Matsche. Ja Pech.

Ich hab immer echt Muffe dabei, ich bin voll klein für mein Alter, kann ich echt nicht so rennen. Bin ich schon immer gewesen, zu klein, hat meine Alte in der Schwangerschaft vielleicht zu viel gesoffen oder was oder zu viel geraucht. Sagen sie doch immer, nä? Im Fernsehen immer und Radio. Also vielleicht deshalb, dass ich so klein bin, nä. Aber bin ich schon immer gewesen, darum kann ich auch nicht so schnell, aber Recep sagt, das gilt nicht, alles egal. Ich denk, vielleicht ist es darum für mich noch geiler, kann doch sein, ich weiß ja nie, ob ich es bis rüber schaff. Recep weiß das, logisch, der kann echt rennen, da bockt das doch ehrlich nicht mehr.

„Los, Steffen!", brüllt Recep. „Ist was oder was?"

War aber zu schnell, das letzte Auto, konnte man schon bei Edeka sehen, das wissen die ja, dass es hier gleich auf die Schnellstraße geht. Da fahren die denn schon volle Pulle, manche, musst du im Blick haben. Hab ich aber. Selbstmörder bin ich ja keiner.

„Jetzt!", schreit Recep. Ist schon zweimal gerannt, der Typ, Holger auch. Der jetzt kommt, das ist ein Mazda, neues Modell, nicht schlecht, würd ich mir aber nicht kaufen. Überhaupt keine Japaner, sieht doch jeder, dass du keine Kohle hast, höchstens BMW, die sind ganz geil. Oder Benz. Ich kauf mir aber sowieso eine Maschine, später, sowieso kein Auto, Kawasaki oder Honda vielleicht, mal sehen, ziemlich schwer, 100 PS. Mal sehen.

„Los, du Hirni!", schreit Recep. „Bist du behindert oder was?"

Mazda war aber zu schnell, bestimmt mindestens achtzig, gucken die Bullen natürlich logisch nicht hin. Aber wenn der mich jetzt Matsche gemacht hätte, nä, beim Rüberrennen, wetten, der hätte noch nicht mal die Schuld gekriegt? Wetten, die hätte ich gekriegt, auch wenn ich im Arsch gewesen wäre oder was, für die Bullen sind wir sowieso immer schuld. Der im Mazda hatte auch Anzug an, hab ich gleich gesehen, und Krawatte, also, da wäre immer gleich ich schuld gewesen, echt. Da lass ich mich nicht drauf ein. Recep kann das ja logisch egal sein, ob ich hin bin, mir aber nicht.

„Los, du Arsch!", schreit Recep. „Was ist jetzt?"

Ich hab aber Glück, das ist ein Lada, steinalt, seh ich gleich. Da hab ich nicht mal richtig Muffe, also, das bockt echt nicht mal richtig. Aber Leben ist auch kein Scheiß, alles kannst du nicht haben.

„Das gilt nicht!", schreit Recep. „Willst du uns verarschen oder was? Erst warten, bis so ein Schrotthaufen kommt, das gilt nicht!"

Ist aber ganz egal, was er sagt, nämlich der Typ hat jetzt angehalten, Typ mit Lada, voll mit Bremsen und alles. Der kommt jetzt angerannt, Mann, ist der stinkig. Schleudert der seine Fäuste, echt geil, brüllt wie Sau, ich lach mich tot. Klar hat der keine Chance, uns zu kriegen, alter Greis, aber jetzt bockt das wenigstens wieder.

„Geil!", sagt Recep hinter der Kirche. Wir lachen uns echt tot, das war voll gut. Jetzt sind sie auch nicht mehr sauer auf mich.

„Kommt ihr mit?", fragt Holger. „Video gucken?"

Recep zuckt die Achseln. „Was hast du denn?"

Holger zählt an den Fingern ab. „Unglaubliche Geschichten", sagt er. „Diesen Film mit dem Flugzeug, nä? Wo der die Räder malt, nä? Und denn sind sie dran."

„Äääh, blöd!", sagt Recep. „Den kenn ich längst! Der schockt doch nicht."

„Ist aber ab sechzehn", sagt Holger. „Horrorfilm. Wo dem Lehrer der Kopf abgeht, nä? Iii, und denn mit so großen Stichen! Ist doch geil!"

„Scheiß ich drauf", sagt Recep gelangweilt. „Hast *du* was, Kleiner?"

Muss ich wieder den Kopf schütteln. Nie können wir bei uns Video gucken, weil meine Alte da ist und Süße und denn jetzt auch noch Kuddi. Der glotzt sowieso den ganzen Tag. Der Video gehört ihm aber auch, kann man nichts machen. „Nee, lass man, geh ich lieber zu uns", sagt Recep. „Wir haben einen mit dem Exterminator. Voll geil. Okay, ihr Arschlöcher!" Lässt er uns stehen, ganz cool. Tut Recep immer, also der denkt, er ist der King.

„War doch voll geil mit dem Typen, oder?", sag ich. „Mit dem Lada vorhin?" Da müssen wir beide lachen. Ich geh dann nach Hause.

2

Rainhard Fendrich

Es lebe der Sport

Aufgaben: Seite 78

Mutterseelen allanich sitzt er da bis in da Frua
und schaut beim Boxn zua
weu wenn si zwoa in die Bapp'n haun
stärkt des sei unterdrücktes Selbstvertraun
die Gsichter san verschwolln und bluadich rot
genussvoll beißt er in sein Schnitzelbrot

Es lebe der Sport er ist gesund und
macht uns hart
er gibt uns Kraft er gibt uns Schwung
er ist beliebt bei Alt und Jung

Wird ein Schiedsrichter verdroschen
steign's eam ordentlich in die Goschn
gibt's a Massenschlägerei
er ist immer live dabei
weu mit sein Color-TV
sieht er alles ganz genau

Weltcupabfahrtsläufe machen eam a bisserl müd
weu er ist abgebrüht
wenn eam dabei irgendwas erregt
dann nur wenn's einen ordentlich zerlegt
ein Sturz bei hundertzwanzig kmh
entlockt ihm ein erfreutes Hoppala
und liegt ein Körper regungslos im Schnee
schmeckt erst so richtig der Kaffee

Es lebe der Sport …

Wenn einer bei der Zwischenzeit
sich zwanglos von an Schi befreit
und es ihn in die Landschaft steckt
dass jeder seine Ohrn anlegt
wenn er es überleben tut
dann wird er nachher interviewt

Es wirkt a jede Sportart mit der Zeit a bisserl öd
wenn es an Härte föht
Autorennen sind da sehr gefragt
weil hie und da sich einer überschlagt
gespannt mit einem Doppler sitzt man da
und hofft auf einen g'scheiten Bumsera
weil durch einen spektakulären Crash
wird ein Grand Prix erst richtig resch

Es lebe der Sport …

Explodieren die Boliden[1]
ist das Publikum zufrieden
weil ein flammendes Inferno
schaut man immer wieder gern o
Heiterkeit auf der Tribüne
das ist halt am Sport das Schöne

Es lebe der Sport er ist gesund und
macht uns hart
er gibt uns Kraft er gibt uns Schwung
er ist beliebt bei Alt und Jung

[1] *Boliden:* Rennwagen

3

Aufgaben: Seite 78

Shell-Studie

Jugendliche berichten von ihrer Freizeit

Manuel, 15:

Sport gegen den Frust am Körper

Mein Lieblingsfach ist Sport. Kampfsport! Murat *(türkischer Freund)* und ich haben beide Ninyuzu gemacht. Murat hat mir davon erzählt, und dann hab ich mir überlegt, mit meiner Kraft – da wusste ich nicht wohin, also habe ich mich entschieden, da reinzugehen. Das ist im Verein, TSV Siemens. Ich bin da immer noch. Wegen meiner Ausdauer. Weil ich immer so viel Frust in meinem Körper hatte. Frust. Energie. Kraft. Ich wusste nicht, wo ich sie lassen sollte.

Murat erklärte Ninyuzu so: „Ninyuzu ist Kickboxen, Thaiboxen, Aikido, Jikido, Taek Won Do. Atemtraining auch. In Ninyuzu haben wir alles drin außer Kungfu und Judo. Alle Kampfsportarten der Welt. Darum heißt das Ninyuzu. Es geht immer bei jedem Training sehr hart zu. Niemals leicht. Der Trainer ist streng. Es ist verboten zu rauchen, Alkohol zu trinken."

Ja, wie Murat sagt, dort ist es streng, dort kann ich meine Kraft auslassen. Da machen wir viele anstrengende Sachen. Situps, Liegestütze. Wir trainieren das, wir kriegen da mit einem Stock ganz leicht auf die Muskeln geschlagen, am Schienbein oder am Unterarm. Dann haut der Trainer so gegen, so leicht mittelmäßig, und wir müssen anspannen. Das Training härtet ab.

Mit Horrorfilmen aufgewachsen

Ich hab ja schon als Kleinkind angefangen Horrorfilme zu gucken. Voll die Actionfilme, im Fernsehen, Video. Sie *(Manuels Mutter)* hat mir immer viele Videofilme von Horrorfilmen mitgebracht. Aus der Videothek ausgeliehen. Ham' wir immer zusammen geguckt. Stört mich nicht, was da läuft. Ich hab keine Angst davor. Nur Norman darf das nicht sehen. Wenn er älter ist, kann er's ruhig sehen.

Meistens guckt Norman den Kinderkanal an. Oder kuckt Fußball oder DSF. Ich kuck auch meistens DSF, weil da Fußball läuft, und Wrestling, Monstertruck, Autorennen, Mountainbike-Rennen, Mofa-Rennen, Formel 1 guck ich fast alles. Tennis oder Golf, da steh' ich nicht so drauf, Basketball ist auch nichts für mich. Interessiert mich nicht. Am meisten kuck ich gerne Wrestling. Das kommt Donnerstag und Samstag, die Mondaynight Show. Dann gibt es noch WCW, Halloween. So diese verschiedenen Kämpfe und so. Turniere. Champions und so Kram.

Steffi, 23, erinnert sich:

Ich bin, seit ich auf der Welt bin, vernarrt in Pferde. Ich war drei, da war mein Vater mit mir auf dem Volksfest gewesen, und ich: „Papa, Papa, geh'n mir Pferd!“ Papa ist nicht mitgegangen. Steffi hat sich losgerissen, schnurstracks zu dem Pferd, – mein Vater: „Wo ist das Kind?“ Und wo war ich? Auf dem Pferd gehockt! Ganz allein. Mit sieben habe ich das Reiten angefangen. Mit 14 habe ich im Urlaub Ponys geputzt und gesattelt, mein Vater hat sich hinterm Baum versteckt und mich fotografiert. Dem hat das gefallen. Und dann bin ich immer geritten auf der Koppel und habe es voll fetzen lassen.

Kein Kind hatte so eine schöne Kindheit wie ich

Ich habe Playmobil gespielt und Barbie. Ich habe ganz viele Barbie-Puppen gehabt, Riesenkisten, genagelt voll mit Barbie-Zeug, und ich, rechts und links eine Tasche, zu meiner Freundin gelaufen und Barbie gespielt. Ich war ein brutaler Barbie-Fan. Dieses Zimmer war komplett ausgestattet mit Playmobil, mit Zoo, Bauernhof, Krokodilen, Elefanten und Unmengen von Pferden vom Zoo zum Bauernhof, genial! Wenn ich heute zu meiner Mutter rübergehe und die alten Playmobilsachen angucke, – es ist, als ob die Männchen mit mir schwätzen täten: Spiel mit mir, spiel mit mir! Wenn keiner zugucken täte, würde ich mich hinsetzen und Playmobil spielen, ohne Witz.

Wir Kinder hatten Fahrräder, an die haben wir eine Schnur dran gemacht, das waren die Zügel, und dann waren das unsere Pferde, und wir sind geritten. Solche Sachen, total fantasievoll! Ich kenne kein anderes Kind, was so eine schöne Kindheit gehabt hat wie ich. Dann haben wir uns ein Baumhaus gemacht, sind auf die Bäume raufgeklettert bis auf die Spitze. Da war mein Sitz, ich war nämlich der Chef! Ich war der Chef von der ganzen Bande.

1 *Kirsten Boie,* Ich ganz cool *(Seite 72)*

1. Beschreibe mit eigenen Worten die Art von „Freizeitbeschäftigung“, die der Ich-Erzähler in der Geschichte ausübt. Wie beurteilst du sie?
2. Von welcher Art von Videofilmen ist in dem Text die Rede? Erläutere, warum viele Kinder und Jugendliche solche Filme anschauen (wollen) und worin für viele die Faszination dieser Filme liegt.
3. Betrachte die Sprache, in der diese Geschichte geschrieben ist. Vergleiche sie mit der Geschichte „Im Internat“ auf Seite 99 und formuliere die Unterschiede (z. B. Wortwahl, Satzbau). Untersuche dabei die wörtliche Rede der einzelnen Figuren genauer.
4. In Zeile 33 auf Seite 72 heißt es: *„Los, du Hirni!“, schreit Recep. „Bist du behindert oder was?“* Versetze dich in die Lage des so Angeredeten und beschreibe die Wirkung eines solchen Satzes. Beobachte deine eigene Sprache und prüfe, ob du selber solche Formulierungen verwendest. Diskutiert in der Klasse mögliche Gründe dafür, diese Sprache zu verwenden und welche Auswirkungen sie hat oder haben kann.

2 *Rainhard Fendrich,* Es lebe der Sport *(Seite 74)*

1. Möglicherweise bereitet dir die Sprache, in der dieser Text geschrieben ist, Schwierigkeiten. Schreibe all die Begriffe und Formulierungen heraus und versuche, sie mit einem Dialektwörterbuch zu erklären. Fasse die Unterschiede in Schreibung und Lautung in einer Übersicht zusammen.
2. Beschreibe den Eindruck, der in dem Lied von Rainhard Fendrich von sportlichen Wettkämpfen entsteht, und vergleiche ihn mit deinen eigenen Erfahrungen als Sportzuschauer. Diskutiert in der Klasse die große Beliebtheit von Sportsendungen im Fernsehen, auch bei Zuschauern, die selbst gar keinen Sport treiben.
3. Versuche, selbst weitere Strophen zu diesem Lied zu schreiben. Bediene dich dabei, wenn du willst, deines eigenen Dialekts.

3 *Shell-Studie,* Jugendliche berichten von ihrer Freizeit *(Seite 76)*

1. Die hier abgedruckten Texte stammen aus der 13. Shell-Jugendstudie. Darin wird versucht, die Lage der Jugendlichen in unserer Gesellschaft zu erforschen: Wie sie leben, wie sie sich fühlen und welche Pläne sie haben.
Vergleicht die dargestellten Freizeitaktivitäten mit euren eigenen. Welche Unterschiede oder Ähnlichkeiten stellt ihr fest?
2. Schreibt Manuel oder Steffi einen Brief, in dem ihr eure Meinung über ihre Freizeitgestaltung darstellt.
3. Überlegt gemeinsam, was ihr in eurer Freizeit vermisst. Welche Möglichkeiten nutzt ihr nicht, oder könnt ihr nicht nutzen und wo liegen die Gründe hierfür?

PROJEKT

Freizeitaktivitäten untersuchen

Achtung: Für dieses Projekt braucht ihr die Genehmigung durch die Schulleitung. Macht an eurer Schule eine eigene Untersuchung über die Freizeitaktivitäten der Mitschülerinnen und Mitschüler. Überlegt gemeinsam:

a) Ziel

Mögliche Zielvorstellungen könnten sein:

- Wie verbringen die Schülerinnen und Schüler am ...-Gymnasium ihre Freizeit?
- Wie viel Freizeit haben die Schülerinnen und Schüler?
- Warum verbringen sie ihre Freizeit gerade so und nicht anders?
- ...

b) Durchführung

Entwurf eines Fragebogens:

Überlegt genau, wie die Fragen formuliert sein müssen, damit ihr auch euer Ziel erreichen könnt. Daher müssen die Fragen eindeutig sein und dürfen nicht zu Missverständnissen führen. Anonymität muss gewährleistet sein.

c) Auswertung

Vielleicht kann euch euer Informatiklehrer behilflich sein, indem er euch zeigt, wie man eine Datenbank anlegt, sodass ihr die Ergebnisse schneller erfassen und bearbeiten könnt.

d) Präsentation

Überlegt euch eine ansprechende Form, wie ihr eure Ergebnisse allen Schülerinnen und Schülern, aber auch Lehrerinnen und Lehrern sowie den Eltern zugänglich machen könnt. Dazu könnt ihr eine Wandzeitung machen, eine Ausstellung organisieren oder eine Diskussionsveranstaltung in der Schule anbieten.

Beschreiben

Wir beschreiben Vorgänge

Grundlagen des Beschreibens

Ist doch ganz einfach, oder?

Nina, Steffi, Tim und Moritz würden so gern zusammen in den Sommerferien zelten. Aber sie sind doch erst 13! Endlich haben sich Tims netter, junger Onkel und seine Frau überreden lassen, mit den vieren zusammen auf einen Campingplatz zu fahren. Während die Erwachsenen ein paar Einkäufe machen, versuchen die Jugendlichen schon mal, das „Iglu" aufzustellen. So einfach scheint es gar nicht zu sein. Nina und Tim studieren die Aufbauanleitung und lesen vor:

Wähle eine möglichst ebene, saubere Aufbaustelle, die zum Fußende leicht abfallend ist. Entferne Steine, Wurzeln und ähnliche spitze Objekte, um Beschädigungen des Zeltbodens zu vermeiden.

Der Zelteingang sollte möglichst nicht im Wind stehen. Nutze natürliche Windschatten wie Hecken, Felsen etc. Das Zelt sollte jedoch nicht direkt unter Bäumen aufgebaut werden, weil einerseits die Gefahr eines Blitzschlages besteht, zum anderen bei Sturm Äste herabfallen können.

Breite den Boden des Innenzeltes auf einem möglichst glatten und sauberen Untergrund aus. Befestige den Boden mit den Erdnägeln.

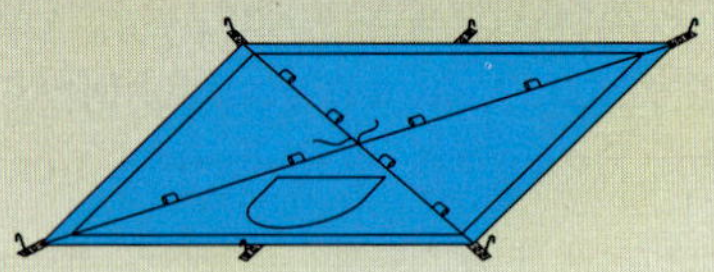

Breite die zwei Satz Fiberglasgestänge diagonal über dem Innenzelt aus und hänge dasselbe an dem Gestänge auf. Nun biege das Gestänge und stecke deren Enden jeweils in die an jeder Ecke des Innenzeltes befindlichen Schlaufen/Ösen.

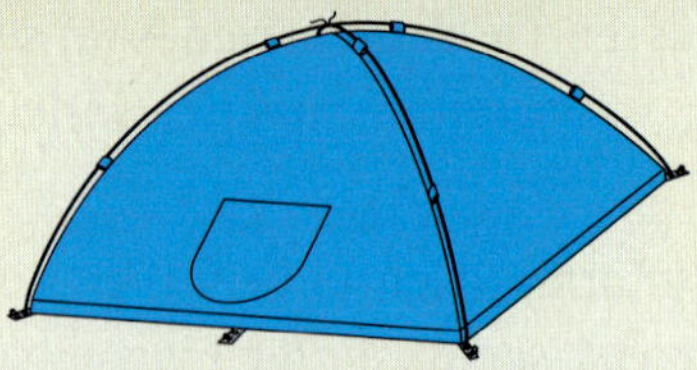

Mithilfe der am Überdach befindlichen Ringe verankere nun das Überdach mit den an den Ecken des Innenzeltes befindlichen Schlaufen.
Errichte nun die zwei Metallaufstellstangen und schiebe deren Spitzen durch die Ösen, die sich am Ende des Vorbaues befinden.

Sichere nun den Vorbau, indem du an den Spitzen der Aufstellstangen die Abspannleinen verknotest und das andere Ende der Leine mit einem Hering im Boden verankerst.

Beim Aufbau achte bitte darauf, dass die Heringe beim Abspannen möglichst schräg in der Erde stecken, damit eine hohe Festigkeit erreicht wird, jedoch keine Verspannung in der Zeltplane auftritt. Zeltstoff und Gummizüge sollen an den einzelnen Befestigungspunkten nur leicht unter Spannung stehen, damit Belastungen durch Wind ausgeglichen werden können.

1. Wie beurteilst du die vorstehende Aufbauanleitung? Vielleicht hast du selbst schon einmal ein Zelt aufgebaut. Berichte von deinen Erfahrungen.
2. Schau dir den Text nochmals genau an. Welche Abschnitte sind etwas schwer nachzuvollziehen und woran liegt das?
3. Du hast sicher schon andere Beschreibungen kennengelernt. Denke nur an die Bedienungsanleitungen von Elektrogeräten wie zum Beispiel Videorekorder, DVD-Player oder Stereoanlagen. Suche dir solche Anleitungen hervor und prüfe, wie dort vorgegangen wird. Womit wird begonnen? Wie bauen die einzelnen Seiten in der Beschreibung aufeinander auf? Welche Fachbegriffe werden verwendet? Wo liegen Verständnisprobleme?

In der Anleitung zum Zeltaufbau geht es darum, eine bestimmte Vorgehensweise zu erklären; man nennt solche Texte **Vorgangsbeschreibung**. Du hast sie schon mal in der 6. Klasse kennengelernt.

In **Vorgangsbeschreibungen** wird beschrieben, wie man bei bestimmten Tätigkeiten vorgehen soll. Dabei werden die Abläufe so genau dargestellt, dass sie für Außenstehende in immer gleicher Weise nachvollziehbar sind.
Die Vorgänge werden dabei in die **einzelnen Schritte zerlegt** und **vollständig** und in **sachlicher** Weise beschrieben.

Solche Beschreibungen begegnen uns im Alltag immer wieder, weil wir häufig etwas tun wollen, was wir noch nie gemacht haben.
Eine häufig vorkommende Form sind zum Beispiel Koch- oder Backrezepte.

4. Versuche, eine Vorgangsbeschreibung zu schreiben, wie du dein Lieblingsgericht kochst. Überlege vorher, was du dazu brauchst, und bedenke die Reihenfolge der Arbeitsschritte.
5. Um das Beschreiben zu üben, kannst du im Grunde jeden beliebigen Vorgang nehmen, der dir aus dem Alltag geläufig ist. Hier sind einige Anregungen:

- Beschreibe, wie du einen defekten Fahrradschlauch flickst.
- Beschreibe, wie du ein Programm auf deinem Computer installierst und startest.
- Beschreibe einem Freund, wie man ein Spiel, das er nicht kennt, regelgerecht spielt.
- Ein toller Zaubertrick

Grundregeln für das Verfassen von Vorgangsbeschreibungen

1. Aufbau
   - **Einleitung:** Bedenke die **Voraussetzungen**, damit der Vorgang ablaufen kann. Also: Was ist nötig? (z. B. die Zutaten bei einem Rezept, das Werkzeug und das Material für eine Bastelarbeit.)
   - **Hauptteil:** Beschreibe die **einzelnen Schritte** des Vorgehens genau und in der **richtigen Reihenfolge**. Überlege genau, wann der Vorgang zu Ende ist.
   - **Schluss:** Welches **Ergebnis** hat der Vorgang? Gibt es besondere Fehlerquellen, auf die man noch hinweisen sollte?
2. Die Vorgangsbeschreibung ist eine **sachliche** Schreibform; man muss sie also im Sachstil verfassen (vgl. Bericht).
3. Verwende **Fachbegriffe**, wo es notwendig ist.
4. Das Tempus der Vorgangsbeschreibung ist das **Präsens**, da der Vorgang jederzeit wiederholbar ist. Um die Vorzeitigkeit auszudrücken, verwendet man das **Perfekt**.
5. Durch das direkte Aufeinanderfolgen der einzelnen Schritte des Vorgangs besteht die Gefahr, dass die Sätze immer mit „und" oder „und dann" verbunden werden. Achte also auf eine abwechslungsreiche sprachliche Gestaltung.

Beschreibungen üben und verbessern

1. In der folgenden Beschreibung von der Reinigung eines Meerschweinchenkäfigs hat sich ein Schüler nicht viel Mühe gegeben, abwechslungsreich zu formulieren. Verbessere den Text, indem du die am Ende vorgeschlagenen Formulierungshilfen verwendest.

Ich nehme mein Meerschweinchen aus dem Käfig und setze es an einen sicheren Platz, wo es nichts anstellen kann. Dann nehme ich den Käfig und tue das Häuschen, die Wasserflasche und den Futternapf hinaus. Dann leere ich das alte, verbrauchte Streu in die Mülltonne aus. Danach stelle ich den Käfig in die Badewanne und spritze ihn aus, bis aller Schmutz entfernt ist. Dann muss ich den Käfig abtrocknen. Danach fülle ich neues Streu in den Käfig. Jetzt kann ich das Meerschweinchenhäuschen wieder hineintun. Danach fülle ich den Futternapf mit frischem Futter und stelle ihn hinein. Dann hänge ich auch die Wasserflasche wieder hin. Jetzt kann mein Meerschweinchen in seine saubere Wohnung.

Sprachliche Hilfen für abwechslungsreiche Satzanschlüsse:
als Erstes • zuerst • schließlich • darauffolgend • sodann • anschließend • als Nächstes • zunächst • im Anschluss daran • abschließend • zuletzt • als Letztes • schließlich • zu guter Letzt

2. Dir wird aufgefallen sein, dass nicht nur die ständig gleichen Satzanschlüsse den Text eintönig machen. Auch andere Wörter wiederholen sich oft. Suche nach weiteren Begriffen um die Beschreibung zu variieren. Durch welches Wort könnte man z. B. Käfig ersetzen? Schlage in einem Wörterbuch nach, das bedeutungsgleiche Begriffe, sogenannte Synonyme, aufführt.

3. Betrachte zuletzt den Satzaufbau unseres Beispieltextes. Auch hier wirst du feststellen, dass er recht einfach ist. Es handelt sich meist um Hauptsätze.
Versuche auch, den Satzbau der Beschreibung zu verbessern, indem du Satzgefüge formulierst. Informiere dich hierzu im Kapitel Schulgeschichten (☞ S. 94 ff.), was man genau darunter versteht und wie sie aufgebaut sind.

Beispiele: ***Bevor** ich den Käfig ausleere, **muss** ich mein Meerschweinchen ...*
***Wenn** ich den Käfig abgetrocknet habe, **kann** ich ...*

Sprachliche Darstellung

Aktiv und Passiv

Die vier Freunde haben ihr Zelt doch nicht so gut aufgebaut. In der Nacht kommt es zu einem Sturm, der das Zelt aus der Verankerung reißt und die Jugendlichen in Schwierigkeiten bringt. Glücklicherweise überstehen sie aber das Unwetter heil. Am nächsten Tag schreibt Steffi ihrer Schwester von ihrem Unglück.

Schon am Abend sind starke Windböen aufgekommen. Später kamen Blitz und Donner hinzu. Wir gingen schon mit einem mulmigen Gefühl schlafen. Schließlich wurde der Sturm immer heftiger und wir wurden aus dem Schlaf gerissen. Die Befestigung des Überdachs wurde dann von einer Bö gelöst, sodass die Zeltplane davonflog. Sie wurde aber glücklicherweise von einem Baum aufgehalten. Da es aber nicht viel geregnet hat, sind wir nicht nass geworden. Die Zeltplane wurde uns von einem freundlichen Nachbarn wiedergebracht. Insgesamt haben wir ziemlich Glück gehabt, denn ein Teil des Campingplatzes war verwüstet.

Steffi verwendet Aktiv und Passiv. Erinnerst du dich noch an das, was du in der 6. Klasse gelernt hast?

ERINNERT EUCH

Wir verschlossen das Zelt sorgfältig.	*Wir wurden aus dem Schlaf gerissen.*
Handelnder	**Betroffener**
Das Geschehen wird vom Verursacher bzw. Beteiligten aus dargestellt.	Das Geschehen wird vom Betroffenen aus dargestellt.
= Aktiv	= Passiv

1. Lass dir den Text als Arbeitsblatt geben und unterstreiche die Passivformen. Vorsicht! Verwechsle das Passiv nicht mit den Perfektformen des Aktivs.

So geht Steffis Brief weiter:

Am nächsten Tag wurde der Campingplatz wieder aufgeräumt. Viele Zelte waren beschädigt. So manche Zeltplane war von einer Zeltstange durchbohrt worden. Ein Campingwagen hatte von einem Baum, der durch eine starke Windböe entwurzelt worden war, eine große Delle. Der Besitzer war aber unverletzt. Da der Verwalter von allen Bewohnern unterstützt wurde, war der Campingplatz schon nach wenigen Stunden wieder in einem ordentlichen Zustand.

2. Untersuche die Passivformen daraufhin, ob es sich um ein Vorgangs- oder ein Zustandspassiv handelt. Dabei gelten die folgenden Grundregeln:

Man unterscheidet zwischen dem Vorgangspassiv und dem Zustandspassiv:

Vorgangspassiv	**Zustandspassiv**
Der Campingplatz wird vom Sturm verwüstet.	*Der Campingplatz ist verwüstet.*

Das Passiv wird aus mehreren Verbformen gebildet. Das Vorgangspassiv besteht aus einer Personalform des Hilfsverbs „werden" und dem Partizip II des Vollverbs. Das Zustandspassiv wird aus einer Personalform des Hilfsverbs „sein" und dem Partizip II des Vollverbs gebildet. Passivformen können in allen Tempora gebildet werden.

	Vorgangspassiv	**Zustandspassiv**
Präsens:	*sie wird gelobt*	*es ist geschlossen*
Perfekt:	*sie ist gelobt worden*	*es ist geschlossen gewesen*
Präteritum:	*sie wurde gelobt*	*es war geschlossen*
Plusquamperfekt:	*sie war gelobt worden*	*es war geschlossen gewesen*
Futur I:	*sie wird gelobt werden*	*es wird geschlossen sein*
Futur II:	*sie wird gelobt worden sein*	*es wird geschlossen gewesen sein*

3. Forme – wenn möglich – ins Passiv um:
ich schlage • wir fahren • sie wuschen • ihr schlaft • du findest • sie laufen • ich untersuche • er überwältigt • ihr registriert • du hast geprüft • sie hatten gestoppt
Warum können einige Verben nicht umgeformt werden?

4. Wandle die Vorgangsbeschreibungen zum Zeltaufbau auf Seite 80f. ins Passiv um. Entscheide jeweils, ob die passivischen Formulierungen sinnvoll und angemessen sind. Besprecht in der Klasse, wie sich die Wirkung des Textes verändert.

Gekonnt schreiben

Tim wird von einem Journalisten der Lokalzeitung gebeten, einen Bericht über das Unwetter zu schreiben. Er zeigt seinen ersten Entwurf seinen Freunden.

Das war ein krasser Sturm. Unser Zelt wurde völlig aus der Verankerung gerissen, jedenfalls fast. Der Wind war ganz schön heftig. Wir mussten unserer Zeltplane nachlaufen. Mitten in der Nacht sind wir aufgewacht. Der Sturm hatte sich schon am Abend angekündigt. Zum Glück ist aber nicht so viel kaputtgegangen. Aber aufregend war es schon.

1. Sehr viel Mühe hat sich Tim nicht gegeben. Nenne die Mängel, die dir an diesem Text auffallen.

2. Überlegt, wie man diese Beschreibung des Unwetters besser machen könnte. Bedenkt dabei, für welchen Zweck und für welchen Leser er geschrieben wird.

3. Tragt zusammen, was dem eigentlichen Schreiben vorausgehen muss.

METHODE M

Texte schreiben und überarbeiten

1. Zuerst muss man sich klar sein, welche **Textsorte** man schreiben will (Beschreibung, Bericht, Erzählung, Gedicht etc.) und welchen Inhalt der Text haben soll. Danach richten sich die **Mittel**, die man verwendet. Dabei ist zu bedenken, wer der **Adressat** ist.

2. Sinnvollerweise macht man sich zu Beginn **Stichworte**, damit man einen Überblick hat, was man schreibt (wenn einem später beim Schreiben noch etwas einfällt, kann man es immer noch ergänzen).

3. Die Stichwortliste kann man dann **ordnen**: So entsteht ein **Schreibplan**, der verhindert, dass man wirr durcheinander schreibt.

4. Beim Schreiben achtet man auf die **angemessenen Formulierungen**; man variiert die Wortwahl und den Satzbau, um sich nicht zu wiederholen und sprachliche Eintönigkeit zu vermeiden.

5. Am Ende steht das **Überarbeiten** bzw. das Einarbeiten von Vergessenem:

- Wo lassen sich noch passendere Wörter finden?
- Wo kann man besondere stilistische Mittel verwenden? (z. B. Metaphern, Vergleiche o. ä.)?
- Sind Aktiv und Passiv richtig und sinnvoll eingesetzt?
- Wo ist die direkte Rede angebracht, wo die indirekte?
- Ist der Satzbau korrekt?
- Sind Haupt- und Nebensätze richtig verbunden?
- Ist die Rechtschreibung korrekt?
- Ist die äußere Form ansprechend?

4. Schreibt unter Beachtung der vorstehenden Regeln eine Verbesserung des obigen Textes.
5. Überlegt, was diesen Text von einer spannenden Erlebniserzählung unterscheidet und versucht, selbst eine solche Erzählung zu schreiben.

Wir beschreiben Gegenstände

Verlustanzeige

Bei dem Unwetter auf dem Campingplatz ist Moritz ein Rucksack verlorengegangen. Er sucht ihn überall, doch das Gepäckstück ist nicht aufzufinden.
Daher beschließt Moritz, eine Verlustanzeige am Schwarzen Brett auszuhängen in der Hoffnung, dass ein anderer Urlauber seinen Rucksack findet.

Moritz beschreibt:

Es handelt sich um einen olivgrünen Rucksack der Marke McBAG.
Er hat ungefähr die Ausmaße von 40 x 30 x 20 Zentimeter.
Auf der Verschlussklappe befindet sich eine weiß-rote Aufschrift des Firmennamens. An der rechten Seite ist eine kleine Tasche mit Reißverschluss angebracht.

1. Überlege, ob diese Beschreibung ausreicht, um den Rucksack zu erkennen.
2. Versuche deinen eigenen Rucksack zu beschreiben. Wie gehst du sinnvollerweise dabei vor?
3. Auch bei der Gegenstandsbeschreibung gilt es, gewisse Regeln einzuhalten. Sicher kennst du das Spiel „Ich sehe was, was du nicht siehst". Spielt es in eurer Klasse.
Wie sollte der Ratende vorgehen, damit er möglichst schnell zu der Lösung kommt?

Wer rät am schnellsten?

Ich denke an dieses Gesellschaftsspiel, wo ein armes Würstchen vor die Tür geschickt wird, während die anderen sich etwas ausdenken, was das arme Würstchen erraten soll, wenn es wieder ins Zimmer kommt. Die anderen beschließen, an die Katze Mons zu denken, die im Moment im Nachbargarten sitzt. Dann kommt das arme Würstchen wieder herein und fängt an zu raten.

Die anderen dürfen nur mit „Ja“ oder „Nein“ antworten. Wenn das arme Würstchen ein guter Logiker ist – und dann ist es gar kein armes Würstchen –, dann kann das Gespräch ungefähr so verlaufen: Ist es konkret? (Ja!) Gehört es zum Mineralreich? (Nein!) Ist es lebendig? (Ja!) Gehört es zum Pflanzenreich? (Nein!) Ist es ein Tier? (Ja!) Ist es ein Vogel? (Nein!) Ist es ein Säugetier? (Ja!) Ist es das ganze Tier? (Ja!) Ist es eine Katze? (Ja!) Ist es Mons? (Jaaaaaa! Lachen)

4. Erläutere, welche Vorgehensweise in diesem Text beschrieben wird. Nach welchen Merkmalen oder Eigenschaften wird zuerst gefragt und wie tastet sich der Fragende dann weiter?

In der **Gegenstandsbeschreibung** wird eine Sache so genau beschrieben, dass der Leser sie sich gut vorstellen kann.

1. Beginne mit der Beschreibung des **Gegenstandes als Ganzes** (z.B. Form, Größe, Material, Farbe).
2. Widme dich dann den **Einzelheiten** (Details). Bei ihrer Beschreibung ist zu beachten, welche Rolle sie für den gesamten Gegenstand spielen (welche **Funktion** sie haben).
3. Wenn man diese Zusammenhänge beschreibt, muss man bedenken, wie die Sätze miteinander verbunden werden. Verwende Haupt- und Nebensätze mit den passenden Konjunktionen (☞ S. 58).
4. Achte auch hier auf die richtige Verwendung der **Fachbegriffe**.

5. Stell dir vor, dir wäre einer der folgenden Gegenstände auf dem Campingplatz abhanden gekommen. Beschreibe einen von ihnen.

Wir beschreiben Personen

Andreas Schlüter

Am Strand

Miriam ist mit ihrer Freundin Jennifer am Strand.

Für einen klitzekleinen Moment bekam Miriam schlechte Laune. Mit mürrischem Gesicht blieb sie stehen und holte eine Flasche Sonnenmilch hervor. „Sonnenschutzfaktor 24!“, stöhnte sie. „Ich hasse es, rothaarig zu sein. Da wird man nie braun, sondern verbrennt immer gleich und sieht dann aus wie ein Feuermelder.“

Jennifer bedauerte sie gespielt. Denn natürlich hatte sich Miriam gründlich auf den Urlaub vorbereitet und war gemeinsam mit ihrer Mutter regelmäßig ins Sonnenstudio gegangen. Zwar hatte Miriam wirklich eine sonnenempfindliche Haut, aber sie war keineswegs blass.

Die dunkelhaarige und schnell bräunende Jennifer fuhr aber fort ihre Freundin zu necken. „Du hast Recht!“, scherzte sie. „Ich finde auch, du siehst noch schlimmer aus als der Typ dort hinten.“ Dabei zeigte Jennifer auf einen jungen hageren Mann mit kalkweißer, welker Haut, einer zarten Brille und tiefen Falten im Gesicht. Auf dem Kopf trug er ein Taschentuch, das an allen vier Ecken verknotet war, dazu ein altmodisches, hellblaues Sommerhemd, dunkelbraune Shorts, die bis über die Knie reichten, und weiße Socken in hellbraunen Sandalen.

„Wie furchtbar“, quiekte Miriam auf. „Ob der hier in der Geisterbahn angestellt ist?“

„Bestimmt“, bestätigte Jennifer. „Aber der wird wohl bald arbeitslos, wenn die erst mal dich entdecken!“

Empört stützte Miriam ihre Hände in die Hüften. „Das schreit nach Rache!“, versprach sie. „Zwölfmal unterducken ist das Mindeste!“ Lachend liefen die beiden weiter zum Strand.

1. Zeige an Textstellen, wo Jennifer andere Personen neutral beschreibt und wo sie das Äußere der Person bewertet.

2. Versuche darzulegen, welche Wirkung bestimmte Adjektive haben können. Welche Vorstellung verbindet man häufig unüberlegt mit Wörtern wie *gedrungen* oder *fleischig*? Diskutiert in der Klasse, ob man sachlich feststellen kann, dass jemand freundliche Augen hat.

3. Beschreibe die Person auf dem Bild. Vermeide sorgfältig jede wertende Aussage. Du kannst dich an der folgenden Liste mit sprachlichen Beschreibungsmöglichkeiten orientieren.

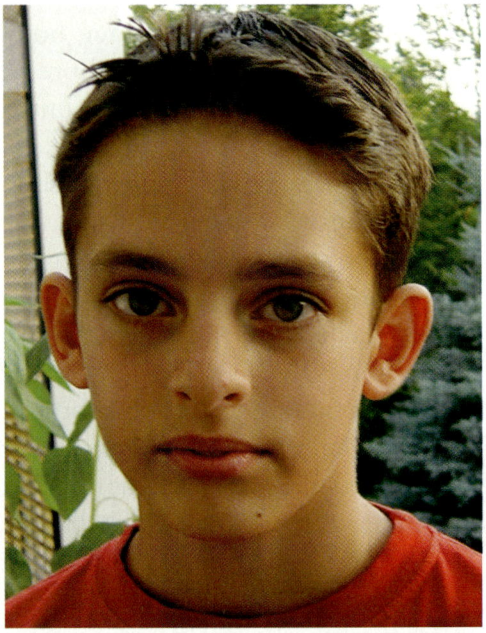

Augen:	blau, grau, braun, graubraun etc. aber auch: weit oder eng zusammenstehend, freundlich, klar etc.
Nase:	groß, klein, schmal, schief, gedrungen, spitz
Mund:	groß, klein, schief, schmale Lippen etc.
Haare:	blond, braun, schwarz etc. gelockt, glatt, borstig, dünn
Stirn:	hoch, niedrig, flach etc.
Hals:	lang, kurz, sehnig, fleischig etc.

In der **Personenbeschreibung** wird vor allem das **Äußere eines Menschen** beschrieben. Dabei müssen die **persönlichen Merkmale** genau berücksichtigt werden.

Auch hier gilt die Regel vom Allgemeinen zum Besonderen vorzugehen.

1. Beginne mit dem **Geschlecht**, dem **Alter** und der **Größe**.
2. Sodann beschreibst du die **Körpergestalt** und die **Kleidung**.
3. Schließlich gehst du zum Gesicht über und fügst mögliche **Besonderheiten** wie zum Beispiel Sommersprossen, ein besonders auffälliges Muttermal, abstehende Ohren o.Ä. an.

4. Suche dir eine bekannte Person aus Sport, Musik oder Film und übe die Beschreibung in gleicher Weise. Weite deine Beschreibung auch auf die gesamte Gestalt und die Kleidung der Person aus.

Mache dir eine Übersicht in einer Tabelle.

Name der Person: ______________________

Geschlecht: ______________________

Alter: ______________________

Figur	Haltung	Gliedmaßen Arme, Beine	Kleidung	Besondere Merkmale
schlank	aufrecht	schlaksig	lässig	humpelt
gedrungen	gebückt	dick	gepflegt	Glasauge
...	...	...	...	...
...	...	...	...	...

5. Spiele mit deinem Banknachbarn folgendes Spiel: Beschreibt euch gegenseitig eine Person, die ihr beide kennt. Wer errät den Namen am schnellsten?

Aufmerksame Lehrerin findet Vermisste

Eine 48-jährige Lehrerin hat die Schwabinger Polizeiinspektion aufgesucht, um den Diebstahl ihrer Geldbörse anzuzeigen. Dabei hörte sie zufällig mit, wie eine Polizistin mit einer verzweifelten Mutter telefonierte, deren achtjährige Tochter schon seit Stunden vermisst wurde. Auch Name und Beschreibung des Kindes wurden durchgegeben und eine Fahndung eingeleitet. Auf dem Heimweg sah die Lehrerin abends am Bonner Platz ein Mädchen, auf das die Beschreibung haargenau passte. Sie sprach die Kleine an, fragte sie nach ihrem Namen und lieferte sie bei der überglücklichen Mutter zu Hause ab. Dort traf sie gleichzeitig mit Polizisten ein, die soeben von der erfolglosen Fahndung berichten wollten.

6. Überlege, was die Lehrerin bei der Beschreibung alles gehört haben muss, um das Kind später zu erkennen.
Stelle anschließend eine Liste aller Merkmale auf, die man wissen muss, um eine Person zu beschreiben.

7. Im Kapitel „Alles Liebe" findest du einen Ausschnitt aus einem Fotoroman zu der Serie „Gute Zeiten, schlechte Zeiten" (S. 207 f.). Schau dir die Figur „Jan" genauer an und beschreibe ihn; in welchem Verhältnis steht sein Äußeres zu der Rolle, die er spielt? Diskutiert, ob es eine Übereinstimmung zwischen dem Aussehen und dem Charakter der Figur gibt.

Wir beschreiben Bilder

Carl Spitzweg, Der Schmetterlingsfänger (1840)

1. Betrachte das Bild genau: Welchen Titel würdest du ihm geben?
2. Versuche das Bild zu beschreiben. Wie musst du bei deiner Beschreibung vorgehen? Womit fängst du sinnvollerweise an, was steht im Mittelpunkt, womit endest du?

Bei einer Bildbeschreibung reicht es in der Regel nicht aus, einfach nur aufzuführen, was man sieht. Das Bild hat gewöhnlich (vor allem bei künstlerischen Bildern) einen besonderen Ausdruck. Der Maler oder Fotograf hat einen bestimmten Moment festgehalten, den der Betrachter in Sprache umsetzen muss. Bei bestimmten Bildmotiven wird man häufig die Gegenstands- und die Personenbeschreibung miteinander verbinden.

3. Setze die folgende Liste der Regeln einer Bildbeschreibung selbstständig fort, so wie du es bei den anderen Beschreibungsarten in diesem Buch finden kannst.

Bildbeschreibung

1. Nenne zu Beginn den Maler (bzw. den Fotografen) des Bildes, den Titel (wenn es einen hat) und fasse den Bildinhalt (das Thema des Bildes) zusammen (Beispiel: *Auf dem Bild „Der Schmetterlingsfänger“ von Carl Spitzweg ist ein Mann zu sehen, der in einem Wald steht und versucht …).*
2. Beschreibe sodann den Aufbau des Bildes genauer und verwende dabei die Begriffe *Vordergrund, Mittelgrund* und *Hintergrund.*
3. Dabei ist die Anordnung der Figuren oder Gegenstände zu beachten.
4. …

4. Versucht in der Klasse gemeinsam ein Bild nachzustellen. Nehmt dazu ein Gemälde oder ein Standbild aus einem Film (mit einem Videorekorder, der auch Standbilder zeigen kann). Haltet die Anweisungen für die Nachgestaltung des Bildes schriftlich fest. So habt ihr eine fertige Bildbeschreibung.

Szenenfotos aus dem Film „Dirty Dancing“

Schulgeschichten

Ludwig Fertig

Rute und Strafe geben Weisheit

Das Strafen war (im 17. und 18. Jahrhundert) so selbstverständlich und unproblematisch wie etwa das Füttern der Kinder oder ihre Anleitung zum Beten. [...] Recht berühmt wurde ein Schulmeister mit Namen Jakob Häuberle aus Schwaben, der mit erstaunlicher Gründlichkeit über seine Taten Buch führte: Während seines über fünfzigjährigen „segensreichen" Wirkens hatte er die folgenden pädagogischen Maßregeln verabreicht: 911 527 Stockschläge, 124 010 Rutenhiebe, 20 989 Pfötchen[1] und Klapse mit Lineal, 136 715 Handschmisse[2], 10 235 Maulschellen[3], 7 905 Ohrfeigen, 1 115 800 Kopfnüsse.

[1] *Pfötchen:* Schläge auf die Finger

[2] *Handschmisse:* Schläge auf die Hand mit einem Lineal

[3] *Maulschellen:* Schläge auf die Wangen

1

Bernward Vesper

In der ersten Klasse

Aufgaben: Seite 103

Ich kam in die erste Klasse. Vor der Treppe, die in den Schulraum hinaufführte, mussten wir antreten. [...] Ich wollte gern hinten sitzen, wo man durch die geöffneten Fenster die Eichkater sehen konnte, die jetzt in den Haselsträuchern am Kanal die Nüsse holten. Aber ich erhielt meinen Platz vorn in der ersten Reihe, direkt vor der umklappbaren schwarzen Tafel, die auf der einen Seite mit roten Sütterlinlinien[1], auf der andern mit Rechenkaros versehen war. Solange der Lehrer nicht im Klassenraum war, liefen die Kinder der vier Schulklassen, die immer gemeinsam unterrichtet wurden, durcheinander. Plötzlich kam Herr Anklam hinter der Tafel hervor, die die Tür zu seinem Wohnzimmer verbarg, ein Rohrstöckchen in der Hand, er kaute, er schrieb ein A an die Tafel, für die erste Klasse. Er schrieb eine Rechenaufgabe an die Tafel für die zweite Klasse. Mit der dritten Klasse las er einen Text aus dem neuen Lesebuch. [...] Die vierte Klasse, die an den Fenstern saß, durfte malen. [...]

Ich war kurzsichtig und konnte die Zahlen an der Tafel nicht erkennen. Rechnen konnte ich bald überhaupt nicht mehr. Ich musste die Hände vorhalten und „kriegte eins mit dem Stock". Oft versuchte ich gar nicht erst, Schularbeiten zu machen, der Morgen war dann die Hölle. „Hast du sie, oder hast du sie nicht?", fragte Herr Anklam vom Katheter herab. „Dann komm mal nach vorne!" Ich fürchtete mich, ich sah der Demütigung mit Entsetzen entgegen. Unter den großen Jungen war es Ehrensache, nicht zu heulen. Ich beugte mich vor, aber Herr Anklam riss mich hoch und sah mir in die Augen: „Na, kommen die Krokodilstränen schon?", fragte er mich. Als ich heulte, musste ich draußen, wo die feuchten, dampfenden Jacken hingen, „warten, bis ich ausgeheult hatte". [...]

Etwas später schrieb ich ein Wiederholungsdiktat mit zahlreichen Fehlern – oder hatte ich mitten im Diktat aufgehört mitzuschreiben, weil es doch sinnlos war? Ich wagte nicht, das Heft meiner Mutter zur Unterschrift vorzulegen: Am Morgen, im Badezimmer, auf dem grauen Marmorwaschtisch übte ich: Rose Vesper, Rose Vesper. Es sah genauso aus wie die Unterschrift meiner Mutter. Schließlich setzte ich die Züge unter das Diktat, „Rose" gelang ganz gut, aber „Vesper" sah zu ungeschickt aus, und so nahm ich eine Rasierklinge und entfernte den verräterischen Nachnamen. Der Lehrer fragte: „Hat das deine Mutter unterschrieben, einfach „Rose"? Ich sah ihn an. [...] „Das ist Urkundenfälschung", schrie er. Jemanden schlagen, bis der Stock zersplittert. Er schickte mich nach Hause. Meine Mutter sprach viele Tage lang nicht mit mir. Als Gäste bei Tisch fragten: „Warum ist er so schweigsam?", antwortete mein Vater. „Wir haben keinen Sohn mehr."

[1] *Sütterlin:* alte deutsche Schreibschrift

nach Charles Dickens

Im Internat

Charles Dickens erzählt in seinem Roman „David Copperfield" die erfundene Lebensgeschichte des David Copperfield, der vor allem in seiner Jugend zahlreiche schreckliche Erlebnisse verarbeiten muss. Nach dem frühen Tod seines Vaters wächst David bei seinem Stiefvater auf, der ihn jedoch bald ins Internat des brutalen Schulmeisters Creakle schickt:

2

Aufgaben: Seite 103

Mr. Creakle, der Leiter von Salem House, dessen Frau und Tungay, eine Art Schuldiener mit Stiernacken und Holzbein, hießen mich nicht gerade willkommen. […] Glücklicherweise war ich (David Copperfield) kurz vor Ferienende eingetroffen. Meine Mitschüler und die Lehrer tauchten erst nach und nach auf, und so konnte ich mich langsam an sie gewöhnen, […] an Mr. Mell, den Unterlehrer, und an Mr. Sharp, den Oberlehrer, und an all die Jungen, mit denen ich in Zukunft in einem Haus leben sollte. Und dann kam er: großgewachsen, blondlockig, über alle Maßen selbstbewusst und stark, […] Steerforth mit Namen. „Wie viel Geld hast du dabei, Copperfield?", nahm er sich meiner an. „Ich schlage vor, du gibst mir alles in Verwahrung, okay?"

Charles Dickens (1812–1870)

Er wartete gar nicht auf meine Antwort. Er nahm mir einfach alles ab. „Für Biskuits. Für Mandelkuchen. Und für eine Flasche Johannisbeerwein. Okay?" Ich hatte sehr schnell gelernt, wer in Salem House die Befehle gab und wer gehorchen musste: Ganz oben stand natürlich Mr. Creakle. Er nannte sich selbst einen Tartaren und zog nicht nur mich schmerzvoll am Ohr, sondern schlug auf alles ein, was Widerspruch wagte. Dann, weit, weit unter ihm standen dieser Stiernacken Tungay und Mr. Sharp. Der eine wiederholte regelmäßig Mr. Creakles Befehle und war sein zweibeiniger bissiger Wachhund. Der andere war nur ein strenger und stets gehorsamer Befehlsempfänger, der aber immerhin am Tisch des Schulleiters speisen durfte. Ganz anders Mr. Mell, der Hilfslehrer: Er stand tief unten auf der Rangleiter. Ich hatte gleich zu Anfang gemerkt, dass er mich mochte. Aber seine Zuneigung war viel weniger wert als die eines anderen. Steerforth war eigentlich derjenige, der gleich nach Mr. Creakle die geheimen Fäden in Salem House in der Hand hielt. Wer ihn als Freund und

Beschützer hatte, konnte nicht untergehen in dieser Aufbewahrungsanstalt, die sich Schule nannte.

Und eines Tages hatte sich der große Blonde, der mir so gut wie noch keiner zuvor gefiel, an mich gewandt und verkündet: „Kleiner Copperfield, ich will dich unter meinen Schutz nehmen."

Dies war der Anfang einer langen Freundschaft. Sie sollte erst Jahre später auf eine ziemlich tragische Art und Weise zerbrechen. Wie groß die Macht von Steerforth in der Schule war, zeigte sich eines Tages, als Mr. Sharp seinen freien Tag hatte und Mr. Mell den Unterricht allein bestreiten musste. Es ging drüber und drunter. Und Mr. Mell hatte mich zu sich an die Tafel gerufen, um etwas zu erklären. „Ruhe!", rief er nicht zum ersten Mal und schlug mit einem Buch kräftig auf sein Pult. „Auch Sie dahinten, Mr. Steerforth, bitte ich um Ruhe!" [...] Steerforth kam gemessenen Schrittes nach vorne. „Setzen Sie sich!", sagte Mr. Mell. „Selber setzen!", erwiderte Steerforth und stellte sich vor den Lehrer. Für einen Moment war es totenstill in der Klasse. Dann begannen einige zu kichern und andere klatschten Beifall.

Mr. Mell war kreidebleich und starrte seinen dreisten Widersacher an: „Wenn Sie glauben, Steerforth, ich wüsste nicht, welche Macht Sie über ihre Kameraden ausüben, dann haben Sie sich geirrt. Und wenn Sie glauben, Sie können einen Gentleman beleidigen ..."

„Einen was?", unterbrach ihn Steerforth. „Ich sehe keinen!" „Pfui, Steerforth!", rief jetzt eine Stimme und Steerforth war für einen Moment verunsichert. Es war Tommy Traddles, der diesen Ausruf gewagt hatte. Und seltsamerweise unterließ es Steerforth, seinen aufmüpfigen Kameraden zur Ordnung zu rufen. Stattdessen rückte er Mr. Mell noch mehr auf den Leib, und es war zu befürchten, dass die beiden jeden Moment aufeinander losgingen.

In diesem Augenblick aber öffnete sich die Tür: Mr. Creakle stand im Raum und in seiner Begleitung Tungay und Mrs. Creakle.

Schlagartig wurde es ruhig in der Klasse, und die schneidende Stimme des Schulleiters wandte sich an den verschreckten Unterlehrer: „Sie haben sich doch nicht etwa vergessen, Mell, oder?"

Bevor Mr. Mell die Situation in den Griff bekam, hatte statt seiner Steerforth das Wort ergriffen: „Mr. Mell betrachtet mich als Ihren Günstling, Mr. Creakle. Nicht zum ersten Mal hat er mich vor versammelter Klasse beleidigt." Hier nun geschah etwas, was mich mein ganzes Leben lang wundern wird: Nicht der Schüler wurde zum Schweigen gebracht, sondern der Lehrer. Mr. Mell wurde kurzerhand und fristlos von der Schule entlassen!

Benjamin Lebert

Im Internat

Benjamin Lebert erzählt in seinem ersten Roman „Crazy", den er im Alter von 16 Jahren schrieb, über sich selbst: Damit er endlich die Schule schafft, kommt der 16-jährige Benjamin auf das Internat Neuseelen. Im folgenden Romanausschnitt wird die Situation beschrieben, in der Benjamin im Internat zum ersten Mal auf seinen Schulleiter trifft, sich von seinen Eltern verabschiedet und seine Mitschülerinnen und Mitschüler kennenlernt:

3

Aufgaben: Seite 103

Hier soll ich also bleiben. Wenn möglich bis zum Abitur. Das ist der Vorsatz. Ich stehe auf dem Parkplatz des Internats Schloss Neuseelen und schaue mich um. Meine Eltern stehen neben mir. Sie haben mich hierher gebracht. Vier Schulen habe ich nun hinter mir. Und diese hier soll meine fünfte werden. Diese fünfte soll es dann endlich schaffen, aus meinem verfluchten Mathematik-Sechser einen Fünfer zu machen. Ich freue mich schon darauf. Schon im Voraus haben sie Briefe und Ermutigungen geschickt. Allesamt nach dem Motto: Lieber Benjamin, komm nur zu uns, da wird es schon besser. Viele vor dir haben es auch geschafft. Natürlich haben sie das. Es sind immer genug Schüler da, als dass es nicht der ein oder andere doch schaffen würde. Das kenne ich schon. Bei mir ist es ein bisschen anders.

Szene aus dem Film „Crazy" von Hans-Christian Schmid (2000)

Ich bin sechzehn Jahre alt und wiederhole gerade die achte Klasse. Und so wie es aussieht, schaffe ich es schon wieder nicht. Meine Eltern sind beide angesehene Leute. Heilpraktikerin und Diplomingenieur. Die können es sich nicht leisten, eine Feier zum qualifizierenden Hauptschulabschluss zu geben. Das muss mehr sein. Nun gut. Deswegen bin ich also hier. Mitten im Schuljahr. Vor den Toren eines Internats. Meine Mutter reicht mir einen Brief. Ich soll ihn später dem Internatsleiter geben. Zur genaueren Erklärung meiner Person. Ich nehme einen Koffer und warte auf meinen Vater. Er steht noch hinten beim Auto und sucht irgendwas. Ich glaube, ich werde ihn vermissen. Natürlich haben wir uns auch oft gestritten. Aber nach einem anstrengenden Schultag war er stets der Erste, der mich mit einem Lächeln empfing.

Wir gehen hoch ins Sekretariat. Von innen ist das Internat fast noch unfreundlicher als von außen. Unendlich viel Holz. Unendlich alt. Unendlich Rokoko oder so. In Kunstgeschichte bin ich ebenso schwach wie in Mathematik. Meine Eltern mögen das Gebäude. Sie sagen, der Klang der Schritte auf dem Holzbelag sei schön. Was weiß ich schon davon. Im Sekretariat erwartet uns eine dicke

Frau. Sie heißt Angelika Lerch. Pausbäckig und mächtig steht sie vor mir. [...] Knapp fünf Minuten später sitze ich hier. Dann kommt der Internatsleiter. Jörg Richter ist ein junger Mann, um die Dreißig schätze ich ihn, vielleicht auch ein bisschen älter. Ungefähr 1,85 m groß. Sein schwarzes Haar ist in der Mitte gescheitelt, sein Gesicht sieht freundlich aus. Er kommt herein und lässt sich auf den nächstbesten Stuhl fallen. [...] „Ich habe ein paar Zeilen an Sie geschrieben", sagt meine Mutter an den Internatsleiter gewandt. „Sie sind sehr wichtig. Und da mein Sohn selten darüber spricht, hielt ich es für das Beste, Ihnen zu schreiben." *Sehr geehrter Herr Richter! Mein Sohn Benjamin hat seit seiner Geburt einen Halbseitenspasmus links. Das bedeutet, die Funktion der linken Seite seines Körpers, speziell von Arm und Bein, ist eingeschränkt. Praktisch bedeutet dies, er kann feinmotorische Arbeiten wie Schuhe binden, mit Messer und Gabeln umgehen, geometrische Figuren zeichnen, mit der Schere schneiden etc. nicht oder nur eingeschränkt durchführen. Außerdem hat er dadurch Probleme beim Sport, kann nicht Fahrrad fahren und hat bei allen Bewegungen, die den Gleichgewichtssinn betreffen, Schwierigkeiten. Ich hoffe, Sie können ihn dadurch unterstützen, indem Sie diese Dinge berücksichtigen. Vielen Dank. Mit freundlichen Grüßen Jutta Lebert* [...]
Nun ist es also amtlich. Ich bleibe hier. Wenn möglich bis zum Abitur. Meine Eltern gehen. Wir verabschieden uns. Ich sehe sie den Gang zurücklaufen. Höre das Knarzen der Türe. [...] Die Schritte auf dem Holzbelag. Die Türe. In meiner Hosentasche finde ich einen Zettel. Ich erkenne die geschnörkelten Buchstaben meines Vaters: *Lieber Benni, ich weiß, du machst eine schwierige Zeit durch. Und ich weiß auch, dass du nun in vielen Dingen auf dich allein gestellt sein wirst. Aber denke bitte daran, es ist das beste für dich, und bleib tapfer! Papa* [...] Ich stecke den Zettel in meine Hosentasche zurück.
Dann mache ich mich auf den Weg zum Frühstück. Das Brötchen schmeckt trocken. Jeglicher Versuch, ein wenig Butter darauf zu schmieren, scheitert an meiner Unfähigkeit, es mit der linken Hand festzuhalten. Auch nach mehreren Versuchen gelingt es mir nicht. Das Brötchen saust quer über den Tisch. Ein paar Mädchen, die an einem der gegenüberliegenden Tische sitzen und die Aktion verfolgt haben, kichern. Ich schäme mich. Schnell fange ich das Brötchen wieder ein. Ich bitte den Fünftklässler darum, es mir zu schmieren. „Wie alt bist'n du?", fragt er. „Sechzehn", antworte ich. „Mit sechzehn sollte man eigentlich schon gelernt haben, ein Brötchen zu schmieren", stellt er fest. Er gibt es mir ungeschmiert zurück. Die Mädchen kichern. Ich trinke Tee.

Benjamin Lebert

Aufgaben: Seite 103

Bärbel Kerber

Chemiestunde am Küchentisch

Als der folgende Artikel entstand, unterrichteten ca. 70 deutsche Elternpaare ihre Kinder selbst und umgingen so widerrechtlich die Schulpflicht.

Ein Hausbesuch

Es ist zehn Uhr, als sich die achtjährige Yael zum Bäcker aufmacht. „Und was soll ich sagen, wenn sie mich fragen, warum ich nicht in der Schule bin?“, fragt das Mädchen. „Sag, du hast gerade große Pause“, rät die Mutter. Die Beckers haben gelernt, unangenehme Fragen ausweichend und zugleich korrekt zu beantworten. Während andere Kinder am Vormittag in einem Klassenraum sitzen, lernen Rimon, 15, Jetho, 13, Naemi, 12, und Yael, 8, zu Hause im Wohnzimmer - oder im Garten. Und vorn an der Tafel steht nicht ein ausgebildeter Lehrer, sondern ihre Mutter. *Homeschooling* nennt man so etwas in den USA, wo bereits 1,5 Millionen Kinder zuhause lernen. In Deutschland ist der Hausunterricht verboten. Hier herrscht die Schulpflicht, der sich kein Kind entziehen darf.

Kuno und Dorothee Becker wussten, auf was sie sich einließen, als sie vor drei Jahren beschlossen, ihre Kinder selbst zu unterrichten. Gerichte, Schulämter und das Kultusministerium sind seither mit ihrem Fall beschäftigt. Zuerst bekamen die Beckers einen Bußgeldbescheid. Als sie sich weigerten zu zahlen, folgte eine Anzeige, dann ein Prozess. Doch die Beckers blieben stur. Mittlerweile ist das Verfahren eingestellt. Staatsanwaltschaft und Amtsgericht sahen von einer Strafe für die Eltern ab, ohne die Schulpflicht jedoch aufzuheben. Emulsion, Suspension, Aerosol[1]: Die Becker-Kinder experimentieren am Esstisch mit Stoffgemischen – die Mutter erklärt. Als Hilfsmittel dienen Zucker, Milch, Wasserkocher und alles, was der Kühlschrank hergibt. Es ist die erste Stunde am Morgen. Im Chemieunterricht stehen Aggregatzustände und Atommodelle an. Bei den Beckers werden die Fächer im Block unterrichtet. Zurzeit heißt das: Mehrere Wochen lang steht jeden Tag Chemie auf dem Stundenplan. In der zweiten Stunde liest Yael auf dem Sofa, während Frau Becker mit Rimon, Jethro und Naemi französische *passé composé*-Formen übt. Einmal pro Woche kommt eine Französischlehrerin ins Haus. Wo nötig, werden Freunde der Familie gebeten, als Lehrer zu fungieren – in Physik kümmert sich derzeit ein pensionierter Professor um den Ältesten. „Ich kann nicht jedes Fach“, sagt Mutter Becker. Nur was sie sich zutraue, unterrichte sie auch. „Aufsätze zu beurteilen fällt mir sehr schwer“, räumt sie ein. Mathematik dagegen mache sie aus dem Stegreif. Um sich in Geschichte fit zu halten, lese sie viel. Für Naturwissenschaften haben sie sich einen Experimentierkasten angeschafft. Deutsche Lehrpläne und Schulbücher dienen der 39-jährigen als Orientierung. Auch die Kinder haben bei der Unterrichtsvorbereitung ein Wort mitzureden. Sie surfen im Internet, probieren Lern-Software aus oder suchen nach Informationen in Bibliotheken. Weitere Anregungen holen sich die Beckers bei anderen Familien, die den Hausunterricht der offiziellen Schule vorziehen.

[1] *Emulsion, Suspension, Aerosol:* Fachbegriffe aus der Chemie

Etwa 70 deutsche Ehepaare übernehmen den Unterricht selbst: weil ihre Kinder stark krank sind oder in der Schule nicht zurechtkommen, um sie stärker zu fördern oder ihnen religiöse Werte zu vermitteln. Häufig steckt dahinter eine Unzufriedenheit mit der Schule – manchmal die Angst vor Gewalt und Drogen auf den Schulhöfen. Die Beckers hatten viele Jahre im Ausland verbracht, zuletzt als Entwicklungshelfer in Mikronesien[1]. Nach ihrer Rückkehr nach Freiburg 1996 machten die Kinder erstmals Bekanntschaft mit dem deutschen Schulsystem.

[1] *Mikronesien:* Inselgruppe im Pazifischen Ozean

Doch damit begannen die Schwierigkeiten, erinnert sich Dorothee Becker. Die Unruhe im Klassenraum, die ständigen Ablenkungen während des Unterrichts: Das waren die Kinder von der internationalen Schule in Mikronesien nicht gewöhnt, wo Disziplin herrschte. Es fiel ihnen schwer, sich zu konzentrieren. Bald hatten sie keine Lust mehr zum Lernen, die Noten sackten ab. „Es war eine Quälerei für sie", erinnert sich Dorothee Becker. Als die Kinder unter einer chronischen Erkältung litten, verordnete die Hausärztin sechs Wochen häusliche Ruhe. Um in der Schule nicht den Anschluss zu verpassen, gab ihre Mutter ihnen Nachhilfe. Bis eines Tages die Frage fiel: „Warum kannst du das nicht immer machen? Bei dir verstehen wir alles viel besser." Der Vater war hell entsetzt, die Großeltern hielten die Idee für „total übergeschnappt", die Mutter rang mit sich. Dann fiel der Entschluss: Wir wollen es mit dem Unterricht zu Hause versuchen. Eine klappbare Tafel wurde ins Esszimmer gestellt, Lernmaterial angeschafft, aus der Mutter wurde ein Teilzeitlehrerin in eigener Sache.

1 *Bernward Vesper,* **In der ersten Klasse** *(Seite 96)*

Befrage ältere Menschen (etwa deine Großeltern) über ihr Schulleben. Erstelle eine Liste mit den Dingen und Verhältnissen, die sich verändert haben, und eine mit den Dingen, die gleich geblieben sind.

2 *nach Charles Dickens,* **Im Internat** *(Seite 97)*

1. Suche nach einem Grund für das zweideutige Verhalten Steerforths, der David auf der einen Seite das Geld abnimmt, ihm auf der anderen Seite aber seine Freundschaft aufzwingt.
2. Erkläre, weshalb sich die Kinder und Jugendlichen gerade bei Mr. Mell austoben.
3. Sicherlich hast du auch in deinem Schulalltag schon erlebt, dass eine Lehrkraft von der Klasse geärgert und unfair behandelt wurde. Überlege, was sich heutzutage ändern sollte, dass weder Schülerinnen und Schüler noch Lehrerinnen und Lehrer zu „Tätern" und „Opfern" werden.

3 *Benjamin Lebert,* **Im Internat** *(Seite 99)*

1. Zeige anhand des Textes auf, dass Benjamins Stimmung sehr gedrückt ist, als er seine neue Schule betritt.
2. Mache Unterschiede und Gemeinsamkeiten der beiden Texte von Dickens und Lebert deutlich, was das Internatsleben betrifft.
3. Der Text stammt aus dem Roman „Crazy", den der 16-jährige Benjamin Lebert geschrieben hat. Erkundige dich, worum es in diesem Roman geht, und erkläre, weshalb das Buch „Crazy" heißt.

4 *Bärbel Kerber,* **Chemiestunde am Küchentisch** *(Seite 101)*

1. Diskutiert über die Gründe, die das Ehepaar Becker für Hausunterricht angibt.
2. Die Sicht der Kinder kommt in diesem Artikel ein wenig zu kurz. Stell dir vor, du hättest die Wahl zwischen Schul- und Hausunterricht. Welche Vorteile, aber auch Probleme, würdest du für dich ganz persönlich sehen?
3. Nicht nur das Schulwesen in den USA unterscheidet sich vielfach stark von dem, das du aus deinem Bundesland kennst. Überlege, ob du selbst Freunde oder Mitschülerinnen und Mitschüler hast oder hattest, die bereits in anderen Bundesländern oder im Ausland zur Schule gegangen sind. Befrage sie nach Gemeinsamkeiten und Unterschieden und stelle deine Ergebnisse in der Klasse vor.

Berichten

Genau hinsehen – genau berichten

1. Betrachtet das Bild des Pausenhofs genau. Haltet danach – ohne das Bild nochmals anzuschauen – möglichst viele Einzelheiten in Gruppenarbeit schriftlich fest.

2. Vergleicht euer Gruppenergebnis mit dem der anderen Gruppen. Was stellt ihr fest?
3. Um eure Beobachtungsfähigkeit weiter zu verbessern, solltet ihr sie mithilfe der folgenden Übung trainieren: Betrachtet das Bild von Escher im Kapitel „Fantastische Begegnungen" S. 10/11 und versucht, euch in 60 Sekunden möglichst viele Einzelheiten einzuprägen. Danach wird das Buch geschlossen und ihr erstellt – entweder allein oder in Gruppenarbeit – eine Liste mit dem, was ihr euch gemerkt habt. Diese Übung kann natürlich auch mit anderen Bildern durchgeführt werden.

Verschiedene Sichtweisen – verschiedene Berichte

zehn Minuten später ...

Die Lehrerin, Frau Wurmholz, macht sich Sorgen und geht Calvin suchen.

... und wieder zehn Minuten später ...

1. Was könnte passiert sein? Schreibe mit deinem Namen versehen stichwortartig alle Ideen auf eine Liste, die dir einfallen. Unterstreicht anschließend die drei Ideen, die euch am wahrscheinlichsten erscheinen, und vergleicht sie mit dem Rest der Klasse.

Die Klasse und der Rektor wissen nicht, was in ? passiert ist. Sie sind auf die Berichte der Lehrerin und des Schülers angewiesen. Frau Wurmholz, Calvins Lehrerin, hat das Geschehen außerhalb des Klassenzimmers folgendermaßen gesehen.

In der zweiten Stunde sagte Calvin mir, er müsse ganz dringend auf die Toilette. So ließ ich ihn nach draußen. Nachdem Calvin nach zehn Minuten noch nicht zurück war, machte ich mir Sorgen und brach den Test ab, da ich nach ihm sehen wollte. Ich ging also aus dem Klassenzimmer in Richtung der Toiletten. Dort war er aber nicht. Also habe ich weiter nach ihm gesucht. Auf dem Pausenhof habe ich ihn dann angetroffen. Da erwartete mich Calvin schon mit herausgestreckter Zunge. Ich bin sicher, er hatte nur auf mich gewartet und wollte mich wieder ärgern. Da ich denke, dass sich Calvins Streiche in letzter Zeit doch sehr gehäuft haben, war ich der Meinung, Sie informieren zu müssen, Herr Rektor.

Calvins Auftreten vor dem Schulleiter könnte darauf schließen lassen, dass er unschuldig oder sich zumindest keiner Schuld bewusst ist. Calvin hat das Ereignis ganz anders gesehen und bringt das auch in seinem Bericht vor dem Schulleiter zum Ausdruck:

Also, ich versteh nicht, was daran so schlimm ist.
Ich musste dringend auf die Toilette. Also bin aus dem Unterricht direkt auf das Klo gelaufen. Weil ich so gerannt bin, war mir vor lauter Anstrengung ganz komisch. Also bin ich noch kurz an die frische Luft. Aber es wurde einfach nicht besser. Deswegen bin ich so lange draußen geblieben. Naja und nach einigen Minuten habe ich dann Frau Wurmholz, meine Lehrerin gehört, die nach mir gerufen hat. Und genau in dem Augenblick, in dem sie um die Ecke gebogen ist, musste ich ganz schrecklich niesen.

2. „Unterschiedliche Sichtweisen eines Sachverhalts" Erstelle zu dieser Überschrift einen kurzen Tafelanschrieb, der in mehrere Unterpunkte gegliedert ist und das Zustandekommen dieses Phänomens erklärt.

3. Der Schulleiter kann aufgrund der beiden Aussagen kein sicheres Urteil fällen und hat sich deshalb Notizen gemacht. Lege eine Tabelle an und füge die wichtigsten Stichpunkte ein.

4. Nach Durchsicht seiner Aufzeichnungen richtet der Schulleiter noch einige Fragen an Calvin und Frau Wurmholz. Erstelle einen möglichen Fragenkatalog.

5. Der Schulleiter muss hier wie ein Richter entscheiden. Er schaut auf dem Stundenplan nach und stellt fest, dass einige Schüler der 12. Klasse eine Freistunde hatten. Verfasse den Zeugenbericht eines Schülers, der zum gefragten Zeitpunkt auf dem Pausenhof war und das Geschehen beobachtet hat.

Der **Bericht** hat die Aufgabe, über einen Sachverhalt möglichst **genau** und **sachlich** Auskunft zu geben. Zwei Berichte über den gleichen Vorgang können aber ganz unterschiedlich ausfallen, weil Personen den Sachverhalt unterschiedlich wahrnehmen oder sie mit ihrem Bericht unterschiedliche Ziele verfolgen. Damit eine Klärung des Sachverhalts gelingt, ist es wichtig, Zeugen heranzuziehen, die als Unbeteiligte weitgehend unvoreingenommen und objektiv zur Klärung des Vorfalles beitragen können.

Der Aufbau eines Berichts

Nach einem Verkehrsunfall sind folgende noch ungeordnete Zeugenaussagen vorhanden:

Frau Antonie Kleinhuber: Ja, ja, diese Kinder! Haben einfach keine Augen im Kopf! Die Mitschüler zu beobachten statt auf den Verkehr zu achten – so ein Leichtsinn! Das Fahrrad kann man wegwerfen, und aus dem Krankenhaus wird er auch nicht so bald entlassen werden!

Paul Hofmeister: Wir sind rechts auf dem Radweg an der Autoschlange entlang bis zur Schule gefahren. Plötzlich reißt dieser Idiot die rechte Autotür auf, und der Hans knallt volle Kanne dagegen!

Frau Carola Schmitt, Fahrerin des Unfallfahrzeugs, eines blauen Golfs mit dem Kennzeichen HL-XX 2971: Ich wollte meinen Mann hier absetzen; er muss ja nur über die Straße. Schließlich arbeitet er dort. Ich fahre ihn jeden Morgen zur Arbeit. Sie müssen wissen: Wir wohnen etwas außerhalb von Lübeck und ich kann dann gleich weiterfahren. Ich arbeite nämlich mitten in der Stadt. Schauen Sie sich das an! Die ganze Autotür ist aus den Angeln gerissen! Die Reparatur kostet uns viel Geld!

Frau Erna Kupsch: Es war genau 7.45 Uhr; sie hatten es im Radio durchgesagt. Ich hab von der anderen Straßenseite aus meinem geparkten Auto alles gesehen! Die Autoschlange war entstanden, weil die Ampel an der Kreuzung rot anzeigte. Der blaue Golf hatte daraufhin kurz rechts angehalten, die beiden Jungen sind an der Schlange vorbeigeradelt, die Tür des Golf ging auf und schon hat's gekracht. Jaja, ist halt Freitag, der 13., da sollte man eigentlich gar nicht aus dem Haus.

Herr Josef Schmitt: Ich bin unschuldig! Der Junge durfte das doch gar nicht. Er muss eben am hinteren Ende der Schlange warten wie jeder andere auch! Und wenn er schon nicht wartet, dann hat er gefälligst so langsam zu fahren, dass er auch sofort bremsen kann!

Carmen Seitz, Klasse 7d des Bach-Gymnasiums Lübeck: Ich kenn' den Jungen, er heißt Hans Winter, wohnt am Schönleinsplatz 11 und geht hier in die 7a. Der Beifahrer hat einfach die Tür aufgemacht, ohne sich umzuschauen, und der Hans ist direkt obendrüber gesegelt! Außerdem dürfen da gar keine Autos halten, weil doch absolutes Halteverbot ist. Die Leute halten sich bloß nicht dran. Aber die Polizei hat schon ein paar aufgeschrieben.

Notarzt Dr. Eugen Zeuß: Der Krankenwagen hat ihn schon weggebracht. Er hat sich den rechten Arm und das rechte Schlüsselbein gebrochen, als er auf dem Pflaster aufschlug. Eine Gehirnerschütterung wird er wohl auch haben.

Der Polizist, der den Unfallvorgang aufgenommen hat, hat nun verschiedene Aussagen vor sich, die mehr oder weniger aussagekräftig sind. Daneben hat er eine Skizze vom Unfallort angefertigt, die ihm erleichtern wird, den Verlauf und die Schuldfrage zu klären.

1. Rekonstruiere aufgrund der Zeugenaussagen und der Skizze den Unfallhergang stichpunktartig. Achte dabei auf die zeitliche Reihenfolge.

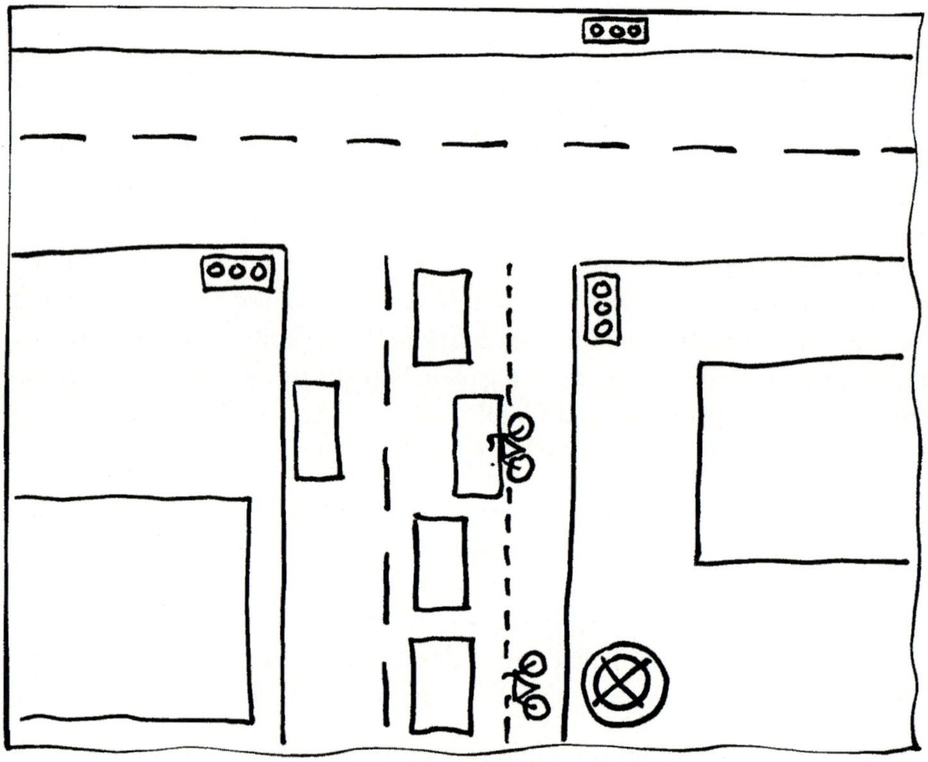

2. Erstelle eine Checkliste für einen Unfallbericht. Als Hilfe kannst du dafür den Regelkasten verwenden, deine Liste muss aber noch einige weitere wichtige Aspekte umfassen. Einigt euch in der Klasse auf eine Fassung, die für alle gilt.

Der **Schreibplan** zu einem Bericht listet stichwortartig alle wichtigen Informationen auf. Alle W-Fragen müssen dabei – soweit möglich – beantwortet werden.
Der **Bericht** wird in drei Abschnitte unterteilt:
In der **Einleitung** wird ein kurzer Gesamtüberblick über das Ereignis gegeben, wobei die Hauptfragen beantwortet werden.
Im **Hauptteil** folgt dann die genaue Beschreibung des Ablaufs in seiner zeitlichen Reihenfolge.
Der **Schluss** sollte Auswirkungen, weitere Folgen oder ein mögliches Ergebnis darstellen.

3. Verfasse nun einen Bericht über den Unfallhergang und beachte dabei die einzelnen Punkte eurer Checkliste.
4. Überarbeitet eure Berichte in einer Schreibkonferenz (S. 260). Geht dazu in Dreiergruppen zusammen und nehmt drei „Überarbeitungsrunden" vor. In Runde 1 gibt jeder seinem linken Nachbarn den Bericht zum Lesen und unterstreicht Stellen, die verändert werden sollten. Grundlage dazu ist die Checkliste. In der zweiten Runde werden die Hefte erneut im Uhrzeigersinn weitergegeben und zu den wichtigsten unterstrichenen Stellen konkrete Verbesserungsmöglichkeiten formuliert. In der dritten Runde hat nun jeder sein eigenes Heft und verfasst den Bericht mithilfe der Korrekturvorschläge ein zweites Mal.
5. Macht einen Termin mit eurem zuständigen Polizeirevier aus und lasst euren Unfallbericht überprüfen. Besprecht den vorliegenden Fall und informiert euch über das Thema „Verkehrssicherheit" in eurem Stadtteil. Bereitet anschließend darüber einen Vortrag vor, den ihr in eurer Parallelklasse haltet.

In der Lokalzeitung steht am folgenden Tag unter der Rubrik „Die Polizei berichtet" eine kurze Nachricht über den Unfall:

Junge bei Fahrradunfall schwer verletzt

LÜBECK. Gestern ereignete sich in der Feldkirchstraße ein Unfall, bei dem ein junger Fahrradfahrer durch die Unachtsamkeit eines Pkw-Insassen schwer verletzt wurde. Er musste mit erheblichen Verletzungen ins Klinikum eingeliefert werden. Der Sachschaden beläuft sich auf rund 2500,– €. Der Junge, der auf dem Radweg fuhr, stürzte über die Beifahrertür des Fahrzeugs, die unerwartet geöffnet worden war.

6. Zeige, was diese „Nachricht" von einem Bericht unterscheidet, und versuche zu erklären, weshalb die Zeitungsnachricht anders abgefasst ist als ein Unfallbericht.
7. Lasst euch im Sekretariat einen Unfallmeldebogen geben und füllt ihn in Kleingruppen aus. Grundlage dafür ist ein Unfall im Sportunterricht, der von zwei Zeugen beobachtet wurde. Ein Schüler, der am folgenden Tag im Landesfinale von „Jugend musiziert" spielen sollte, hat sich dabei den Arm gebrochen. Aus diesem Grund steht am nächsten Tag auch eine kurze Nachricht in der Lokalzeitung. Verfasst diesen Bericht.

Üben und vertiefen

Carmen liest in der Schülerzeitung eines anderen Gymnasiums einen Artikel mit dem Titel „Wir berichten über den Abiturstreich“:

In der letzten Maiwoche kam es an unserer Schule zu tumultartigen Szenen im Anschluss an den Abiturstreich. Die Abiturientinnen und Abiturienten hatten in der Mitte des Pausenhofs einen Schweinestall aufgebaut und zogen nun mit selbstgemalten Plakaten und den Tieren durch das Schulhaus. Hier riefen sie immer wieder: „Auch Schweine haben das Abitur verdient“. Dabei zeigte sich die Schulleitung nicht gerade tolerant und verständigte die Polizei, die verhindern sollte, dass die Schweine weiterhin auf dem Schulgelände herumgetrieben würden und den Unterricht störten. In ihrer spießigen und kleinlichen Art war es der Schulleitung nicht möglich, über ihren Schatten zu springen. So mussten die Abiturientinnen und Abiturienten mit ihren drei Schweinen abziehen und der Spaß war – leider – nach 30 Minuten beendet.

1. Warum kann man in diesem Fall nicht von einem guten Bericht sprechen?

Der Abiturstreich hat – auch aufseiten der Schülerinnen und Schüler – nicht nur Freunde gefunden. Im Jahresbericht der Schule ging die Schülersprecherin in ihrem Jahresrückblick auch auf den Abiturstreich ein:

Der Abiturscherz sollte – wie jedes Jahr – zu einem Höhepunkt des Schullebens werden. Die Abiturientinnen und Abiturienten hatten im Pausenhof einen Schweinestall errichtet und drei echte Schweine in diesen Stall verfrachtet. Nachdem der Abiturjahrgang der Aufforderung der Schulleitung, die Schweine vom Schulgelände zu entfernen, nicht nachgekommen war, musste die herbeigerufene Polizei die Tiere einfangen und abtransportieren.

So lustig der Einfall des Abiturjahrgangs auch war, so gefährlich und unvorhersehbar wurde die Situation innerhalb weniger Minuten. Durch die zahlreichen Schülerinnen und Schüler vollkommen verängstigt und aufgeschreckt, brachen die Schweine aus ihrem Stall aus, rasten wild geworden durch die Gänge des Schulhauses und über den Pausenhof und waren kaum noch einzufangen. Was hätte passieren können, wenn Kinder und Jugendliche im Weg gestanden hätten, lässt sich leicht ausmalen. Deshalb musste – so die Worte der Schulleitung – gehandelt werden.

Größeren Ärger verursachte in den folgenden Tagen die Frage, wer für die Kosten des Polizeieinsatzes und des Tierabtransportes aufkommen würde. Natürlich weigerten sich die Abiturientinnen und Abiturienten anfangs, mussten letztlich aber doch die Kosten tragen, da sie in eindeutig fahrlässiger Weise gehandelt hatten.

2. Was macht diesen Beitrag im Gegensatz zum Beitrag der Schülerzeitung zu einem Bericht? Begründe deine Antwort, indem du aus den folgenden Merkmalen von Aufsatzarten, die du bereits in der 6. Jahrgangsstufe kennengelernt hast, die für den Bericht zutreffenden auswählst.

Merkmale verschiedener Aufsatzarten	typisch für Bericht
Der Text steht im Präsens.	?
Er ist spannend formuliert.	?
Er bringt nicht Gefühle des Autors/der Autorin zum Ausdruck.	?
Er enthält einen Höhepunkt.	?
Er vermeidet wörtliche direkte Rede.	?
Es wird knapp und sachlich formuliert.	?

3. Man unterscheidet verschiedene Arten von Berichten, u.a. einen Unfallbericht, einen Zeitungsbericht und einen Zeugenbericht. Erstelle eine geeignete Tabelle und vergleiche die genannten Berichtsformen auf die Kennzeichen „Merkmale" und „Absicht", indem du die Tabelle ausfüllst.

4. Gestalte die Erzählung „In der ersten Klasse" (☞ S. 96) in einen Bericht um.

5. An den meisten Gymnasien finden im Laufe eines Schuljahres verschiedenste Veranstaltungen statt. Im Folgenden sind mögliche Veranstaltungstypen aufgeführt.

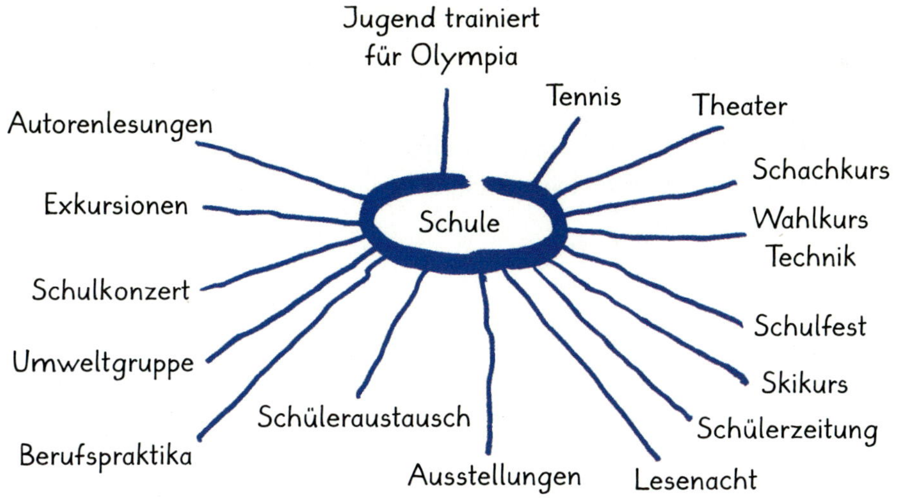

Wähle aus den genannten Möglichkeiten fünf aus, die in diesem oder im letzten Schuljahr an deiner Schule stattgefunden haben. Informiere dich über die einzelnen Veranstaltungen, sodass du wichtige Aspekte dazu kennen lernst. Erstelle mithilfe alle Informationen eine Mind-Map, die den Titel „Schulveranstaltungen" trägt.

6. Suche dir eine Veranstaltung aus und schreibe einen Bericht darüber.

PROJEKT

Recherchieren, organisieren und Ergebnisse vorstellen

Ein spannender Einblick in eine andere Welt

Reihnhart-Gymnasium führte Projekttag zum Thema „Afrika“ durch.

Neue Freundschaften geknüpft

Schülerinnen und Schüler aus Ungarn zu Besuch an der Wilhelm-Busch-Schule

Unschlagbar!

Volleyballerinnen der Molt-Hauptschule Landkreis-Schulmeister

Spiel, Spaß und viel Wissen

Gemeinsames Schulfest des Schulzentrums Süd-West

Neue Unterrichtskonzepte gewünscht

Schulleiterinnen und Schulleiter der Gesamtschulen trafen sich.

Innerhalb einer Woche fanden sich in einer Lokalzeitung diese Berichte über das Schulleben verschiedener Schulen der Stadt.
Sicherlich werden auch in der Tageszeitung deiner Stadt immer wieder Berichte, Kommentare oder vielleicht sogar Erzählungen über das Schulleben in der Stadt oder im Kreis abgedruckt.

1. Haltet vor eurer Klasse einen Vortrag mit dem Thema: „Das Schulleben in unserer Stadt“. Je nachdem, wo ihr wohnt, könnt ihr die Worte *in unserer Stadt* auch durch *in unserer Gemeinde* oder *in unserem Kreis* ersetzen. Eure Gruppe sollte nicht mehr als vier Schüler umfassen.
Wertet über den Zeitraum von zwei Monaten eure Lokalzeitung auf „Schulgeschichten“ aus, recherchiert im Internet auf den Homepages der Schulen und informiert euch in Jahresberichten. Um an Informationen zu gelangen, könnt ihr auch die Schulleiter oder den zuständigen Bürgermeister interviewen.

2. Da euer Projekt über einen längeren Zeitraum geht, ist es sinnvoll, dass ihr euch einen Projektplan erstellt, in dem verzeichnet wird, wer welche Arbeiten übernimmt, wann ihr alleine und wann zusammen arbeitet und bis wann die Arbeiten erledigt sein müssen. Folgende vier Aspekte spielen dabei sicher eine wichtige Rolle:

- Informationsrecherche
- Sichtung und Auswertung des Materials
- genaue Zielsetzung und Gliederung des Vortrags
- Vorbereiten der Präsentation

Erstellt einen solchen Projektplan und stimmt ihn auf euer Vorhaben ab.

Eine Schülerin hat einen Artikel in der Lokalzeitung über den Projekttag an ihrem Gymnasium folgendermaßen ausgewertet:

Datum	Titel	Thema	Umfang	Kurze Inhaltsangabe
20.5.	Ein spannender Einblick in eine andere Welt	Projekttag unserer Schule über Afrika	3 Spalten à 20 Zeilen + 2 Bilder	Die verschiedenen Stationen und Gäste wurden vorgestellt, vor allem wird die lebendige Atmosphäre gelobt, der Verfasser kommt zu dem Ergebnis, dass solche Tage häufiger stattfinden sollten.

Ein anderer Schüler hat sich für folgende Auswertung entschieden:

Name der Zeitung	In welchem Teil der Zeitung erschienen	Datum	Umfang des Artikels	Titel des Artikels
Mannheimer Morgen	Lokalteil	20.5.	ca. $\frac{1}{4}$ Seite	Ein spannender Einblick in eine andere Welt

3. Überlegt, welche der angefertigten Auswertungen sinnvoller ist, und begründet eure Meinung. Entwerft anschließend einen Auswertungsbogen, der für euer Material geeignet ist. Bedenkt dabei, dass ihr neben Zeitungsartikeln auch Homepages und evtl. Antworten aus Interviews zu berücksichtigen habt.

4. Spätestens zu diesem Zeitpunkt müsst ihr euch darüber klarwerden, welche Zielsetzung euer Vortrag genau hat. Das Thema selbst ist ja zunächst sehr allgemein formuliert. Wie ihr es konkretisiert, hängt nicht nur von euren eigenen Vorstellungen ab, sondern auch vom Material, das ihr zusammengetragen habt.

5. Damit eurer Vortrag für die Zuhörer möglichst anschaulich ist, müsst ihr ein Medium einbeziehen. Dies kann eine Overheadfolie, die Tafel oder ein Plakat sein. Wenn ihr euch bereits damit auskennt, könnt ihr auch mit Powerpoint arbeiten.

6. Erarbeitet am Beispiel einer OHP-Folie Kriterien für den Einsatz eines solchen Mediums. Achtet dabei auch auf die Bilder, die euch vielleicht den ein oder anderen Hinweis geben können. Besprecht euer Ergebnis mit eurer Lehrkraft und erstellt dann einen Kriterienkatalog für das Medium, das ihr für euren Vortrag wählt.

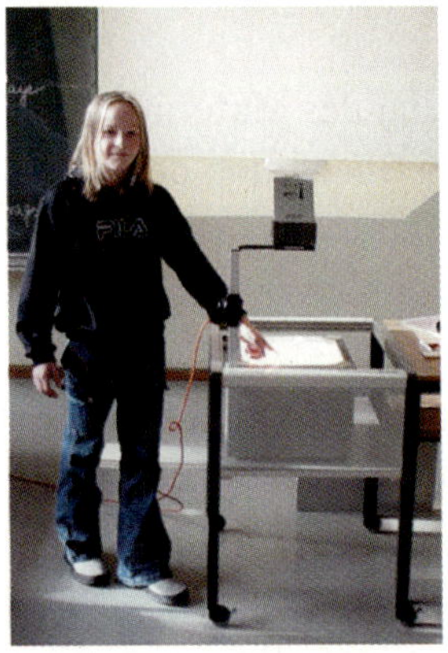

7. Auch das Vortragen selbst muss geübt werden. Überlegt euch, auf was ihr beim Sprechen alles achten müsst – einiges wisst ihr ja noch aus dem letzten Schuljahr. Wenn ihr es für notwendig erachtet, haltet euren Vortrag zur Probe und korrigiert euch selbst.

Langfristige Projektplanung und Projektpräsentation

Bei einer Arbeit, die über einen längeren Zeitraum abläuft und deren Vorstellung in einem Vortrag oder einer Prüfung eine größere Vorbereitung in Anspruch nimmt, sind verschiedene Aspekte zu beachten:

- Mache dir bei der Auswertung von Texten oder Materialien frühzeitig Notizen, damit du dich mit einem schnellen Blick über die Inhalte informieren und so deine Wiederholung zeitlich eingrenzen kannst. Bei der Vorbereitung auf Prüfungen oder Referate empfiehlt es sich, etwa mit Karteikarten zu arbeiten, auf denen die wichtigsten Informationen gebündelt sind. Diese kannst du dir auch auf dem Computer anlegen.
- Fange mit der Vorbereitung auf eine Vorstellung (oder auch Prüfung!) frühzeitig an, damit du dir in Ruhe klarmachen kannst, was von Bedeutung ist und welche Medien du einsetzen willst. Nur dann kannst du Inhalte und Präsentation sorgfältig vorbereiten.
- Achte bei einem Vortrag nicht nur auf eine inhaltlich saubere Darstellung, sondern auch darauf, dein Wissen durch überzeugendes Auftreten und unterstützende Medien vermitteln zu können. Achte dabei sowohl auf Lesbarkeit, Übersichtlichkeit und auf eine klare optische Gestaltung der Medien als auch auf Lautstärke, Betonung und auf die Geschwindigkeit des Vortrags sowie auf eine deutliche Aussprache.

Zeichensetzung

Zeichensetzung zwischen Sätzen und Satzteilen

nach Mark Twain

Mein erstes selbstverdientes Geld

in unserer schule bestand ein strenges verbot pulte stühle tafel und anderes schuleigentum durften in keinem fall mit taschenmessern bearbeitet werden die strafe war entweder fünf dollar oder öffentliche prügelung wenn sie nicht herbeigeschafft werden konnten eines tages traf mich das verhängnis und ich musste meinem vater beichte ablegen vorwurfsvoll sagte er nein ich kann unseren Namen nicht schänden indem ich dich der schaustellung preisgebe ich werde also bezahlen damit du aber nichts verlierst komm mal mit auf mein zimmer junge hier vollzog sich die irdische gerechtigkeit an einem meiner körperteile als ich die treppe hinunterging war ich abgehärtet mit der einen hand rieb ich den schmerzenden körperteil in der anderen hand hielt ich den fünf-dollar-schein dabei überlegte ich wie ich die lage in die ich so geraten war zu meinem vorteil nutzen könnte ich hatte diese züchtigung die ich meinem regelwidrigen verhalten zuzuschreiben hatte überstanden ich würde die andere die in unserer schule für ein solches verhalten üblich war also wohl auch ertragen so beschloss ich mich zur prügelung in der schule zu stellen und die fünf dollar zu behalten denn sie waren mein erstes selbstverdientes geld

Mark Twain (1835-1910)

1. Lies die Erzählung von Mark Twain laut vor. Welche Schwierigkeiten hattest du beim Lesen? Beschreibe, wie du beim Bestimmen der Sätze vorgegangen bist, und erläutere, wo und warum es mehrere Lösungen gibt.

2. Woran erkennst du, dass dieser Text nicht aus der heutigen Zeit stammt? Wie beurteilst du das Verhalten des Vaters, wie das des Jungen?

3. Natürlich fehlen im Originaltext die Satzzeichen nicht. Auch ist er in der richtigen Groß- und Kleinschreibung verfasst. Schreibe den Text richtig in dein Heft und wende dabei auch alle Regeln der Zeichensetzung an, an die du dich noch erinnern kannst. Überarbeite deinen Text noch einmal am Ende des Kapitels, wenn du die Zeichensetzung wiederholt hast.

4. Betrachte die beiden folgenden Sätze aus dem Originaltext genauer und schreibe sie in dein Heft:

- Als ich die Treppe hinunterging, war ich abgehärtet.
- Mit der einen Hand rieb ich den schmerzenden Körperteil, in der anderen Hand hielt ich den Fünf-Dollar-Schein.

Unterstreiche zur Untersuchung der Zeichensetzung jeweils die beiden Teilsätze in verschiedenen Farben und ringele in der jeweiligen Farbe das konjugierte Verb ein. Welchen Unterschied stellst du fest?

Die Verbindung von Haupt- und Nebensätzen nennt man **Satzgefüge** (Hypotaxe).
Man kann die Satzart an der **Stellung des konjugierten Verbs** (man sagt auch finites Verb dazu, im Unterschied zu den nicht konjugierten Formen des Infinitivs und des Partizips) im Satz erkennen:
Im Hauptsatz steht es an zweiter Stelle der Satzglieder, im Nebensatz steht es an letzter Stelle. Wenn die Sätze nicht mit den Konjunktionen *und* bzw. *oder* verbunden sind, steht zwischen ihnen ein Komma.
Die Verbindung von Hauptsätzen nennt man **Satzreihe** (Parataxe).
Auch zwischen Hauptsätzen steht ein Komma. Sind sie durch die Konjunktionen *und* bzw. *oder* verbunden, muss kein Komma stehen. Häufig ist es aber sinnvoll, ein Komma zu setzen, da so der Satz übersichtlicher ist.
Häufig können Sätze aus mehreren Haupt- und Nebensätzen bestehen, also aus mehreren Satzgefügen und Satzreihen gleichzeitig. Dann ist die Kommasetzung besonders wichtig, damit man nicht den Überblick verliert.

5. Suche nun in dem Text von Mark Twain nach Haupt- und Nebensätzen. Schreibe Beispiele für Satzgefüge und Satzreihen in dein Heft und unterstreiche dabei Haupt- und Nebensätze mit unterschiedlichen Farben.

6. Übertrage den Satz aus den Zeilen 9/10 in folgender Weise in dein Heft.

Dabei überlegte ich,	*wie ich die Lage,*	*in die ich so geraten war,*	*zu meinem Vorteil nutzen könnte.*
1. Hauptsatz	1. Nebensatz, Teil 1	2. Nebensatz	1. Nebensatz, Teil 2

7. Suche weitere Satzgefüge in dem Text oder auch im Lesebuchteil des Kapitels und schreibe sie in dieser Weise auf, um dir die Satzstruktur deutlich zu machen.
Inwiefern kann man sagen, dass Nebensätze von Hauptsätzen abhängig sind?

8. Im folgenden Kasten findest du weitere wichtige Komma-Regeln. Schau nach, ob du im Text von Mark Twain auf S. 115 Beispiele für die Regeln findest.

ERINNERT EUCH

Weitere wichtige Zeichensetzungsregeln

1. Das Komma steht bei **Aufzählungen**, wenn die einzelnen Glieder der Aufzählung nicht durch *und* verbunden sind.
   Beispiel: *Peter, Klaus, Ingrid, Ludwig und ich waren dabei.*
2. Die **Anrede** wird durch Kommas abgetrennt.
   Beispiel: *Paul, kommst du endlich?* • *Was kann ich für Sie tun, Herr Meier?*
3. **Datums- und Zeitangaben** werden durch Kommas gegliedert.
   Beispiel: *Wir sehen uns am Freitag, den 13. Oktober, um 20.00 Uhr.*
   Sie kommt Montag, den 1. Juli.
4. **Ausrufe** werden durch Komma abgetrennt.
   Beispiel: *Ach, das ist aber schade.* • *Oho, so ist das!* • *Nein, das tut mir leid.*

Apposition

Die Erzählung „Mein erstes selbstverdientes Geld" zu Beginn des Kapitels geht zurück auf Mark Twain, **einen berühmten amerikanischen Schriftsteller des 19. Jahrhunderts.**

1. Welche Bedeutung hat der hervorgehobene Satzteil für das Verständnis des Textes?

> Eine Apposition ist eine nähere Erläuterung in einem Satz. Sie steht im gleichen Kasus wie das Wort, auf das sie sich bezieht. Sie wird durch Komma abgetrennt.
> Beispiel: *Mark Twain, **ein amerikanischer Schriftsteller**, lebte von 1835-1910.*

2. Schreibe die folgenden Sätze ab, unterstreiche die Apposition und setze die Kommas.

- In unserer Schule einer amerikanischen Kleinstadtschule durften Pulte nicht zerkratzt werden.
- Ein Vergehen gegen dieses Verbot zog eine Strafe eine harte Strafe nach sich.
- Mir dem Übeltäter graute vor der Reaktion meines Vaters.
- Er ein strenger Erzieher bestrafte mich auf seine Weise und gab mir fünf Dollar das Strafgeld.
- Ich stellte mich der Schulstrafe einer öffentlichen Demütigung trotzdem.

Infinitiv- und Partizipialsätze

Sie beabsichtigt die Pause an der frischen Luft zu verbringen.

1. Auch in diesem Satz kannst du Haupt- und Nebensatz unterscheiden. Allerdings steht am Ende des Nebensatzes kein konjugiertes Verb, sondern ein Infinitiv. Deshalb spricht man von Infinitivsätzen und nicht von Nebensätzen. Versuche, den Infinitivsatz in einen Nebensatz umzuwandeln. Was ändert sich?
2. Wo könnte man in dem Beispielsatz ein Komma setzen?

> Infinitivsätze werden mit Kommas abgetrennt, wenn sie mit *um*, *ohne*, *statt*, *anstatt*, *außer* und *als* eingeleitet sind (a), wenn sie von einem Substantiv anhängen (b) und wenn ein Verweiswort im übergeordneten Satz auf den Infinitiv hinweist (c).
> a) *Sie öffnete das Fenster, **um** frische Luft hereinzulassen.*
> b) *Der **Versuch**, ihr zu helfen, gelang.*
> c) *Er dachte **darüber** nach, sich zu verändern.*

Manchmal kann sich auch die Bedeutung des Satzes durch ein Komma verändern; dann muss es natürlich gesetzt werden. Erkläre den Bedeutungsunterschied der Sätze.
Beispiel: *Er versuchte, täglich etwas länger aufzubleiben.*
Er versuchte täglich, etwas länger aufzubleiben.

3. Setze bei den folgenden Sätzen das Komma an unterschiedliche Stellen und erkläre jeweils die veränderte Bedeutung des Satzes.

- Ich hoffe jeden Tag meine Hausaufgaben zügig erledigen zu können.
- Er plant nicht den Unterricht zu versäumen.

Bei den Partizipialsätzen steht ein Partizip anstelle des konjugierten Verbs. Sie müssen in der Regel nicht durch ein Komma abgetrennt werden. Jedoch ist es häufig sinnvoll, ein Komma zu setzen. Ein Komma muss gesetzt werden, wenn im übergeordneten Satz ein Wort direkt auf die Infinitivgruppe verweist. Beispiel: *Ich bat sie darum, mich auf den Pausenhof zu begleiten.*

Beispiel: ***Durch die Pause erholt(,)*** *konnte ich wieder konzentriert arbeiten.*
Einen Riesendurst verspürend, *so ging Tim nach der Schule nach Hause.*

Wenn Partizipial- und Infinitivsätze zwischen Subjekt und Prädikat eingeschoben sind oder Zusätze oder Nachträge in einem Satz bilden, trennt man sie mit Kommas ab.

Beispiel: ***Tim, um seinen Durst zu stillen,*** *ging schnell nach Hause.*
Ich konnte wieder konzentriert arbeiten, ***durch die Pause erholt.***

4. Schreibe die folgenden Sätze ab und setze alle notwendigen Kommas. Verwende für die Infinitiv- und Partizipialsätze verschiedene Farben.

- Hans vollkommen schockiert konnte das gar nicht glauben.
- Dirk und Timo hatten darum gewettet einander in ihrer Stärke zu übertreffen.
- Heftig die Köpfe schüttelnd hatten einige Klassenkameraden die beiden auf dem Pausenhof beobachtet.
- Keiner zeigte sich dazu bereit in das Geschehen einzugreifen.
- Miriam um das noch einmal zu betonen hatte direkt die Pausenaufsicht informiert.
- Sie war sofort losgegangen anstatt erst eine Zeit lang zuzuschauen.

Wortarten – Satzglieder – Sätze

Wortarten

Die Klasse 7a arbeitet an einem Projekt über Schule in früheren Zeiten in ihrem Bundesland Baden-Württemberg. Um Informationen zu sammeln, haben die Schüler im Internet und in Büchern recherchiert sowie ein Schulmuseum besichtigt.
Bei ihren Recherchen ist die Gruppe, die einen Beitrag zu Klosterschulen im Mittelalter erarbeiten soll, auf folgenden hilfreichen Artikel gestoßen, den sie zur weiteren Verarbeitung eingescannt hat:

Schule im Mittelalter – in der Klosterschule

EtwaseitdemJahr800gibtesdieerstenSchulenSiebefandensichinKlösternund warendenJungenvorbehaltendiespäterPriesteroderMönchewerdensollten AuchinFrauenklösterngabessolcheSchulenfürspätereNonnenDieAusbildungim LesenundSchreibenwarbesonderswichtigfürdieKlosterschülerdenndamalsgab esnochkeinegedrucktenBücherzukaufensondernalleBücherwurdenvonden MönchenmitderHandabgeschriebenundkunstvollverziertKarldemGroßender zudieserZeitalsKaiserregiertewareswichtigdassnichtnurdieMöncheundPriester LesenundSchreibenlernten.DeshalberließereineVerordnungAuchdieSöhne reicherKaufleuteundhöhergestellterAdligensolltenininKlosterschulenaufgenommenwerdenDiesemusstenallerdingseinhohesSchulgeldzahlendemKloster zumBeispielLändereienschenken.

1. Leider hat das Texterkennungsprogramm in dem im Original sehr eng geschriebenen Artikel die Wortgrenzen und Satzzeichen nicht erkannt. Versuche den Text trotz der seltsamen Schreibung flüssig zu lesen.

2. Schreibe den Text in der richtigen Schreibweise mit den Wortzwischenräumen in dein Heft. Erkläre, warum es dir leichtfällt, die Wörter zu erkennen.

3. Ordne die Wörter nach den Wortarten in einer Tabelle. Erinnere dich, wie viele Wortarten es gibt und wie viele Spalten du daher brauchst. Wenn du Schwierigkeiten mit der Zuordnung hast, informiere dich mittels einer Grammatik. Überprüfe auch anhand dieses Lexikons, welche Wortarten in dem Text nicht vorkommen.

Verben	Substantive	Adjektive	Artikel	...	...
gegangen ...	Jahren ...	künstliche ...	der ...	... ...	... ...

4. Beschreibe, wonach man die Wortarten unterscheidet und welche Eigenschaften sie jeweils haben.

Die Wortarten

Der Wortschatz einer Sprache ist nach Wortarten gegliedert. Diese werden in **veränderbare (flektierbare)** und **unveränderbare (unflektierbare)** unterteilt.

Wortarten
- flektierbar
  - Verben – konjugierbar
  - Substantive, Adjektive, Artikel, Pronomen, Numerale – deklinierbar
- unflektierbar
  - Adverbien
  - Präpositionen
  - Konjunktionen
  - Interjektionen

Satzglieder und Sätze

Auf der Homepage des Schulmuseums Friedrichshafen ist die Mittelalter-Gruppe auf ein Bild gestoßen, das einen Jungen bei seiner Aufnahme in die Klosterschule zeigt:

Das Bild zeigt, wie ein vornehm gekleideter Vater seinen sechsjährigen Sohn einem Abt zur Ausbildung im Kloster übergibt. Es ist zu erkennen, dass der Vater dem Abt einen Vertrag überreicht, durch den das Kloster Ländereien als Geschenk erhält. Der Knabe wurde aufgenommen. Der Junge scheint sich vor seinem ersten Schulgang zu fürchten. Er war verpflichtet, von nun an im Kloster nach dessen strengen Regeln zu leben. Als Erstes musste er Latein lernen. Das war auch später seine Gebets- und Umgangssprache. Mehrmals am Tag rief die Glocke zum Gottesdienst. Die Schüler hatten im Klosterchor zu singen. Im Unterricht wurde mit dem Bakel gestraft, einem löffelartigen Schlagholz. Daneben mussten die Buben in den verschiedensten Wirtschaftszweigen des Klosters helfen. Wer die Schreibkunst beherrschte, saß in den Schreibstuben und unterstützte die Mönche bei ihrer Arbeit.

Katharina meint, die Gruppe dürfe nicht einfach den Originaltext übernehmen, da sie ja eigene Texte schreiben sollen. Sie schlägt vor, den Bildbeschreibungstext wie in ihren folgenden Beispielsätzen abzuändern:

... Latein musste er als Erstes lernen. Auch später war das seine Gebets- und Umgangssprache. Die Glocke rief mehrmals am Tag zum Gottesdienst. Im Klosterchor hatten die Schüler zu singen. Mit dem Bakel, einem löffelartigen Schlagholz, wurde im Unterricht gestraft. Die Buben mussten daneben in den verschiedensten Wirtschaftszweigen des Klosters helfen. ...

1. Vergleiche die Originalsätze mit Katharinas Vorschlag. Was hat Katharina verändert? Verändere den Text weiter auf Katharinas Weise und beschreibe deine Beobachtung.
2. Was hältst du von Katharinas Vorschlag? Hilf der Gruppe bei ihrem Problem, indem du den Text entsprechend überarbeitest.

ERINNERT EUCH

Ein Satz besteht zwar aus Wörtern, aber die grammatischen Gliederungseinheiten sind die Satzglieder. Sie können aus einem einzelnen Wort, aber auch aus einer Wortgruppe bestehen. Man erkennt sie daran, dass man sie im Satz verschieben kann, ohne dass er grammatisch falsch wird (**Verschiebe- oder Umstellprobe**).

Beispiel: ***Florian und sein Freund*** *schenken mir* ***ein Abenteuerbuch.***
Ein Abenteuerbuch *schenken mir* ***Florian und sein Freund.***
Mir schenken ***Florian und sein Freund ein Abenteuerbuch.***

Aber: **Florian schenken mir ein Abenteuerbuch und sein Freund.*
(Das Satzglied *Florian und sein Freund* kann nur vollständig verschoben werden.)

3. Die Satzglieder sind dir aus früheren Schuljahren schon bestens bekannt. Bestimme zur Wiederholung mithilfe der Verschiebeprobe die Satzglieder der folgenden Beispielsätze und ordne sie in tabellarischer Form. Orientiere die Anlage in deinem Heft am hier gezeigten Beispiel. Gib darin, wie zu sehen, gleichzeitig an, welche Funktion die Satzglieder im Satz haben.

- Die Lehrerin wiederholt heute die Grammatiklektion.
- Die Schülerinnen und Schüler der Klasse 7b freuen sich darüber.
- Einige aus der Klasse müssen etwas nachholen.
- Hans und Monika lernen immer zusammen den neuen Stoff.
- Sie sind auf die bevorstehende Klassenarbeit vorbereitet.
- Peter, der Träumer der Klasse, sollte dem Unterrichtsgeschehen konzentrierter folgen.

Subjekt	**Prädikat**	**Objekt**	**Adverbiale**
Die Lehrerin ...	wiederholt ...	die Grammatiklektion ...	heute ...

4. Versuche das Wort *neuen* im *vierten* Satz zu verschieben, beschreibe deine Beobachtung und suche nach einer Erklärung.

Das **Attribut** ist eine Beifügung; es erläutert das Bezugswort. Es kann in unterschiedlicher sprachlicher Form vor oder nach dem Bezugswort stehen.

Beispiel: *das **schöne** Buch* (Adjektiv)
*der **erleuchtete** Platz* (Partizip)
*der Baum **an dem Fluss*** (präpositionaler Ausdruck)
*Die Biene, **eine fleißige Arbeiterin,** sammelt Nektar.* (Apposition)
*das Fahrrad **meines Bruders*** (Substantiv im Genitiv)
*Das Buch, **das ich mir ausgeliehen habe,** gefällt mir gut.* (Relativsatz)

Das Attribut ist kein Satzglied, sondern ein Satzgliedteil. Es kann nur zusammen mit seinem Bezugswort verschoben werden. Deshalb ist ein Attributsatz auch kein Gliedsatz.

Beispiel: *Leider sind **die schönen Ferien** schon zu Ende.*
***Die schönen Ferien** sind leider schon zu Ende.*

5. Bestimme in den Sätzen aus Aufgabe 3 die Attribute und gib ihre sprachliche Form an.

Vom Satzglied zum Gliedsatz

Eine zweite Projektgruppe beschäftigt sich mit der Entstehung der deutschen Schulen. Sie hat recherchiert und dazu folgenden Text verfasst:

Deutsche Schulen entstehen

Nachdem in den nächsten Jahrhunderten weiterhin die Bildung von Geistlichen in Klosterschulen im Vordergrund gestanden hatte, wuchs im 13. Jahrhundert das Interesse an einer Schulbildung in den damals aufblühenden Städten. So entstanden in allen Städten und an allen größeren Adelshöfen zunächst Lateinschulen, weil man Latein in den Klöstern und an manchen Höfen sprach. Wer zum Beispiel Urkunden ausstellte, musste deshalb die lateinische Sprache beherrschen.

Als Johannes Gutenberg um 1450 den Buchdruck mit beweglichen Lettern erfand, wurde eine größere und schnellere Verbreitung des Wissens möglich. Nicht länger waren Wissensdurstige darauf angewiesen, dass die Mönche die Bücher abschrieben.

Weil sich der Tätigkeitsbereich von Kaufleuten und Handwerkern mehr und mehr ausweitete, mussten auch sie Lesen und Schreiben beherrschen, wenn sie erfolgreich sein wollten. Sie schickten ihre Buben in den privaten Unterricht eines Lese- und Schreibmeisters oder aber in eine der neu entstehenden städtischen deutschen Schulen, damit sie lesen und schreiben lernten.

Die Gründung von deutschen Schulen erlebte einen Aufschwung, nachdem Martin Luther die Bibel in die deutsche Sprache übersetzt hatte. So sollte es jedem, der sie lesen wollte, möglich werden. Er forderte deshalb auch von allen seinen Pfarrern die Einrichtung einer deutschen Schule, wo die Kinder mit Bibel, Katechismus und Gesangbuch das Lesen lernten.

Im Jahre 1649 schließlich wurde im evangelischen Herzogtum Württemberg durch die Landesherren die Schulpflicht für Knaben und Mädchen eingeführt, sodass alle Kinder eine Grundbildung erhielten.

1. Schreibe den Text in dein Heft und bestimme Haupt- und Nebensatz, indem du für diese Teilsätze jeweils eine andere Farbe benutzt. Falls du Schwierigkeiten mit dem Erkennen von Haupt- und Nebensätzen hast, schaue auf S. 116 in diesem Buch nach.

2. Versuche, den Nebensatz jeweils so umzuwandeln, dass sein Inhalt in einem Satzglied ausgedrückt wird. Bestimme diese Satzglieder. Überprüfe auch, inwiefern sich durch die Umformung die Bedeutung, der Ausdruck oder Stil des Satzes ändert.
Beispiel für die Umformung:

- Nachdem in den nächsten Jahrhunderten weiterhin die Bildung von Geistlichen in Klosterschulen im Vordergrund gestanden hatte, wuchs im 13. Jahrhundert das Interesse an einer Schulbildung in den damals aufblühenden Städten.

- Nach der weiterhin im Vordergrund stehenden Bildung von Geistlichen in Klosterschulen in den nächsten Jahrhunderten wuchs im 13. Jahrhundert das Interesse an einer Schulbildung in den damals aufblühenden Städten.

Der **Gliedsatz** ist ein abhängiger Satz, der anstelle eines Satzgliedes steht. Er wird mit Komma vom Hauptsatz abgetrennt und besteht selbst wieder aus Satzgliedern.

Beispiel: *Sie gingen **wegen des Regens** nicht spazieren.*
Weil es regnete, gingen sie nicht spazieren. (**Weil es regnete** bold)

So wie man die Satzglieder Subjekt, Objekt und Adverbiale unterscheidet, so untergliedert man auch die Gliedsätze.

Beispiel: ***Du** schreibst eine Eins.*
***Wer keine Fehler macht**, schreibt eine Eins.*
Subjekt/Subjektsatz

*Wir warten **auf deine Rückkehr***
*Wir warten (darauf), **dass du zurückkehrst.***
Objekt/Objektsatz

*Ich schlafe **überall.***
*Ich schlafe, **wo immer ich kann.***
(lokales) Adverbial/Adverbialsatz

Nicht alle Nebensätze sind Gliedsätze. (☞ S. 121)

3. Untersuche nun erneut die von dir in Aufgabe 2 unterstrichenen Adverbialsätze. Kannst du sie hinsichtlich ihrer Bedeutung unterscheiden? Erinnere dich dazu an die verschiedenen Arten von Adverbialen, die du im letzten Schuljahr kennengelernt hast.

So wie man die Adverbialen nach ihrer Bedeutung unterscheidet, gilt das auch für die **Adverbialsätze**. Man unterscheidet:

Lokalsatz (Ortsangabe)	*Am liebsten bin ich, **wo die Sonne scheint.***
Temporalsatz (Zeitangabe)	*Ich bin angekommen, **als die Sonne unterging.***
Modalsatz (Art und Weise)	*Ich lief, **so schnell ich konnte.***
Instrumentalsatz (Mittel)	*Sie schlug den Nagel ein, **indem sie den Hammer benutzte.***
Kausalsatz (Grund)	*Er ging ins Bett, **weil er müde war.***
Konditionalsatz (Bedingung)	*Er geht ins Bett, **wenn er müde ist.***
Finalsatz (Zweck)	*Er schläft, **damit er wieder fit wird.***
Konsekutivsatz (Folge)	*Er aß genug, **so dass er keinen Hunger mehr hatte.***
Konzessivsatz (Einräumung)	*Er aß weiter, **obwohl er schon satt war.***

An der **Konjunktion**, die den Gliedsatz einleitet, kann man in der Regel erkennen, um welche Art von Adverbialsatz es sich handelt.

Schulstube um 1850 – Dorfschulen

Landgemeinden besaßen vor 1820 aus finanziellen Gründen meist keine Schulhäuser. Unterrichtet wurde in diesen Fällen in der Wohnstube des Lehrers, des Pfarrers oder sogar in einer Wirtschaft. Damals fand in den Landorten nur im Winter Unterricht statt. In den Sommermonaten halfen die Kinder in der Landwirtschaft mit. Die Lehrer mussten zur Aufbesserung ihres geringen Einkommens zusätzlich z. B. als Schneider oder Schuster arbeiten. Außerdem waren die Lehrer nach ihrer Einstellung zum Mesnerdienst verpflichtet.

Erst 1831 wurde eine Verordnung erlassen, sodass auch die Dorfkinder täglich zur Schule gehen mussten. Obwohl wir uns das heute kaum mehr vorstellen können, prägten damals lange Schulbänke mit abgeschrägten Tischplatten die Schulstube. Oft mussten sieben oder acht Kinder an einer solchen Bank sitzen, damit alle Platz fanden. Giftpflanzen lernten die Kinder zum Beispiel dadurch kennen, dass an den Wänden Wandbilder hingen.

Im Jahre 1836 wurde ein württembergisches Schulgesetz erlassen. In diesem Gesetz wurden als Unterrichtsfächer nur Religion, Lesen, Schreiben, Deutsche Sprache, Rechnen und Singen genannt. Wegen der besonderen Hervorhebung der religiös-sittlichen Bildung wurden die Volksschulen von Pfarrern und die Schulbezirke von geistlichen Schulinspektoren beaufsichtigt.

4. Bestimme im ersten und letzten Absatz des obigen Textes über die Dorfschulen um 1850 die Adverbialen und forme sie dann in Adverbialsätze um.
Unterscheide im mittleren Absatz alle Adverbialsätze nach ihrer Bedeutung. Forme sie anschließend in Adverbialen um.
Entscheide jeweils, welche Version eines Satzes stilistisch gelungener ist, und schreibe den Text entsprechend neu.

Der **Attributsatz** ist ein Nebensatz, der für ein Attribut steht. Er bezieht sich auf ein Wort im übergeordneten Satz, das er näher bestimmt. Er kann nicht in ein Satzglied umgewandelt werden.
Beispiel: *Die Befürchtung,* ***dass sie einen Test schreiben würden****, war leider richtig.*
Julia fand die Arbeit, ***die sie erwartet hatte****, nicht schwer.*

Den Attributsatz im zweiten Beispiel nennt man auch **Relativsatz**. Darunter versteht man einen Nebensatz, der durch ein **Relativpronomen** eingeleitet wird. Relativpronomen sind: *der, die, das; welcher, welche, welches; wer, was.*
Aber auch Adverbien wie z.B. *wo, wie, woher, wodurch* können Relativsätze einleiten.
Beispiel: *Der Test,* ***welcher wirklich nicht schwer war****, dauerte zwanzig Minuten.*
Es war aber Julias Fleiß, ***durch den sie keine Angst hatte****.*

5. Schreibe den folgenden Text der Projektgruppe zur Schule in der Kaiserzeit abschnittsweise in dein Heft. Bestimme dabei die jeweiligen Teilsätze, indem du für die Attribut- und Gliedsätze eine eigene Farbe verwendest.

Schule zur Kaiserzeit (1871–1918)

In den Klassenzimmern des Kaiserreiches, das 1871 gegründet wurde, herrschte strenge Disziplin. Die Schule, deren Aufgaben bis dahin vor allem die Vermittlung von Lesen, Schreiben und Rechnen sowie die religiöse Erziehung gewesen waren, erhielt weitere Zielsetzungen:
Weil das Militär gesunde und kräftige Bürger für den Kriegsdienst brauchte, sollte die Volksgesundheit verbessert werden. Deshalb wurde Turnen in die Stundentafel aufgenommen und man stellte Gesundheitsregeln für die Schule auf, in welchen die Wichtigkeit von Sauberkeit betont wurde. Darin wurde beispielsweise die Forderung, dass die Schüler gewaschen und gekämmt zur Schule kommen sollten, formuliert. Sie sollten jeden Morgen, bevor sie zur Schule gehen, ihre Kleider auf Verschmutzungen und Schäden untersuchen. Wenn sie sich krank fühlten oder jemand in ihrer Familie ansteckend erkrankt war, mussten sie es dem Lehrer melden.
Außerdem galten als höchste ebenfalls vom Militär gewünschte Tugenden, die den Schülern vermittelt werden sollten, Ordnungsliebe, Pünktlichkeit und Fleiß, Höflichkeit und Ehrerbietung. Um ihren Gehorsam unter Beweis zu stellen, wurde von den Schülern die Bereitschaft zur Unterordnung unter den Willen des Lehrers erwartet.
Als Unterrichtsfächer, durch die die Heimatverbundenheit der Schüler gefördert werden sollte, wurden Erdkunde und Geschichte in die Schulen eingeführt. Globus und Wandkarten vom Deutschen Reich gehörten fortan zur Ausstattung jedes Schulzimmers.

Satzarten üben und vertiefen

1. Bestimme die fettgedruckten Satzglieder und wandle sie in Gliedsätze um. Überprüfe, inwiefern sich dadurch die Bedeutung, der Ausdruck oder Stil des Satzes ändert.

- Du hast **die Ferien** wirklich verdient.
- **Das ganze Jahr über** hast du sehr fleißig gearbeitet.
- **Vor allem durch überlegte Planung** hast du dir eine gute Arbeitssituation geschaffen.
- Dabei war **das Aufstellen dieses Planes** gar nicht so schwer.
- Der Ärger in früheren Schuljahren wäre **durch rechtzeitiges Handeln** vermeidbar gewesen.
- Künftig wirst du deine Aufgaben **in geordneter Weise** bewältigen.
- Du rätst deinen Freunden **zur gleichen Arbeitsweise**.

Robert Gernhardt

Dorlamm liest

Dichter Dorlamm liest in einem Buch,
doch er wird aus diesem Buch nicht klug.

Liest darin und legt es wieder hin –
nein, er kommt nicht hinter seinen Sinn.

Legt es hin und denkt, so oft er las:
„Ich kapier das nicht. Was soll denn das?"

Denkt: „Was soll das? Wer schreibt solchen Mist?"
Und schaut nach, wer der Verfasser ist.

Schaut aufs Buch, und plötzlich ist ihm klar,
dass der Autor ein Herr Dorlamm war.

Dorlamm? Dorlamm selbst hat es geschrieben!
Peinlich? Rasend peinlich, meine Lieben!

2. Bereite mit deinem Banknachbarn einen Gedichtvortrag „der etwas anderen Art" vor: Das Gedicht soll so vorgetragen werden, dass einer von euch nur die Nebensätze spricht, der andere den Rest. Bestimmt anschließend die Art der Nebensätze.

3. Schreibe das Gedicht ab und setze dabei aus dem Wortspeicher passende Attribute ein. Beachte, dass die Attribute beim Einsetzen noch dekliniert werden müssen. Forme anschließend die Attribute in Attributsätze um.

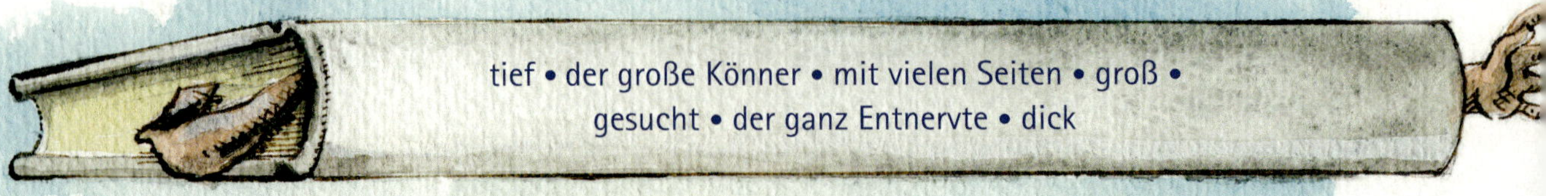

Robert Gernhardt

Alltag

Ich erhebe mich.
Ich kratze mich.
Ich wasche mich.
Ich ziehe mich an.
Ich stärke mich.
Ich begebe mich zur Arbeit.
Ich informiere mich.
Ich wundere mich.
Ich ärgere mich.
Ich beschwere mich.
Ich rechtfertige mich.
Ich reiße mich am Riemen.
Ich entschuldige mich.
Ich beeile mich.
Ich verabschiede mich.
Ich setze mich in ein Lokal.
Ich sättige mich.
Ich betrinke mich.
Ich amüsiere mich etwas.
Ich mache mich auf den Heimweg.
Ich wasche mich.
Ich ziehe mich aus.
Ich fühle mich sehr müde.
Ich lege mich schnell hin:

Was soll aus mir mal werden,
wenn ich mal nicht mehr bin?

4. Erweitere das Gedicht von Robert Gernhardt, indem du jeder Aussage einen passenden Adverbialsatz hinzufügst. Achtung: Du musst dabei alle Arten von Adverbialsätzen verwenden.

projektorientierte Aufgabe

Vielleicht habt ihr in eurer Klasse durch die Lesetexte zur Entwicklung der Schule in Baden-Württemberg Lust darauf bekommen, selbst ein ähnliches Projekt für euer Bundesland durchzuführen. Plant dieses Projekt, führt es durch und stellt eure Ergebnisse z.B. in einer Ausstellung in eurer Schule vor. Berichtet darin vor allem auch über die Weiterentwicklung der Schule nach dem Ende der Kaiserzeit.

Erich Fried

Verwehrte Kelt

Im Esten
genau wie
im Wosten
verresten
oft grade
die Bosten

Ich

Ich habe viele Vornamen
alle enden auf „l“:
männl
menschl
unerträgl
unmögl
ängstl
lästerl
eigentl
wesentl
sterbl
hoffentl
vergebl

Aufgaben: Seite 137

1

Karl Valentin

Im Zoologischen Garten

Mit Tierimitation: Löwengebrüll, Wolfsgeheul usw.

BILLETTEUR: Bitte die Herrschaften Billetten vorzeigen!

KARL VALENTIN: Was heißt: Billetten vorzeigen! Haben Sie noch kein Billett gesehn vom Zoologischen Garten?

BILLETTEUR: Schon viele, aber die Ihren noch nicht.

K. V.: Die sind doch alle gleich.

LIESL KARLSTADT: Des is doch wegn der Kontrolle.

K. V.: I brauch koa Kontrolle, i bin koa Schwindler, oder glaubn Sie …

L. K.: Geh zua, werst wohl net streiten wegen dene zwei Billetten! – Ah, da schau nüber, da is schon ein Rieseneletant.

K. V.: Wo?

L. K.: Da drüben.

K. V.: Des is doch kein Elefant, des is doch ein Nilpferd.

L. K.: Jaja, ich weiß schon, ich hab mich nur versprochen.

K. V.: Da schau her, Kunigunde, der wunderbare Tintenfisch da oben!

L. K.: Wo oben?

K. V.: Da oben.

L. K.: Des is doch kein Tintenfisch, des is ja a Steinadler.

K. V.: Jaja, Steinadler wollt ich sagen, ich hab mich auch nur versprochen.

L. K.: Ah, da schau her, sibirische Wölfe, und wie die unheimlich heulen.

K. V.: Jaja, des sind auch unheimliche Raubtiere, die müssen auch unheimlich heulen, das würde sich dumm anhören, wenn die Wölfe zwitschern würden.

L. K.: Naja, genauso blöd wäre es, wenn a Schwalbe heulen würde. – Käfig Nr. 5, Das Nashorn. Warum heißt das Nashorn?

K. V.: Weil's auf der Nase ein Horn hat.

L. K.: Ja, wia is denn des dann beim Elefant?

K. V.: Naja, der hat eine Ele am Fant.

L. K.: Nein, der hat einen Rüssel am Kopf, der müsste eigentlich Rüsselkopf heißen!

K. V.: Sag's ihm!

L. K.: Wem, dem Elefant?

K. V.: Nein, dem zoologischen Besitzer. – Du, da schau her, die netten kleinen Affen, da sagen die Leut immer, wir gleichen den Affen – *Schreien* – des find i net, mir san doch viel größer!

L. K.: Da schau her, das ist eine Gemeinheit, da zahlt man eine Mark Eintritt – *Zwitschern* – und da sieht man einen gewöhnlichen Spatz!

K. V.: Stimmt, das ist ein Spatz, vielleicht is der in'n zoologischen Garten hereingeflogen. Wenn er nicht im Katalog steht, gehört er nicht herein. – Schau, Nr. 22, Pelikane.

L. K.: Und was sind das für kleine weiße Dreckhäufchen, die auf dem Beton liegen?

K. V.: Das ist der Abfall von de Pelikane, das Pelikanol[1], das wird in Tuben gefüllt und kostet dann 30 Pfennige.

L. K.: Hier ist ein Orang-Utan, ein Menschenaffe.

K. V.: Der schaut aber wirklich blöd. Alte, stell dich net so nah an das Gitter hin, sonst weiß der Aff net, bist du im Käfig oder er. *Gebrüll.*

L. K.: Horch, was is denn das für ein Gebrüll?

K. V.: Das sind wahrscheinlich die Brillenschlangen. – Käfig Nr. 24, Der Fuchs. Moanst, Alte, dass des der Fuchs ist?

L. K.: Was für a Fuchs?

K. V.: No ja, der wo damals die Gans gstohln hat.

L. K.: Du fads Mannsbild, mit deine blöde Witz! – Ja, was is denn des, des is ja a Storch! Du, Alter, moanst, des is der Storch?

K. V.: Was denn für a Storch?

L. K.: No ja, der wo die kleinen Kinder bringt.

K. V.: Du fads Frauenzimmer du, mit deine blöden Witz! *Raubtiergebrüll.*

L. K.: Du, jetzt müaß ma ins Raubtierhaus – um vier Uhr is Fütterung sämtlicher Raubtiere! – Komm!

K. V.: Nein, das mag ich nicht sehen.

L. K.: Warum nicht?

K. V.: Ich kann's auch nicht leiden, wenn mir wer beim Essen zuschaut.

[1] *Pelikanol:* Produktname für einen Klebstoff

Karl Valentin und Liesl Karlstadt

2

Aufgaben: Seite 137

Alberto Moravia

Als die Gedanken in der Luft gefroren

Vor einer Million Jahren war es am Nordpol viel kälter als heute. Mir nichts dir nichts sank die Temperatur um hundert und hundert und hundert Grad unter Null. Bei einer solchen Kälte gefror alles, sogar, ihr werdet es nicht glauben, aber trotzdem ist es so, sogar die Gedanken. Sobald jemand dachte, sagen wir: „So eine Saukälte!", da bildete sich über seinem Kopf eine Art Dampfwölkchen und in dem Wölkchen stand in Eisbuchstaben zu lesen: „So eine Saukälte!"

Die Tatsache der gefrorenen und somit sichtbaren Gedanken hatte schließlich zu dem logischen Ergebnis geführt, dass am Nordpol keiner mehr den Mut hatte, auch nur irgendetwas zu denken. Alle hatten Angst, die anderen könnten ihre Gedanken lesen. So kam es, dass die Eisbären, Pinguine, Seehunde, Schlittenhunde, Eskimos, alle nichts mehr dachten. Kurz, es war eine Welt von Dummköpfen. Aber es waren Dummköpfe, nicht weil sie unfähig gewesen wären zu denken; sondern aus Zartgefühl.

In einem jener Jahrhunderte (damals bedeutete ein Jahrhundert einen Tag) lag ein Walross auf seiner Eisplatte genießerisch in der Kälte, es bewegte sich nicht, hatte die Augen fast geschlossen und keinen anderen Gedanken im Kopf als das Wörtchen: „Nasowas." Über seinem Kopf stand inzwischen in Eisbuchstaben zu lesen: „Nasowas." Was es mit diesem „Nasowas" sagen wollte, konnte man nicht wissen.

Da tauchte plötzlich aus dem Meer ein Aalfräulein auf, das dem Walross zurief: „He, Walross, hör mir mal zu!"

Das Walross brummte: „Rede nur, Aalfräulein!"

„Höre nur, was mir auf meiner letzten Reise passiert ist. Stell dir vor, ich war in einem Land, das heißt Tropenland, und dort ist es warm, unheimlich warm! Und stell dir vor, im Tropenland frieren die Gedanken nicht."

„Was du nicht sagst!"

„Doch, so ist es. Zum Beispiel, einer sieht dich an und denkt: ‚Was für einen Riesenarsch dieses Walross hat!', aber du erfährst es nicht, denn dort unten, bei dieser schrecklichen Hitze, frieren die Gedanken nicht und bleiben somit unsichtbar."

„Wer sagt, dass ich einen Riesenarsch habe!", schimpfte das Walross.

„Das habe ich doch nur als Beispiel gesagt! Hör zu: Warum gehen wir nicht weg vom Nordpol, wo man nichts denken kann, ohne dass es alle erfahren? Warum gehen wir nicht ins Tropenland? Wenn du wüsstest, wie das Spaß macht, ganz frei und ohne Angst zu denken! Im Tropenland hab ich mich mit Gedanken richtig vollgefressen."

„Was hast du denn gedacht?"

„Ach, viele, viele Dinge."

„Zum Beispiel?"

„Na, ich weiß nicht. Zum Beispiel: Die Sonne ist grün. Oder: zwei und zwei ist fünf."

„Aber die Sonne ist ja gar nicht grün! Und zwei und zwei ist vier."

„Stimmt. Aber das ist gerade das Schöne: Du kannst alles denken, was du willst, und niemand erfährt es."

Kurz, das Aalfräulein redete und redete, bis sich das Walross schließlich überzeugen ließ, mit ihr ins Tropenland zu ziehen. Vielleicht hätte es sich nicht so schnell entschieden, wenn nicht ausgerechnet in dem Augenblick aus einem Boot, das an seine Eisplatte herangefahren war, drei Männer ausgestiegen wären, die dicke Pelze anhatten und mit Prügeln bewaffnet waren.

Am Nordpol schauen alle immer in den Himmel, um zu sehen, ob sich nicht irgendein Gedanke im Raum abzeichnet. Also schaute das Walross über die Köpfe der drei mit Prügeln bewaffneten Männer und las mit Entsetzen: „Jetzt schlagen wir ungefähr hundert von diesen dummen Tieren mit unseren Prügeln auf die Schnauze, bis sie tot sind, und dann machen wir sie zu Taschen und Schuhen." Diese Worte in der Luft vibrieren und tropfen sehen und sich von der Eisplatte ins Wasser gleiten lassen, war für das Walross eins.

Das Aalfräulein schwamm vor ihm her und das Walross folgte ihr auf dem Fuß oder, besser, auf der Flosse. Sie schwammen und schwammen und schwammen, die Temperatur stieg von hundert und hundert und hundert Grad unter Null auf hundert und hundert und hundert Grad über Null. Puh, was für eine Hitze! Das Meer kochte wie Wasser in einem Topf; nur dass in diesem Fall das Feuer nicht unter dem Topf war, sondern darüber. Das Walross dachte noch nichts; nach den Millionen Jahren, die es ohne Gedanken verbracht hatte, war sein Kopf noch gelähmt; aber ab und zu sagte es, während sie noch schwammen, zum Aalfräulein: „Aalfräulein, liebstes Aalfräulein, denkst du schon?"

„Und wie!"

„Und was denkst du?"

„Ich denke vieles über dich."

„Zum Beispiel?"

„Ach, das sage ich dir nicht, sonst bist du vielleicht wieder beleidigt."

Das Walross war gekränkt. Wie wir gesagt haben, dachte am Nordpol niemand etwas über die anderen. Aber jetzt nützte das Aalfräulein die Tatsache aus, dass dem Walross ihre Gedanken verborgen blieben, und dachte wer weiß was für unsympathische Dinge über das Walross. Das geschwätzige, dumme, scheinheilige Geschöpf! Auf einmal bemerkte das Walross, dass es sehr schlecht von dem Aalfräulein dachte. Dasselbe geschah übrigens mit allen Tieren, denen es nach und nach im Tropenland begegnete. Alle machten dem Walross die tollsten Komplimente: „Es freut uns, dass du gekommen bist, wie schön du bist, was für eine gescheite Schnauze, was für ausdrucksvolle Augen, was für einen schönen Schnurrbart du hast“ und so weiter und so weiter. Aber das Walross wusste genau, ganz genau, wenn sie am Nordpol gewesen wären, dann hätte er in der Luft in Eisbuchstaben gelesen: „Der hat uns gerade noch gefehlt, wie hässlich der ist, was für eine Schnauze der hat und erst seine Schweinsäuglein, sein hängender Schnurrbart“ und so weiter und so weiter. Die Gewissheit, dass im Tropenland alle genau das Gegenteil von dem sagten, was sie dachten, vergällte dem Walross den Aufenthalt im Tropenland.

Eines Tages kam im Golf von Guinea in heißer, heißer Sonne ein Boot angefahren, darin saß ein dunkelhäutiger Mensch mit Frau und Kindern namens Afrikaner, der sang ein Lied für das Aalfräulein, das verzückt und offenen Maules lauschte:

Oh, Aalfräulein, wie bist du schön!
Lass dich doch aus der Nähe sehn!
Du bist so fett und doch ganz schlank,
und deine Haut so glitzernd blank.
Oh, Aalfräulein, wie bist du schön!
Lass dich doch aus der Nähe sehn!

Das Aalfräulein, angezogen von diesen liebenswürdigen Worten, vergaß offensichtlich, dass man im Tropenland etwas anderes sagt, als man denkt, und schwamm näher. Da warf der Afrikaner flink sein Netz aus und im Nu war das arme Aalfräulein gefangen, in Stücke geschnitten, paniert, gebacken und aufgegessen. Das Walross sah das voll Entsetzen und schwamm weg mit dem Gedanken: „Wie grauenvoll! Wie schön ist es bei uns Nordpolbewohnern, weil wir nie etwas denken, und wenn wir doch etwas denken, können alle sehen, was wir denken.“

Trotzdem schwamm das Walross, sei es wegen der Neuheit der Gegenden und Gebräuche, sei es aus Faulheit, nicht zum Nordpol zurück. Und außerdem – warum sollte es das nicht zugeben? –: Die Tatsache, denken zu können, ohne dass die anderen deine Gedanken lesen, und vor allem, das Gegenteil von dem, was man dann sagte oder tat, denken zu können, gefiel dem Walross. So blieb es im Tropenland und machte sich die dortigen Gewohnheiten zu eigen. Natürlich war es keine so ehrliche und durchsichtige Welt wie die am Nordpol; dafür brachte einen aber das geheime, eigenwillige Denken ohne Über-

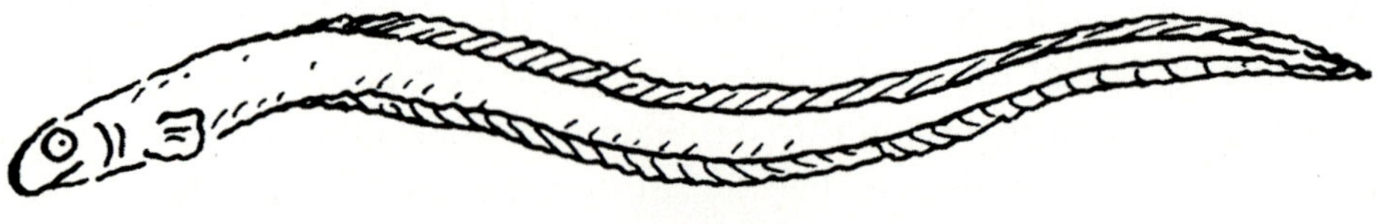

wachung von außen auf seltsame Gedanken. Zum Beispiel kam es so weit, dass das Walross dachte und nachdachte, sogar sehr erhabene, sogar philosophische Dinge dachte; Dinge folgender Art: Wer sind wir? Woher kommen wir? Warum sind wir da? Wohin gehen wir?

Es waren, mit anderen Worten, die Fragen, die man sich gerade so stellt, wenn man nicht lebt, um zu essen, sondern isst, um zu leben. Die Antworten lauteten: Wir sind alle Walrosse; wir kommen vom Nordpol; unser Schicksal ist es, Fische zu fressen; wir sind da, weil uns ein höheres Wesen erschaffen hat, das selbstverständlich die Form eines riesigen Walrosses hat; am Ende werden wir das falsche, lügnerische Tropenland verlassen und in das Land der Ehrlichkeit und der Wahrheit, das heißt zum Nordpol zurückkehren. Und damit war wirklich die Reise des Walrosses ins Tropenland zu Ende. Eines schönen Tages kehrte das Walross, das es satt hatte, immer etwas anderes zu sagen als zu denken, wieder zum Nordpol zurück. „Ja“, dachte es, „nicht mehr denken! Das ist eine Erholung! Reglos, leer, ohne Gedanken mindestens eine Million Jahre lang!“

Aber ach, Illusionen! Am Nordpol angekommen, auf seiner alten Eisplatte zu Hause, bemerkte das Walross, dass es das Laster des Denkens angenommen hatte, und wie sehr es sich auch anstrengte, nicht zu denken, es musste einfach immer denken. Natürlich erschienen seine Gedanken unverzüglich über seinem Kopf, in glitzernden, durchsichtigen Eisbuchstaben geschrieben. Eisbären, Pinguine, Seehunde, große und kleine Fische sahen diese gefrorenen Gedanken und wetteiferten, wer am schnellsten vor ihm weglaufen könne. Weil nämlich am Nordpol zu der damaligen Zeit das Denken als ziemlich unanständig galt; so wie nackt auf die Straße gehen.

Als das arme Walross sah, dass ihm alle seine einstigen Freunde aus dem Weg gingen und vor ihm wegliefen, konnte es natürlich nur sehr schlecht von ihnen denken. Sein Ärger stand sofort in Wölkchen als Eis gewordene Beschimpfung über seinem Kopf, und so vertiefte sich die Kluft zwischen dem Walross und der Bevölkerung des Nordpols und wurde unüberbrückbar. Kurz, das Walross blieb allein auf seiner Eisplatte, für immer allein.

Von damals bis heute ist die Temperatur am Nordpol sehr gestiegen, sodass die Gedanken nicht mehr gefrieren und unsichtbar geworden sind. Trotzdem hat sich das Walross jetzt an seine Einsamkeit gewöhnt und streitet mit niemandem mehr. Allein auf seiner Eisplatte sitzend, denkt es. Was denkt es? Es denkt sehnsüchtig an die Zeiten, als man nicht dachte, weil die Gedanken sichtbar waren. Schöne gedankenfreie Zeiten! Wenn auch kalt!

Eugen Roth/Christian Hanisch/Viktor Christen

3 Limericks

Aufgaben: Seite 137

Ein Schuldirektor aus Kempten
fuhr eines Tags nach Southampton.
Vom Englischen dort
verstand er kein Wort –
man spricht's eben anders in Kempten.

Es sprach ein Schüler aus Wetzlar,
der grade mit Mühe versetzt war:
Ich verlasse die Klasse,
denn hier gibt's nur Asse!
Wie war dieser Knabe verletzbar!

Es gab einen Mann in Holzminden,
der war ein Genie im Erfinden.
Eines Tages erfand
er das Loch ohne Rand.
Ich glaub, das erklärt sein Verschwinden.

Autor unbekannt

4 Schüttelreime

Aufgaben: Seite 137

Ich freue mich auf morgen sehr,
da hab ich keine Sorgen mehr!

Mein Auto, das ist keine Klasse,
doch langt's für meine kleine Kasse.

Den Narren packt die Reisewut,
indes im Bett der Weise ruht.

Autor unbekannt

5 Neue Berufe, dem Arbeitsamt noch nicht bekannt

Aufgaben: Seite 137

Da gibt es nicht nur den angenehmen Beruf des Müllionärs, nein da gibt es auch noch die schwere Tätigkeit des Müllschluckers. Oder da ist der Geigerzähler, der bei jedem Konzert die anwesenden Streichinstrumente zu zählen hat. Oder da ist der Hosenträger, der …

Erich Fried, **Verwehrte Kelt, Ich** *(Seite 128/129)*

1. Erläutere, nach welchem spielerischen Prinzip das Gedicht „Verwehrte Kelt" geschrieben ist und versuche dann, selbst solche Gedichte zu schreiben.
Beispiel: *Im Wommer*
wie im Sinter
...

2. Auch beim zweiten Text wurde mit Sprache gespielt. Erläutere, wie dieses „Spiel" zugleich zum Nachdenken anregt.

1 *Karl Valentin,* **Im Zoologischen Garten** *(Seite 130)*

1. Beschreibt, wie ihr euch die beiden Hauptfiguren vorstellt; spielt die Szene der Klasse vor.
2. Versuche zu erklären, wieso die Szene komisch wirkt.
3. Beschreibe mit eigenen Worten, mit welcher Methode Karl Valentin den Tieren Namen zu geben versucht. Prüfe, ob mithilfe dieser Methode den Möbeln und Gegenständen im Klassenzimmer die Namen gegeben wurden, bzw. versuche, selbst auf diese Weise neue Namen zu finden.

2 *Alberto Moravia,* **Als die Gedanken in der Luft gefroren** *(Seite 132)*

1. Im Text heißt es, dass eine Welt, in der nichts gedacht wird, eine Welt von Dummköpfen ist. Diskutiert in der Klasse, was für und was gegen diese Ansicht spricht.
2. Versuche einmal selbst, nichts zu denken, und besprecht eure Erfahrungen hierüber in der Klasse.
3. Beschreibe mithilfe des Textes die unterschiedlichen Verhaltensweisen am Nordpol und im Tropenland.
4. Im Text heißt es: *„Es waren, mit anderen Worten, die Fragen, die man sich gerade so stellt, wenn man nicht lebt, um zu essen, sondern isst, um zu leben."* (Z. 124 f.) Erkläre den Unterschied von *essen, um zu leben* und *leben, um zu essen.* Beschreibe, wie sich diese unterschiedlichen Einstellungen im Alltag äußern würden.
5. Versuche zu erklären, wie es gemeint sein kann, dass *gedankenfreie Zeiten schöne Zeiten* sind, wie es am Ende der Geschichte heißt.

/4/5 *Eugen Roth/Christian Hanisch/Viktor Christen,* **Limericks** *(Seite 136)*
Autor unbekannt, **Schüttelreime** *(Seite 136)*
Autor unbekannt, **Neue Berufe** *(Seite 136)*

1. Finde den Bauplan der Limericks heraus und schreibe selbst welche.
2. Finde anhand der Beispiele eine Definition für *Schüttelreime* und versuche, selbst welche zu verfassen. Beginne damit, die folgenden Beispiele zu vervollständigen.

Ich kaufe euch ein Seidenkleid,
weil ihr so hübsch zu ...

Er fing auf seiner Wanzenreise
das Ungeziefer ...

3. Setze die Liste der „neuen Berufe" fort.

Rechtschreibung

Groß- und Kleinschreibung

Roland Simon-Schaefer

Liebe Nike,
in der entwicklung der kinder gibt es eine phase, also ein bestimmtes alter, da stellen sie die berühmten und auch berüchtigten warum-fragen: „warum scheint die sonne?" „warum ist die blume rot, warum das gras grün?" „warum heißt der tisch ‚tisch'?" „warum müssen die menschen sterben?" mit solchen fragen bringen die kinder ihre eltern oft zur verzweiflung, denn die eltern können die meisten fragen nicht beantworten. offensichtlich laufen die eltern durch die welt, ohne alles zu wissen. aber ihr nichtwissen stört sie nicht, sie finden sich auch zurecht, ohne über alles bescheid zu wissen: „warum ist das gras grün?" – antwort: „weil es grün ist." oder: „weil der himmel blau ist."
diese antworten sind nur der äußeren form nach antworten, denn sie beginnen mit „weil", aber in wirklichkeit drücken sie etwas anderes aus: „lass mich in ruhe!" oder: „ich weiß es nicht." oder: „die welt ist wie sie ist. wir wissen nicht, warum sie so ist."
oft allerdings bemühen sich die eltern ernsthaft um eine antwort. dann versuchen sie vielleicht, ihrem dreijährigen kind das sonnensystem zu erklären oder die funktionsweise des benzinmotors und so weiter. das ist gar nicht so leicht, denn häufig können die kinder schon fragen stellen, deren antworten sie noch gar nicht verstehen, weil sie im denken noch nicht so geübt sind wie die erwachsenen. aber wenn ich mir in erinnerung rufe, welche warum-fragen du mir gestellt hast, als du noch ein kleines kind warst, so fällt mir folgendes auf: du hast selten oder nie warum-fragen gestellt, du hast mich aber häufig nach der bedeutung einzelner wörter gefragt.
du hast mich einmal gefragt, was „bürgersteig" bedeutet, und ich habe dir geantwortet: „bürgersteig bedeutet ‚trottoir'. mit dieser antwort warst du damals zufrieden, weil du damit wusstest, was ein bürgersteig ist. und auch heute kommt dir diese begebenheit keineswegs seltsam vor. aber diese kleine anekdote[1] eignet sich hervorragend für den einstieg in die philosophische frage, die ich an den anfang unserer kleinen anleitung zum philosophieren stellen will.

[1] *Anekdote:* Kurze Geschichte, die oft humorvoll gemeint ist.

1. Dieser Text ist die Einleitung einer Einführung in die Philosophie. Philosophie bedeutet wörtlich übersetzt so viel wie „Liebe zur Weisheit"; ein Philosoph ist ein „Freund der Weisheit". Bei der Philosophie geht es um ganz grundsätzliche Fragen wie zum Beispiel nach dem Wesen des Menschen oder dem Sinn des Lebens. Aber auch die Sprache kann Gegenstand philosophischer Überlegungen sein. Suche aus dem Lesebuchteil die Texte, in denen über Sprache nachgedacht wird, und gib kurz ihr Thema an.

2. Wenn wir im Alltag über Sprache nachdenken, dann geht es meist nicht um tiefe philosophische Fragen, sondern um Probleme der richtigen Schreibweise. Der Text ist hier z. B. fälschlicherweise durchgehend in Kleinschreibung abgedruckt.
Lies den Text in der Klasse laut vor. Bei jedem Wort, das großgeschrieben werden muss, stehst du auf. Wenn du einen Fehler machst, übernimmt der Nächste das Vorlesen. Wenn du schriftlich testen willst, wie gut du die Groß- und Kleinschreibung schon beherrschst, dann schreibe den Text richtig in dein Heft.

Bei der Groß- und Kleinschreibung ist zu beachten:

- Der **Satzanfang** wird grundsätzlich großgeschrieben – unabhängig von der Wortart.
- Substantive (Nomen) werden großgeschrieben.
- Wörter aus anderen Wortarten (z. B. Verben, Adjektive, Adverbien) können **als Substantive verwendet werden**. Das nennt man Substantivierung *(denken – das Denken)*. Kennzeichen der Substantive ist der Artikel, der davor stehen kann. Aber auch unbestimmte Mengenangaben *(etwas Gutes)*, Pronomen *(sein Verschwinden)* oder mit Präpositionen verschmolzene Artikel *(zum Philosophieren)* können Substantive anzeigen.
- Zeitangaben werden (auch nach Adverbien) großgeschrieben, wenn sie Substantive sind (z. B. *am Nachmittag*). Wenn es sich um Adverbien handelt, werden sie kleingeschrieben; man erkennt sie oft an der Endung -s. (z. B. *heute, nachmittags*).
- Von **geografischen Namen abgeleitete Wörter auf die Endung -er** schreibt man immer groß (z. B. *der Bamberger Dom, der Hamburger Hafen*).

3. Übe zusammen mit deinem Banknachbarn die Regeln. Wechselt euch beim Diktieren des folgenden Textes aus Roland Simon-Schaefers Buch ab.

Wie lernen die Kinder überhaupt die Sprache?

Wenn wir diese Frage beantworten, dann können wir anschließend vielleicht die Frage beantworten, wie die Menschen insgesamt zur Sprache gekommen sind.
Wie also lernt ein Kind die Sprache? Es hört die Eltern sprechen und erlebt sogleich, was die Eltern dabei tun. Nun wissen aber die Eltern ihrerseits, dass ihr Kind noch nicht sprechen kann. Sie bemühen sich also, dem Kind die Sprache – besser wäre zu sagen: das Sprechen – beizubringen.
Ich habe gerade „Sprache“ durch „Sprechen“ ersetzt. Das hat einen wichtigen Grund: Die Sprache, das ist sozusagen ein Gegenstand, zum Beispiel ein Wörterbuch, in dem alle Wörter einer Sprache alphabetisch geordnet sind. Das Sprechen dagegen ist eine Tätigkeit. Die Eltern bringen ihrem Kind nicht die

Sprache bei, indem sie ihm ein Wörterbuch hinhalten, sondern sie bringen ihm das Sprechen bei, indem sie ihm ganz einfache Sprechsituationen vorführen. Außerdem führen sie Wörter ein, die sie selbst gar nicht benutzen. Für „Hund" sagen sie „Wauwau", für „Schnuller" „Nucki", für „Dampflokomotive" „Puffpuff" und so weiter.

Dehnung und Schärfung

James Krüss

Wenn die Möpse Schnäpse trinken

Wenn die Möpse Schnäpse trinken,
wenn vorm Spiegel Igel stehn,
wenn vor Föhren Bären winken,
wenn die Ochsen boxen gehn,
wenn im Schlafe Schafe blöken,
wenn im Tal ein Wal erscheint,
wenn in Wecken Schnecken stecken,
wenn die Meise leise weint,
wenn Giraffen Affen fangen,
wenn ein Mäuslein Läuslein wiegt,
wenn an Stangen Schlangen hangen,
wenn der Biber Fieber kriegt,
dann entsteht zwar ein Gedicht,
aber sinnvoll ist es nicht!

1. Ergänze das Gedicht von James Krüss, indem du vier weitere „wenn"-Verse einfügst, die Wörter mit einem Doppelvokal enthalten.

ERINNERT EUCH

Lang gesprochene (gedehnte) Vokale können gekennzeichnet sein durch einen Doppelvokal, durch ein Dehnungs-h, durch den langen i-Laut ie oder durch ß. Das Dehnungs-h steht häufig vor den Konsonanten l, m, n, r. Oft bleiben lang gesprochene Vokale jedoch auch ohne Kennzeichnung.
Auf **kurz gesprochene Vokale** folgen stets zwei oder mehr Konsonanten. Hört man nur einen Konsonanten nach einem kurz gesprochenen Vokal, so muss man diesen beim Schreiben verdoppeln. Dabei schreibt man allerdings ck statt verdoppeltem k und tz statt verdoppeltem z.

2. Erstelle nach dem folgenden Muster (S. 141) eine Tabelle zur Dehnung und Schärfung, in die du die Beispiele aus dem Gedicht und jeweils drei weitere einträgst.

Schärfung	Dehnung			
Doppelkonsonant	ohne Kennzeichnung	Doppelvokal	Dehnungs -h	-ie-

Getrennt- und Zusammenschreibung

Robert Gernhardt

Setzen, Stellen, Legen U. A.

Was hast du denn da angestellt
mit dem, was ich da aufgestellt?
Du hast dich nicht nur drangestellt
du hast dich auch noch draufgestellt.

Der Deckel war schon draufgemacht
ich dachte, nun sei's eingemacht
du hast es wieder aufgemacht
dich draufgestellt und reingemacht

Ich hatte alles drangesetzt
ich hatte mich so eingesetzt
doch kaum war alles angesetzt
da hast du dich schon reingesetzt

Was heißt das, ich sei aufgebracht?
Wer hat das Zeug denn reingebracht?
Ich selber hab es raufgebracht –
und was hat mir das eingebracht?

Wie schön war alles eingelegt!
Wie hatte ich mich krummgelegt!
Einmal hast du mich reingelegt.
Nochmal – und du wirst umgelegt!

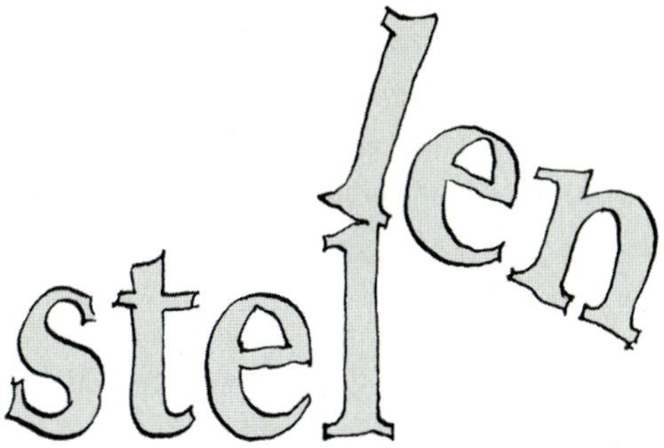

1. Betrachte jeweils die letzten Wörter der einzelnen Verse. Aus welchen Wortarten sind sie zusammengesetzt? Wie ändert sich die Bedeutung der Begriffe durch die Vorsilben?

2. Erkläre den Unterschied:

- Wie hatte ich mich krummgelegt! (Vers 18)
- Ich hatte es krumm gelegt.

Bei Wörtern, die unmittelbar benachbart und aufeinander bezogen sind, muss man entscheiden, ob sie eine Wortgruppe oder eine Zusammensetzung bilden.

1. Bestandteile von **Wortgruppen** schreibt man **getrennt**, sie bilden keine feste Sinneinheit:
   a) Dazu gehören fast alle Verbindungen aus Verb + Verb:
   Peter muss jeden Tag ***schreiben üben.***
   Hans muss jeden Tag ***tanzen üben.***
   Ausnahmen sind Verbindungen mit *lassen*, *bleiben* und das Wort *kennenlernen.* Diese können sowohl getrennt als auch zusammengeschrieben werden (*hängenlassen/hängen lassen; liegenbleiben/liegen bleiben* und *kennenlernen/kennen lernen.).*
   b) Alle Verbindungen mit *sein (fertig sein, vorbei sein)* schreibt man ebenfalls auseinander.
2. ***Zusammensetzungen*** schreibt man dagegen **zusammen**, da die darin enthaltenen Wörter eine neue Sinneinheit bilden, d.h., die Bestandteile haben ihre Merkmale als frei vorkommende Wörter verloren:
   Auch während der Schulzeit darf der Stress nicht ***überhandnehmen.***
   Er hätte sich über die Situation ***kranklachen*** *können.*
   a) Die meisten Zusammensetzungen sind trennbar, d.h., man schreibt sie nur im Infinitiv, im Partizip I und im Partizip II zusammen:
   entlanggehen: Er ist die Straße entlanggegangen. aber: *Er geht die Straße entlang.*
   b) Manche Zusammensetzungen von Verben mit Nomen, Adjektiven, Präpositionen oder Adverbien sind so fest miteinander verbunden, dass sie in allen Formen untrennbar sind:
   Der Lehrer maßregelt den Schüler. (nicht: *Der Lehrer regelt den Schüler maß.)*
   Sie durchbricht die Regel.
3. Manchmal können **identische Einheiten sowohl** als **Wortgruppe als auch** als **Zusammensetzung** auftreten, je nachdem was gemeint ist. Als Prüfmethode zur Unterscheidung zwischen Wortgruppe und Zusammensetzung kann die Betonungsprobe dienen:
   frei sprechen (**beide Bestandteile gleich betont → Wortgruppe:** *Vor großem Publikum konnte er nicht frei sprechen.)*
   freisprechen (**Hauptakzent auf 1. Bestandteil → Zusammensetzung:** *Das Gericht musste den Angeklagten aus Mangel an Beweisen freisprechen.)*

3. Schreibe Sätze mit folgenden Wörtern oder Wortgruppen. Begründe deine Entscheidung für die Getrennt- oder Zusammenschreibung. Auch die Groß- und Kleinschreibung musst du beachten.

a) not + landen b) not + landung c) schlaf + wandeln d) beisammen + sitzen e) zurecht + kommen f) bloß + stellen g) schlecht + sehen h) frei + sprechen i) kennen + lernen j) davon + gekommen k) hitze + beständig l) zeit + weise m) seiner + zeit n) irgend + jemand

4. Bei den Aufgaben h), i) und j) wirst du feststellen, dass es zwei Möglichkeiten gibt. Wie ändert sich der Sinn durch die unterschiedliche Schreibung? Welche unterschiedliche Betonung stellst du fest, wenn du diese unterschiedlichen Wörter laut aussprichst?

Hans Magnus Enzensberger

wortbildungslehre

in den toten hemden
ruhn die blinden hunde
um die kranken kassen
gehn die wunden wäscher

und die waisen häuser
voll von irren wärtern
leihn den fremden heimen
ihre toten lieder

doch die kranken hunde
ziehn den irren wäschern
ihre waisen hemden
aus den toten kassen

vor den blinden liedern
fliehn die fremden wärter
aus den wunden heimen
in die toten häuser

alle wunden wäscher
in den kranken kassen
ruhn mit blinden hunden
in den toten hemden

in den toten kassen
in den toten häusern
in den toten heimen
in den toten liedern

ruhn die toten toten

Hans Magnus Enzensberger geb. 1929 in Kaufbeuren

5. Auch bei Enzensbergers Gedicht ändert sich der Sinn mit der Schreibweise. Erkläre.

6. Suche selbst Wörter, die ihre Bedeutung verändern, wenn sie getrennt oder zusammengeschrieben werden, und formuliere ganze Sätze damit. Nimm eventuell ein Wörterbuch zu Hilfe.

Beispiel: ***wiederholen – wieder holen***

Der Schüler soll die Übung ***wiederholen*** *(noch einmal machen).*

Er wollte nur sein Buch ***wieder holen*** *(zurückholen).*

7. Suche aus dem folgenden Buchstabenwirrwarr die versteckten Wörter heraus und ordne sie in eine Tabelle mit den drei Spalten „werden immer zusammengeschrieben", „werden immer getrennt geschrieben", „die Schreibung entscheidet über den Sinn". Bilde zu jeder Spalte drei Beispielsätze und diktiere sie deinem Banknachbarn.

kritischbetrachtenjkjierbducgduzvollendenzizvuzigheiwgeztutuztschwarzarbei
tenzuipbitvuoitwiedergewinnenvuiicizuivsichergehenöuikzvoiuzfestbinde
noiöhoöiglangweilenbwiwifzifuzgfreundlichgrüßenbiruzfrifvorhersagenbciurfq
pofbqpoiujkvnoiwuvzusammenfahrencbnoiuwlangsamsprechenvbeirhaoizvpg
pghbpsghopkleinschreibenvnorgbvwogogwogwogo

s-Laute

1. In den beiden folgenden Gedichten verdeckt die Sonne einige s-Laute. Schreibe die Gedichte ab und entscheide dabei über die richtige Schreibweise der s-Laute: s, ss oder ß.

Paul Maar

Schwierige Entscheidung

Paul Maar
geb. 1937 in
Schweinfurt

Ein Maulwurf und zwei Mei✻en
beschlo✻en zu verrei✻en
nach Salzburg oder Gie✻en.
Ob sie dabei zu Fu✻ gehen sollen
oder aber fliegen wollen –
das mü✻en sie noch beschlie✻en!

Peter Hacks

Der Walfisch

Der Walfisch ist kein Scho✻tier,
Er ist ein viel zu gro✻ Tier.
Er mi✻t zweihundert Ellen
Und macht gewaltige Wellen.

Er redet nicht, er bellt mehr,
Er stirbt von keinem Schu✻.
Er rudert durch das Weltmeer
Als Flo✻enomnibu✻.

Ein Zaun sind seine Zähne,
Die Na✻e 'ne Fontäne,
Der Schwanz sogar ein Plättbrett.
Aus seinem Leib man Fett brät.

Das Wa✻er kräu✻elt bläulich
Sich um den schwarzen Klo✻.
Der Walfisch ist abscheulich
Gro✻.

Peter Hacks
1928-2003

Selbstkontrollmöglichkeit: Wenn du die Anzahl der von dir eingesetzten s verdoppelst, dann zu der Anzahl der von dir eingesetzten ss addierst und mit der Anzahl der von dir eingesetzten ß multiplizierst, erhältst du die Zahl 112.

Den stimmhaften **s-Laut** *(sieben, Weser)* schreibt man immer mit einfachem s. Der stimmlose s-Laut wird nach einem kurzen Vokal ss, nach einem langen Vokal bzw. Diphthong (Doppellaut) ß geschrieben. Wenn du dir unsicher bist, ob es sich um einen stimmlosen oder stimmhaften s-Laut handelt, verlängere das betreffende Wort oder suche eine andere Form des Wortes.

das-dass-Schreibung

Dass dir das passieren kann, dass du das dass mit dem das verwechselst, das hätte ich nicht gedacht.

1. Schau dir den Satz genau an: Wie ist die jeweilige Schreibung von das und dass zu begründen? Wenn dir die genaue Antwort immer noch schwer fällt, kannst du den folgenden Regelkasten zu Hilfe nehmen.

Für die Unterscheidung von **dass/das** gilt: *das* ist entweder

ein **Artikel**:	*das Haus*
ein **Demonstrativpronomen**:	*das ist mein Haus* (es kann durch *dieses* ersetzt werden)
oder ein **Relativpronomen**:	*das Haus, das rot angestrichen wird* (es kann durch *welches* ersetzt werden)

Beispiel: *Das (dies) war das Buch, das (welches) mir gestohlen wurde.*

Das: Demonstrativpronomen – *das*: Artikel – *das*: Relativpronomen (leitet einen Relativsatz ein)

dass ist eine **Konjunktion**, die Nebensätze einleitet, also Sätze miteinander verbindet. Eselsbrücke: Wenn man es nicht durch *dieses* oder *welches* ersetzen kann, schreibt man *dass*; es tritt auch in der Form *sodass* auf ...

Beispiele:

Ich habe gesehen, dass du dabei warst.	**Ich habe gesehen, dieses/welches du dabei warst.*
Dass du mitgegangen bist, fand ich sehr schön.	**Dieses/welches du mitgegangen bist, fand ich sehr schön.*
Ich war leider verhindert, sodass ich nicht kommen konnte.	**Ich war leider verhindert, dieses/welches ich nicht kommen konnte.*

Die **Ersatzprobe** mit *dieses* oder *welches* ist bei diesen Sätzen nicht möglich. Die Sätze in der rechten Spalte sind grammatisch falsch und deshalb mit * gekennzeichnet.

2. *Das* oder *dass*? Schreibe die Sätze in dein Heft, indem du jeweils Artikel, Pronomen oder Konjunktionen einfügst.

- Ich glaube nicht, da… er gelogen hat.
- Da… Lügen war noch nie seine Angewohnheit.
- Wenn er da… hätte tun wollen, wäre er anders vorgegangen.
- Da… du da… geglaubt hast, enttäuscht mich.
- Da… würde ich ihm sagen, da… du da… gedacht hast.
- Da… ist da… letzte Wort.

3. Übertrage den folgenden Text in dein Heft und entscheide, wo *das* oder *dass* stehen müsste.

Leonardo da Vinci

Anekdote

Als einer, sich auf Pythagoras' Autorität[1] berufend, zu beweisen versuchte, da… er schon andere Male auf der Welt gewesen wäre, und ein anderer ihn seine Begründung nicht zu Ende führen ließ, rief er aus: „Und zum Beweis, da… ich schon früher auf der Welt war: Ich erinnere mich, da… du damals Müller warst." Da dieser sich von den Worten angestichelt fühlte, bestätigte er ihm, da… es wahr sei und da… er sich nun erinnere, wie jener der Esel gewesen sei, der ihm damals da… Mehl trug.

[1] *Pythagoras' Autorität:* Pythagoras war ein griechischer Philosoph und Mathematiker (570 – 496 v. Chr.); er galt als sehr gelehrt und hatte daher über lange Zeit viel Einfluss

4. Lies nun den Text nochmals durch. Worin besteht deiner Meinung nach die Pointe?

Noch ein Rechtschreibproblem – Homonyme

Mira Lobe

O du Wal meiner Wahl!

Wie ihn gibt's keinen im Meer mehr!
Wer, der wie er, zwölfeinhalb Tonnen schwer wär?
Wenn ich nur wüsste,
ob er so fühlte wie ich,
als ich ihn unweit der Küste küsste …

Hoffentlich!
Ich hoff' endlich,
dass er um meine Flosse anhält
und sich nicht immer so schüchtern stellt.
Denn ich möchte, statt immer allein sein,
sein sein.

1. Lies den Text „O du Wal meiner Wahl!" laut vor. Prüfe, ob man allein durch genaues Hinhören die Bedeutung aller Wörter zweifelsfrei verstehen kann. Zum Test könnt ihr euch das Gedicht gegenseitig diktieren.

Ein Problem beim Verständnis von Texten und auch bei der Rechtschreibung stellen die gleichlautenden Wörter dar, die aber unterschiedliche Bedeutung haben. Man nennt sie **Homonyme**.

Beispiel: *Bank* → Sitzbank, Geldinstitut; *Kiefer* → Baum, Teil des Kopfes

Außerdem muss man die Homophone und die Homografen unterscheiden.

Homophone: Wörter, die gleich klingen, aber unterschiedlich geschrieben werden:

Wal – Wahl

Homografe: Wörter, die gleich geschrieben werden, aber unterschiedliche Bedeutung haben und auch unterschiedlich ausgesprochen bzw. betont werden.

Tenór → Singstimme
Die Arie des Tenors war sehr schön.

Ténor → Inhalt, Sinn, Haltung, Einstellung
Der Tenor seines Briefs war wohlwollend.

Letztlich kann man nur aus dem Sinnzusammenhang entscheiden, welche Bedeutung gemeint ist.

2. Suche weitere Homonyme und entscheide, ob es sich jeweils um Homophone oder Homografe handelt. Beispiel: *Mohr – Moor*

Ich helfe mir selbst – Korrekturstrategien für die Rechtschreibung

Immer wieder lernt man die Regeln – und dann ist in der nächsten schriftlichen Arbeit wieder viel mehr rot angestrichen, als man geglaubt hat. Also – was tun? In den Klassen 5 und 6 hast du schon Tipps erhalten, wie du deine Texte verbessern und Zweifelsfälle selbst entscheiden kannst. Zur Erinnerung:

1. Sprich das Wort langsam und deutlich aus.
2. Versuche, dir klarzumachen, aus welchen Silben oder anderen Wörtern das Wort zusammengesetzt ist (z. B. *Recht-schreib-feh-ler, Deutsch-un-ter-richt*).
3. Weißt du nicht, wie der letzte Buchstabe geschrieben wird, verlängere das Wort, dann kannst du leichter hören, wie der letzte Laut ausgesprochen wird (z. B. *Land – Länder, Kalb – Kälber*).
4. Bist du dir unsicher, ob es sich um ein Substantiv (Nomen) handelt (oder um ein Wort, das als Substantiv gebraucht wird), achte auf den Artikel bzw. versuche, einen zu ergänzen (z. B. *Er glaubt an das Gute*).
5. Versuche, herauszufinden, von welchem Wortstamm ein Wort abgeleitet ist (z. B. *Fall – Fälle, Gans – Gänse*).

   Manchmal hilft aber auch nur der Griff zum Wörterbuch.

THESAURUS

Industry-standard ASCII

A = 11000001
B = 11000010
C = 11000011
D = 11000100
E = 11000101
F = 11000110
G = 11000111
H = 11001000
I = 11001001
J = 11001010
K = 11001011
L = 11001100
M = 11001101
N = 11001110
O = 11001111
P = 11010000
Q = 11010001
R = 11010010
S = 11010011
T = 11010100
U = 11010101
V = 11010110
W = 11010111
X = 11011000
Y = 11011001
Z = 11011010

, = 10101100
. = 10101110

a = 11100001
b = 11100010
c = 11100011
d = 11100100
e = 11100101
f = 11100110
g = 11100111
h = 11101000
i = 11101001
j = 11101010
k = 11101011
l = 11101100
m = 11101101
n = 11101110
o = 11101111
p = 11110000
q = 11110001
r = 11110010
s = 11110011
t = 11110100
u = 11110101
v = 11110110
w = 11110111
x = 11111000
y = 11111001
z = 11111010

0 = 10110000
: = 10111010

Wortzwischenraum = 10100000

Incipit plogus in apocalipsim.

Iohannes apostolus et euangelista
a cristo electus atqz dilectus · in tanto
amore dilectionis uberior habitus ē:
ut in cena supra pectus eius recumbe-
ret et ad crucem astanti soli matrem
propriam commendasset: ut quem
nubere volentem ad amplexum virgi
nitatis asciuerat: ipsi ad custodiendā
virginem tradidisset. Hic itaqz cum
propter verbum dei ⁊ testimonium ihe-
su cristi in pathmos insulam sortire-
tur exilium · illic ab eodē apocalipsis
pre ostensa describit: ut sicut in princi-
pio canonis id ē libri geneseos incor-
ruptibile pricipiū pnotat: ita etiā in-
corruptibilis finis p virginē in apoca-
lipsi redderet dicentis. Ego sū alpha
et o: initiū et finis. Hic est iohannes · q̄
sciens superuenisse sibi diem egressionis
de corpore conuocatis ī epheso discipu-
lis descendit inde fossum sepulture sue
locum: orationeqz cōpleta reddidit spi-
ritū · tam a dolore mortis fact⁹ extra-
ne⁹: q̄z a corruptione carnis noscit ali-
en⁹. Cui⁹ tamē scripture dispositio uel
libri ordinatio ideo a nobis p singula
nō exponit: ut nesciētib⁹ inqrendi deside-
rium collocetur: ⁊ querētibus laboris
fructus · et deo magisterij doctrina ser-
uetur. Explicit plogus. Incipit liber
apocalipsis beati iohannis apli.

Apocalipsis ihesu cri-
sti quā dedit illi de⁹
palam facere seruis
suis que oportet fie-
ri cito: et significa-
uit mittēs per āgelū
suū seruo suo iohanni q̄ testimoniū per-
hibuit verbo dei: ⁊ testimoniū ihesu cri-
sti quecūqz vidit. Beat⁹ qui legit ⁊ qui
audit verba pphetie huius: et seruat ea
que in ea scripta sunt. Tempus enim
prope est. Iohannes septē ecclesijs que
sunt in asya. Gratia vobis ⁊ pax ab
eo qui est ⁊ qui erat ⁊ qui venturus ē:
et a septem spiritibus q̄ in cōspectu thro-
ni eius sunt: ⁊ a ihesu cristo q̄ est testis
fidelis pmogenitus mortuorū et prin-
ceps regū terre: qui dilexit nos et lauit
nos a peccatis nr̄is in sanguine suo ⁊
fecit nos regnū ⁊ sacerdotes deo ⁊ pri
suo: ipi gl'a et imperium: in secula secu-
lorū amen. Ecce venit cū nubibus: et
videbit eū omnis oculus: ⁊ qui eū pu-
pugerunt. Et tūc plāgent se sup eum
oēs tribus terre: etiā amē. Ego sum
alpha ⁊ o: principiū et finis · dicit do-
minus deus qui ē ⁊ qui erat ⁊ q̄ ventu-
rus est omnipotens. Ego iohannes fra-
ter vester ⁊ particeps ī tribulacione ⁊ re-
gno et patientia in cristo ihesu: fui ī in-
sula q̄ appellatur pathmos propē ver-
bum dei ⁊ testimoniū ihesu. Fui in spi-
ritu in dominica die: ⁊ audiui post me
vocem magnam tanq̄ tube dicentis.
Quod vides scribe in libro: ⁊ mitte se-
ptem ecclesijs epheso et smirne ⁊ perga-
mo ⁊ thiatire ⁊ sardis ⁊ philadelphie
et laodicie. Et cōuersus sum: ut viderem
vocem q̄ loquebat̄ mecū. Et cōuersus
vidi septem candelabra aurea: ⁊ ī me-
dio septem cādelabrorū aureorū similē
filio hominis vestitū podere: ⁊ pcinctū
ad mamillas zona aurea. Caput
aūt eius et capilli erāt candidi tanq̄
lana alba: ⁊ tanq̄ nix. Et oculi eius
tanq̄ flamma ignis: ⁊ pedes ei⁹ simi-
les auricalco sicut ī camino ardenti
Et vox illius tanq̄ vox aquarū mul-
tarum: ⁊ habebat ī dextera sua stellas
septem. Et de ore ei⁹ gladius utraqz
parte acut⁹ exibat: ⁊ facies ei⁹ sicut sol
lucet in virtute sua. Et cū vidissem eū:

John Updike

Johannes Gutenberg und Bill Gates – ein virtuelles Treffen

Aufgaben: Seite 158

Die Geister von Johannes Gutenberg, Erfinder des Buchdrucks, und Bill Gates, Chef der Softwarefirma Microsoft, treffen sich auf einer Buchmesse …

GUTENBERG *(staunend)*: Welch ein Getümmel! Was hier gehandelt wird, es muss wahrhaftig kostbar sein wie Gold!

GATES: Es ist billig wie Altpapier. Genaugenommen ist es Altpapier. Man nennt es „Printmedien". Früher hieß es Buchdruck, und Sie haben's erfunden. So steht es jedenfalls in den Geschichtsbüchern, mangels genauen Wissens.

GUTENBERG: Bei diesen ersten Büchern ging es uns darum, dass sie schön wurden, so schön wie die kostbarsten Handschriften. Die Bibel und der Psalter[1] mussten reichverzierte Initialien[2] erhalten, zusammengesetzt aus zwei Formen, die verschieden eingefärbt und nacheinander aufgedruckt wurden.

GATES: Microsoft ist viel größer als ein Buch, milliardenfach größer. Wir produzieren Programme, mit deren Hilfe man Bücher machen kann und viele andere Dinge mehr. Ein Programm ist die Software; außerdem braucht man noch Hardware – das sind die vielen, leuchtenden kleinen Kästen, die Sie dort unten sehen.

GUTENBERG: Ah, ich dachte schon, das wäre eine neue Art von Menschenwesen – Köpfe ohne Körper. Wie ich sehe, fragt man sie oft um Rat, wie weise alte Männer, und die Alphabete, die an ihnen hängen, werden ehrfürchtig berührt.

GATES: Tatsächlich sind sie viel besser als Köpfe. Ihre Schaltkreise arbeiten logischer als die Schaltkreise des Gehirns – kein Sex, keine Religion, keine dummen, altmodischen Gefühle wie Ärger oder Angst. Kein Ego. Reine Rechenleistung und Gedächtnis. Und Kommunikation – wow, sie kommunizieren wie der Teufel! Und dabei stehen wir noch ganz am Anfang. Wenn das hier die Revolution des Buchdrucks wäre, dann schrieben wir noch nicht einmal das Jahr 1500. Die Druckerpressen sind noch gar nicht richtig warmgelaufen, Mann!

GUTENBERG *(späht mit höflichem Interesse nach unten)*: Und was kommunizieren sie?

GATES *(einen Augenblick lang verlegen)*: Ach, Sie wissen schon. Alles Mögliche. Informationen. Jede Art von Informationen, die man

[1] *Psalter:* Buch der Psalmen im AT

[2] *Initiale:* reichverzierter Anfangsbuchstabe in alten Drucken

auch anders übermitteln kann, nur schneller: Überweisungen, Ticketreservierungen, Liebesbriefe, wenn's gerade anliegt und wenn das geliebte Wesen Zugang zum Internet hat. [...] Daten jeder Art. [...] Keine Druckerpressen mehr, Mr. G.! Nur noch ein wandernder Lichtstrahl. Kein Bleiguss mehr, keine schmierigen alten Druckerballen, aus denen Ruß und Firnis tropft. Heute geht's um Bytes und Pixels, und der Laser macht die Arbeit, ganz ohne Muskelkraft.

GUTENBERG (*schielt hinunter*): Aber auf diesen leuchtenden Köpfen – wie nennt ihr sie eigentlich?

GATES: Computermonitore.

GUTENBERG: Auf diesen Monitoren sind immer noch Buchstaben zu sehen, wenn mich nicht alles täuscht. Sehr hässliche allerdings. So ungeschlacht und beleidigend sie für das Auge sind – ein Mönch in seiner Schreibstube könnte sie gleichwohl entziffern und mit seiner Feder kopieren. Wie haben die Buchstaben eure elektrische Revolution überlebt?

GATES: Nur als Zugeständnis an den Menschen. Die Computer brauchen sie nicht, sie denken und verständigen sich untereinander in Bits, das ist die An- und Abwesenheit einer elektrischen Ladung in einem Speichermedium. [...]

Heute gibt es bereits Computer, die gesprochene Sprache verstehen und erzeugen können. Heute ist schon eine ganze Generation herangewachsen, wenn nicht sogar zwei, die man mit der Vorstellung, etwas lesen zu müssen, davonjagen kann: Sie nehmen alle ihre Informationen über das Fernsehen und über Musikclips auf.

Sie müssen zugeben, wenn Sie mal darüber nachdenken, dass eine gedruckte Seite eine Menge Arbeit bedeutet, dass das Stillsitzen und Hinstarren keine gesunde Nutzung ihres Körpers darstellt. Seien Sie ehrlich, alter Freund, selbst auf dem Höhepunkt der Gutenberg-Revolution hat nur ein winziger Bruchteil der Menschheit gelesen und die meisten davon nur zu Geschäftszwecken. Lesen war schädlich für die Augen, anstrengend fürs Gehirn und obendrein hat es einsam gemacht.

GUTENBERG: Aber ... diese Leute, die sich über ihre Monitore beugen, lesen sie nicht auch? Kommt es denn auf das Material an, das die Buchstaben trägt, ob es nun Stein sei oder Papyrus, Pergament, Papier aus Hadern[1] oder Zellstoff oder ein Plastikbildschirm? Und weiter, diese Wörter, die aus elektronischen Impulsen

[1] *Hadern:* Scheuerlappen

bestehen, brauchen sie nicht eine Stromquelle in ihrer Nähe und, wie ihr sagt, einen Computer, der sie erst sichtbar macht? Obwohl ich da unten einige Computer sehe, die so klein sind, dass man sie bei sich tragen kann –

GATES: Wir nennen sie Laptops.

GUTENBERG: – ist doch keiner dabei, der so handlich und leicht wäre wie ein modernes Buch, das keinen Stromanschluss benötigt und auf das man jederzeit zurückgreifen kann, indem man nichts weiter tut, als einfach seine durchnummerierten, gebundenen Seiten aufzuschlagen.

GATES (*hält eine kleine, kostbar schimmernde Scheibe hoch, eine CD-ROM*): Hier in meiner Hand halte ich Tausende von Buchseiten, digitalisiert in Form winziger Punkte und Striche, die nur der Laser lesen kann. Schon jetzt bricht der Markt für gedruckte Enzyklopädien mit ihren vielen, schwergewichtigen Bänden zusammen angesichts der Vorzüge dieser Silberscheiben, die nach kurzem Tippen auf ein paar Tasten nicht nur die gesuchten Informationen liefern können, sondern dazu noch Abbildungen in 64 Farben, Diagramme von dreidimensionaler Tiefe oder Musikbeispiele, die man tatsächlich hören kann! […]

GUTENBERG: Die elektronische Flut, die ihr beschreibt, kennt keine Ufer. Sie überschwemmt alles, aber womit und für wen? Ihr Produkt bleibt immer abhängig von den Geräten, die es verbreiten. Ein Buch kann ein Jahrhundert lang unbeachtet in der Ecke liegen und doch braucht es nicht mehr als einen interessierten Leser, damit es zum Leben erwacht. Diese CD-ROM, die ihr da in der Hand haltet – welche Maschine wird in hundert Jahren noch in der Lage sein, sie zu entziffern? Jede neue Generation dieser Computer macht die vorhergehende unbrauchbar; die Geschwindigkeit, die schiere Gewalt eurer Revolution unterhöhlt ihren Kontakt mit dem Leben. Ihr sprecht von diesem weltumspannenden Internet, als reichte es über das menschliche Gehirn hinaus. Aber der Mensch ist immer noch das Maß aller Dinge.

GATES: Jeder Fehler wird irgendwann behoben.

Bruce Balan

Cyber.kdz. Virenjagd

2

Aufgaben: Seite 158

Die Cyberkids sind eine Gruppe von sieben Jugendlichen aus aller Herren Länder, die das Internet als ihre zweite Heimat betrachten. Bei ihren Reisen durch das Netz stoßen sie auf eine gewissenlose Bande, die zu ihrem eigenen Nutzen Computerviren verbreitet. Die Cyberkids versuchen, diesen Verbrechern das Handwerk zu legen. Doch die Freunde jagen nicht nur den Schurken im Netz hinterher, sie haben auch mit ihren persönlichen Sorgen zu kämpfen. Der folgende Ausschnitt stammt aus dem 6. Kapitel.

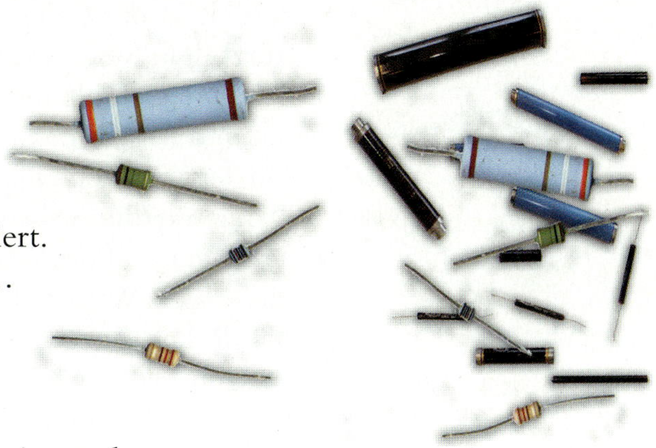

>//Cyber.kdz Secure Line Login.
>//Fr, 16:21 (Fr, 21:21 MGZ)
>//Willkommen, Paul. Aufgerufener Kanal: 2
>//Passwort: ******
>//Wen willst du treffen? Josh
>//Überprüfung beendet. Kanalabfrage akzeptiert.
>//Paul ist verbunden mit Sicherheitskanal 2 …

PAUL: Josh, bist du da?
JOSH: Ja. […]
PAUL: Wo, zum Teufel, steckst du?
JOSH: Erst musst du mir versprechen, dass du niemandem etwas sagst.
PAUL: Das kann ich nicht.
JOSH: Dann check ich aus. […]
PAUL: Also gut.
JOSH: Sag es.
PAUL: Ich verspreche es.
JOSH: OK. Ich bin auf einem Busbahnhof in Kalifornien. Genauer gesagt in Sacramento.
PAUL: Was machst du denn da?
JOSH: Das ist 'ne längere Geschichte. Weißt du über meinen Dad Bescheid?
PAUL: Ja. Tereza hat eine E-Mail rumgeschickt. Tut mir wirklich leid.
JOSH: Und mir erst. Aber ich komm nicht davon los. Ich kann nicht schlafen, weil ich immerzu daran denken muss, wie Dad Mom belogen hat. Wie er uns belogen hat. Ich hasse ihn so sehr. Ich kann an gar nichts anderes mehr denken. Meine Mutter hat mich gebeten, zu einer Gesprächstherapeutin zu gehen, und ich bin hingegangen. Sie war so weit ganz nett, aber mir war überhaupt nicht danach, über all das mit einer Fremden zu reden. Na gut, nach einer Weile schien es besser zu laufen. Gegen Ende der Sitzung habe ich ihr erzählt, was ich meinem Vater gegenüber fühle und dass ich nachts nicht schlafen kann. Und wie sehr ich mein Zuhause in Los Angeles vermisse. Sie hat mich gefragt, ob ich schon mal mit Dad gesprochen habe, seit wir umgezogen sind.
PAUL: Und, hast du?

JOSH: Auf keinen Fall! Das war das Letzte, was ich wollte! Aber die Therapeutin meinte, ich sollte es versuchen. Sie hat gesagt, ich würde meinen Zorn ‚internalisieren'.

PAUL: Was soll das denn heißen?

JOSH: Das habe ich sie auch gefragt. Sie behauptet, wenn dich etwas bedrückt und du nicht darüber sprichst, dann bleiben alle Gefühle in dir stecken und mischen alles andere in dir auf. So wie wenn du ein zu langsames Modem hast und der Datenpuffer überquillt. Dann staut sich alles zurück in die CPU, verstopft den Arbeitsspeicher und als Nächstes stürzt dein System ab. Deshalb konnte ich auch nachts nicht schlafen. All diese Gefühle meinem Vater gegenüber sind in mich zurückgeflossen und haben mich aufgemischt.

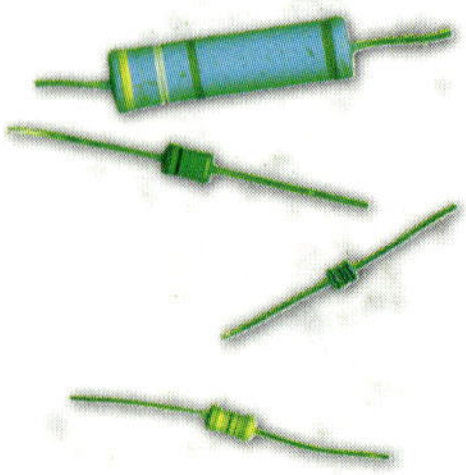

PAUL: Oh. Jetzt verstehe ich.

JOSH: Dann war die Sitzung zu Ende und ich bin gegangen. Ich hab dagestanden, auf den Bus nach Hause gewartet und urplötzlich hatte ich diese Idee. Wenn ich mir diese Gefühle vom Hals schaffen könnte, würde sich alles wieder normalisieren. Und die einzige Möglichkeit, sie vom Hals zu kriegen, wäre, sie rauszulassen.

PAUL: Dann lass sie raus.

JOSH: Nein. So einfach ist das nicht. Es wird nicht funktionieren, es sei denn, ich lass sie bei meinem Vater raus. Schließlich bin ich auf ihn wütend, also muss ich mit ihm sprechen. Wenn ich ihm alles sage, was ich fühle, dann verschwinden die Gefühle.

PAUL: Wirklich? Das klingt irgendwie schräg, Josh.

JOSH: Wohl wahr. Aber ich denke, es könnte klappen. Also muss ich nach Los Angeles.

PAUL: Wow! Warum rufst du ihn nicht einfach an?

JOSH: Ich weiß nicht. Ich hab das Gefühl, ich muss das persönlich klären. Außerdem ist L. A. mein Zuhause. Jedenfalls bin ich zum Busbahnhof gestiefelt und hab den ersten Bus Richtung Süden genommen. So bin ich hier gelandet. Jetzt warte ich auf den ersten Bus, der mich nach Los Angeles bringt.

PAUL: Woher hast du überhaupt Geld?

JOSH: Meine Mutter hat mir Geld gegeben, um die Therapie zu bezahlen. Aber die Therapeutin hat nicht danach gefragt, und ich habe vergessen, es ihr zu geben. Es hat gerade für die Fahrkarte gereicht.

PAUL: Du bist verrückt, Josh. Was willst du denn essen?

JOSH: Daran habe ich erst gedacht, als ich im Bus war. Bis ich hier angekommen bin, habe ich also nichts gegessen. Aber die Frau, die hier die Fahrkarten verkauft, war echt nett. Wahrscheinlich sehe ich so traurig aus, dass sie Mitleid mit mir hatte. Sie hat sich ein Sandwich mit mir geteilt und mir eine Cola spendiert. Ich muss mindestens zwei Stunden auf meinen Bus warten, also hat sie mir angeboten, hinten im Büro zu warten. Na, und hier steht ein PC mit Modem[1], also habe ich sie gefragt, ob ich damit spielen darf. Das ist die totale Möhre! 2400 Baud – kannst du dir das vorstellen? Aber für MUDs reicht es. Also hab ich mich eingeloggt und die Zeit im KOSMISCHEN REICH totgeschlagen, als du mich gefunden hast.

[1] *Modem:* Gerät zur Übertragung von Daten

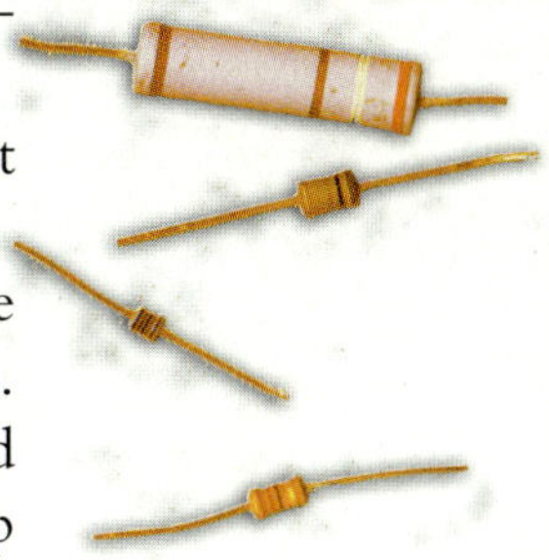

PAUL: Ich kann nicht glauben, dass du das tust, Josh. Das sieht dir gar nicht ähnlich.

JOSH: Ich hab keine Ahnung mehr, was mir ähnlich sieht, Paul. Ich konnte mal gut schlafen. Ich hatte auch mal Lust, mit den Kids zu chatten. Aber jetzt verbringe ich meine ganze Zeit in meinem Zimmer und starre aus dem Fenster. Ich hab nicht mal mehr mein Teleskop angerührt. Das bin nicht ich! Ich hab die Schnauze voll. Und die einzige Möglichkeit, den ganzen Mist loszuwerden, ist, ihn meinem Vater vor die Füße zu kippen, schließlich ist er an allem schuld. Soll er zusehen, wie er mit diesen Schmerzen fertig wird!

PAUL: Schon verstanden. Glaub ich.

JOSH: Wirklich?

PAUL: Nein, eigentlich nicht. Aber ich weiß, dass es dir wichtig ist. Also bleibt dir wahrscheinlich gar nichts anderes übrig. Wenigstens werden alle froh sein, dass ich dich gefunden habe.

JOSH: WARTE! Bitte nicht, Paul! Du darfst niemandem etwas sagen! Du hast es mir versprochen.

PAUL: Aber alle sind kurz vorm Durchdrehen. Warum darf ich nichts sagen?

JOSH: Sobald die Kids davon erfahren, weiß es auch meine Mutter.

PAUL: Wie sollte denn deine Mutter etwas mitkriegen?

JOSH: Stell dich nicht dumm, Paul. Ich habe meine E-Mails gecheckt und gesehen, dass sie meinen Zugang benutzt hat, um mit Tereza zu reden. Woher sollen die Kids denn sonst wissen, dass ich vermisst werde? Warum suchst du wohl im ganzen Netz nach mir?

PAUL: Ja, du hast Recht. Tereza ist wirklich fast ausgerastet. Sie spielt echt ein bisschen die kleine Diktatorin, wenn wir online sind.

JOSH: Das tut mir wirklich leid. Und für meine Mutter tut es mir auch leid. Aber wenn sie rauskriegt, wo ich bin, komme ich nie nach L. A. Sie springt in ihr Auto und hält nicht mehr an, bis sie mich hat. Ich kann jetzt nicht zurück nach Seattle fahren. Nicht bevor ich von Angesicht zu Angesicht mit meinem Vater gesprochen habe. Ich weiß doch nicht einmal, ob ich danach überhaupt zurückkommen werde.

PAUL: Ich finde, das ist keine so gute Idee, Josh. Alle machen sich wirklich große Sorgen.

JOSH: Paul, du hast es mir versprochen! Das gilt. Du darfst niemandem etwas erzählen.

PAUL: Ich weiß. Ich hab's versprochen und ich halt mich auch dran. Aber es gefällt mir nicht!

JOSH: Tja, das Leben ist hart. He, ich muss los. Mein Bus kommt gleich.

PAUL: He, Josh. Versprich mir, dass du mir oder den Kids eine Nachricht schickst, sobald du in L. A. angekommen bist. Einfach nur, damit wir wissen, dass du es geschafft hast. OK?

JOSH: Klar, mach ich.

PAUL: Und sei vorsichtig, ja? Ich war auch schon mal auf einem Busbahnhof. Da hängen immer 'ne Menge Irre rum.

JOSH: Das musst du mir nicht erzählen! Dieser Typ, der mich dazu bringen wollte, mit dem Hamster auf seinem Schoß zu reden. Nur dass der Hamster ein Schuh war! Ich war froh, dass die Fahrkartenverkäuferin mich hier hinten hat warten lassen.

PAUL: Ja, das ist echt cool.

JOSH: Danke, dass du nach mir gesucht hast, Paul. Ich fühl mich nicht mehr ganz so einsam.

PAUL: Kein Ding. Pass auf dich auf.

JOSH: Du auch.

>//Cyber.kdz Secure Line Closed

3

Aufgaben: Seite 158

Hi friends in the Bronx!

Wenn Argeli Taveras das Haus verlässt und die Tür hinter ihm ins Schloss gefallen ist, beginnt er sofort zu rennen. Der Junge hetzt vorbei an verrosteten Autowracks und Müllbergen, aus denen sich die Ratten ihren Fraß zerren. An verfallenen Häusern entlang, hinter deren Mauern sich die Süchtigen mit billigem Crack[1] um den Verstand bringen. Vorbei an lungernden Gestalten, die jeden Tag an der gleichen Straßenecke ihre Kunden mit neuem Stoff versorgen.

Argeli ist elf Jahre alt und auf dem Weg zur Captain Manuel Rivera School im New Yorker Elendsviertel South Bronx. Auf den Straßen nicht zu bummeln, war das Erste, was er gelernt hat. Dort herrscht Gewalt, täglich wird geraubt, geschossen, getötet. […]

Heute hat es der Junge besonders eilig. Er reißt die gepanzerte Schultür auf, hastet am Wachmann vorbei direkt in den Computerraum. Dort schaltet der Sechstklässler seinen Bildschirm ein und ruft die Nachrichten ab, die nachts in der Mailbox eingegangen sind, dem elektronischen Briefkasten der Schule. „Cool", freut sich Argeli, „was die wieder schreiben."

„Die" sind Argelis neue Freunde, Schüler der achten Klasse des Gymnasiums Ulricianum. Ihre Heimat ist die ostfriesische Kleinstadt Aurich (39 000 Einwohner), rund 6 000 Kilometer entfernt.

[1] *Crack:* Kokain enthaltendes synthetisches Rauschgift

Vor wenigen Stunden haben die Deutschen ihre elektronischen Briefe, die E-Mails, während des Englischunterrichts in die Computer getippt. Dann wurden die Botschaften über Modem[1] und Telefonleitung in das Datennetz Campus 2000 eingespeist, über das sie schließlich die Schulrechner in der Bronx erreichten.

Seit Jahresbeginn steht für die Schüler auf beiden Seiten des Atlantiks gemeinsamer Unterricht per elektronischer Kommunikation auf dem Stundenplan. Über das Datennetz verknüpft, debattieren sie über Lehrer, Liebe und Gewalt. [...]

So stehen deutsche Kinder über Datennetze nicht nur in Kontakt mit der Bronx, sondern auch mit Klassen in Hongkong, Neu-Delhi oder Tokio. In Sekundenschnelle jagen sie ihre elektronischen Briefe bis ans andere Ende der Welt, wo Jugendliche ebenso eifrig die Nachrichten von Bildschirmen ablesen und sofort beantworten. [...]

Die Datennetze eröffnen grenzenlose Möglichkeiten für den Unterricht: Im vergangenen Frühjahr tauschten sich Schulkinder im amerikanischen Minnesota per Datenpost mit ihren Alterskameraden auf der sibirischen Halbinsel Kamtschatka aus. Andere verfolgten den abenteuerlichen Weg von vier Wissenschaftlern, die mit dem Fahrrad 10 000 Meilen durch Afrika pedalten.

Unterwegs in Wüste oder Savanne[2] tippten die Forscher Informationen über Menschen, Wetter oder Tierwelt in ihren Laptop. Mehrmals wöchentlich sendeten sie die Berichte von Dörfern oder Buschstationen aus über Telefonverbindungen und Datennetze in die Schulcomputer. Dort werteten Jugendliche gemeinsam mit den Lehrern die Meldungen aus. Spannend wie nie lernten Schüler auf diese Weise den Schwarzen Kontinent[3] kennen.

Schüler des Gymnasiums Bad Essen diskutierten wochenlang im elektronischen Datenaustausch mit ihren Altersgenossen der Northeast High School von Oklahoma City über Gewalt im Klassenzimmer. Die Amerikaner lieferten authentische[4] Berichte: Vor kurzem war in ihrer Nachbarschule ein Neuntklässler von einem Schulkameraden erschossen worden. [...]

Der Spiegel 9/94

[1] *Modem:* Gerät zur Übertragung von Daten

[2] *Savanne:* tropische Steppe mit einzelnen oder gruppenweise stehenden Bäumen

[3] *Schwarzer Kontinent:* Afrika

[4] *authentisch:* lebensnah, echt

1 *John Updike,* Johannes Gutenberg und Bill Gates – ein virtuelles Treffen *(Seite 150)*

1. Zähle auf, was Gutenberg an einem Buch wichtig ist.
2. Bill Gates erscheint nicht gerade als Freund des Buches. Erarbeitet zu zweit oder in Gruppen die Vor- und Nachteile eines Buches in Form einer Tabelle: Schreibt zuerst die Nachteile heraus, die Gates dem Lesen eines Buches zuspricht. Tragt sodann die Vorteile ein, die Gutenberg nennt. Ergänzt die Tabelle schließlich um eure Ansichten und überlegt, ob ihr Gates und Gutenberg immer zustimmt.
3. Gutenberg schließt mit dem Satz des Philosophen Protagoras „Der Mensch ist das Maß aller Dinge" (☞ S. 152/Zeile 108 f.). Was meint Gutenberg wohl damit?
4. Gutenberg wundert sich über die Möglichkeiten, die Gates beschreibt. Setzt euch in Gruppen zusammen und überlegt, vor allem unter Einbeziehung eigener Erfahrungen, welche Schattenseiten die „elektronische Flut", von der Gutenberg spricht, mit sich bringen könnte. Stellt anschließend eine Liste mit Ratschlägen für eure Mitschüler zusammen, mit denen sie diesen Nachteilen begegnen können.
5. Wir schreiben das Jahr 3001. Der künstliche Mensch MN-72, Präsident des Unterwasserkontinents, unterhält sich mittels einer Zeitverbindung mit Bill Gates über das Lesen und Schreiben im vierten Jahrtausend. Erfinde einen Dialog, den die beiden führen könnten.

2 *Bruce Balan,* Cyber.kdz.Virenjagd *(Seite 153)*

1. Arbeite genauer heraus, wer die Cyberkids sind. Einige von ihnen haben sich noch nie persönlich getroffen und sind dennoch sehr eng befreundet. Zeige anhand des Textes, dass die Cyberkids eine Gemeinschaft wahrer Freunde darstellen.
2. Stellt euch vor, Josh erzählt Paul von seinem Plan, ehe er den Bus nimmt. Schreibt eine E-Mail, in der Paul ihn zu überreden versucht, nicht zu verschwinden. Schlagt Josh vor, was er stattdessen unternehmen sollte, um seinen Vater zu treffen.
3. Vor der Busreise bedrücken Josh viele Sorgen. Erklärt, mit welchen Veränderungen Josh zu kämpfen hat und wie sich diese in seinem Verhalten zeigen.

3 Hi friends in die Bronx! *(Seite 156)*

1. Argelis Leben unterscheidet sich vermutlich von eurem. Beschreibt das Umfeld, in dem Argeli lebt. Stelle dabei eine Liste mit den Gefahren zusammen, die ihm drohen.
2. E-Mails werden aus verschiedenen Gründen geschrieben. Erstellt dazu in Gruppen eine Tabelle und schreibt auf eine Seite, welche Bedeutung(en) das Schreiben von E-Mails für Argeli besitzt. Tragt auf der anderen Seite ein, warum ihr E-Mails versendet (oder versenden würdet). Vergleicht mithilfe der Tabelle, welche Rolle die Kommunikation mit E-Mails im Vergleich zu Argeli in eurem Leben spielt.
3. Sammelt: Wo wird das Internet im Unterricht bereits genutzt und wo könnte es darüber hinaus sinnvoll eingesetzt werden? Sprecht mit euren Fachlehrern darüber.

Schreibwerkzeug Computer

Wenn ihr bei den folgenden Aufgaben nicht genau wisst, wie man in eurem Textverarbeitungsprogramm die angesprochenen Funktionen aktiviert oder wie man sie benutzt, fragt jemanden in der Klasse, der sich damit auskennt, oder benutzt die Hilfefunktion, die jedes Programm zur Verfügung stellt.

Der PC als Wortschatzassistent

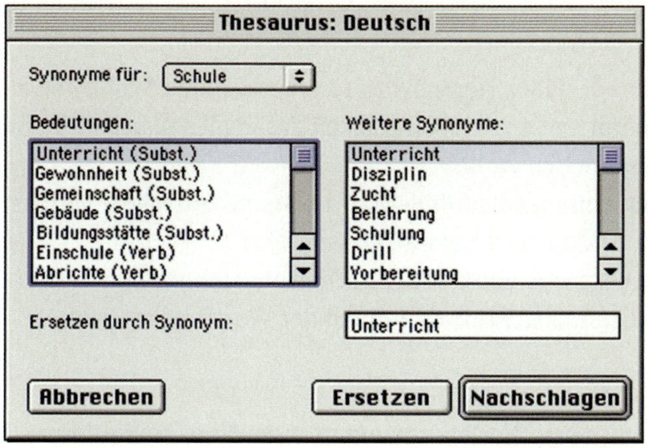

1. Schau dir die Abbildung genau an und versuche dann zu erklären, was die „Thesaurus"-Funktion bietet.
2. Bilde für vier Bedeutungen von *Schule* einen sinnvollen Satz, sodass die unterschiedlichen Verwendungsweisen deutlich zum Ausdruck kommen.
3. Nenne nun die verschiedenen Bedeutungen des Wortes *Himmel* zunächst ohne die Hilfe des Computers (☞ S. 147 zum Begriff *Homonym*). Schlage anschließend im Thesaurus nach und vergleiche, welche zusätzlichen Bedeutungen dir der Computer geliefert hat. Bilde Sätze, in denen diese erkennbar werden.

Viele Textverarbeitungsprogramme helfen, abwechslungsreich zu schreiben, indem sie einen **Thesaurus** zur Verfügung stellen. Dieses elektronische Wörterbuch versucht, die Bedeutungen eines Begriffes zu erklären und weitere ihm verwandte Wörter bereitzustellen (linke Spalte).
In der rechten Spalte des Thesaurus befindet sich eine weitere Wörterliste. Hier werden jeweils für jede der genannten Bedeutungen in der linken Spalte Synonyme aufgeführt. Die Synonyme, die der Thesaurus z.B. für die Bedeutung *Unterricht* des Begriffs *Schule* gibt, lauten: Disziplin, Zucht, Belehrung, Schulung, Drill, Vorbereitung, Ausbildung.

4. a) Die Vorschläge, die der Thesaurus macht, müssen immer erst geprüft werden. Versucht, in Gruppen Sätze zu bilden, in die ihr nacheinander alle angegebenen Synonyme einsetzt. Prüft und diskutiert das Ergebnis.
b) Klärt anschließend, weshalb euch der Thesaurus für eine abwechslungsreiche Ausdrucksweise nicht die ganze Arbeit abnehmen kann.

Nicht jedes Wort, das ein Thesaurus als „Synonym" liefert, verdient diesen Namen. Oft kann man nur einen oder gar keinen vorgeschlagenen Begriff in einem vorgegebenen Zusammenhang als fast gleichwertigen Ausdruck verwenden.

5. Ein Thesaurus hilft euch nicht nur dabei, Homonyme zu erkennen und Synonyme zu finden, sondern auch, Wortlisten mit geeigneten Ausdrücken zusammenzustellen, wenn ihr über ein bestimmtes Thema schreiben wollt.
6. Ein Thesaurus kann euch auch helfen, eine Mind-Map zusammenzustellen. Verfasst mithilfe des Computers eine Mind-Map zum Thema „Klassenfahrt".
7. Findet heraus, ob euch der Thesaurus eures Textverarbeitungsprogramms weiterhelfen kann, eine Wortfamilie zu erstellen. Prüft es anhand der Wortfamilie *Spiel.*

ERINNERT EUCH

Eine Gruppe von Wörtern mit demselben Wortstamm nennt man **Wortfamilie**, zum Beispiel *Spiel, Spielerei, verspielt.*
Als **Wortfeld** wird eine Gruppe von Wörtern bezeichnet, die hinsichtlich ihrer Bedeutung zusammengehören, zum Beispiel *laufen, rennen, eilen.*
Eine **Mind-Map** entsteht, wenn man Wörter zu einem bestimmten Begriff oder Thema so aufschreibt, dass die Bedeutungsbeziehungen zwischen diesen Wörtern durch die grafische Darstellung sichtbar werden, zum Beispiel:

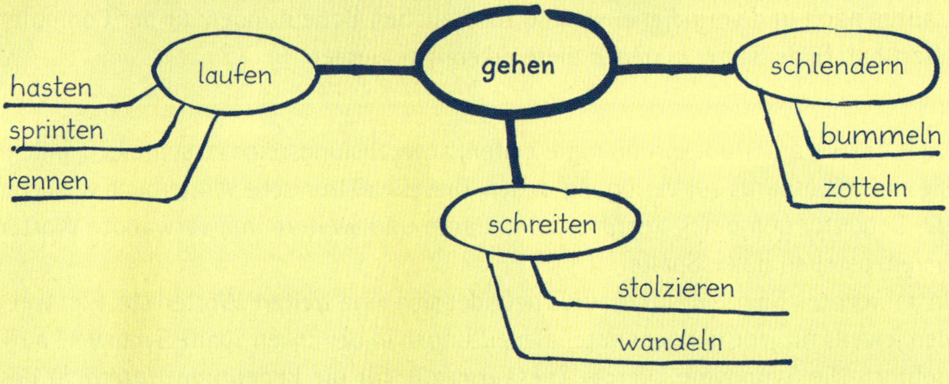

Der PC – ein Meister der Rechtschreibung und Grammatik?

Die meisten Textverarbeitungsprogramme gehen euch nicht nur beim Ausdruck, sondern auch bei der Rechtschreibung zur Hand.

1. Tippe zuerst schnell den folgenden Text in ein Textverarbeitungsprogramm, ohne ihn nochmals Korrektur zu lesen:

Erich Kästner

Emil und die Detektive

„Was zum Essen werden wir brauchen“, mahnte Emil. „Vielleicht rennen ein paar von euch nach Hause und holen Stullen ran.“
„Wer wohnt am nächsten?“, fragte der Professor. „Los! Mittenzwey, Gerold, Friedrich der Erste, Brunot, Zerlett, schwirrt ab und bringt ein paar Fresspakete mit!“
Die fünf Jungen rannten auf und davon.
„Ihr Holzköpfe, ihr quatscht dauernd von Essen, Telefon und Auswärtsschlafen. Aber wie ihr den Kerl kriegt, das besprecht ihr nicht. Ihr … ihr Studienräte!“, grollte Traugott. Ihm fiel kein ärgeres Schimpfwort ein.

2. Aktiviere nun die Rechtschreibprüfung, aber verbessere nur die Fehler, die dir beim Abtippen unterlaufen sind.

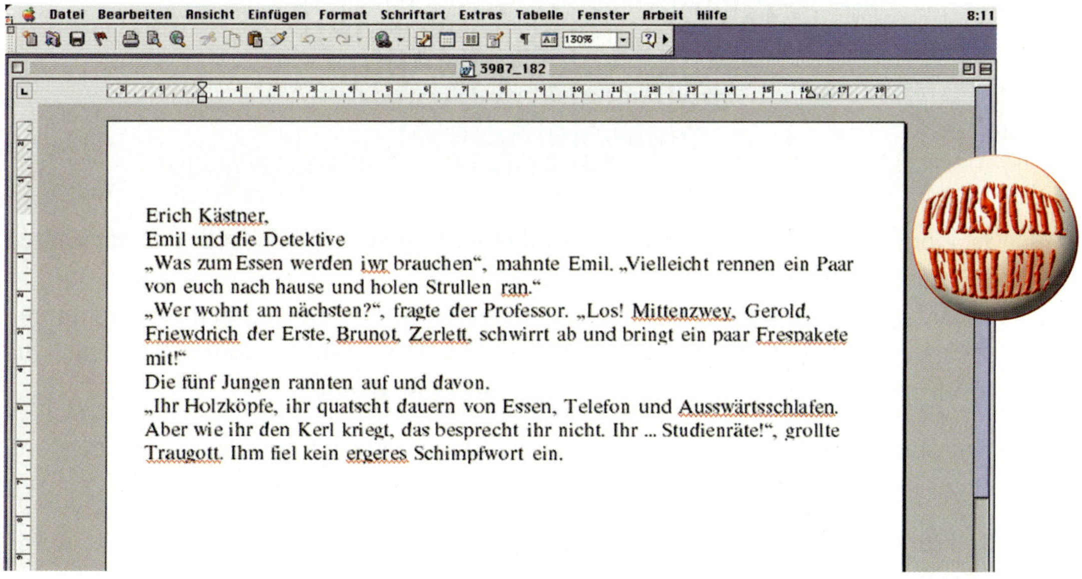

3. Prüfe nun den Text ein zweites Mal und achte darauf, welche Arten von Wörtern das Programm nicht erkennt. Versuche dabei, dem Programm die unerkannten Wörter „beizubringen“.

4. Manche Textverarbeitungsprogramme bieten euch Hilfe bei der Grammatik, aber nicht in allen Fällen. Ändert den ersten Satz im eingetippten Text auf S. 161 in *„Was zum essen"*, startet das Grammatikprogramm und wartet, was passiert.

Rechtschreib- und Grammatikprogramme sind ein sehr nützliches Instrument bei der Textverarbeitung, vor allem zum Aufspüren von Flüchtigkeitsfehlern. Da sie aber die Satzzusammenhänge nicht verstehen und nur mechanisch prüfen, übersehen sie oft einige Fehler oder markieren Richtiges als falsch.

Bildgedichte mal am PC erstellt

Reinhard Döhl, Apfel

1. Worin unterscheidet sich dieses Gedicht von denen, die ihr z. B. auf den Seiten 257 ff. in diesem Buch finden könnt?

2. Übertrage das Gedicht so genau wie möglich in ein Textverarbeitungsprogramm, sodass es sich in der Mitte einer Seite befindet. Wähle eine passende Schriftart, die Schriftgröße 12 und eine andere Farbe für das Wort *Wurm*.

Gedichte, in denen der Wortinhalt in eine entsprechende grafische Form gekleidet wird, nennt man auch konkrete Poesie oder Bildgedichte.

3. Erfindet ein eigenes Gedicht, das einen Gegenstand oder einen Begriff durch Schriftzeichen abbildet, und gestaltet es nach eigenen Vorstellungen. Fasst alle Gedichte in einer Datei zusammen, fügt Seitenzahlen ein, stellt ein Inhaltsverzeichnis zusammen, entwerft eine Titelseite und druckt das entstehende Büchlein aus. Ihr könnt es zum Beispiel bei einer Schulveranstaltung verkaufen.

Im Internet

Informationsbeschaffung im Netz

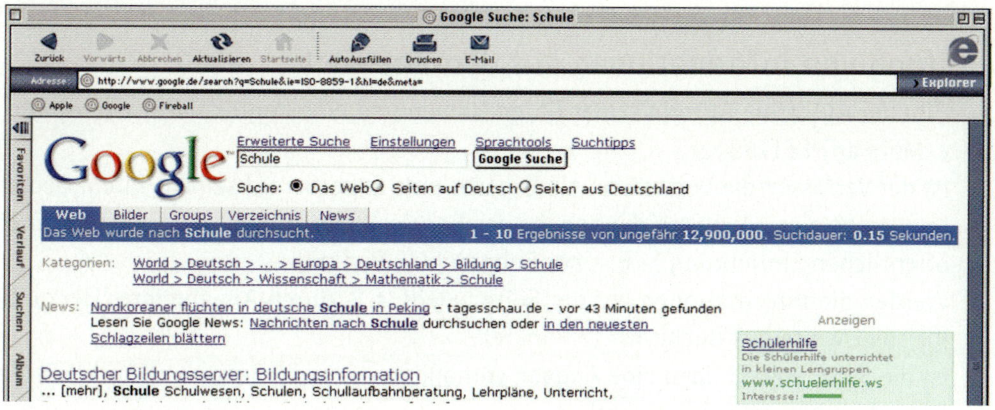

1. Formuliert in euren eigenen Worten, was diese Abbildung bedeutet.

2. Das Internet ist ein gigantisches Netzwerk von Informationen, das sich in jeder Minute verändert. Die Fülle der Daten ist unübertroffen – leider aber auch die Unübersichtlichkeit ihrer Anordnung. Es gibt kein Inhaltsverzeichnis, keine allgemeingültigen Regeln der Darstellung. Das bedeutet, dass sich nur der des Mediums richtig bedient, der sich in diesem Datendschungel zurechtfindet. Ein sehr geeignetes Mittel, gezielt nach Informationen zu fahnden, sind zwar die sogenannten Suchmaschinen, aber auch Suchmaschinen wollen erst gefunden sein. Bestimmt kennen ein paar von euch einige Internetadressen. Bildet Gruppen mit je einem „Experten", der die anderen zu einer Suchmaschine führt und erklärt, wie sie funktioniert. Lest dabei auch die Hinweise durch, die dort jeweils zur Bedienung gegeben werden.

3. Testet nunmehr einige Suchmaschinen, indem ihr zum Projekt „Künstlerwelten" im Kapitel „In meiner Welt" (☞ S. 256) Informationen einholt. Sucht dazu in Gruppen nach Seiten zu den verschiedenen Autoren und Autorinnen. Fasst eure Ergebnisse in Stichworten zusammen, notiert auch die jeweiligen Internetadressen und vergleicht anschließend, wie gut euch die Suchmaschinen bei der Suche unterstützt haben.

4. Versucht nun in Gruppen, aus euren eigenen Erfahrungen einige Ratschläge zur Informationsbeschaffung im Internet zu formulieren. Ihr solltet z. B. Hinweise zur Stichwortsuche geben, erklären, wie man den Aufbau einer Suchmaschine nutzen kann und in welcher Reihenfolge man Links verfolgen sollte.

> **Suchmaschinen** helfen beim Auffinden von Informationen, aber das Wissen um ihre Existenz reicht bei weitem nicht aus. Vor allem ist es wichtig, sich geeignete Suchstrategien zu überlegen und diese konsequent zu verwenden, um schnell zum Ziel zu gelangen und die wesentlichen Informationen aufzufinden.

5. Wenn man Informationen im Netz erhält, sind nicht immer alle brauchbar, manches ist ungenau oder sogar falsch. Folgende Aufstellung soll euch helfen, die Qualität in Informationen mithilfe eines Punktesystems zu prüfen:

METHODE M

Prüfung von Informationen aus dem Internet

1. Gibt der Autor/die Autorin seinen/ihren Namen und eine Kontaktadresse (Post oder e-Mail) an? (2 Punkte)
2. Ist der Verfasser/die Verfasserin ein Experte/eine Expertin auf seinem/ihrem Gebiet (man sieht dies z.B. durch die Angabe des Berufes) oder stammt die Seite von einer öffentlichen Einrichtung (z.B. einer Behörde)? (2 Punkte)
3. Werden die Informationen auf der Seite belegt, z.B. durch Angabe ihrer Herkunft (beispielsweise aus Büchern)? (2 Punkte)
4. Ist die Seite, soweit dazu eine Angabe vorhanden ist, in den letzten zwölf Monaten überarbeitet worden? (1 Punkt)
5. Ist die Seite kostenfrei? (3 Punkte)
6. Ist die Seite frei von Werbung? (2 Punkte)

Errechnet die Punkte, die eine Seite erhält, indem ihr die Punkte in Klammern für jede Frage, die ihr mit „ja" beantworten könnt, zusammenrechnet. Eine Seite, die weniger als 6 Punkte erhält, solltet ihr am besten gar nicht weiter beachten.

6. Prüft nun die zuvor ermittelten Seiten über die Autorinnen und Autoren, indem ihr mithilfe der Fragen Punkte vergebt. Erstellt daraus eine Rangfolge, welche Quellen am zuverlässigsten Erscheinen, und vergleicht eure Ergebnisse.

Für Referate, aber auch für andere Zwecke, kann das **Internet** eine wertvolle Informationsquelle darstellen, besonders wenn es um das Auffinden sehr aktueller Informationen geht. Dabei müssen jedoch die Herkunft und die Qualität der Webseiten genau geprüft werden, ehe man das gefundene Wissen weiterverarbeitet.

7. Begebt euch nun auf eine weitere Suche. Für ein Referat im Kapitel „Aus fernen Zeiten" (☞ S. 45) oder weitere Informationen über Biotechnologie im Kapitel „Zukunftswelten – Welt der Zukunft" (☞ S. 311 ff.) könnte das Internet eine zusätzliche Quelle von Informationen sein. Erprobt dabei eure Ratschläge zur Suche und die Aufstellung zur Qualität von Webseiten.

Netikette – nett im Netz

Für das Miteinander im Internet gibt es seit geraumer Zeit den Begriff der *Netikette*, den Benutzer dieses Mediums selbst erfunden haben.

1. Klärt mithilfe des Internets die zwei Bestandteile *Net* und *Etikette* dieses neu gebildeten Wortes und umschreibt seine Bedeutung mit eigenen Worten.
2. Sucht Dokumente im Netz, die erklären, was zur Netikette gehört, und schreibt die Aspekte heraus, die allen Dokumenten gemeinsam sind.
3. Setzt euch nun in Gruppen mit den Vorschlägen die ihr gefunden habt, auseinander. Vergleicht zuerst, welche davon ihr selbst befolgt, und entscheidet dann, welche ihr für sinnvoll haltet.
4. Stellt eure eigene Netikette mit den fünf wichtigsten Ratschlägen zusammen. Benutzt dazu die bisherigen Ergebnisse und verändert sie, wenn es euch erforderlich erscheint. Begründet jeweils eure Auswahl.

☺ *lol* CU: E-Mails

Die Kommunikation im Netz verläuft zu einem großen Teil über E-Mails. Diese weisen einige gemeinsame Merkmale mit Briefen auf.

1. Erstellt, möglichst am PC, je ein Muster für eine persönliche bzw. eine offizielle E-Mail mit allen erforderlichen Elementen der äußeren Form, wie z.B. der Anrede. Vergleicht eure Entwürfe und einigt euch auf eine gemeinsame Fassung.
2. Viele Verfasser von E-Mails verwenden Abkürzungen wie ***lol*** oder ☺. Stellt eine Liste mit Symbolen und Kürzeln zusammen und klärt jeweils ihre Bedeutung, indem ihr sie mit einem Satz umschreibt. Eine Suche im Netz kann euch dabei vielleicht helfen.
3. Diskutiert in Gruppen, auf welche dieser Zeichen ihr eigentlich verzichten könnt. Begründet jeweils eure Entscheidung.

E-Mails sind eine Form der Verständigung, die sich aus dem Brief entwickelt hat. Sowohl bei privaten wie auch bei offiziellen Botschaften sollte man deshalb die **Regeln** beachten, die auch für einen herkömmlichen Brief gelten.
In E-Mails finden sich nicht nur Symbole und Kürzel, sondern auch andere **sprachliche Veränderungen**. In der Sprache des Internets begegnet man häufig **Neubildungen/Neologismen** (wie oben der Begriff der *Netikette*), Fremdwörtern (wie *Link*) und Begriffen, die eingedeutscht werden (wie z.B. *mailen*).

Spam, Viren, Kettenbriefe: Dreck im Netz

Nicht alle, die sich im Netz tummeln, verfolgen redliche Absichten, manchen bereitet es leider Freude, anderen Schaden zuzufügen.

1. Computerviren sind eine der größten Gefahren, die im Netz lauern. Informiert euch im Internet darüber, was man genau darunter versteht. Klärt dabei, warum man diese Metapher gewählt hat und wie man sich gegen Viren wappnet.
2. Sogenannte Spammer missbrauchen das Internet für ihre Zwecke. Klärt mit einer Suchmaschine die Bedeutung und den Ursprung dieses Begriffs. Sucht nach Hinweisen darüber, wie ihr euch dagegen schützen könnt, und schreibt diese heraus.

Es kann vorkommen, dass man in seinem Posteingang **Nachrichten von Unbekannten** findet, die sich oft hinter einem erfundenen Namen verstecken. Gerade hier ist besondere Vorsicht geboten. Auf keinen Fall sollte man antworten oder Anhänge öffnen.

3. Kettenbriefe (von engl. chain mail) erwecken auf den ersten Blick nicht den Eindruck einer Bedrohung, tatsächlich aber vergeuden sie eure Zeit und gefährden überdies die Kommunikation im Netz. Findet heraus, warum das so ist und mit welchen Tricks die Verfasser solcher E-Mails versuchen, euch zum Mitmachen zu bewegen.

Kriminelle können allein schon mit einer E-Mail-Adresse **Missbrauch** treiben. Vor allem die Werbung macht sich die Sorglosigkeit vieler Jugendlicher im Umgang mit persönlichen Angaben zunutze. Oft werden sie gezwungen, einiges von sich preiszugeben, bevor sie die scheinbar „kostenlosen" Angebote auf Webseiten wahrnehmen dürfen. Man sollte nie vergessen, dass die persönlichen Daten und Meinungen ein Gut sind, das es unbedingt zu schützen gilt. Wenn man sie einmal herausgegeben hat, hat man keine Kontrolle darüber, was mit ihnen geschieht. In der Regel sind diese Informationen deshalb im Internet fehl am Platz. Das gilt auch für Einkäufe im Internet.

PROJEKT

Erstellen einer Literaturhomepage

Im Rahmen des Kapitels „Eigene Geschichten schreiben" (☞ S. 30ff.), vielleicht aber auch bei anderen Gelegenheiten, habt ihr eigene Texte und zusätzliches Material dazu verfasst. Die Präsentation der Texte und des Materials kann nicht nur in Form einer Lesung oder eines Heftes, sondern auch – vielleicht sogar zusätzlich – auf einer eigenen Literaturhomepage im Internet erfolgen. Damit ihr eure Arbeit ins Netz stellen könnt, müssen jedoch einige Bedingungen erfüllt sein.

1. Verschafft euch zunächst ein grundsätzliches Verständnis. Sucht dazu „Experten" und „Expertinnen" in der Klasse, die sich mit der Erstellung und Präsentation von Webseiten auskennen. Teilt euch in Gruppen auf und lasst euch von je einem dieser Fachleute erklären, wie eine Webseite aufgebaut ist und wie Seiten verbunden werden.
2. Um eure Arbeit attraktiv zu gestalten, solltet ihr einen einheitlichen Rahmen entwerfen. Setzt euch dazu in Gruppen zusammen und erarbeitet Vorschläge, welche Informationen die Einführungsseite enthalten soll und ob und wie die Texte geordnet werden sollen. Stellt dann eure Entwürfe vor und einigt euch auf eine gemeinsame Form der Darstellung.
3. Schützt eure Arbeit vor Missbrauch. Dass man bei der Arbeit im Netz Vorsicht walten lassen muss, habt ihr inzwischen gesehen. Achtet deshalb besonders darauf, dass ihr bei der Gestaltung der Seiten keine persönlichen Informationen wie Telefonnummern und Adressen angebt. Erkundigt euch im Zweifelsfall bei den Fachlehrkräften an eurer Schule, welche Informationen unerwünschten Lesern nicht zugänglich gemacht werden sollen. Auch im Netz finden sich dazu Hinweise; wie üblich helfen euch Suchmaschinen dabei.
4. Macht euch ans Werk. Bildet Gruppen, die einzelne Aufgaben übernehmen, wie zum Beispiel die genaue Darstellung des Layouts, die Übertragung der Texte auf den PC, die Programmierung der Seiten und das Überspielen der Daten auf den Server.
5. Lasst euren Entwurf von Fachleuten prüfen. Auch im Internet müssen rechtliche Vorschriften beachtet werden. So dürft ihr etwa persönliche Informationen, Texte und Fotos von anderen nicht ohne deren schriftliche Zustimmung verwenden. Informiert deshalb vorher die verantwortlichen Lehrkräfte an der Schule von eurer Absicht und legt ihnen euren Entwurf vor.

Wer keine Bücher liest, ist ein armseliger Ignorant, dessen Unterhaltung, wenn sie überhaupt so genannt werden kann, weiter nichts ist als ein bedeutungsloses Geschwätz über seine Person, Geschäfte, kleine Leiden und seine Bekannten.

Friedrich Wilhelm Herschel

Erlesene

An Zerstreuung lässt es uns die Welt nicht fehlen; wenn ich lese, will ich mich sammeln.

Johann Wolfgang von Goethe

Das Buch ist der bequemste Freund. Man kann sich mit ihm unterhalten, so lange und so oft man will, kann in jeder Stimmung die rechte Kost wählen und ist nie enttäuscht.

Angelus Silesius

Je mehr ich las, umso näher brachten die Bücher mir die Welt, umso heller und bedeutsamer wurde das Leben für mich.

Maxim Gorki

Wer Bücher und den Verstand besitzt, sie zu lesen, kann doch nie ganz unglücklich sein; hat er doch die beste Gesellschaft, die es auf Erden gibt.

Paul Ernst

Man kann keine große Seele oder keinen einigermaßen scharfen Verstand ohne einige Leidenschaft für das Schrifttum haben.

Luc Clapiers Marquis de Vauvenargues

1

Aufgaben: Seite 176

Marcel Reich-Ranicki

Mein Leben

Marcel Reich-Ranicki wurde 1920 in der polnischen Stadt Włocławek geboren. Zu Beginn der Geschichte seines Lebens erzählt er von seiner Gymnasialzeit. Der junge Marcel, der vor seinem Umzug nach Berlin im Jahr 1929 auch in Polen auf eine deutsche Schule gegangen war, besteht die Aufnahmeprüfung für das Gymnasium in Deutsch und Rechnen ohne Schwierigkeiten.

Meine Gymnasialzeit begann mit einer geringfügigen Unannehmlichkeit, die ich, obwohl sie kaum erwähnenswert ist, bis heute nicht vergessen habe. In der ersten Unterrichtsstunde wurden wir Sextaner[1] alle in alphabetischer Reihenfolge aufgerufen: Jeder sollte sein Geburtsdatum und seinen Geburtsort nennen. Alles lief reibungslos ab – bis ich an der Reihe war. Das Datum akzeptierte der Lehrer, ohne sich zu wundern, aber der Ort, den ich nannte, belustigte ihn. Da gab es also in der Klasse einen Schüler, der in einer irgendwo gelegenen, einer fernen, schlimmer noch, in einer unaussprechbaren Stadt geboren war. Der Lehrer versuchte, diesen sonderbaren Stadtnamen „Włocławek“ allen Schwierigkeiten zum Trotz doch auszusprechen. Die ganze Klasse lachte schallend – und je lauter sie lachte, desto mehr bemühte er sich, sie mit neuen Fassungen zu amüsieren: von „Lutzlawiek“ bis „Wutzlawatzek“.

Wie beneidete ich damals meine Mitschüler, die in Berlin geboren waren, in Breslau oder in Eberswalde. Ich ballte meine Faust, wenn auch in der Hosentasche – und ich sagte etwas Freches. Dafür bekam ich eine kräftige Ohrfeige. Ja, in preußischen Gymnasien wurde man vom Lehrer geohrfeigt, nicht nur in der Sexta[2], sondern mit Sicherheit auch noch in der Quinta[3]. Nach dieser Ohrfeige, die meine Mitschüler als ganz normal, vielleicht sogar als gerecht empfanden, schwor ich Rache. Ich wusste ja: Wollte ich integriert und sogar geachtet werden, musste ich mich durch Leistungen im Unterricht auszeichnen. Das war nicht so einfach: Denn ich war bis dahin ein nur mittelmäßiger Schüler.

Aber ich wurde nun – und dabei mag Trotz eine gewisse Rolle gespielt haben – der Beste in einem Fach, das zunächst Rechnen und wenig später Mathematik hieß. [...]

Lange dauerte meine Liebe zur Mathematik nicht. Als ich dreizehn oder vierzehn Jahre alt war, vernachlässigte ich das Fach und die meisten anderen ebenfalls. Ein anderes Fach, ein einziges, hatte es mir inzwischen angetan – ein Fach übrigens, das mir für die Rache an jenen Mitschülern, die mich verspotteten, noch viel besser geeignet schien als die Mathematik. Ja, ich rächte mich, ich wurde nun und blieb bis zum Abitur der beste Deutschschüler der Klasse.

Aus Trotz? Das mag zutreffen, aber so ganz richtig ist es natürlich nicht.

Da gab es noch einen anderen Faktor, da hat noch ein anderes Motiv mitgewirkt – und es lässt sich kaum überschätzen: Das Lesen von Geschichten, von Romanen und sehr bald auch von Theaterstücken machte mir immer mehr Spaß. Und ehe ich mich's versah, da war's um mich geschehn. Ich war glück-

[1] *Sextaner:* Schüler im ersten Jahr an einer höheren Schule

[2] *Sexta:* erste Klasse einer höheren Schule

[3] *Quinta:* zweite Klasse einer höheren Schule

lich – wohl zum ersten Mal in meinem Leben. Ein extremes, ein unheimliches Gefühl hatte mich befallen und überwältigt. Ich war verliebt. Halb zog sie mich, halb sank ich hin[1]. Ich war verliebt in sie, die Literatur.

Zunächst las ich, den meist nur beiläufigen Hinweisen und gelegentlichen Ratschlägen unserer Lehrer folgend, die gleichen Bücher wie meine Mitschüler. Auch ich hatte, schon sehr früh, eine Zeit, in der mich populäre historische Romane interessierten – der Bestseller „Ben Hur" des Amerikaners Wallace also und „Quo Vadis" des polnischen Nobelpreisträgers Henryk Sienkiewicz, „Der Löwe von Flandern" des Flamen Conscience und „Die letzten Tage in Pompeji" des Engländers Bulwer-Lytton.
Ferner las ich, respektvoll und doch ein wenig gelangweilt, Coopers „Lederstrumpf"-Romane. Eine Weile lang regten auch mich die Bücher jenes deutschen Autors auf, der sich nicht genierte, die billigsten Mittel zu verwenden, der vor keinen Primitivismen[2], vor keinen Sentimentalitäten[3] zurückschreckte und der dennoch ein beachtlicher, ein erstaunlicher Erzähler war – ich meine Karl May. Allerdings wollte ich nach der Lektüre einiger dieser grünen Bände nichts mehr von ihm wissen – vielleicht deshalb, weil sein Held, Old Shatterhand, mir doch zu stark und mutig war und überdies auf gar zu vorbildliche Weise selbstlos. Mehr noch: Er war, was uns Berliner Schülern besonders verächtlich vorkam – ein unerträglicher Wichtigtuer, ein ganz großer Angeber.
„Und es mag am deutschen Wesen / Einmal noch die Welt genesen" – diese Verse des inzwischen vergessenen Emanuel Geibel kannte ich damals bestimmt nicht. Aber es ging mir schon auf die Nerven, dass es immer ein Deutscher war, der in Karl Mays Romanen die Bedrängten heldenhaft rettete und die Bösewichter behandelte, wie sie es verdienten, der für Ordnung und Gerechtigkeit sorgte – wenn nicht mit der bloßen, mit der eisernen Faust, dann doch mit einer ungewöhnlichen Waffe, einer wahren Wunderwaffe. [...]
Auch die als besonders empfehlenswert geltenden deutschen historischen Romane aus dem neunzehnten Jahrhundert zeichneten sich durch eine auffallend patriotische[4] Tendenz aus – so Scheffels melodramatischer „Ekkehard", so die wackeren, die bemühten „Ahnen" Gustav Freytags oder der Roman „Ein Kampf um Rom" von Felix Dahn. [...] Doch nicht der tollkühne, der stets an der Spitze seines Heeres heroisch kämpfende Belisar beeindruckte mich in Dahns Roman, sondern der körperlich schwache und gelähmte, der meist in einer Sänfte getragene Feldherr Narses, ein Stratege, der allen anderen hoch überlegen ist.
Aber ich habe alle diese Bücher mit gemischten Gefühlen gelesen, jedenfalls ohne Enthusiasmus. Die Welt der Recken und Ritter, der Helden und Haudegen, der so mächtigen Könige und der so mutigen Kämpfer von meist eher schlichter Geistesart – diese Welt war die meinige nicht. Ein ganz anderes Buch hatte mich damals begeistert: Erich Kästners „Emil und die Detektive", ein „Roman für Kinder". [...]

[1] Anspielung auf Goethes Ballade „Der Fischer"

[2] *Primitivismen:* Darstellung von geringem geistigen Niveau

[3] *Sentimentalität:* Rührseligkeit

[4] *Patriotismus:* (übertriebene) Liebe zum Vaterland

Emil Tischbein und sein Freund Gustav mit der Hupe – sie standen mir ungleich näher als der rote Gentleman Winnetou und der edle Schläger Old Shatterhand, als die um Rom kämpfenden Feldherrn Cethegus, Narses und Belisar. Diese Geschichte von den Berliner Kindern, denen es gelingt, den Dieb zu fassen, den Bösewicht, der den Emil in der Eisenbahn bestohlen hat, die ähnlich wie Old Shatterhand dafür sorgen, dass die Gerechtigkeit ihren Lauf nehmen kann und dass die Ordnung wiederhergestellt wird – sie ist nicht ganz frei vom Rührseligen, wohl aber, anders als bei Karl May, frei vom Exotischen, vom Pathetischen und vom Bombastischen. Was Kästner erzählte, spielte sich nicht in fernen Zeiten und Ländern ab, es passierte hier und heute: auf Berliner Straßen und Höfen, also dort, wo wir uns auskannten. Die Personen, die hier auftraten, sprachen wie wir alle, die wir in der Großstadt aufwuchsen. Das ist es: Die Glaubwürdigkeit dieses Buches und somit auch sein Erfolg beruhten vor allem auf der Authentizität[1] der Alltagssprache.

[1] *Authentizität:* Glaubwürdigkeit, Echtheit

2

Katja Behrens

Alles Sehen kommt von der Seele

Aufgaben: Seite 176

Helen Keller (1880–1968) war nach einer Hirnhautentzündung seit ihrem zweiten Lebensjahr blind und taub. Trotz dieser unvorstellbaren Hindernisse gelang es ihr durch die fürsorgliche Hilfe und Liebe ihrer Lehrerin Annie Sullivan, in kurzer Zeit lesen und schreiben zu lernen und sich mit ihrer Umwelt zu verständigen. Helen Keller schaffte den Schulabschluss; später studierte sie. Sie schrieb mehrere Bücher, darunter ihre Biografie „Die Geschichte meines Lebens".

Annie hatte Helen schon seit einer Weile nicht nur die Worte beigebracht, die sie lernen sollte und nach denen sie selber fragte, sie hatte ihr auch den ganzen Tag über alles, was sie taten, in die Hand buchstabiert. So lernte Helen die Buchstaben des Alphabets als bestimmte, immer wiederkehrende Berührungen in ihrer Handfläche, und wenn sie auch *mug* (Becher) und *drink* (trinken) verwechselte, so dämmerte ihr doch schon etwas.

Dieses Etwas nahm am Morgen des 5. April 1887 Gestalt an.

Helen wäscht sich und will die Bezeichnung für *Wasser* wissen. Annie buchstabiert ihr *w-a-t-e-r* in die Hand und denkt nicht mehr daran, bis ihr nach dem Frühstück einfällt, dass sie ihr mithilfe des neuen Worts den Unterschied zwischen *Becher* und *trinken* klarmachen kann:

„Wir gingen zum Brunnenhäuschen, wo ich Helen den Becher unter das Rohr halten ließ, während ich pumpte. Als das kalte Wasser herausschoss und den Becher füllte, buchstabierte ich ihr *w-a-t-e-r* in die freie Hand. Das Wort, das so unmittelbar auf die Empfindung des kalten, über ihre Hand strömenden

Wassers folgte, schien sie aufzuschrecken. Sie ließ den Becher fallen und stand wie gebannt. Ihr Gesicht leuchtet auf. Sie buchstabierte mehrere Male hintereinander *water*. Dann hockte sie sich auf den Boden und fragte, wie man den nennt, und zeigte auf die Pumpe und das Spalier, und plötzlich drehte sie sich um und fragte nach meinem Namen. Ich buchstabierte *teacher* (Lehrerin). In diesem Augenblick brachte die Kinderfrau Helens kleine Schwester in das Brunnenhäuschen, und Helen buchstabierte *baby* und deutete auf die Kinderfrau. Als wir ins Haus zurückgingen, war sie ungeheuer aufgeregt und lernte die Bezeichnung von jedem Gegenstand, den sie berührte, sodass sie ihren Wortschatz innerhalb weniger Stunden um dreißig neue Worte bereichert hatte.“

Fünfzehn Jahre später schreibt Helen Keller ihr erstes Buch, *Die Geschichte meines Lebens*. Darin erzählt sie auch von jenem Augenblick in dem Brunnenhäuschen, das sie an dem Duft des ihn umrankenden Geißblattstrauchs erkannte:

„Mit einem Mal durchzuckte mich eine nebelhafte Erinnerung … und das Geheimnis der Sprache lag plötzlich offen vor mir. Ich wusste jetzt, dass ‚Wasser‘ jenes wundervolle, kühle Etwas bedeutete, das über meine Hand strömte. Dieses lebendige Wort erweckte meine Seele zum Leben, spendete Licht, Hoffnung, Freude, befreite sie von ihren Fesseln … Ich verließ den Brunnen voller Lernbegier. Jedes Ding hatte einen Namen, und jeder Name weckte einen neuen Gedanken. Als wir ins Haus zurückkehrten, schien mir jeder Gegenstand von verhaltenem Leben zu zittern.“ …

Helen hat die Brücke betreten, die sie mit anderen Menschen verbindet: die Sprache. Zum ersten Mal in ihrem Leben hat sie ein Ziel und ihre Gedanken bekommen eine Richtung: Sie will die Namen der Dinge lernen. Die ersten Wörter, die sie begreift, erscheinen ihr „wie die ersten warmen Sonnenstrahlen, die den Schnee zu schmelzen beginnen“. Sie lernt, schreibt Annie, „weil sie nicht anders kann, genau wie der Vogel fliegen lernt“. Sie braucht den „verbindenden Hand-zu-Hand-Zauber“. Später wird sie sich daran erinnern, dass Anne Sullivans „Worte wie winzige Meteore über die Hand des Kindes glitten“. Sie hat ihren Platz gefunden, sie gehört dazu, ist ein Teil des Ganzen. Im Brunnenhäuschen ist „das Nichts verschwunden“.

Fünf Tage danach schreibt Annie an Sophia Hopkins: „Helen macht von Tag zu Tag, ja von Stunde zu Stunde Fortschritte. Alles muss jetzt einen Namen haben. Bei jedem Ausflug fragt sie begierig nach den Bezeichnungen, die sie zu Hause nicht gelernt hat …

Sobald sie ein Wort kennt, gibt sie ihre Zeichen oder Pantomime dafür auf, und das Erlernen eines neuen Worts macht ihr große Freude. Auch bemerken wir, dass ihre Züge von Tag zu Tag ausdruckvoller werden“.

3

Aufgaben: Seite 176

Alberto Manguel

Eine Geschichte des Lesens

Alberto Manguels bekanntestes Buch, „Eine Geschichte des Lesens“, enthält viele überraschende Informationen und Geschichten rund um das Lesen. Ein Kapitel des Buches befasst sich damit, dass das Lesenlernen früher nicht immer erwünscht war.

In South Carolina wurden hundert Jahre später zudem strenge Gesetze erlassen, die allen Schwarzen, ob versklavt oder frei, das Lesenlernen untersagten. Diese Gesetze blieben bis zur Mitte des 19. Jahrhunderts in Kraft.

Über Jahrhunderte riskierten die afroamerikanischen Sklaven ihr Leben, wenn sie trotz aller Verbote und Schwierigkeiten die Kunst des Lesens erlernen wollten – in aller Heimlichkeit und manchmal in jahrelanger heroischer[1] Anstrengung, wie man vielen Berichten aus dieser Zeit entnehmen kann. Die neunzigjährige Belle Myers Carothers erklärte in den dreißiger Jahren unseres Jahrhunderts vor dem Federal Writers' Projekt (das unter anderem die Lebensberichte ehemaliger Sklaven sammelte), dass sie lesen lernte, indem sie das mit Buchstabenklötzchen spielende Kind des Plantagenbesitzers beaufsichtigte. Als ihr Herr sie dabei ertappte, trat er sie mit Stiefeln. Doch Belle Myers gab nicht auf. Heimlich lernte sie weiter die Buchstaben auf dem Spielzeug des Kindes entziffern und dann auch die Wörter in einer alten Fibel, die sie irgendwo aufgetrieben hatte. Eines Tages, so berichtete sie, „fand ich ein Gesangbuch und entzifferte die Worte: ‚When I Can Read My Title Clear‘. Ich war so glücklich, als ich merkte, dass ich lesen konnte, dass ich gleich losrannte und es allen anderen Sklaven erzählte.“

Der Sklave Leonard Black, ebenfalls beim Lesen ertappt, wurde von seinem Herrn so grausam ausgepeitscht, „dass er meinen Wissensdurst fürs erste zum Erliegen brachte, und ich versagte mir alle weiteren Versuche bis zu meiner Flucht“. Doc Daniel Dowdy berichtete: „Wurde man das erste Mal bei Lese- oder Schreibversuchen erwischt, bekam man den Ochsenziemer[2] zu spüren, beim nächsten Mal die neunschwänzige Katze, und beim dritten Mal wurde einem das erste Glied des Zeigefingers abgehackt.“ Bei den Sklavenhaltern der Südstaaten war es gang und gäbe, Sklaven zu erhängen, wenn sie versuchten, anderen das Lesen und Schreiben beizubringen.

Nur auf Schleichwegen war es unter diesen Bedingungen den Sklaven möglich, das Lesen zu erlernen, entweder bei Mitsklaven, bei menschenfreundlichen Weißen oder unter Anwendung von Tricks, die das heimliche Lernen erlaubten. Der als Sklave geborene amerikanische Schriftsteller Frederick Douglass, einer der wortgewaltigsten Abolitionisten[3] seiner Zeit, zudem Begründer mehrerer politischer Zeitschriften, erinnerte sich in seiner Autobiografie: „Meine Herrin las sehr oft aus der Bibel vor ... das *Wunder* des Lesens erweckte meine Neugier und schürte in mir den Wunsch, ebenfalls lesen zu lernen. Bis dahin verstand ich nicht das Geringste von dieser wunderbaren Kunst, und meine

[1] *heroisch:* heldenhaft

[2] *Ochsenziemer:* Prügelwerkzeug

[3] *Abolitionist:* Verfechter der Aufhebung der Sklaverei in den USA

Unwissenheit, meine Arglosigkeit hinsichtlich der möglichen Folgen, aber auch das Zutrauen zu meiner Herrin gaben mir den Mut ein, sie zu bitten, ob sie mir das Lesen beibringen könne ... In kürzester Zeit beherrschte ich dank ihrer Hilfe das Alphabet, und ich konnte Wörter mit drei oder vier Buchstaben entziffern ... [Mein Herr] verbot ihr, mir weiteren Unterricht zu geben ... [aber] die Entschiedenheit, mit der er mich von der Bildung fernhalten wollte, machte mich nur noch wissbegieriger. Daher weiß ich bis heute nicht, wem ich in erster Linie das Lesenlernen verdankte: dem Widerstand meines Herrn oder der Hilfe meiner liebenswürdigen Herrin."

Der ehemalige Sklave Thomas Johnson, später ein weithin bekannter Missionsprediger in England, lernte lesen, indem er die Buchstaben einer entwendeten Bibel entzifferte. Da sein Herr jeden Abend einen Abschnitt aus dem Neuen Testament vorlas, überredete Johnson ihn dazu, Abend für Abend dieselbe Passage zu wiederholen, bis er sie auswendig konnte. So gelang es ihm, die Worte auf den Seiten seiner gestohlenen Bibel aufzufinden. Wenn der Sohn des Herrn seine Schularbeiten machte, brachte Johnson ihn dazu, seine Texte laut zu lesen. „Gott steh mir bei, aber lies das noch mal", so spornte er den jungen Herrn an, und der tat es gern, weil er glaubte, dass Johnson ihn für sein Können bewunderte. Dank dieser Wiederholungen lernte er so viel, dass er bei Ausbruch des Bürgerkrieges fähig war, die Zeitungen zu lesen. Später gründete er eine Schule, um anderen das Lesen beizubringen.

Führte das Lesenlernen die Sklaven auch nicht direkt in die Freiheit, so eröffnete es ihnen doch den Zugang zu einem wichtigen Machtinstrument ihrer Unterdrücker – dem Buch. Die Sklavenhalter fürchteten (wie alle Potentaten[1], Diktatoren, Tyrannen, absolute Monarchen und andere Usurpatoren[2] der Macht) in hohem Maße die Macht des geschriebenen Wortes. Sie wussten, weit besser als manche Leser: Lesen ist eine *Kraft*, wer nur ein paar Worte lesen lernt, der kann bald alle Worte lesen und, schlimmer noch, über diese Worte nachdenken und schließlich seine Gedanken in die Tat umsetzen.

[1] *Potentaten:* Machthaber

[2] *Usurpator:* widerrechtlich an die Macht gekommener Herrscher

1 *Marcel Reich-Ranicki,* **Mein Leben** *(Seite 170)*

1. Nehmt ein Wörterbuch zur Hand und schlagt die euch unbekannten Wörter nach.
2. Findet heraus, wofür Marcel Reich-Ranicki später berühmt geworden ist. Befragt dafür Erwachsene oder sucht im Internet.
3. Erklärt, warum das Fach Deutsch für den Gymnasiasten Marcel eine besondere Rolle spielt. Diskutiert dann: Heute wollen manche Schülerinnen und Schüler nicht in einem Fach brillant sein, um nicht als „Streber" zu gelten. Damals wollte Reich-Ranicki brillant sein, um sich zu „rächen". Könnt ihr beide Positionen nachvollziehen?
4. Marcel ist von den Helden bei Karl May und in historischen Romanen nicht sehr beeindruckt. Überlegt gemeinsam, ob ihr Bücher (oder Filme) kennt, in denen euch ähnliche Figuren begegnet sind, und erinnert euch, ob es euch dabei so wie Marcel ergangen ist.
5. Das Kapitel, in dem es über Kästner geht, trägt den Titel „Herr Kästner, seelisch verwendbar". Findet die Gründe heraus, warum Marcel von Kästners Roman fasziniert ist.

2 *Katja Behrens,* **Alles Sehen kommt von der Seele** *(Seite 172)*

1. Erklärt, warum das Lesen für Helen einen so wichtigen Stellenwert einnimmt.
2. Überlegt, inwiefern das Erlernen von Wörtern für Helen dem gleicht, wie ihr es selbst schon erfahren habt, und in welcher Hinsicht es sich davon unterscheidet.
3. Beschreibt die drei Schritte, die bei Helens Begegnungen mit der Sprache erkennbar sind.
4. Sucht nach einer Erklärung dafür, dass Helens Züge mit dem Erlernen des Lesens und Schreibens „von Tag zu Tag ausdrucksvoller" werden (Z. 56 f.).

3 *Alberto Manguel,* **Eine Geschichte des Lesens** *(Seite 174)*

1. Sucht im Text nach den unterschiedlichen Wegen, auf denen Sklaven lesen lernten.
2. Überlegt, warum viele Sklaven trotz der furchtbaren Strafen nicht davon abzuhalten waren, das Lesen zu lernen. Geht dabei von den Hinweisen im Text aus.
3. Erklärt, warum das Buch im Text als wichtiges „Machtinstrument" der „Unterdrücker" (Z. 59 f.) bezeichnet wird.
4. Erfindet die Geschichte eines Sklaven, der ebenfalls durch einen „Trick" heimlich lesen gelernt hat.
5. Besprecht in der Gruppe, mit welchen Nachteilen man heute rechnen muss, wenn man nicht lesen kann.
6. Menschen, die nicht lesen können, werden Analphabeten genannt. Klärt durch Nachdenken oder mithilfe eines Wörterbuches, woher dieser Begriff kommt. Informiert euch dann in einem Lexikon oder im Internet (☞ S. 163 ff.), wie viele Menschen in Deutschland davon ungefähr betroffen sind.

Vom Schriftkeil zum Buchdruck: Informationen aus Sachtexten entnehmen

Jedes Schulkind lernt zuerst schreiben und lesen, jeder Schüler benutzt Bücher, um sich zu informieren oder zu unterhalten. Schrift und Buch sind für uns heute so selbstverständlich, dass wir uns ein Leben ohne sie kaum mehr vorstellen können. Dabei vergessen wir oft, dass ihre Entstehung Tausende von Jahren menschlicher Geschichte erforderte. Die folgenden zwei Texte geben einen kurzen Überblick über diese langwierige Entwicklung:

1. Überlegt kurz, was ihr schon zur Entstehung der Schrift und des Buches wisst, und notiert dazu einige Stichworte.
2. Denkt darüber nach, über welche Aspekte der Geschichte der Schrift und des Buches ihr etwas erfahren wollt. Formuliert dazu eine kleine Zahl von Fragen.

> **Bevor man einen Sachtext liest,** sollte man sich zuerst klarmachen, was man zu dem Thema schon weiß, und dazu Notizen machen. Danach überlegt man sich, welche Informationen man beim Lesen des Textes bekommen will. Am besten schreibt man sich dies in Form einiger Fragen auf.

ext 1: Die Schrift

Die Schrift wurde vor 5000 Jahren von den Sumerern erfunden, die in Mesopotamien[1] lebten. Sie entdeckten, dass sie mithilfe geschriebener Zeichen Informationen bewahren und weitergeben konnten.

Seit Urzeiten kommuniziert der Mensch mithilfe von Zeichen. Aber nur einige wenige von ihnen kann man als Schrift bezeichnen. Eine Schrift ist ein Zeichensystem, mit dem Gedanken und Worte der Menschen sichtbar wiedergegeben werden können. Sie macht es möglich, Informationen auch über lange Zeiträume zu bewahren. Die ersten Schriften kannten kein **Alphabet**. Auch heute gibt es einige solcher Schriften. Dazu gehört z. B. die chinesische Schrift.

Die Anfänge der Schrift

Heute vermutet man, dass die erste Schrift vor ungefähr 5000 Jahren entstand, in einem Land, das damals „Land der Sumerer" genannt wurde und heute als Irak bekannt ist. In dieser fruchtbaren Region zwischen Euphrat und Tigris ließen sich Menschen in den ersten Stadtstaaten nieder. Allmählich nahmen sie Handelsbeziehungen mit fernen Ländern auf, lernten zu rechnen und schufen sich Gesetze. Dann benötigten sie ein Zeichensystem, das es ihnen ermöglichte,

[1] *Mesopotamien:* das Zweistromland zwischen Euphrat und Tigris, im heutigen Irak

ohne großen Aufwand Botschaften niederzuschreiben. Sie stellten Tontafeln her, in die sie mit einem dreikantigen Griffel kleine Zeichen ritzten, die wie Keile oder Nägel aussahen. Ihr Aussehen verlieh ihnen den Namen **Keilschrift**. Sie verbreitete sich in der ganzen Region (Naher und Mittlerer Osten).

Die ägyptischen Hieroglyphen

Um 3000 v. Chr. tauchte in Ägypten eine andere Schrift auf: die **Hieroglyphen-Schrift**. Dies waren kleine Bilder, die Menschen, Götter, Pflanzen, Tiere oder Gegenstände zeigten. Diese Schrift wurde etwa 3000 Jahre lang von den **Schreibern** Ägyptens benutzt.

Danach geriet sie in Vergessenheit.

Im Jahre 1822 gelang es dem Franzosen Champollion (1790–1832), die Hieroglyphen mithilfe eines Textes zu entschlüsseln, der in drei Sprachen in den sogenannten Stein von Rosette eingraviert war: als Hieroglyphen, in Demotisch, einer anderen altägyptischen Sprache, und in Altgriechisch.

Beim Vergleich der drei Texte entdeckte der Gelehrte, dass viele Hieroglyphen einen **Konsonanten** darstellten, **Vokale** aber völlig fehlten. Die Hieroglyphe für den Laut „r“ hat die Form eines Mundes, denn „ra“ bedeutet „Mund“. Andere Hieroglyphen stehen für einen Gegenstand oder eine einfache Handlung. So drückt ein zu Boden stürzender Mensch die Bedeutung „fallen“ aus.

Das Buch

Jahrhundertelang mussten Bücher mühsam einzeln von Hand geschrieben werden, wie du auf der Abbildung sehen kannst. Durch die Erfindung des Buchdrucks wurde es möglich, problemlos viele Exemplare eines Buches herzustellen.

Bücher in der Antike

Die ersten Bücher stellte man in China her. Das waren beschriftete Holztafeln, die mit Schnüren aus Leder oder Seide zusammengebunden waren. Sie stammen aus dem 2. Jahrtausend v. Chr. Im 1. Jahrhundert v. Chr. wurde dann auch das Papier von den Chinesen erfunden. Im Orient und in Europa wurde es jedoch erst einige Jahrhunderte später verwendet. Seit etwa 2500 v. Chr. schrieb man im alten Ägypten Texte auf Papyrus. Das waren Blätter, die aus den Stängeln der Papyrusstaude hergestellt wurden. Griechen und Römer schrieben zunächst auf Holz. Die eigentliche Bedeutung des griechischen Wortes byblos und des lateinischen liber für „Buch“ ist „Baumrinde“. Im 2. Jahrhundert v. Chr. erfanden die Griechen das Pergament. Sie behandelten die Haut von Schafen oder Ziegen so, dass man darauf schreiben konnte. Die Pergamentblätter wurden miteinander vernäht. So entstand der Kodex, der Vorgänger des Buches. Seit dem 4. Jahrhundert n. Chr. war Pergament das beliebteste Schreibmaterial.

Das Abschreiben von Texten

Damit ein Text viele Leser erreichte, musste es viele Exemplare von ihm geben. Bei den Griechen und Römern waren Sklaven, die lesen und schreiben konnten, damit beauftragt, die Texte von Hand abzuschreiben. So wurden die Texte vervielfältigt und konnten weitergegeben werden. Im Europa des Mittelalters wurde die Abschrift von Mönchen vorgenommen. Sie schrieben die Texte auf Pergament und schmückten diese **Manuskripte** mit Zeichnungen, den sogenannten „Illuminationen". Jedes Kloster hatte eine für diese Arbeit vorgesehene Werkstatt, das **Skriptorium**. Die Dauer einer Abschrift betrug im Durchschnitt drei bis vier Monate. Einige der reichverzierten Werke waren sogar mit Blattgold versehen. Mit der Gründung vieler Universitäten im 12. und 13. Jahrhundert wurde der Bedarf an Büchern so groß, dass er nicht mehr allein von den Mönchen gedeckt werden konnte. Deshalb musste eine Möglichkeit gefunden werden, Texte schneller zu vervielfältigen.

Die Anfänge des Drucks

Die Chinesen erfanden nach der Tinte und dem Papier auch den Druck. Dabei ließen sie sich von Druckverfahren inspirieren, die es in Griechenland und Mesopotamien bereits gab. Die Chinesen übernahmen das Verfahren, aber tauschten die dort verwendeten Stempel gegen Holztafeln aus. Aus den Tafeln schnitten sie Zeichen, die sie mit Tinte bestrichen. Zum Druck wurden Papierbogen auf die Tafel gepresst. So wurde die Xylografie (Holzschneidekunst) erfunden, mit der man Bilder und Texte kopieren konnte. Im 11. Jahrhundert stellte der Chinese Bi Sheng bewegliche Schriftzeichen aus Terrakotta her. Und im Jahre 1102 fertigten Koreaner die ersten beweglichen Lettern aus Metall.

Die Presse Gutenbergs

Zwischen 1436 und 1444 entwickelte Johannes Gutenberg in der Gegend von Mainz seine Spindelpresse und erfand den mechanischen Buchdruck. Gutenberg verwendete bewegliche Buchstaben, die in einer Gussform, der Matrix, aus einer Legierung aus Blei, Zinn und Antimon hergestellt wurden. Diese Buchstaben konnten mehrere Male benutzt werden:

Um eine Seite zu drucken, wurde der Text mit den Buchstaben in einer **Druckform** zusammengestellt. Die Ränder und den Abstand zwischen den einzelnen Wörtern sparte man aus. Danach bestrich man sie mit einer öligen, dicken Tinte, die nicht tropfte, und presste schließlich mithilfe der Spindelpresse ein Blatt Papier auf die Form. Pergament konnte für den Buckdruck nicht verwendet werden, weil es zu dick war. Das erste 1455 von Gutenberg hergestellte Buch war eine Bibel. Die ersten gedruckten Bücher nennt man **Inkunabeln**.

Text 2: **Geschichte des Buchdrucks**

Obgleich bereits im Altertum in Ägypten und Rom eingefärbte Stein- und Metallstempel mit figürl. Darstellungen, Buchstaben oder ganzen Wörtern verwendet wurden und bis ins Mittelalter überkommen sind, ist der Beginn des Buchdrucks in China zu suchen, wo vor mehr als 2300 Jahren die Technik des Tafel- oder Blockdrucks bekannt war: In eine Platte aus Metall oder Holz wurde der Text eingeschlagen bzw. eingeschnitzt. Da jede Druckplatte nur einmal verwendet werden konnte, begann man im 11. Jh., mit beweglichen Lettern aus Ton zu drucken. Über die Araber gelangte die Technik des Tafeldrucks nach W-Europa (Ende des 14. Jh.). Sie wurde aber bereits kurze Zeit später durch den Buchdruck mit beweglichen Lettern aus Metall verdrängt. Gutenberg übernahm seit etwa 1436 in Straßburg, ab 1440 in Mainz Versuche mit einzelnen, beliebig zusammensetzbaren Typenstempeln. Aus diesen fügte er Druckformen zusammen und druckte mit ihnen (ab etwa 1445) mithilfe einer von ihm entwickelten Druckerpresse. Seine Leistung lag in der Bewältigung des Letterngusses und des Pressens. Die Typenstempel waren zunächst aus Holz, dann aus Blei, später auch aus Eisen oder Kupfer. Die neue Technik verbreitete sich schnell über ganz Europa. Italien überflügelte Deutschland bald in der Anwendung der neuen Technik; um 1500 hatte z. B. allein Venedig bereits 150 Druckereien. Weitere entstanden u. a. in Paris, Leiden, Amsterdam, Basel und London. – Die ersten Drucker bemühten sich, die handgeschriebenen Bücher genau nachzuahmen. Erst in den folgenden Jahrzehnten wurde es allgemein üblich, alle Elemente des Buches mechanisch zu vervielfältigen, d. h. Initialen usw. in Holz oder Metall zu schneiden und sogar mehrfarbig zu drucken. Es entstanden auch bes. Schriftarten, die den technischen Problemen des Buchdrucks Rechnung trugen: Während Gutenberg für seine Bibel (1455) neben Interpunktionszeichen u. a. 47 Groß- und 243 Kleinbuchstaben brauchte, um der Tendenz der gotischen Schrift zur Verschmelzung gerecht zu werden, erleichterte die von Jenson entwickelte und seit etwa 1520 allgemein verwendete Antiqua mit ihren isolierten Lettern den

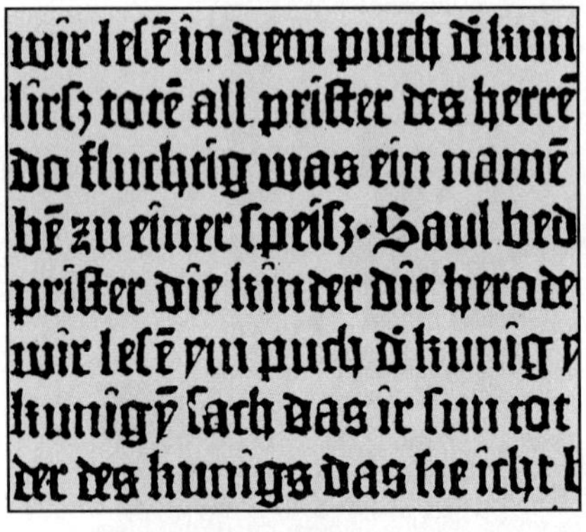

Beispiel für einen gotischen Druck

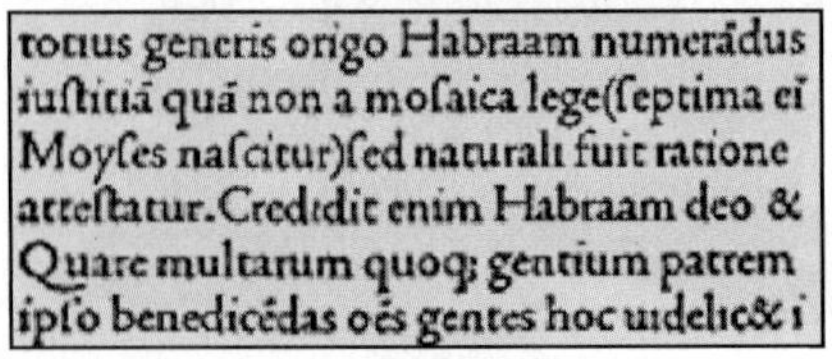

Beispiel für einen Druck in Antiqua

Schriftguss wesentlich. In der 1. Hälfte des 16. Jahrhunderts entstand ferner in der Fraktur eine leichter lesbare und herstellbare gotische Schriftart, die in Deutschland und im westslawischen Bereich bis ins 20. Jahrhundert in Gebrauch war. Um 1570 war die Umstellung von der Handschrift auf den Buchdruck vollzogen. Von nun an vervollkommnete sich v. a. das technische Verfahren des Buchdrucks, besonders seit Ende des 19. Jahrhunderts.

3. Benennt für beide Texte („Die Schrift" S. 177 ff. und „Geschichte des Buchdrucks" S. 180 f.) das Thema in einem Satz, sodass der inhaltliche Unterschied zwischen beiden erkennbar wird.

4. Versucht nun, die Fragen, die ihr vor dem Lesen aufgeschrieben habt, mithilfe der beiden Texte zu beantworten.

5. Erklärt jeweils in einem oder zwei Sätzen, in welcher Hinsicht die Texte dazu beigetragen haben, euer Wissen zum Thema zu erweitern.

6. Die Informationen werden in den beiden Texten nicht auf dieselbe Art und Weise dargeboten. Erstellt eine Liste, in der ihr die Unterschiede zwischen beiden Texten hinsichtlich ihrer sprachlichen Gestaltung und ihres Aufbaus in Stichworten verdeutlicht, und überlegt anschließend, warum die Autoren sich für ihre jeweilige Art der Darstellung entschieden haben könnten.

7. Überlegt nun unter Einbeziehung der Ergebnisse der letzten Frage, für wen die Texte geschrieben und welcher Art von Sachbuch sie entnommen sein könnten.

8. Diskutiert zu zweit oder in Gruppen, welchen Text ihr lieber verwenden würdet, um damit ein Referat zum jeweiligen Thema vorzubereiten, und tragt eure Argumente anschließend in der Klasse vor.

Einen Sachtext zu verwenden heißt noch nicht automatisch, gut informiert zu sein. Man muss sicherstellen, dass man einen **Text** liest, der die **gesuchten Informationen liefert.**

Wenn es sich um einen längeren Text oder ein Buch zu einem Thema handelt, solltet ihr zunächst die Überschriften oder das Inhaltsverzeichnis lesen, um zu entscheiden, ob der Text die Informationen enthalten könnte, nach denen ihr sucht.

Wenn ihr glaubt, dass der Text geeignet sein könnte, müsst ihr nach einem ersten – eher überfliegenden – Lesen prüfen, ob sich eine intensive Beschäftigung mit dem Text lohnt. Diese Prüfung kann mithilfe folgender Fragen durchgeführt werden; der Text ist umso geeigneter, je mehr von ihnen bejaht werden können:

1. Beschäftigt sich der Text ausführlich genug mit dem Thema, das mich interessiert?
2. Beantwortet der Text die Fragen, die ich mir vor dem Lesen überlegt habe?
3. Ist der Text klar geschrieben und übersichtlich aufgebaut, sodass man ihn gut verstehen kann?

9. Sucht in Gruppen zu folgenden Themen Bücher und Texte in der Schulbücherei oder im Internet:

- Geschichte der Fabel
- Der Minnesang
- Die Anfänge des Internets

Überlegt dazu zuerst, was ihr schon zu dem betreffenden Thema wisst, und formuliert in Form von Fragen, was ihr wissen wollt. Prüft dann anhand der Überschriften oder Inhaltsverzeichnisse, ob die Texte, die ihr findet, geeignet sein könnten.

10. Klärt anschließend durch überfliegendes Lesen der Texte oder einzelner Kapitel, welche sich für eine intensive Lektüre eignen. Stellt abschließend eine Liste von drei Texten zusammen, die ihr für die Beschäftigung mit dem Thema weiterempfehlen könnt.

11. Die Bedeutung des Buches wandelte sich mit Gutenbergs Erfindung. Bücher sind auch über 500 Jahre nach Gutenberg aus unserem Leben nicht wegzudenken, dennoch hat sich ihr Stellenwert erneut verändert. Klärt zuerst mithilfe des ersten Textes, welche Rolle das Buch früher gespielt hat, und überlegt anschließend, warum die Erfindung des Buchdrucks eine der wichtigsten Errungenschaften der Geschichte darstellt.

12. Das Buch hat inzwischen sehr viel Konkurrenz bekommen. Setzt euch in Gruppen zusammen und erarbeitet eine Übersicht über die Medien, die heute mit dem Buch konkurrieren. Ergänzt sie um zwei Spalten, in denen ihr jeweils die Vor- und Nachteile im Vergleich zum Buch eintragt.

Vom Manuskript zum Leser: Informationen gezielt nutzen

Der folgende Ausschnitt aus einem Sachbuch beschreibt den Weg eines Textes von der Hand des Autors/der Autorin zum Leser und erläutert die Stationen, die dabei durchlaufen werden:

1. Überlegt, was ihr darüber wisst, wie der Text eines Autors zu einem Buch wird und in den Laden kommt. Macht dazu Notizen.

2. Formuliert einige Fragen, in denen deutlich wird, welche Informationen zu dem Thema euch besonders interessieren.

Die Gestaltung eines Buches

Um sein Werk zu veröffentlichen, kann sich der Autor direkt an eine Druckerei wenden. In den meisten Fällen sucht er sich für die Veröffentlichung aber einen Verlag, der dann in Absprache mit dem Autor jeden Schritt bei der Entstehung des Buches überwacht.

Jedes Buch hat einen Autor. Ob es sich um Romane oder Sachbücher handelt, er ist derjenige, der den Text geschaffen hat. Wenn er sein **Manuskript** beendet und einen Verlag gefunden hat, der es herausgibt, verpflichtet er sich in einem Vertrag, sein Werk keinem anderen Verleger zur Veröffentlichung zur Verfügung zu stellen. Aufgabe des Verlags ist es, den Autor zu bezahlen und sich um die Herstellung und den Vertrieb des Buches zu kümmern.

Der Verleger ist die „Schnittstelle" zwischen Autor und Leser. Er beauftragt einen seiner Lektoren, das vom Autor vorgelegte Buch zu lesen, die Qualität des Textes und die in ihm enthaltenen Informationen zu prüfen. Viel häufiger kommt es aber vor, dass ein Verleger beschließt, ein Buch zu einem bestimmten Thema schreiben zu lassen, und erst dann mit der Suche nach einem geeigneten Autor beginnt. Manchmal bringt er auch Neuauflagen alter Werke heraus, die immer noch von den Lesern nachgefragt werden oder auf dem Lehrplan der Schulen stehen. Damit die Bücher von noch mehr Menschen gelesen werden können, verkauft der Verleger sie auch ins Ausland. Die Texte werden in verschiedene Sprachen übersetzt.

Der Weg vom Manuskript zum Buch ist lang. Zunächst muss der Verlag entscheiden, wie das Buch ausgestattet werden soll: Format, Anzahl der Seiten, Schriftarten und Schriftgrößen, Satzspiegel usw. Handelt es sich um ein illustriertes Buch, werden Zahl und Art der Bilder festgelegt.

Der Autor liefert seinen Text auf einer CD-ROM ab. Die Bilder (Fotos und Zeichnungen) werden von einem **Scanner** bearbeitet und dann als Datei an den Layouter weitergereicht. Dieser kann nun die Buchseiten gestalten. Der Lektor sieht den Text auf seine sachliche Richtigkeit durch und gibt ihm stilistisch den letzten Schliff. Ein Korrektor sorgt dafür, dass die Rechtschreibung stimmt. Zum Schluss wird der Einband des Buches von einem Grafiker gestaltet.

Die Herstellung eines Buches

Die Mitarbeiter in den Verlagen, die für die technische Seite der Buchproduktion verantwortlich sind, nennt man Hersteller. Sie überwachen die einzelnen Arbeitsschritte und Termine, kalkulieren die Preise und wählen geeignete Servicebetriebe für die Filmbelichtung und die Bildbearbeitung, Druckereien und Buchbinder aus.

Als **Reproduktion** bezeichnet man das Belichten von Texten oder Bildern auf Filmen, von denen später die Druckplatten angefertigt werden. Der Hersteller notiert, in welcher Größe und welchem Ausschnitt die Bilder im Buch erschei-

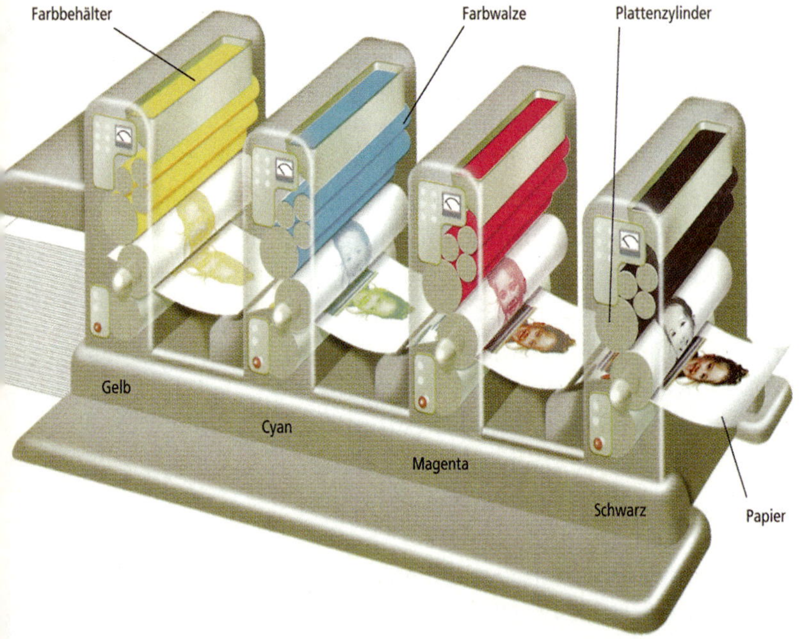

nen sollen, und gibt sie an einen für die Bildbearbeitung spezialisierten Servicebetrieb weiter.
Schon lange vorher hat der Hersteller das Papier bestellt, das für das Buch verwendet werden soll. Je nach Wunsch kann das Papier dick oder dünn, glänzend oder matt sein. Oft sind mehrere Tonnen davon nötig. Es wird in Rollen oder großen **Bogen** im Format von z. B. 120 x 160 cm an die Druckerei geliefert. Jeder Bogen wird mit 8, 12, 16, 24 oder 32 Buchseiten bedruckt.
Wenn die Druckfarben getrocknet sind, geht der Buchbinder ans Werk. Für das **Binden** werden die Bogen nun so gefalzt, dass die einzelnen Seiten die richtige Reihenfolge erhalten. Jeder Bogen bildet ein Heft, das eine Nummer erhält. Sind auch die Nummern in der richtigen Reihenfolge sortiert, wird der Buchblock je nach Bindungsart am Rücken verklebt oder vernäht und an drei Seiten beschnitten. Nun muss nur noch der Buchblock in die Buchdecke (den Einband) eingehängt werden. Hat der Buchbinder diese Arbeit abgeschlossen, ist das Buch fertig.
Manche Verlage liefern ihre Bücher selbst aus. Doch die meisten beauftragen mit der Auslieferung einen Großhändler. Er lagert die Bücher und verschickt sie an die Buchhandlungen, wenn diese bei ihm ein Buch bestellen, das gerade in der Buchhandlung nicht vorrätig ist. Bücher kann man aber auch in Kaufhäusern oder an Kiosken kaufen. Auf internationalen Buchmessen erstehen Verlage Publikationsrechte für Bücher, die in fremden Sprachen erschienen sind. Sie werden übersetzt und finden dann auch bei uns viele Leser. Schließlich werden viele Bücher auch von Bibliotheken gekauft, wo man sie lesen oder auch entleihen kann.

3. Beantwortet die Fragen, die ihr euch vor der Lektüre des Textes gestellt habt.
4. Erklärt, welcher Aspekt des Textes am wichtigsten war, um euer vorheriges Wissen über das Thema zu erweitern.

Die Sachtexte, die ihr vorhin gelesen habt, können euch bei der Bearbeitung einer ganzen Reihe von Themen rund um das Buch helfen, z. B. wenn ihr über die Rolle des Verlegers ein Referat halten sollt.

5. Überlegt in Gruppen oder mit dem Partner, welche Teile des Textes nicht zu einem Referat über die Rolle des Verlegers gehören. Sucht dabei nicht nach einzelnen Sätzen oder Satzteilen, sondern nach zusammenhängenden Blöcken.
6. Gliedert den verbliebenen Text des Buchausschnitts und notiert für jeden Abschnitt eine aussagekräftige Überschrift. Die Gliederung eines Textes in Absätze kann euch dabei oft helfen.
7. Schreibt zu jeder Überschrift die wichtigsten Informationen in Stichworten heraus und vergleicht anschließend eure Ergebnisse in der Gruppe, aus denen ihr eine gemeinsame Fassung des Wichtigen in knapper Form erstellen könnt.
8. Klärt in der Klasse, warum ihr auf keinen der drei Schritte in den Fragen 1 bis 3 verzichten könnt, wenn ihr einen Sachtext gründlich bearbeiten wollt.

Information aus Texten entnehmen und verarbeiten

Für Referate und Berichte müssen die für das jeweilige Thema erforderlichen Informationen aus Sachtexten gezielt entnommen und verarbeitet werden. Dies kann nach der Auswahl eines geeigneten Textes in folgenden Arbeitsschritten erfolgen:

1. Man streicht die Informationen, die sich nicht auf das Thema beziehen.
2. Man gliedert das verbliebene Informationsmaterial mit klar verständlichen Überschriften.
3. Man fasst zu jeder Überschrift das Wesentliche knapp und in eigenen Worten zusammen.

9. Diskutiert und erprobt in Gruppen, wie man die Ergebnisse, die ihr in Frage 5 erhalten habt, am besten vor Zuhörern darstellen kann, und präsentiert schließlich eure Ideen im Vortrag vor der Klasse. Verwendet dazu auch die Tipps aus dem folgenden Kasten.

Informationen präsentieren

Die übersichtliche Präsentation von Informationen dient dazu, das Verständnis für unbekannte Zusammenhänge zu erleichtern. Folgende Verfahren helfen euch:

1. Man gibt dem Leser eine Übersicht über die Hauptgedanken, z. B. auf einer Folie.
2. Man achtet bei der Erklärung besonders auf logische Verbindungen wie die zwischen Ursache und Wirkung.
3. Man fügt Grafiken und Bilder ein, die Sachverhalte anschaulich machen und Zusammenhänge verdeutlichen.
4. Man erklärt mithilfe von Beispielen.

Lesen oder Nicht-Lesen? – Sachtexte zusammenfassen

1. Sucht Anlässe, bei denen Interviews durchgeführt werden.

2. Denkt kurz über eure eigenen Lesegewohnheiten nach und macht Notizen, in denen deutlich wird, was, warum und wie oft ihr lest. Schätzt ein, ob ihr damit typisch für die meisten Jugendlichen eures Alters seid.

Im folgenden Interview erläutert Professor Dr. Horst Heidtmann, Leiter des Instituts für angewandte Kindermedienforschung in Stuttgart, einer deutschen Zeitung einige Ergebnisse seiner Forschung:

Jede Zeile voller Action

Herr Heidtmann, zaubern Jungs wirklich lieber am PC, statt dicke Bücher zu wälzen – Harry Potter zum Trotz?

[1] *Studie:* Untersuchung

Mit zunehmendem Alter werden andere Medien wichtiger. Für eine Studie[1] haben wir unlängst 2 300 Schülerinnen und Schüler (in Südwestdeutschland) im Alter zwischen zehn und 16 Jahren befragt: 55 Prozent der Jungen geben an, dass sie nicht – oder nicht mehr – erzählende Literatur lesen. Das Fernsehen wird am meisten genutzt, die Computermedien legen deutlich zu. Eine andere Studie von uns zeigte, dass wir die Harry-Potter-Begeisterung in einem anderen Licht sehen müssen: Zwar zählen über 30 Prozent der jugendlichen männlichen Leser Potter-Bände zu ihren Lieblingsbüchern, doch auf gezieltes Nachfragen räumen etliche Jungen ein, dass sie den jeweiligen Band (noch) nicht fertig gelesen oder wegen nachlassenden Interesses wieder aus der Hand gelegt hätten. „Isch zu dick.“

Durch Spielanleitungen und Handbücher von Softwareprogrammen quälen sie sich doch ganz gerne. Zählt das nicht?

[2] *Kompetenz:* Fähigkeit

[3] *Pisa-Studie:* weltweite Untersuchung, die die Leistungen von Schülern vergleicht

Da sollten wir in der Tat umdenken. Wir haben in unseren Köpfen – und auch in unseren Schulen – vielfach Vorstellungen von einer Lesekultur, die es in dieser Weise schon lang nicht mehr gibt. Das Entscheidende ist, dass Jungen – wie Mädchen – über die Kompetenz[2] verfügen sollten, Texte lesen und verstehen zu können. Das ist auch der Maßstab, den die internationalen Vergleichsstudien, wie die Pisa-Studie[3], anlegen. Die Lehrpläne an deutschen Schulen geben für den Deutschunterricht eine Auswahl von Texten vor, die eher dem 19. Jahrhundert als dem Informationszeitalter verpflichtet ist. Die Schere zwischen dem, was Kinder heute in ihrer Freizeit lesen, und dem, was in den Schulen behandelt wird, klafft Jahr für Jahr weiter auseinander.

Wenn sie es doch tun, was lesen Kinder am liebsten?

Die Leseinteressen von Jungen grenzen sich heute – stärker als je zuvor – auf einfache Formen der spannungs- und erlebnisorientierten Unterhaltungsliteratur ein. Jungen lesen bevorzugt Krimis, Horror-, Fantasy- und Abenteuergeschichten. Jüngere schätzen besonders Autoren wie Thomas Brezina oder R. L. Stine, Autoren, die ihr Erzählen an TV-Serien orientieren. Ältere lieben Erwachsenenautoren wie Stephen King oder Grisham, deren Romane sich wie ausformulierte Drehbücher zu Hollywoodfilmen lesen, die also ebenfalls vom Film geprägt erzählen.

... und der traditionelle Abenteuerroman à la Karl May oder R. L. Stevenson?

Für die Klassiker der Abenteuerliteratur interessieren sich heute kaum noch Jungen. Kinder werden über Zeichentrickserien oder TV-Soaps schon früh an eine ständige Abfolge von Spannungshöhepunkten gewöhnt. Ein traditioneller Abenteuererzähler wie Karl May kommt hingegen ziemlich langsam zur Sache, beschreibt zunächst auf 50 Seiten die Vegetation der Steppe, bevor es die ersten Konflikte zwischen Indianern und weißen Siedlern gibt. Immer mehr Jungen – nicht nur Wenigleser oder Leseungeübte – legen heute ein Buch wieder aus der Hand, wenn nicht bereits auf den ersten vier oder fünf Seiten spannende Action geboten wird.

Was lesen Mädchen, und warum wollen sie nicht aufs Buch verzichten?

Mädchen suchen weniger die äußere Aktion, obwohl auch sie heute zunehmend Horror oder Mystery schätzen. Nach unseren Untersuchungen gehen die Leseinteressen ab etwa neun, zehn Jahren erkennbar auseinander. Mädchen lesen häufig, um etwas über Gefühle, über Beziehungen zwischen Menschen zu erfahren. Sie bevorzugen Romane, Geschichten über die erste Liebe oder Liebeswirren: Im Alter zwischen elf und 14 lesen viele begeistert Nacherzählungen von Daily Soaps wie „Gute Zeiten – schlechte Zeiten“, in denen vor allem die Gefühle der jugendlichen Serienfiguren – ihre Innensicht – ausführlicher dargeboten werden als in der TV-Serie selbst.

Was bedeutet dieses Immer-weniger-Lesen für die Intelligenz?

Man kann sicherlich hochintelligent sein, ohne Romane zu mögen oder zu lesen. Die neuere Forschung belegt aber, dass es Zusammenhänge gibt zwischen der Lesekompetenz und einer Vielzahl anderer geistiger Fähigkeiten. Kinder mit höher entwickelter Lesekompetenz sind in der Regel auch die besseren Fernseher, d. h., sie entnehmen Fernsehsendungen mehr und komplexere Informationen als die Nichtleser der gleichen Altersgruppe. Die Pisa-Studie hat gerade gezeigt, dass Schüler mit hoher Lesekompetenz auch schwierige Mathematikaufgaben besser verstehen und lösen können. Übrigens: Das Internet ist ein höchst textlastiges Medium, wer in den Datennetzen surfen will, sollte Web-Adressen oder Suchbegriffe exakt lesen und korrekt schreiben können.

Einmal Nichtleser, immer Nichtleser?

Wer als Kind keinen Zugang zu den Printmedien[1] findet, wer nicht in frühem Alter die Erfahrung macht, dass das Lesen von Büchern ein höchst vergnüglicher Zeitvertreib ist, der hat es schwer, sich diesen Zugang in höherem Alter zu

[1] *Printmedien:* alles Gedruckte

erschließen. Verschiedene Untersuchungen zum Lesen haben schon aufgezeigt, dass das Vorbild lesender Eltern sehr wichtig ist. Vielleser sind in der Regel in einer Umgebung groß geworden, in der ihnen ein selbstverständlicher Umgang mit Büchern und Zeitschriften vorgelebt worden ist. Die Schule allein vermag diese Defizite[1] bei uns nicht auszugleichen, obwohl auch die Leseförderung in der Schule eine wichtige Rolle spielt. Wenn solche Impulse fehlen, der hat schlechte Karten für seinen zukünftigen Bildungsweg.

[1] *Defizite:* Schwächen

3. Diskutiert in der Gruppe, welche Aussagen des Interviews euch überrascht haben und welche ihr so erwartet habt. Unterhaltet euch zu zweit oder in Gruppen darüber, welche Ergebnisse für euch interessant waren und welche uninteressant.

4. Neben erzählenden Texten (☞ S. 46 ff.) können auch Sachtexte zusammengefasst werden. Überlegt, wen eine Zusammenfassung des Interviews mit Professor Heidtmann interessieren könnte, und begründet diese Entscheidung.

Ziel der Zusammenfassung eines Sachtextes ist es, über einen Text aus einem Sachbuch oder über einen Artikel in der Zeitung kurz und übersichtlich zu informieren, sodass die wesentlichen Gedanken vermittelt werden. Man kann auch Zusammenfassungen von Sendungen im Hörfunk oder Fernsehen schreiben, z. B. von Dokumentationen.

Um die Zusammenfassung eines Sachtextes zu schreiben, folgt man im Wesentlichen den gleichen Regeln, die bei der Inhaltsangabe zu beachten sind (vgl. „Aus fernen Zeiten" ☞ S. 46 ff.). Da Sachtexte jedoch sprachlich und inhaltlich nicht so aufgebaut sind wie erzählende Texte, muss zum Teil anders vorgegangen werden.

Das Thema erkennen und Sinnabschnitte bilden

Einen **Sachtext**, den man **zusammenfassen** will, sollte man zuerst einmal zügig durchlesen, um sich einen Überblick zu verschaffen. Dazu genügt oft auch ein überfliegendes Lesen. Danach fragt man sich, worum es in dem Text geht. Wenn dies geklärt ist, kann eine zweite, gründliche Lektüre des Textes beginnen.

1. Begründet, warum die folgenden Vorschläge das Thema des obigen Interviews nicht sehr gelungen umreißen, und sucht gemeinsam nach einer besseren Lösung:

- Das Interview befasst sich mit Jungen, die die Romane über Harry Potter lesen.
- In dem Interview geht es darum, dass Lesen wichtig für die spätere Ausbildung ist.
- Das Interview dreht sich darum, dass sich Mädchen für andere Bücher als Jungen interessieren.

2. Bei der Zusammenfassung von erzählenden Texten habt ihr gelernt, dass man den Text nach der gründlichen Lektüre in Sinnabschnitte gliedert. Begründet, warum dieses Vorgehen auch bei Sachtexten sinnvoll ist.

> Da Sachtexte in der Regel keine Handlung wie erzählende Texte aufweisen, sucht man in Sachtexten bei der **Bildung von Sinnabschnitten** nach Stellen, wo ein neuer Gedanke beginnt oder wo ein neuer Aspekt des Themas angesprochen wird. Die Gliederung des Textes in Abschnitte gibt oft Hinweise, wo dies der Fall ist.

3. Sucht zwei Abschnitte im Interview, die inhaltlich so eng zusammengehören, dass sie zusammen einen Sinnabschnitt bilden. Begründet eure Entscheidung.

4. Setzt euch in Gruppen zusammen und bildet Sinnabschnitte für das obige Interview. Diskutiert das Ergebnis in der Klasse.

5. Formuliert Kurzüberschriften für die Sinnabschnitte, sodass ersichtlich wird, welcher Gedanke jeweils im Mittelpunkt steht.

6. Überlegt, warum es bei den meisten Texten nicht sinnvoll ist, nur sehr wenige, z.B. zwei, oder aber eine hohe Zahl von Sinnabschnitten zu bilden.

Das Wesentliche erfassen

> Sobald die Sinnabschnitte eines Textes gefunden sind, müssen die für die Textzusammenfassung wichtigen Informationen von den verzichtbaren getrennt werden. Wie schon bei den erzählenden Texten könnt ihr dies durch **Unterstreichen** und **Herausschreiben** versuchen. Achtet dabei auch auf die logischen Zusammenhänge zwischen den Informationen. Diese werden oft sprachlich ausgedrückt, z.B. durch *einerseits ... andererseits*.

1. Für den ersten Abschnitt des Textes könnte eine Unterstreichung der wichtigen Informationen zu folgendem Ergebnis (S. 190) führen. Begründe, warum die unterstrichenen Informationen für das Verständnis unverzichtbar sind.

Herr Heidtmann, zaubern Jungs wirklich lieber am PC, statt dicke Bücher zu wälzen – Harry Potter zum Trotz?

Mit zunehmendem Alter werden andere Medien wichtiger. Für eine Studie haben wir unlängst 2 300 Schülerinnen und Schüler (in Südwestdeutschland) im Alter zwischen zehn und 16 Jahren befragt: 55 Prozent der Jungen geben an, dass sie nicht – oder nicht mehr – erzählende Literatur lesen. Das Fernsehen wird am meisten genutzt, die Computermedien legen deutlich zu. Eine andere Studie von uns zeigt, dass wir die Harry-Potter-Begeisterung in einem anderen Licht sehen müssen: Zwar zählen über 30 Prozent der jugendlichen männlichen Leser Potter-Bände zu ihren Lieblingsbüchern, doch auf gezieltes Nachfragen räumen etliche Jungen ein, dass sie den jeweiligen Band (noch) nicht fertig gelesen oder wegen nachlassenden Interesses wieder aus der Hand gelegt hätten. „Isch zu dick."

2. Erkläre, warum die folgenden Informationen in einer Zusammenfassung weggelassen werden können:

- Südwestdeutschland (Z. 4)
- 30 Prozent (Z. 9)
- auf gezieltes Nachfragen (Z. 10/11)
- „Isch zu dick." (Z. 13)

3. Ein nur zum Teil gelungener Vorschlag für die Unterstreichungen im nächsten Sinnabschnitt sieht so aus. Überlegt, welche Unterstreichungen überflüssig sind und welche stattdessen vorgenommen werden sollten. Tragt der Klasse eure Ergebnisse vor.

Durch Spielanleitungen und Handbücher von Softwareprogrammen quälen sie sich doch ganz gerne. Zählt das nicht?

Da sollten wir in der Tat umdenken. Wir haben in unseren Köpfen – und auch in unseren Schulen – vielfach Vorstellungen von einer Lesekultur, die es in dieser Weise schon lang nicht mehr gibt. Das Entscheidende ist, dass Jungen – wie Mädchen – über die Kompetenz verfügen sollten, Texte lesen und verstehen zu können. Das ist auch der Maßstab, den die internationalen Vergleichsstudien, wie die Pisa-Studie, anlegen. Die Lehrpläne an deutschen Schulen geben für den Deutschunterricht eine Auswahl von Texten vor, die eher dem 19. Jahrhundert als dem Informationszeitalter verpflichtet ist. Die Schere zwischen dem, was Kinder heute in ihrer Freizeit lesen, und dem, was in den Schulen behandelt wird, klafft Jahr für Jahr weiter auseinander.

4. Lasst euch von eurer Lehrkraft ein Arbeitsblatt mit dem Interview geben. Unterstreicht dann mit einem Bleistift auf eurem Textblatt die wesentlichen Informationen in den übrigen Abschnitten und vergleicht anschließend eure Ergebnisse.

5. Vervollständigt die folgende Tabelle mithilfe der Ergebnisse, die ihr bisher erarbeitet habt:

Sinnabschnitt 1	Stichworte
Z. 5/6	Studie: Jungen lesen mit wachsendem Alter weniger
Z. 6/7	Fernsehen und Computer wichtiger als Literatur
Z. 10–13	Studie: Lieblingsbücher oft nicht zuende gelesen

Nach dem Unterstreichen sollten die wichtigen Informationen in Stichworten herausgeschrieben (exzerpiert) werden (☞ S. 52). Besonders übersichtlich wird ein Stichwortzettel, wenn man ihn in Form einer Tabelle anlegt. Mit Pfeilen oder ähnlichen Symbolen können die Zusammenhänge zwischen den Aussagen verdeutlicht werden.

Die passende Sprache wählen

Nachdem die wichtigsten Inhalte erkannt und exzerpiert worden sind, geht es ans Schreiben.

Es gelten dieselben sprachlichen Regeln wie für die Inhaltsangabe literarischer Texte:

- Die Sprache muss sachlich sein.
- Es soll sprachlich gekürzt werden.
- Die Zusammenhänge müssen sprachlich verdeutlicht werden.
- Direkte Rede muss in indirekte Rede umgewandelt werden.

1. Lies den folgenden Abschnitt aus einer mündlichen Zusammenfassung des Interviews durch. Bestimme die Ausdrücke, die für eine schriftliche Zusammenfassung im Sachstil nicht geeignet sind, und „übersetze" den Text in eine sachliche Sprache.

Irgend so ein Wissenschaftler hat rausgefunden, dass Jungs immer weniger Bock auf so was wie Romane haben, wenn sie älter werden. Sie hocken sich lieber vor die Glotze oder spielen am Computer. Ein anderer hat rausgefunden, dass es mit der Aufregung um Harry Potter auch nicht so weit her ist. Einige Jungen haben zugegeben, dass sie die Geschichten mit Harry Potter voll gut finden, aber nicht fertiglesen.

Außerdem haben die meisten Leute keine Ahnung, worum es beim Lesen wirklich geht. Wichtig ist nämlich, dass man checkt, was man liest, egal, was es ist. So haben sie auch die Pisa-Studie gemacht. In der Schule soll man fast immer uralte Bücher lesen. Daheim lesen die Jugendlichen aber was total anderes. [...]

2. Kürze die folgenden Ausdrücke, ohne dass der wesentliche Gedanke verloren geht:

- Spielanleitungen und Handbücher von Softwareprogrammen
- Krimis, Horror-, Fantasy- und Abenteuergeschichten
- ... Karl May kommt hingegen ziemlich langsam zur Sache, beschreibt zunächst auf 50 Seiten die Vegetation der Steppe, bevor es die ersten Konflikte zwischen Indianern und weißen Siedlern gibt.
- ... sie entnehmen Fernsehsendungen mehr und komplexere Informationen als die Nichtleser der gleichen Altersgruppe.

3. Verdeutliche die Zusammenhänge zwischen den Sätzen durch geeignete Satzgefüge oder Satzreihen. Die Übersicht auf S. 58 kann dir dabei helfen.

- Da sollten wir in der Tat umdenken. Wir haben in unseren Köpfen ... vielfach Vorstellungen von einer Lesekultur, die es in dieser Weise schon lang nicht mehr gibt.
- Die Lehrpläne an deutschen Schulen geben für den Deutschunterricht eine Auswahl von Texten vor, die eher dem 19. Jahrhundert als dem Informationszeitalter verpflichtet ist. Die Schere zwischen dem, was Kinder heute in ihrer Freizeit lesen, und dem, was in den Schulen behandelt wird, klafft Jahr für Jahr weiter auseinander.

Eine mögliche Zusammenfassung des Interviews zum Lesen könnte dann so aussehen:

In einem Interview mit der Zeitung „Sonntag aktuell" vom 5. Mai 2002 spricht Professor Heidtmann über das sinkende Interesse von Jungen am Lesen und erklärt die Bedeutung des Lesens.

Studien haben ergeben, dass die Neigung zu lesen bei Jungen abnimmt. Je älter sie werden, desto weniger lesen sie Bücher und beschäftigen sich stattdessen mit Fernsehen oder dem Computer. Selbst die bei Jungen beliebten Romane über Harry Potter werden oft nicht zuende gelesen.

Es herrscht jedoch eine falsche Meinung über das Lesen vor, weil es weniger darauf ankommt, was die Jugendlichen lesen. Internationale Untersuchungen zeigen, dass die Jugendlichen vor allem die Fähigkeit haben müssen, Texte zu verstehen. Zwischen dem, was für die Schule empfohlen wird, und dem, was Jungen und Mädchen sonst lesen, besteht aber ein wachsender Unterschied.

Weil Kinder durch die Serien im Fernsehen an Geschichten gewöhnt sind, die eine schnelle Abfolge von Höhepunkten aufweisen, interessieren sich die Jungen meist für Bücher, die ähnlich aufgebaut sind. Wenn ein Buch nicht auf den ersten Seiten Spannung erzeugt, verlieren Jungen oft die Lust zum Weiterlesen.

Obwohl auch Mädchen gern spannende Texte lesen, wenden sie sich nach dem zehnten Lebensjahr oft Romanen zu, in denen es um Gefühle und Liebe geht. An Büchern schätzen Mädchen, dass die Gefühle der Figuren besser als im Fernsehen dargestellt werden.

Auch wer keine Romane liest, kann hohe geistige Leistungen vollbringen.

Wissenschaftler haben aber herausgefunden, dass Jugendliche, die besser lesen können, Fernsehsendungen besser verstehen und Mathematikaufgaben erfolgreicher lösen können.
Die Kindheit entscheidet darüber, ob jemand am Lesen Gefallen findet. Wenn die Eltern ihren Kindern den Umgang mit Büchern nahebringen, lesen die Jugendlichen später mehr. Obwohl das Lesen in der Schule wichtig ist, kann es nicht den gleichen Erfolg wie die Eltern erreichen. Ohne die Erziehung zum Lesen durch Eltern und Schule ist eine erfolgreiche Ausbildung nicht möglich.

4. Untersuche die Sprache dieser „Muster-Lösung":
- Bestimme das Tempus. Durch welches Tempus wird Vorzeitigkeit ausgedrückt? Finde die passenden Stellen im Text.
- Suche Satzgefüge und ringele (auf einer Kopie) die Konjunktionen ein.
- Unterstreiche die Relativsätze. Probiere aus, ob man sie durch Attribute ersetzen könnte.

5. Texte, an denen man die Zusammenfassung eines Sachtextes üben kann, findest du zu Beginn dieses Kapitels (Die Entstehung der Schrift und des Buches ☞ S. 177 ff., Vom Manuskript zum Leser ☞ S. 182 ff. und im Kapitel „Zukunftswelten - Welt der Zukunft" den Text „Biotechnologie" ☞ S. 311 ff.).

Informationen anders servieren: Diagramme und Tabellen

1. Das folgende Schaubild liefert Informationen, die das Leseverhalten deutscher Jugendlicher erklären helfen: Überlegt, wo euch ähnliche Schaubilder im täglichen Leben begegnen.

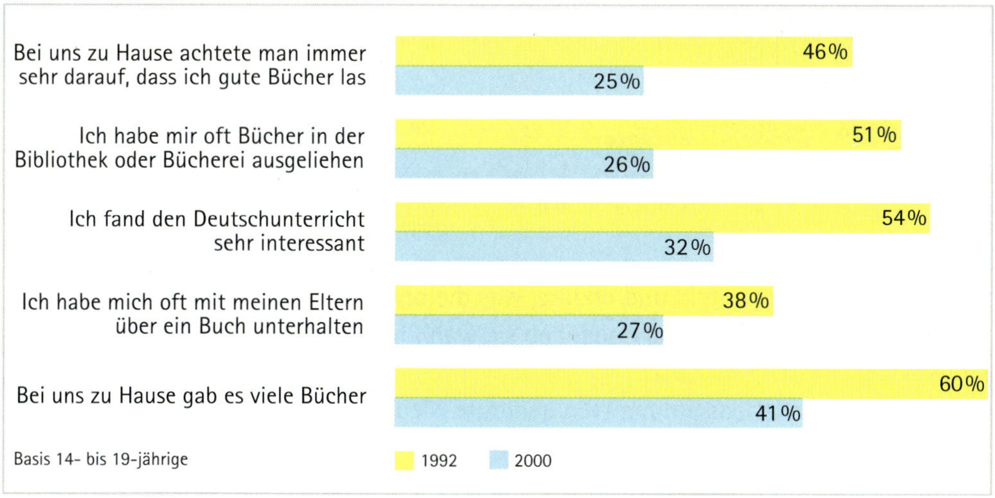

2. Erläutere, welche Bedeutung die beiden Balken des Schaubilds haben.

3. Prüft die folgenden Aussagen genau und klärt, welche davon richtig, falsch oder gar nicht in dem Schaubild enthalten sind.

- Im Jahr 2000 sagten 38 % der Jugendlichen, dass sie sich oft mit ihren Eltern über ein Buch unterhalten haben.
- Im Zeitraum von 1992 bis 2000 ist die Zahl der Jugendlichen, die sich Bücher ausleihen, zurückgegangen.
- Im Jahr 2000 gab es mehr Haushalte als 1992, die viele Bücher besaßen.
- Der Deutschunterricht ist heutzutage nicht mehr so interessant wie früher.
- Im Zeitraum von 1992 bis 2000 ist die Zahl der Jugendlichen, die sich mehr für den Computer als für Bücher interessieren, deutlich gestiegen.
- Im Jahr 1992 war Deutsch für die meisten Jugendlichen das interessanteste Fach.
- Im Jahr 2000 haben viel weniger Eltern als 1992 Lust, mit ihren Kindern über Bücher zu sprechen.
- Die 14- bis 19-jährigen liehen sich 2000 weniger Bücher aus als im Jahr 1992.
- Im Jahr 2000 achtete man zu Hause weniger darauf, dass gute Bücher gelesen wurden, als 1992.

4. Erkläre anhand der letzten Aufgabe, wie man am besten eine Aussage erkennt, die gar nicht in einem Schaubild enthalten ist.

Nicht alle Medien werden gleich häufig genutzt.

Nutzungsdauer der Medien in Deutschland

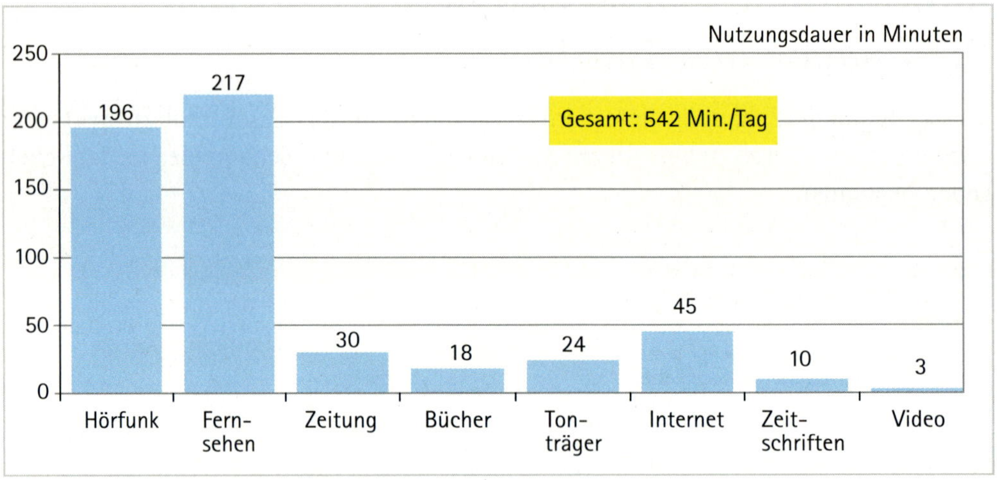

5. Betrachte das Schaubild und erkläre, was die beiden Achsen bedeuten.

6. Prüft bei den folgenden Aussagen, ob sie wahr, falsch oder im Schaubild nicht enthalten sind:

- Das Fernsehen ist das am meisten genutzte Medium in Deutschland.
- Jeder Deutsche verbringt durchschnittlich über drei Stunden vor dem Fernseher.
- Für das Lesen von Büchern wird weniger Zeit aufgewendet als für Zeitschriften.

- Die Medien, bei denen das Lesen im Vordergrund steht, werden zusammen weniger genutzt als der Hörfunk.
- Wer viel Zeit vor dem Fernseher verbringt, hat keine Zeit zum Lesen.
- Die meisten Deutschen haben wenig Bücher.
- 45 Prozent aller Deutschen haben Zugang zum Internet.

7. Diskutiert, bei welcher Art von Informationen ein Schaubild oder eine Tabelle einem ausformulierten Text vorgezogen werden, und versucht, die Gründe dafür zu benennen.

Diagramme, Tabellen und **Schaubilder** sind genauso Träger von Informationen wie Sachtexte. Mit ihrer Hilfe kann man eine Vielzahl von Aussagen erschließen, die allerdings nicht wörtlich dastehen. Um diese Aussagen zu erhalten oder Aussagen auf ihre Richtigkeit zu prüfen, muss man verstehen, wie sie aufgebaut sind. Oft hilft dabei eine Legende, d. h. eine Erläuterung der Symbole.

8. Schließt euch in 4er-Gruppen zusammen. Sucht in Katalogen, Lehrbüchern oder im Internet nach Schaubildern und Tabellen zu einem abgesprochenen Thema und formuliert dazu mehrere Aussagen nach dem Muster der Aufgabe 3 oder 6. Lest eure Aussagen euren Mitschülern vor und lasst sie die Sätze bewerten.

Auf der Suche nach einer Veranstaltung zur Literatur im Internet stößt man beispielsweise auf die Literaturtage Baden-Württemberg, die 2004 in Heidelberg stattfanden. Ein Ausschnitt aus dem Programm für September sah so aus:

■ Literatur 18.9. **Martin Grzimek – Das Austernfest** 18.00 - 24.00 Uhr
Eine Buchpremiere der anderen Art
Stadtbücherei Heidelberg, Hilde-Domin-Saal, Eintritt: 9,– / 6,–
■ Literatur 19.9. **Carsten Otte – Schweineöde** 20.30 Uhr
Karlstorbahnhof, Eintritt: 8,– Abendkasse: 6,– Vorverkauf + Gebühr
■ Literatur 21.9. **Lesung mit Johann Lippet, Pol Sax, Torsten N. Siche** 19.30 Uhr
Stadtbücherei Heidelberg, Hilde-Domin-Saal, Eintritt: frei
■ Literatur 22.9. **Lesung der Heidelberger Literaturgruppe Vita Poetica** 14.00 Uhr
Mit Babara Schnuppe, Eva Abramowski und Rite Reutter
Volkshochschule Heidelberg, Eintritt: frei

9. Überprüft bei folgenden Aussagen, ob sie wahr, falsch oder nicht in dem Programm enthalten sind:

- Es gibt vom 18.9. bis 21.9. keine Veranstaltung, bei der der Eintritt frei ist.
- Nicht alle Lesungen finden in der Stadtbücherei statt.
- Wenn man um 23 Uhr heimfahren muss, kommen nicht alle Veranstaltungen in Frage.
- Am 20. September finden die Lesungen außerhalb von Heidelberg statt.
- Die Lesung am 19. September handelt von einem Bauernhof.
- Am 22. September stellen sich mehrere Autoren vor.

Ich liebe Dic

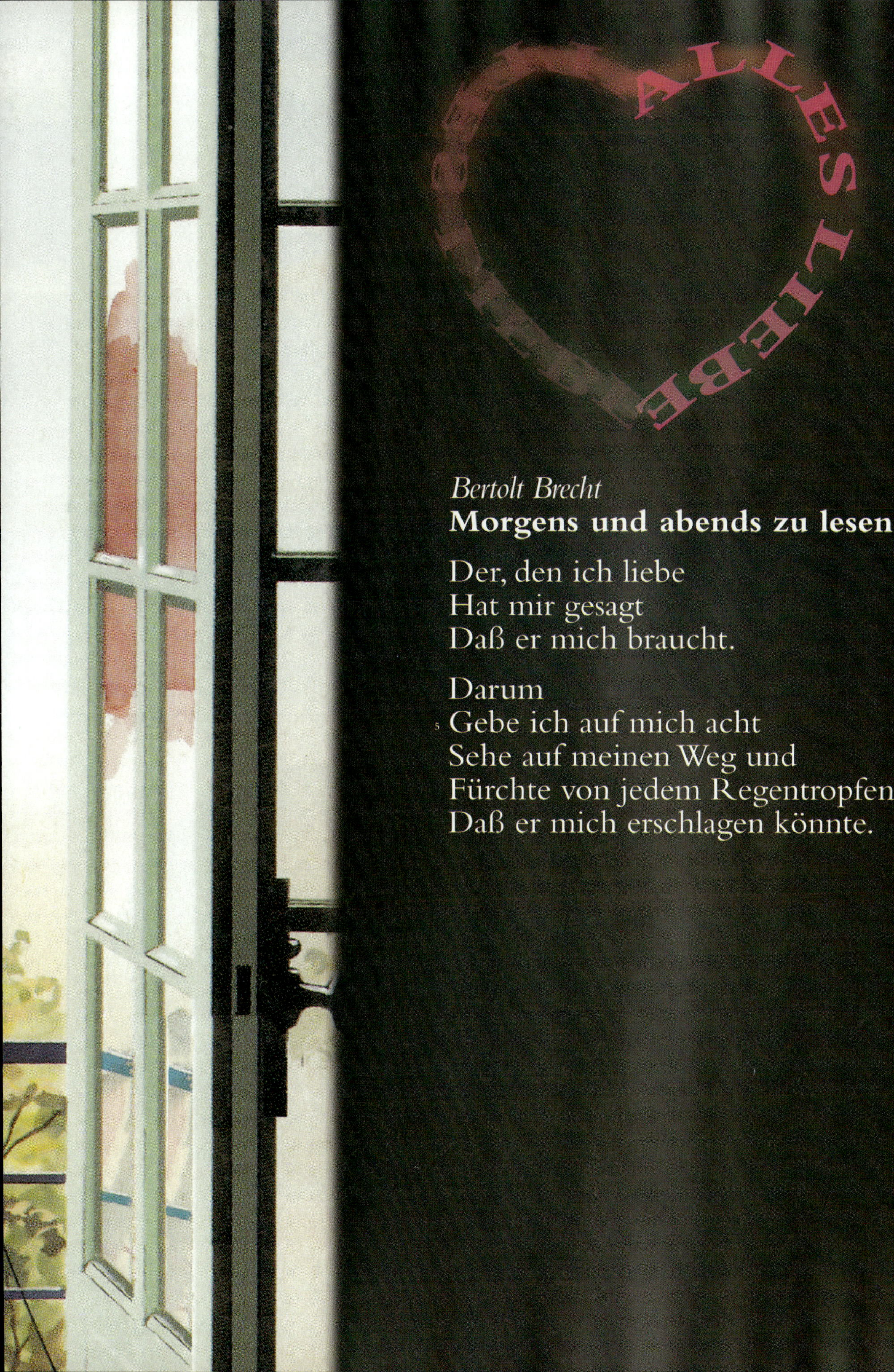

Bertolt Brecht

Morgens und abends zu lesen

Der, den ich liebe
Hat mir gesagt
Daß er mich braucht.

Darum
Gebe ich auf mich acht
Sehe auf meinen Weg und
Fürchte von jedem Regentropfen
Daß er mich erschlagen könnte.

Loriot

Brief eines Astronauten an die ferne Geliebte

Aufgaben: Seite 203

Geliebte! Im All, den 15. Juni 19..

Meine dritte Stufe hat sich soeben gelöst, und ich befinde mich auf der errechneten Umlaufbahn. Ich werde siebzehnmal den Erdball umkreisen, aber es ist eine Reise zu Dir. Mit achtundzwanzigtausend Stundenkilometern fliege ich Dir an die Brust!

Jetzt ist es einsam um mich. Auch die Funksprechverbindung mit den Kameraden der Bodenstation läßt mich nicht vergessen, wie sehr Du mir fehlst. Längst habe ich aufgegeben, die Instrumente abzulesen. Was schert mich Raum und Zeit? Warum bist Du nicht bei mir? In dieser Kapsel ist Platz für zwei! Welch berauschender Gedanke, Helm an Helm mit Dir in das Unbekannte vorzustoßen und infolge eines Fehlers im Lenkungsmechanismus in das Gravitationsfeld der Venus einzuschwenken, um auf ewig den Stern der Schönheit zu umkreisen!

O Lisbeth, ich bin nicht unvermögend und auch Du hast etwas zurückgelegt – die Hochzeitsreise in eigener Kapsel ist in greifbare Nähe gerückt.

Laß mich schließen. Die Bremsraketen haben gezündet, das Thermometer in meinem Raumanzug zeigt zweiundneunzig Grad Celsius und steigt rasch weiter. Ein gütiges Schicksal will es, daß ich beim Eintritt in die Erdatmosphäre vor Sehnsucht verglühe –

dennoch verbleibe ich
mit Astronautengruß
Dein Eberhard

Karen Duve

Es gibt keine niedlichen Jungs

2

Aufgaben: Seite 203

Ich sitze auf dem Gatter vor einem Ponystall und neben mir sitzt Claudia. Sie ist meine beste Freundin und besitzt neben vielen anderen Vorzügen auch noch ein Pony. Es ist Sommer. Wir sind beide vierzehn. Die Sonne scheint, es riecht nach Pferdeschweiß und Pferdemist, wir wackeln mit den Beinen und balancieren unsere Holzlatschen auf den nackten Zehen und schütteln uns Space Dust in den Mund. Space Dust ist so eine Art Brausepulver. Wenn man es sich in den Mund schüttet, macht es Geräusche, als ob einem die Schädeldecke in eine Million Stücke zerbröselt.

„Wie findest du eigentlich Dani?", fragt Claudia.

„Dani? Du meinst Daniel Rühmann? Sprichst du wirklich von Daniel Rühmann?"

Ich tue so, als ob ich mich erbrechen muss.

„Ja. Wer denn sonst? Ich finde Daniel niedlich."

„Niedlich? Es gibt keine niedlichen Jungs. Robby ist niedlich."

Robby ist Claudias Pony und er ist wirklich sehr niedlich: weiß und braun gescheckt mit einer weichen rosa Nase. Beim Hufeauskratzen zieht er mir immer das Hemd hinten aus der Reithose. Natürlich sind alle Pferde niedlich, aber Robby besonders.

„Dani hat zu Markus gesagt, dass er dich total gern leiden mag."

Ich zucke bloß mit den Schultern und schütte mir eine ganze Tüte Space Dust auf einmal in den Mund. Es knistert und knackt so laut in meinem Kopf, dass ich Claudia sowieso nicht mehr verstehen kann. Als ich heruntergeschluckt habe, sagt sie: „Du bist das einzige Mädchen in unserer Klasse, das noch nie einen Freund gehabt hat."

„Will ich auch gar nicht. Ich hätte lieber ein Pferd. Du hast es gut. Du hast Robby."

Auf dem Feldweg, der zur Pferdewiese führt, taucht in einigen hundert Metern Entfernung eine Gestalt auf. Sie ist kaum zu erkennen, aber ich weiß sofort, dass es ein Junge ist. Ich kann nie lange mit Claudia allein sein. Irgendwann kommt immer einer von diesen Typen, die ständig in ihrer Nähe herumstreichen. Es sind keine Jungen aus unserer Klasse. Sie sind älter. Sechzehn. Einer von ihnen ist sogar schon achtzehn. Manchmal sind sie ganz lustig. Sie machen komische Witze, lassen das Pony aus einer Bierflasche trinken, und wenn die Glühbirne im Stall flackert, sagen sie: Da müssen wohl neue Batterien in die Steckdose. Lauter solche Sachen. Aber meistens sind sie bloß hinterhältig und gemein, drehen einem das Handgelenk um, bis einem Tränen in die Augen schießen, und lauern darauf, dass man ein harmloses Wort wie Loch oder so etwas sagt. Etwas völlig Harmloses. Dann kreischen sie los wie Schimpansen und erreichen damit, dass man sich wie ein kompletter Trottel fühlt. Natürlich interessieren sie sich nicht für Pferde und Ponys. Die machen ihnen wahrscheinlich nicht genug Lärm. Der Junge, der jetzt auf uns zugeschlendert kommt, trägt Jeans und ein blau kariertes kurzärmeliges Hemd. Er hat lange, strähnige Haare, hübsche, braungebrannte Unterarme und ein kleines Rattengesicht. Ich habe ihn noch nie gesehen.

„Hallo", sagt er und stemmt seine hübschen Unterarme direkt neben Claudia gegen das weiße Gatter. Ich will, dass der Junge wieder geht, und der Junge will, dass ich gehe.

Claudia lächelt und ist freundlich – zu dem Jungen ein bisschen mehr als zu mir. Ich fange an von dem Ponyturnier zu erzählen und von einem schneeweißen Albino-Fjordpferd, das ich dort gesehen habe.

„War es völlig weiß? Hatte es nicht mal einen Aalstrich?", fragt Claudia.

„Ihr redet vielleicht einen Scheiß", sagt der Junge, der es wie alle Jungen natürlich nicht ertragen kann, wenn Mädchen sich für irgendwas anderes als für Jungen interessieren. Claudia wird auch sofort still und schaut weg, als ich ihr antworten will. Also schweige ich. Der Junge zündet sich eine Zigarette an und lässt den Rauch wie ein Drache aus seinen Nasenlöchern quellen. Dann springt er plötzlich vor und nimmt uns unsere Holzlatschen weg und schmeißt sie auf den Misthaufen.

„He", sagt Claudia und lacht, obwohl er sie dabei mit seiner Zigarette verbrannt hat.

Der Junge holt noch einmal sein Einwegfeuerzeug aus seiner Hosentasche und lässt es aufflammen. Er stellt sich breitbeinig vor Claudia hin und dreht die Flamme so groß, wie es sich nur einstellen lässt. Dann hält er sie dicht unter seine Handfläche, führt sie ganz langsam darunter hindurch. „Soll ich meine Hand mal 'ne ganze Minute über das Feuer halten", fragt er gefährlich, „ganz dicht drüber?"

„Na klar", sage ich, obwohl ich gar nicht gemeint bin, „mach doch!"

Warum soll man einen Idioten daran hindern, die Grenzen seiner Fähigkeiten kennen zu lernen?

Aber Claudia wirft sich mit einem Schrei auf ihn und versucht ihm das Feuerzeug aus der Hand zu winden.

Ich warte, bis sie fertig sind, bis der Junge, der das Gerangel absichtlich hinauszögert, Claudia auf den Boden gepresst hat, bis er ihr anschließend aufgeholfen und ihr schließlich sein blödes, halbleeres Idiotenfeuerzeug geschenkt hat.

„Sag mal, Claudi", sage ich, „hättest du was dagegen, wenn ich Robby nehme und mit ihm zum See hinunterreite? Ich denke, er würde sich über eine Abkühlung freuen."

„Na klar, mach nur", sagt Claudia und sieht dabei den Jungen an.

Ich gehe auf die andere Seite des Stalls zu Robby, nehme das Zaumzeug vom Haken und lege es ihm an. Dann bürste ich den gröbsten Dreck von seinem Rücken. Robby wendet seinen Kopf zu mir um und zieht mir immer wieder das Hemd aus der Hose und dann nagt er – nur mit den Lippen, nicht mit den

Zähnen – ganz zart über meinen Rücken. Kratzt du meinen Rücken, kratz ich dir deinen. Er ist unwiderstehlich süß, wenn er das macht.

Als wir beide fertig sind, packe ich die Bürste weg, Claudia macht das Tor auf und ich reite den Feldweg hinunter bis zum See. Die Sonne scheint mir auf den Kopf und an meinen nackten Füßen spüre ich Robbys warmes Fell. Wir ziehen eine Staubfahne hinter uns her, die sich auf die Brombeerbüsche rechts und links des Weges legt. Ich pflücke ein paar Brombeeren während des Reitens, lehne ich mich nach vorn und reiche sie Robby, der sich das Maul damit verschmiert. Dann hänge ich die Zügel über seinen weißbraunen Hals, verschränke die Arme hinter dem Kopf und schließe die Augen. Die Grillen zirpen und es riecht nach warmem Gras. Ich möchte mit keinem Menschen auf der ganzen Welt tauschen.

Nena

Irgendwie, irgendwo, irgendwann

3

Aufgaben: Seite 203

Im Sturz durch Raum und Zeit
Richtung Unendlichkeit
fliegen wir wie Motten in das Licht
genau wie du und ich

Irgendwie fängt irgendwann
irgendwo die Zukunft an
ich warte nicht mehr lang
Liebe wird aus Mut gemacht
denk nicht lange nach
wir fahr'n auf Feuerrädern
Richtung Zukunft durch die Nacht
und ich sage:

Gib mir die Hand
ich bau' dir ein Schloss aus Sand
irgendwie, irgendwo, irgendwann
die Zeit ist reif
für ein bisschen Zärtlichkeit
irgendwie, irgendwo, irgendwann

im Sturz durch Zeit und Raum
erwacht aus einem Traum
nur ein kurzer Augenblick
dann kehrt die Nacht zurück

4

Aufgaben: Seite 203

Patrick Süskind

Der Weg nach Unternsee

In meiner Schulklasse gab es ein Mädchen namens Carolina Kückelmann. Sie hatte dunkle Augen; dunkle Augenbrauen und dunkelbraune Haare mit einer Spange rechts über der Stirn. Im Nacken und in der kleinen Kuhle zwischen Ohrläppchen und Hals lag ein Hauch von Flaum auf ihrer Haut, der in der Sonne glänzte und im Wind manchmal ganz leise zitterte. Wenn sie lachte, mit einer herrlich heiseren Stimme, dann reckte sie den Hals in die Höhe und bog den Kopf zurück und strahlte übers ganze Gesicht vor Vergnügen, ihre Augen schlossen sich fast dabei. Ich hätte dieses Gesicht immerzu anschauen können, und ich schaute es an, sooft ich nur konnte, im Unterricht oder während der Pause. Aber ich tat es verstohlen und so, daß niemand es sah, auch nicht Carolina selbst, denn ich war sehr schüchtern.

Weniger schüchtern war ich in meinen Träumen. Da nahm ich sie bei der Hand und führte sie in den Wald und kletterte mit ihr auf Bäume. Neben ihr auf einem Aste sitzend, schaute ich ihr ins Gesicht, von ganz nah, und erzählte ihr Geschichten. Und sie mußte lachen, bog den Kopf zurück und schloß die Augen, und ich durfte ihre leise hinters Ohr und in den Nacken pusten, dorthin, wo der Flaum war. Solche und ähnliche Träume hatte ich mehrmals in der Woche. Es waren schöne Träume – ich will mich nicht beklagen –, aber es waren eben nur Träume, und wie alle Träume waren sie nicht wirklich sättigend für das Gemüt. Ich hätte alles darum gegeben, Carolina einmal, nur ein einziges Mal in Wirklichkeit bei mir zu haben und ihr in den Nacken oder sonstwohin pusten zu können … Leider bestand dafür so gut wie keine Aussicht, denn Carolina wohnte, wie die meisten anderen Kinder, in Obernsee, und ich wohnte als einziger in Unternsee. Unsere Schulwege verzweigten sich bereits kurz hinter dem Schultor und liefen stetig auseinander den Schulberg hinunter und über die Wiesen zum Wald, und ehe sie im Wald verschwanden, waren sie schon so weit voneinander entfernt, daß ich Carolina nicht mehr aus der Gruppe der anderen Kinder herauskennen konnte. Nur ihr Lachen konnte ich manchmal noch herüberhören. Bei einer ganz bestimmten Wetterlage, bei Südwind, klang dieses heisere Lachen von ganz weit her über die Felder zu mir und begleitete mich nach Hause. Aber wann gab es in unserer Gegend schon Südwind!

Eines Tages nun – es war ein Samstag – geschah ein Wunder. …

1 *Loriot,* Brief eines Astronauten an die ferne Geliebte *(Seite 198)*

1. Vergleiche den Text von Nena mit dem von Loriot: Was ist den Texten gemeinsam? Was unterscheidet sie?

2. Schreibe auch einen Ulk-Liebesbrief aus der Sicht eines Schornsteinfegers, einer Kapitänin oder ... oder ... oder

2 *Karen Duve,* Es gibt keine niedlichen Jungs *(Seite 199)*

1. Teile den Text in sinnvolle Abschnitte (maximal 5) und finde für jeden Abschnitt eine passende Überschrift.

2. Schreibe die Geschichte ab Zeile 80 aus Claudias Sicht weiter.

3. Schreibt in Gruppenarbeit ein Gespräch, wie es nach der Rückkehr der Ich-Erzählerin stattfinden könnte. Spielt anschließend diese Szene der Klasse vor.

3 *Nena,* Irgendwie, irgendwo, irgendwann *(Seite 201)*

1. Schreibe alle Traumbilder heraus und formuliere kurz, wie sich das lyrische Ich fühlt.

2. Vergleicht eure Ergebnisse miteinander und sprecht darüber, ob diese Traumbilder gut gewählt sind.

3. Nena singt hier einmal von „Liebe wird aus Mut gemacht", und einmal von „ein bisschen Zärtlichkeit". Sprecht in der Klasse darüber, worin der Unterschied zwischen Liebe und Zärtlichkeit besteht.

4. Sammelt weitere deutsche Songtexte, die von Liebe handeln. Tauscht sie untereinander aus. Jeder soll dann eine kurze Kritik schreiben, wie sie z. B. oft in Schülerzeitungen zu finden sind.

4 *Patrick Süskind,* Der Weg nach Unternsee *(Seite 202)*

1. Welches Wunder geschah wohl an jenem Samstag? Überlege dir, wie die Geschichte weitergehen könnte, und schreibe eine mögliche Fortsetzung. Wenn du neugierig geworden bist und wissen möchtest, wie Patrick Süskind die Geschichte fortsetzt, lies den Text zuende. Sprecht dann in der Klasse über eure Fortsetzungen und die Fortsetzung Süskinds.

2. Stellt euch vor, es ginge euch wie dem Ich-Erzähler in Süskinds Geschichte: Ihr fändet jemand anderen aus eurer Klasse auch so toll wie der Erzähler Carolina Kückelmann. Bisher gelang es aber nicht, mit dieser Person näher in Kontakt zu kommen. Macht schriftlich und anonym Vorschläge dazu, wodurch man mit dieser Person besser in Kontakt kommen könnte. Sammelt anschließend die Vorschläge ein und diskutiert sie in der Klasse.

3. Sammelt die Passagen aus dem Text (mit Zeilenangabe), aus denen die Zuneigung des Erzählers zu Carolina hervorgeht.

Liebe im Vorabendprogramm – Struktur und Inhalt einer Daily Soap[1]

[1] *Daily Soap:* In den USA in den 30er-Jahren aufgekommen. Radiofortsetzungsserie für Waschmittel mit Schicksalsschlägen und Lovestories.

Folge 1, 1992

Folge 580, 1994

Folge 746, 1994

Folge 1558, 1998

Die Serie „Gute Zeiten, schlechte Zeiten", kurz GZSZ, galt um die Jahrtausendwende als die erfolgreichste Vorabendserie in Deutschland.

1. Versucht zu ergründen, was die Faszination einer solchen Serie ausmacht, die es im Juni 2000 zur 2000. Folge gebracht hat?

2. Zeichnen sich diese Serien dadurch aus, dass sie das alltägliche Leben abbilden, oder dadurch, dass sie gerade das vermeiden? Diskutiert in der Klasse darüber.

Handlungsgerüst der Serie und Aufbau einer Folge

Auf der Homepage eines Fernsehsenders ist der folgende Text für „GZSZ-Einsteiger" zu lesen:

In den letzten acht Jahren von GZSZ gab es viele Ups und genauso viele Downs. Es wurde geliebt und gelitten, geheiratet und gestorben. Zu viel, um es auf ein paar Zeilen komplett zu erzählen. Trotzdem haben wir versucht, die wichtigsten Gedanken aus „Gute Zeiten, schlechte Zeiten" hier zusammenzufassen, um einen einfachen Einstieg in die Welt von GZSZ zu bieten.
Wegen einer Herzerkrankung muss die Lehrerin Elisabeth Meinhart ihren Beruf aufgeben und will Selbstmord begehen. In letzter Sekunde wird sie von Peter Becker gerettet. Später stellt sich heraus, dass Peter nicht nur einer ihrer Schüler ist, sondern Elisabeths eigener Sohn, den sie als Baby zur Adoption freigegeben hatte. Auch Peter sucht jahrelang nach seiner Mutter. Lilo Gottschick ist eine der wenigen Menschen, die die Wahrheit schon früher kennen. Sie beauftragt André Holm sich als Peter auszugeben und so an Elisabeths Erbe zu kommen. Währenddessen beginnt Peter ein Verhältnis mit Alexandra, der Tochter seines leiblichen Vaters Robert Linden.
Vera Richter will sich von ihrem Mann Clemens scheiden lassen, weil er ein Verhältnis mit seiner Sekretärin Claudia Löpelmann hat. Sohn Heiko leidet sehr unter den Trennungsgedanken seiner Eltern – und erlebt gleichzeitig seine erste große Liebe mit Tina Ullrich. Tina hat sich fest vorgenommen Karriere zu machen: Als Model, Sängerin und später als Geschäftsfrau scheut sie vor keinen Intrigen zurück, um ihre hochgesteckten Ziele zu erreichen. Später eröffnet Tina ihre erste eigene Boutique „Tina's". Dort arbeitet die talentierte Modedesignerin Milla Engel, die von Tina nur ausgebeutet wird – Tina gibt deren Entwürfe als ihre eigenen aus. Als Tina Kaufhauserben Matthias Zimmermann kennenlernt, setzt dessen Mutter Beatrice alles daran, um eine Hochzeit zu verhindern – vergebens usw. usw.

1. Schreibt zunächst für jede Person eine Namenskarte. Versucht durch Verschieben und geschicktes Gruppieren der Karten etwas Ordnung in diese „Inhaltszusammenfassung" zu bringen. Ein Tipp: Ihr könntet immer, mit einem Herzsymbol in der Mitte, um die Liebespaare herum die Gruppen aufbauen.
2. Vergleicht die obige Inhaltszusammenfassung mit den Merkmalen einer gelungenen Inhaltszusammenfassung (☞ S. 46 ff.).
3. Eine gewisse Unübersichtlichkeit scheint von den Soap-Produzenten beabsichtigt zu sein. Sammelt die Gründe, die hinter diesem Vorgehen stecken könnten.

4. Mit der folgenden Tabelle kannst du anhand eines Videos analysieren, wie eine Folge aufgebaut ist. Schaut euch in der Klasse dazu die Folge in einem ersten Durchgang ohne Unterbrechung an. Beim zweiten Durchgang sollte das Video jedes Mal angehalten werden, wenn der Ort des Geschehens wechselt. Ein solcher Ortswechsel trennt zwei Abschnitte voneinander.
Übertrage die Tabelle in dein Heft. Finde für jeden Abschnitt eine Überschrift. Lass dabei die dritte Spalte noch frei.

Abschnitt	Inhalt	

5. Schraffiere die Abschnitte, die zusammengehören, mit jeweils einer Farbe. Finde eine gemeinsame Überschrift für die zusammengehörenden Abschnitte, die du nun in die 3. Spalte schreiben kannst.
6. Sucht euch in Gruppen jeweils einen Handlungsstrang aus und setzt ihn fort. Schreibt diese Fortsetzung in Dialogform auf; fügt auch kurze Regieanweisungen hinzu (z. B.: *blickt sie fragend an*). Stellt euer Ergebnis anschließend der Klasse vor, indem ihr den Handlungsstrang spielt. Euer Spiel kann sich durchaus auch über diese Art von Sendung lustig machen.

Wie jede **Serie** ist auch die Daily Soap in **Folgen** unterteilt. Die Daily Soap wird werktäglich ausgestrahlt. Jede Folge lässt sich wieder unterteilen in **Szenen** (kleinste Erzähleinheiten) und **Handlungsstränge**, die sich aus den einzelnen Szenen zusammensetzen. Die verschiedenen Handlungsstränge untereinander werden oft durch die darin vorkommenden Personen miteinander verbunden.
Das **Handlungsgerüst** einer Daily Soap ist unübersichtlich. Trotzdem, oder gerade deshalb, ist ein Einstieg in die Serie als Zuschauer jederzeit möglich. Es kennzeichnet Daily Soaps, dass Handlungsstränge am Ende einer Folge abrupt unterbrochen werden, damit Spannung erhalten bleibt und Neugier auf die nächste Folge erzeugt wird.

Echte Liebe, echte Menschen? – Fiktion und Wirklichkeit

1. Zu fast allen Vorabendserien gibt es Fan-Magazine, sogenannte „Fanzines". Stellt Überlegungen darüber an, welche Zwecke die Produzenten dieser Magazine beim Leser verfolgen.
Die Fanzines zeigen in Fotoromanen noch einmal einzelne Szenen aus der Serie. Franziska ist darin Charlottes Mutter und war früher mit Jan befreundet.

GZSZ-FOTOROMAN
Starke Gefühle!
Na also, funktioniert doch!
Prima, du machst das schon ganz gut.
31
Jan verordnet seiner Schülerin eine kurze Pause und geht Kaffee holen. Plötzlich hört er, wie sein Auto anfährt.
Charlotte! Lass das, was fällt dir ein!?
32
Oh nein!!!
33
Carlottes Fahrversuch geht total daneben. Sie rammt ein parkendes Auto. Mürrisch betrachtet Jan den Schaden.
Das sieht nicht gut aus.
Sei mir bitte nicht böse. Ich wollte dich überraschen.
Und wie willst du das dem Besitzer erklären?
34
In dem Moment sieht die Eigentümerin ihr demoliertes Auto.
Ich glaube, ich spinne! Wer war das?
Ähm ...
35
Da greift Jan rettend ein.
Bitte entschuldigen Sie. Das ist mir passiert.
36
Danke, das ist echt lieb von dir!
37
Später entschuldigt sich Charlotte noch einmal bei Jan.
Das war so dumm von mir. Ich dachte, ich hätte es schon drauf.
Halb so wild. Ich hab mir bloß vorgestellt, was alles hätte passieren können.
38
Du hast dir Sorgen um mich gemacht?
Und nicht zu knapp ...
39
40
Zuhause trifft Charlotte Franziska.
Was ist denn los?
Ach, irgendwie krieg ich Jan nicht aus dem Kopf.
Oh nein, ausgerechnet jetzt!
41
51

AN GZSZ-FOTOROMAN GZSZ-FOTOROMAN GZSZ-FOTOROMAN GZSZ-FOTOROMAN GZSZ-
ABGESCHLOSSENER GZSZ FOTOROMAN
Charlotte kann sich nicht überwinden, Franziska von ihren Gefühlen zu erzählen.
Du wirst sehen, das wird schon wieder ...
Sicher. Es muss ja.
42
Charlotte will sich mit Jan aussprechen und geht zu ihm.
Wir müssen unbedingt reden. Ich kann das meiner Mutter nicht antun.
43
Charlotte, wir sollten zu unseren Gefühlen stehen. Ich liebe dich.
44
Charlotte ist zunächst sprachlos.
Jan liebt mich! Aber können wir glücklich werden?
45
Charlotte ringt sich zu einer Antwort durch.
Jan, es ist unmöglich! Es geht einfach nicht!
Nur wegen Franziska?
46
Jan würde die wahren Gründe nicht akzeptieren.
Nein, es ist viel einfacher: Ich bin nicht in dich verliebt.
Das glaube ich nicht. Wir sind uns in letzter Zeit so nahe gekommen ...
47
Offenbar zu nahe. Wir sollten uns nicht mehr sehen.
48
Jan bleibt alleine zurück. Aber er zweifelt an Charlottes Worten.
Das kann doch alles nicht wahr sein! Ich spüre doch, dass ich ihr nicht gleichgültig bin.
49
Doch Charlotte ist konsequent.
Charlotte, lass uns noch mal über alles reden.
Kannst du mich nicht endlich in Ruhe lassen?
50
Da beschließt Jan, ebenfalls einen Schlussstrich zu ziehen.
Ich will mich schließlich nicht aufdrängen.
51
Ohne das Schild mit der gefährlichen Warnung zu beachten, öffnet Jan die Tür und betritt das Zimmer.
52
GZSZ 52

2. Fasse den Inhalt dieses Fotoromanausschnitts zusammen. Vermeide dabei die wörtliche Rede.
3. Skizziere, wie sich dieses Verhältnis zwischen Charlotte und Jan weiterentwickeln könnte.
4. Vergleicht die „Liebesgeschichten“, wie sie in Vorabendserien vorkommen, mit den Texten über Liebe im Lesebuchteil. Welche Gemeinsamkeiten und welche Unterschiede könnt ihr feststellen?
5. Versucht in Gruppenarbeit aus einer mitgebrachten Fan-Zeitschrift einer solchen Serie zu entnehmen, wer zu wem in welcher Beziehung steht. Fertigt ein Schaubild an und verwendet dabei Symbole (z.B. Herzchen für Verliebte, Ringe für Verheiratete, Blitze für Spannungen usw.). Vergleicht euer Ergebnis mit dem der anderen Gruppen.

In diesem Beziehungsgeflecht nehmen die Personen ganz bestimmte Rollen ein. In einer Ausgabe des Fanzines von „GZSZ“ findet man folgende Rollenbeschreibung von Jan:

Typ A – ein Typ wie **Dr. Jan Wittenberg**

Der Verantwortungsbewusste

Er ist der Traumschwiegersohn deiner Mutter, dein Vater würde ihn sogar sein Auto waschen lassen. Höflich, freundlich und immer gut angezogen: Er macht einfach alles richtig und organisiert euren gemeinsamen Abend bis ins letzte Detail. Zeige ihm, wie sehr du es schätzt, dass er sich um dich kümmert – dann könnt ihr einen tollen Abend miteinander verbringen!

6. Schneide aus den in den Unterricht mitgebrachten Fanzines Fotos von Personen und deren Namen aus und erstelle einen ähnlichen Steckbrief mit Aussehen, Charakter und sozialem Verhalten. Erfinde auch eine charakterisierende Bezeichnung, wie „Der Verantwortungsbewusste“, für deinen Steckbrief.
7. Entwerft nach folgendem Muster einen Sympathiebalken als Poster, auf dem dann die einzelnen Fotos der Akteure samt Steckbrief aufgeklebt werden sollen. Diskutiert in der Klasse, wo welche Person am besten platziert ist.
8. Wertet euer Ergebnis aus: Stimmen die Bezeichnungen, die ihr für die Personen gefunden habt, mit der Platzierung neben dem Sympathiebalken überein? Welche Bedeutung haben die, die an den Enden des Balkens stehen, für die Serie? Welche Bedeutung haben die Personen in der Mitte?
9. Tauscht euch in der Klasse darüber aus, ob euch solche Verhaltensweisen im wirklichen Leben auch schon einmal begegnet sind.

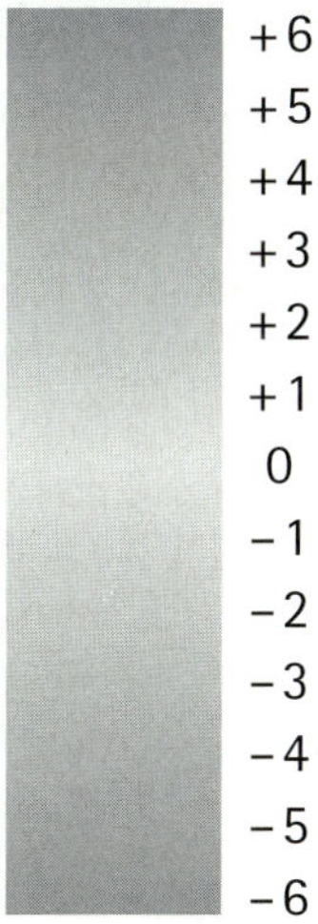

Unter einer **Rolle** versteht man in Theater, Film und Fernsehen im engeren Sinne die darzustellende Gestalt. Im erweiterten Sinn ist es aber ein Verhaltensmuster, das von einer Person gewählt und in einer bestimmten Situation ausgeführt werden kann bzw. werden muss.

ALLER ANFANG IS
wo der Himmel am schönsten ist
Rexona
24H INTENSIVE
There's a better way to stay
New! Rexona Oxygen
o.b. Beratung: 0180/30 30 45
o.b. Infoline für Österreich:
Tempo Challenge

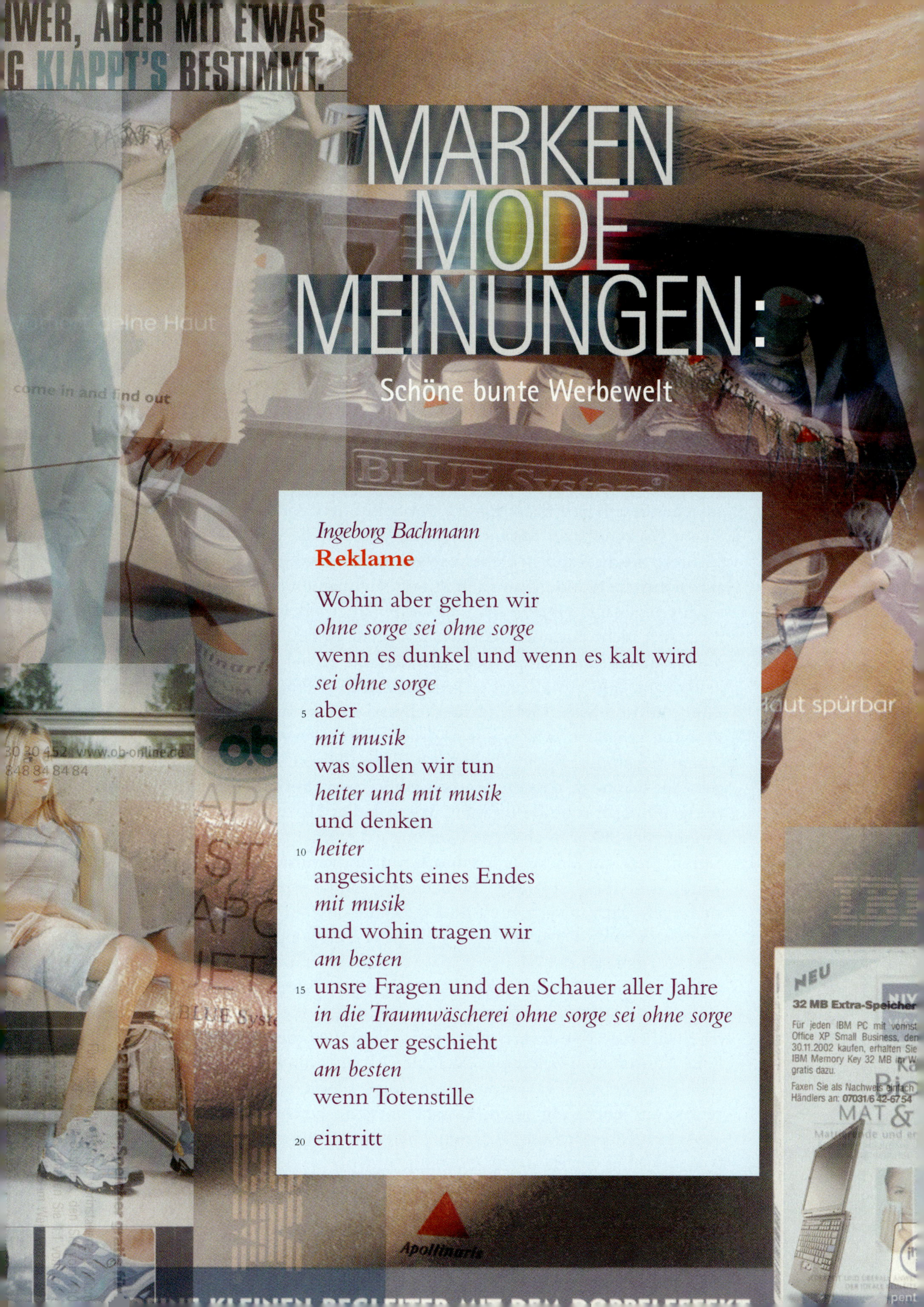

MARKEN MODE MEINUNGEN:

Schöne bunte Werbewelt

Ingeborg Bachmann

Reklame

Wohin aber gehen wir
ohne sorge sei ohne sorge
wenn es dunkel und wenn es kalt wird
sei ohne sorge
aber
mit musik
was sollen wir tun
heiter und mit musik
und denken
heiter
angesichts eines Endes
mit musik
und wohin tragen wir
am besten
unsre Fragen und den Schauer aller Jahre
in die Traumwäscherei ohne sorge sei ohne sorge
was aber geschieht
am besten
wenn Totenstille

eintritt

1

Aufgaben: Seite 218

Susanne Fischer

Verwandtenbesuch

Ich kann nicht viel, aber ich kann in den Fernseher hineinkriechen, wenn mir danach ist. Bei Regen, oder wenn ich mich grusel oder langweile. Den Trick verrate ich hier natürlich nicht, weil mir dann da drin zu viel los wäre. Aber vor einiger Zeit kam ich aus Versehen in eine Sendung, in die ich gar nicht wollte. In Werbung krieche ich nämlich eigentlich nie, weil das blöd ist. Da ist meist nur eine dürftige Studiodekoration, die meine Ansprüche enttäuschen muss. Ich krieche lieber in schöne Außenaufnahmen oder in Tierfilme, wenn sie nicht gefährlich sind. Ob andere mich dann im Fernsehen erkennen können, weiß ich nicht. Keine Ahnung.

Neulich wollte ich also ausnahmsweise in die Werbung kriechen, und zwar in die hellgrüne, die für einen flotten Kaffee mit nur ganz wenig Koffein wirbt. Da tobt immer eine blonde Zuckerpuppe durch den Tag, die eine erfolgreiche Anwältin verkörpern soll, dabei aber aussieht, als ob sie sich nicht mal an ihren Nachnamen erinnern kann. Am Ende des Tages legt sie dann noch einen gutaussehenden Typen flach. Etwa zwei Sekunden von der Werbung spielen in einem Wolkenkratzer mit interessanter Aussicht, die wahrscheinlich doch bloß auf eine Studiowand geklebt worden ist. Das wollte ich eingehend prüfen, außerdem die blonde Frau nach ihrem Nachnamen fragen und vielleicht auch noch einiges mehr, wenn sich ein Gespräch ergeben hätte. Irgendwas klappte dann aber nicht mit meinem Trick. Ich geriet in den nächsten Spot, in dem ich mich zunächst überhaupt nicht zurechtfand. Keine blonde Mausi, kein Wolkenkratzer, kein Grün. Statt dessen stand ich vor einem voluminösen Ehebett. Plumeau[1] und Kissen waren bäuerlich kariert und sahen sehr sauber aus, ja, sie strahlten geradezu, sodass ich nach der ersten Verwirrung dachte, ich sei in einem Waschmittelspot gelandet. Du liebe Güte! Dann merkte ich aber, dass alles nur daran lag, dass die Sonne praktisch von verschiedenen Seiten gleichzeitig auf das frische Bett schien, dessen helles Holz auch wunderbar glänzte. Es gibt aber bisher noch keine Werbung für Sonnenstrahlen von verschiedenen Seiten; jetzt kamen auch frisches Grün und muntere Musik dazu, und ich wurde ganz durcheinander gebracht, wie ich da vor dem zwar fremden, aber auch nicht ganz unvertrauten Ehebett stand, obwohl ich sonst nie vor fremden Ehebetten stehe. Dazu fehlt mir jegliche Veranlassung.

Jetzt war ich fast der Meinung, dass es eine Werbung für Pfingstsonntag sein sollte, also vielleicht für die Kirche. Denn es war Frühsommer in meinem Fernseher, übrigens meine Lieblingsjahreszeit, die Sonne kam von überall und die frischkarierten Bettdecken auf dem frischen Weiß des Lakens hatten eine festliche Ausstrahlung. Allerdings auch gleichzeitig eine unbeschwerte Note, so als solle man nicht zu andächtig werden, eher schon, als ob hier dafür geworben würde, aus jedem Tag einen Pfingstsonntag zu machen. Damit war die Kirche als Auftraggeber aus dem Rennen. Die Sonne kam immer noch von überall.

[1] *Plumeau:* dickeres Federbett

Nun sprangen aber zwei muntere junge Menschen aus dem Bett. Sie sahen sehr verheiratet aus, doch zugleich auch wieder so unbeschwert, als hätten sie nie darüber nachdenken müssen, ob sie Tante Frieda zur Hochzeit einladen oder Tante Albertine, oder ob sie eine Prügelei zwischen beiden riskieren.

Gleich nach dem Aufstehen lachten die beiden herzlich, während sie sich im Rhythmus der Musik rekelten und es im Zimmer noch heller wurde. Jetzt hörte man fröhliches Hundegebell, ehe beide mit einem „Plopp" verschwunden waren. (Ich kenne diesen Effekt schon. Er tritt bei Schnitten häufiger auf, weil meine Fernsehtricktechnik noch nicht ganz ausgefeilt ist. Es gibt da immer einen Moment der Verzögerung, ehe ich hinter den Fernsehleuten hergewirbelt werde in die nächste Szene.)

Ich fror ein wenig im nun steril wirkenden Schlafzimmer herum und stellte mich auf ein blankgeputztes Badezimmer ein, in dem sich das Pärchen breit anlächeln und wunderbare Zahnpasta in verschwenderischer Menge auf riesige Zahnbürsten schmieren würde. Doch ehe ich mich versah, wirbelte ich in eine andere Szenerie. Vor einem großen, streifenfrei geputzten Fenster stand ein runder Esstisch, dahinter war ein üppig bepflanzter Balkon zu sehen. Das war alles, der Rest war das übliche Studionichts. Das ist ein besonders unangenehmes Nichts, weil man das deutliche Gefühl hat, dass es allen besser gehen würde, wenn da etwas wäre. So eine Art Zahnlückennichts also. Wieder fiel Sonne von allen Seiten auf den Tisch, der aus strahlend blank geputztem Holz war. Darauf prangten ein Brötchenkorb und ein Becher Schmierfett und noch einiges, was man nicht so genau erkennen konnte, weil es anscheinend weniger bedeutsam war.

Das Pärchen tanzte heran, die Frau schwenkte Servietten, von denen das Bettkaro leuchtete, in den Händen. Schwungvoll und elegant rutschten Mann und Frau auf die Stühle. Dann stürmten zwei Kinder auf den Tisch zu. Noch ehe ich sie genau sehen konnte, wusste ich, dass es ein Mädchen und ein Junge sein würden. Sie lachten und setzten sich mit den erwachsenen Ausgaben ihrer selbst um das Schmierfett. Jetzt tobte ein Hund heran. Ich musste nicht hinsehen, um zu wissen, dass es ein Bernhardiner mit einem lustig gepunkteten Halstuch sein würde. Er hielt eine Zeitung im Maul, worüber alle lachten, als ob der Hund gerade einen Witz erzählt hatte. Was das Halstuch anlangt, so war es allerdings nicht lustig gepunktet, sondern so lustig kariert wie Bettwäsche und Servietten. Natürlich las dann niemand die Zeitung, weil sich ja alle auf das Schmierfett konzentrieren mussten.

Wo ich schon einmal hier war, konnte ich auch ein Gespräch anfangen, obwohl sie mich nicht an den Tisch lassen wollten. Da sei kein Platz für jemand anderen, riefen sie lachend im Chor. „Papa!", sagte ich vorwurfsvoll; ich weiß auch nicht, warum. Der erwachsene Schmierfettknecht fiel einen Augenblick aus der Rolle: „Was erlauben Sie sich? Ich bin jünger als Sie!" Zumindest sah er nicht älter aus als ich, das ist wahr. Er sah eigentlich überhaupt nicht nach irgendei-

nem spezifischen Alter aus. Versehentlich trat ich dem Hund auf den Schwanz, während alle sich dicke Schichten Schmierfett auf die Brötchen taten.
Jetzt wären sie mich gerne losgeworden, das ahnte ich, obwohl sie immer noch lachten und scherzten und nicht auf mich Acht gaben. „Ich kenn' euch doch", brachte ich schließlich hervor, keine sehr sinnvolle Bemerkung übrigens. Doch statt mich auszulachen, gaben sie zu, früher in Sachen Tütensuppe tätig gewesen zu sein. Auch da werde neuerdings Singles mit niedlichen kleinen Hunden der Vorzug gegeben. Ich konterte, dass sie ja wohl kaum als Familie durchgehen konnten, oder wo sie vielleicht ihre Jogginganzüge im Partnerlook gelassen hätten? Ihr Lachen wurde einen Hauch beleidigter, als sie entgegneten, sie seien eben eine unkonventionelle Familie. Der Beweis für ihr Familientum sei ja wohl der Bernhardiner, falls mir die Zusammenstellung sonst nicht überzeugend vorkomme. Aber zwei große und zwei kleine Menschen, dabei zwei von jedem Geschlecht, das sei nun mal sowieso die Familie par excellence[1], ob mir das nun passe oder nicht. Es sei sozusagen die Idealkombination, und ich solle mal nicht gleich neidisch werden, falls meine Familie etwas anders aussehe, das könne trotzdem in Ordnung sein. Nun besteht meine Familie aus einem humpelnden Kater, der mühelos in den aufgesperrten Rachen des grässlich freundlichen Bernhardiners passen würde, und aus dem Fernseher, in dem ich mich gerade befand. Da ist es schwer, nicht boshaft zu werden.
„Man könnte also", sagte ich deshalb, „die Schmierfettwerbung als den Hort[2] der deutschen Familie betrachten?" Sie lachten sich immer noch gegenseitig an, während mir vom erwachsenen Fetthansel bedeutet wurde, so könne man das nicht sehen. Es gäbe auch schon Schmierfett für Singles, die in Lofts[3] wohnten und die Nächte durchfeierten, tagsüber dann Anwältinnen mimten und sich nicht an den eigenen Nachnamen erinnern könnten. Das hier beworbene Produkt sei aber sozusagen Familienschmierfett. Darin könne sich die deutsche Familie wiederfinden. Das mit den Karos sei übrigens gleichzeitig Corporate Identity[4] fürs Schmierfett und für die Familie. Ob ich vielleicht eine Serviette als Souvenir mitnehmen wolle?
Während der Alte redete, lachte seine Fettwurst, als ob sie nicht mehr alle hätte, und seine Fettkringel grinsten auch vor Glück. Ob ihnen schon mal aufgefallen ist, dass Familien in der Fernsehwerbung nie Fernseher besitzen? Und Singles auch nicht? Deshalb muss ich immer wieder zurück in mein Wohnzimmer. Im Fernseher fehlt mir was.

[1] *par excellence:* in höchster Vollendung

[2] *Hort:* Ort, wo geistige und moralische Werte geschützt werden

[3] *Loft:* Fabriketage, als Wohnung

[4] *Corporate Identity:* Erscheinungsbild einer Firma in der Öffentlichkeit

Ulrich Plenzdorf

Jeans

In Anlehnung an Goethes „Die Leiden des jungen Werthers“ aus dem Jahr 1774 schrieb Ulrich Plenzdorf (geb. 1934) diese Geschichte des jungen Edgar Wibeau, der von Zuhause und aus der Lehre ausschert, um sich selbst kennenzulernen. In einer Laube lebend philosophiert er vor sich hin, verliebt sich in eine Kindergärtnerin, wobei diese Liebe nicht erfüllt wird, und stirbt, nachdem er wieder zu arbeiten begonnen hat, an einem Stromschlag.

2

Aufgaben: Seite 218

Natürlich Jeans! Oder kann sich einer ein Leben ohne Jeans vorstellen? Jeans sind die edelsten Hosen der Welt. Dafür verzichtete ich doch auf die ganzen synthetischen Lappen aus der Jumo[1], die ewig tiffig aussehen. Für Jeans konnte ich überhaupt auf alles verzichten, außer der schönsten Sache vielleicht. Und außer Musik. Ich meine jetzt nicht irgendeinen Händelsohn Bacholdy, sondern echte Musik, Leute. Ich hatte nichts gegen Bacholdy oder einen, aber sie rissen mich nicht gerade vom Hocker. Ich meine natürlich echte Jeans. Es gibt ja auch einen Haufen Plunder, der bloß so tut wie echte Jeans. Dafür lieber gar keine Hosen. Echte Jeans dürfen zum Beispiel keinen Reißverschluss haben vorn. Es gibt ja überhaupt nur eine Sorte echte Jeans. Wer echter Jeansträger ist, weiß, welche ich meine. Was nicht heißt, dass jeder, der echte Jeans trägt, auch echter Jeansträger ist. Die meisten wissen gar nicht, was sie da auf dem Leib haben. Es tötete mich immer fast gar nicht, wenn ich so einen fünfundzwanzigjährigen Knacker mit Jeans sah, die er sich über seine verfetteten Hüften gezwängt hatte und in der Taille zugeschnürt. Dabei sind Jeans Hüfthosen, das heißt Hosen, die einem von der Hüfte rutschen, wenn sie nicht eng genug sind und einfach durch Reibungswiderstand oben bleiben. Dazu darf man natürlich keine fetten Hüften haben und einen fetten Arsch schon gar nicht, weil sie sonst nicht zugehen im Bund. Das kapiert einer mit fünfundzwanzig schon nicht mehr.

[1] *Jumo:* Jugendmode

Gottfried Keller

Kleider machen Leute

In der Novelle „Kleider machen Leute“ von Gottfried Keller (1819–1890) gerät ein Schneider aufgrund seiner Kleidung und anderer Umstände in die Rolle eines Grafen.

3

Aufgaben: Seite 218

An einem unfreundlichen Novembertage wanderte ein armes Schneiderlein auf der Landstraße nach Goldach, einer kleinen reichen Stadt, die nur wenige Stunden von Seldwyla entfernt ist. Der Schneider trug in seiner Tasche nichts als einen Fingerhut, welchen er, in Ermangelung irgendeiner Münze, unablässig zwischen den Fingern drehte, wenn er der Kälte wegen die Hände in die Hosen steckte, und die Finger schmerzten ihm ordentlich von diesem Drehen

[1] *Falliment:* Bankrott, Konkurs

[2] *Fechten:* wandernde Handwerksburschen zeigten für Geld ihre Fechtkünste

[3] *Radmantel:* weiter, ärmelloser Mantel von rundem (radförmigem) Schnitt

[4] *Sammet:* Samt

[5] *Habitus:* Gehabe, äußere Erscheinung, Verhalten

und Reiben, denn er hatte wegen des Fallimentes[1] irgendeines Seldwyler Schneidermeisters seinen Arbeitslohn mit der Arbeit zugleich verlieren und auswandern müssen. Er hatte noch nichts gefrühstückt als einige Schneeflocken, die ihm in den Mund geflogen, und er sah noch weniger ab, wo das geringste Mittagsbrot herwachsen sollte. Das Fechten[2] fiel ihm äußerst schwer, ja schien ihm gänzlich unmöglich, weil er über seinem schwarzen Sonntagskleide, welches sein einziges war, einen weiten dunkelgrauen Radmantel[3] trug, mit schwarzem Sammet[4] ausgeschlagen, der seinem Träger ein edles und romantisches Aussehen verlieh, zumal dessen lange schwarze Haare und Schnurrbärtchen sorgfältig gepflegt waren und er sich blasser, aber regelmäßiger Gesichtszüge erfreute.

Solcher Habitus[5] war ihm zum Bedürfnis geworden, ohne dass er etwas Schlimmes oder Betrügerisches dabei im Schilde führte; vielmehr war er zufrieden, wenn man ihn nur gewähren und im Stillen seine Arbeit verrichten ließ; aber lieber wäre er verhungert, als dass er sich von seinem Radmantel und von seiner polnischen Pelzmütze getrennt hätte, die er ebenfalls mit großem Anstand zu tragen wusste.

Er konnte deshalb nur in größeren Städten arbeiten, wo solches nicht zu sehr auffiel; wenn er wanderte und keine Ersparnisse mitführte, geriet er in die größte Not. Näherte er sich einem Hause, so betrachteten ihn die Leute mit Verwunderung und Neugierde und erwarteten eher alles andere, als dass er betteln würde; so erstarben ihm, da er überdies nicht beredt war, die Worte im Munde, also dass er der Märtyrer seines Mantels war und Hunger litt, so schwarz wie des letzteren Sammetfutter.

Als er bekümmert und geschwächt eine Anhöhe hinaufging, stieß er auf einen neuen und bequemen Reisewagen, welchen ein herrschaftlicher Kutscher in Basel abgeholt hatte und seinem Herrn überbrachte, einem fremden Grafen, der irgendwo in der Ostschweiz auf einem gemieteten oder angekauften alten Schlosse saß. Der Wagen war mit allerlei Vorrichtungen zur Aufnahme des Gepäckes versehen und schien deswegen schwer bepackt zu sein, obgleich alles leer war. Der Kutscher ging wegen des steilen Weges neben den Pferden und, als er oben angekommen den Bock wieder bestieg, fragte er den Schneider, ob er sich nicht in den leeren Wagen setzen wollte. Denn es fing eben an zu regnen und er hatte mit einem Blicke gesehen, dass der Fußgänger sich matt und kümmerlich durch die Welt schlug.

Derselbe nahm das Anerbieten dankbar und bescheiden an, worauf der Wagen rasch mit ihm von dannen rollte und in einer kleinen Stunde stattlich und donnernd durch den Torbogen von Goldach fuhr. Vor dem ersten Gasthofe, zur Wage genannt, hielt das vornehme Fuhrwerk plötzlich und alsogleich zog der Hausknecht so heftig an der Glocke, dass der Draht beinahe entzwei ging. Da stürzten der Wirt und Leute herunter und rissen den Schlag auf; Kinder und Nachbaren umringten schon den prächtigen Wagen, neugierig, welch ein Kern sich aus so unerhörter Schale enthülsen werde, und als der verdutzte Schneider endlich hervorsprang in seinem Mantel, blass und schön und schwermütig zur Erde blickend, schien er ihnen wenigstens ein geheimnisvoller Prinz oder Grafensohn zu sein. Der Raum zwischen dem Reisewagen und der Pforte des Gasthauses war schmal und im Übrigen der Weg durch die Zuschauer ziemlich gesperrt. Mochte es nun der Mangel an Geistesgegenwart oder an Mut sein, den Haufen zu durchbrechen und einfach seines Weges zu gehen – er tat dieses nicht, sondern ließ sich willenlos in das Haus und die Treppe hinan geleiten und bemerkte seine neue seltsame Lage erst recht, als er sich in einen wohnlichen Speisesaal versetzt sah und ihm sein ehrwürdiger Mantel dienstfertig abgenommen wurde.

„Der Herr wünscht zu speisen?“, hieß es, „gleich wird serviert werden, es ist eben gekocht!“

Ohne eine Antwort abzuwarten lief der Wagwirt in die Küche und rief: „In drei Teufels Namen! Nun haben wir nichts als Rindfleisch und die Hammelskeule! Die Rebhuhnpastete darf ich nicht anschneiden, da sie für die Abendherren bestimmt und versprochen ist. So geht es! Den einzigen Tag, wo wir keinen solchen Gast erwarten und nichts da ist, muss ein solcher Herr kommen! Und der Kutscher hat ein Wappen auf den Knöpfen, und der Wagen ist wie der eines Herzogs! Und der junge Mann mag kaum den Mund öffnen vor Vornehmheit!“

Das Markenbewusstsein Jugendlicher in Deutschland 2003

4
Aufgaben: Seite 218

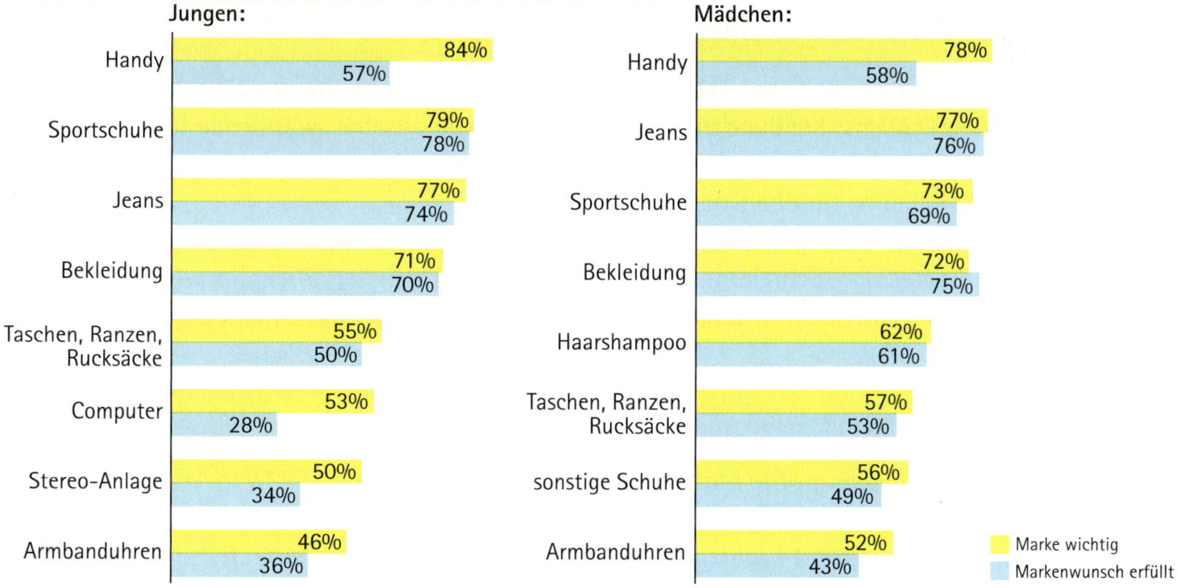

Jungen 13–19 Jahre (712 Fälle) Kind- + Elternangaben

Mädchen 13–19 Jahre (670 Fälle) Kind- + Elternangaben

Ingeborg Bachmann, **Reklame** *(Seite 211)*

1. Der Text ist äußerlich durch die Verwendung zweier Schriften gekennzeichnet. Überlege zusammen mit deinem Banknachbarn, wie ihr diese Besonderheit im Schriftbild in einem Vortrag vor der Klasse darstellen könntet. Tragt dann den Text vor.
2. Schreibe die wenigen Wörter, die im Text großgeschrieben sind, heraus (mit der Überschrift). Schreibe mit diesen Wörtern eine kurze Erzählung, wie du das bei der Reizwortgeschichte kennengelernt hast. Der Sinn der Geschichte soll der Aussage des Gedichts entsprechen.

1 *Susanne Fischer,* **Verwandtenbesuch** *(Seite 212)*

1. Stelle die Produkte zusammen, die die Ich-Erzählerin in der Werbelandschaft erwarten.
2. *„Papa!", sagte ich vorwurfsvoll; ich weiß auch nicht, warum* (Z. 81/82). Versucht in einem Unterrichtsgespräch zu klären, warum der Ich-Erzählerin dieser Ausruf „herausgerutscht" ist.
3. *„Das hier beworbene Produkt sei aber sozusagen Familienschmierfett."* (Z. 110/111). Klärt, ausgehend von dieser Textstelle, den Begriff der Zielgruppenorientierung.
4. „Krieche" selbst einmal in einen Werbespot. Beschreibe, was du dort erlebst. Trage deine Ergebnisse vor. Erstellt dann in der Klasse eine Liste, in der ihr die Produkte festhaltet, für die im Spot jeweils geworben wurde.

2 *Ulrich Plenzdorf,* **Jeans** *(Seite 215)*

1. Suche die Stellen heraus, in denen sich Edgar von älteren Leuten abgrenzen will.
2. Sprecht in der Klasse darüber, inwieweit sich heute Gleichaltrige hinsichtlich der Kleidung voneinander und wie sie sich von Erwachsenen unterscheiden.

3 *Gottfried Keller,* **Kleider machen Leute** *(Seite 215)*

1. Der Ausschnitt aus Kellers Novelle aus der zweiten Hälfte des 19. Jahrhunderts zeigt deutlich, dass Kleidung auch zu dieser Zeit mehr als eine „wärmende Hülle" war. Fasst die Textstellen mit eigenen Worten zusammen, in denen klar wird, welche Bedeutung die Kleidung für den Schneider hat.
2. Am Ende zeigt Keller, dass passend zur Kleidung auch ein bestimmtes Verhalten erwartet wird. Schreibt in Gruppenarbeit eine kurze Szene, in der ihr zwischen Kleidung und Verhalten ein Missverhältnis herstellt. Spielt diese Szene der Klasse vor.

4 *Kids Verbraucher-Analyse 2003,* **Das Markenbewusstsein Jugendlicher in Deutschland 2003** *(Seite 217)*

Deutschlands größte Markt-Mediauntersuchung, die seit 1983 von Axel Springer- und Bauer-Verlag durchgeführt wird, untersucht das Konsum- und Medienverhalten der Bevölkerung ab 14 Jahren. Die beiden abgedruckten Diagramme stellen das Markenbewusstsein von 13- bis 19-jährigen Jugendlichen gesplittet nach Jungen und Mädchen dar.

1. Werte die beiden Diagramme schriftlich aus. Führe dabei aus, was sie uns über folgende Gesichtspunkte „verraten": generelles Markenbewusstsein der Jugendlichen, Unterschiede zwischen Jungen und Mädchen, Umgang der Eltern mit den Markenwünschen ihrer Kinder.

2. Entwickelt einen Fragebogen, auf dessen Basis ihr die in den Diagrammen dargestellten Ergebnisse für eure Klasse zutreffend ermitteln könnt. Wertet die von allen Schülern und Schülerinnen ausgefüllten Bögen anschließend aus und vergleicht euer „Klassenergebnis" mit den Ergebnissen der Studie.

3. Stellt in Rollenspielen Gespräche zwischen Jugendlichen und Eltern nach, in denen Jugendliche den Wunsch nach einem Markenartikel eurer Wahl äußern. Die verschiedenen Elternspieler wollen und/oder können dem Sohn/der Tochter den Markenwunsch nicht erfüllen.

PROJEKT

Projekte in Zusammenarbeit mit der Kunsterziehungslehrkraft:

Jugendmode im Wandel der Zeiten

Sammelt zu diesem Thema Fotos eurer Eltern und Großeltern und weitere Abbildungen, zu denen euch eure Geschichtslehrkraft verhelfen kann. Führt auch Interviews zu der Frage durch, was Erwachsene von heute gerne anzogen, als sie so alt waren, wie ihr jetzt seid, und warum sie unbedingt bestimmte Sachen tragen wollten. Wer waren ihre Vorbilder? Vielleicht wurden ihre Wünsche auch gar nicht wahr – fragt danach, warum. Fertigt Plakate zu bestimmten Jahrzehnten an, z.B. „die 50er", „die 60er" usw. und befestigt darauf Bilder und Ausschnitte aus den Interviews, die ihr abgetippt habt.

Werbung – kontrastiv

Schneidet aus Zeitschriften und Zeitungen Werbung aus und klebt sie mit anderen Bildern, Zeitungsüberschriften etc. so zu Collagen zusammen, dass überraschende Kontraste entstehen, z.B. den Obdachlosen neben der Kosmetikreklame. Wenn ihr nochmals das Gedicht von Ingeborg Bachmann auf S. 211 lest, kommen euch bestimmt Ideen.

Projekt in Zusammenarbeit mit der Musiklehrkraft:

Schöne Töne – schöne Welt?

Hier geht es um eine Toncollage. Nehmt vom Radio und vom Fernseher Werbung auf (nur die Tonspur) und schneidet sie zusammen mit Ausschnitten aus Nachrichtensendungen. Die Kontraste wirken umso besser, wenn ihr Tondokumente zusammenmontiert, die thematisch ähnlich sind, und wenn ihr bestimmte Tondokumente öfter wiederholt, um ihre Aussage zu verstärken.

Werbung

Bild und Text

1. Fertige in deinem Heft eine Beschreibung des Bildes rechts (also ohne die Texte) an. Überlegt, wofür das Bild ohne Text werben könnte.

2. Diskutiert in der Klasse, welche der folgenden Aussagen über Werbung am ehesten auf diese Werbung zutreffen.

- Werbung täuscht uns etwas vor.
- Werbung spricht unsere Ängste an.
- Werbung spricht unsere Wünsche an.
- Werbung verspricht uns etwas.
- Werbung informiert uns.
- Werbung will unterhaltsam sein.
- Werbung überrascht.

3. Klärt in einem Gespräch in der Klasse, warum der Anzeigentext in dieser Werbung notwendig ist.

4. Schneidet aus Illustrierten, Zeitungen und Zeitschriften Werbeanzeigen aus. Untersucht, in welchem Verhältnis Bild und Text stehen:

- Das Bild wäre auch ohne Text verständlich.
- Das Bild erhält durch den Text eine neue Bedeutung.
- Der Text sagt das, was jeder sowieso erwartet.
- Der Text überrascht.
- Das Bild fällt als Erstes ins Auge.
- Der Text fällt als Erstes ins Auge.

Überlegt euch auch immer, warum wohl die Werbe-Macher so vorgegangen sind.

5. Stelle eine Werbeanzeige für ein von dir erfundenes und gezeichnetes Kleidungsstück (z. B. ein rotes Sweatshirt oder schwarze Joggingschuhe mit silbernen Sternen) in Form einer Collage zusammen. Das Kleidungsstück soll einen von dir erfundenen Markennamen tragen. Außerdem soll die Anzeige enthalten:

- ein Idol (auszuschneiden aus einer Illustrierten)
- ein ansprechendes Bild (ebenfalls aus einer Illustrierten)
- ein passend zum Markennamen erfundenes Logo (Firmenzeichen)
- einen Slogan (kurzer Werbespruch, welcher Produkt und Kaufaufforderung verbindet)
- einen pfiffigen Informationstext

Vielleicht hilft euch die Lehrkraft für Kunsterziehung.

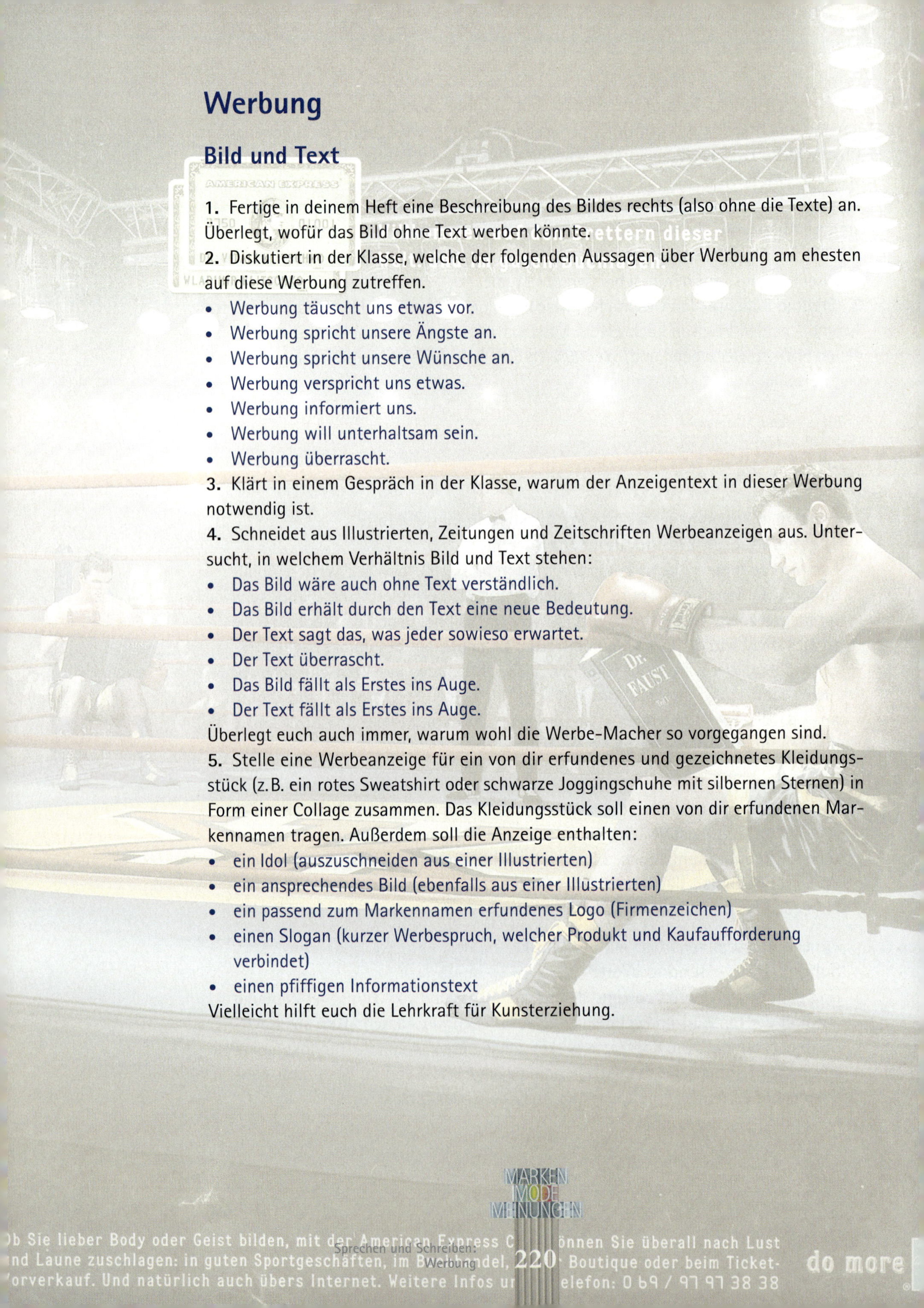

www.americanexpress.de
AMERICAN EXPRESS
DR. VITALI KLITSCHKO
WLADIMIR KLITSCHKO
Willkommen auf den Brettern dieser Welt. Und im guten Buchladen.
Dr. FAUST
Ob Sie lieber Body oder Geist bilden, mit der American Express Card können Sie überall nach Lust und Laune zuschlagen: in guten Sportgeschäften, im Buchhandel, in der Boutique oder beim Ticket-Vorverkauf. Und natürlich auch übers Internet. Weitere Infos unter Telefon: 0 69 / 97 97 38 38
do more
AMERICAN EXPRESS

Was Werbung mit uns macht

Ein anschauliches Modell, um die Wirkungsweise von Werbung auf allgemeingültige Art und Weise darzustellen, ist die sogenannte AIDA-Formel.

Attention
Interest
Desire
Action
Die Bestandteile von AIDA trifft man mit unterschiedlicher Gewichtung in jeder Werbung an.

1. Klärt in einem gemeinsamen Gespräch zunächst, was die englischen Begriffe bedeuten. Wendet die Begriffe auf das Verhalten von jemandem an, der die Anzeige mit den Boxern (Brüder Klitschko S. 221) sieht und sich dann eine Kreditkarte kauft.

2. Überlegt euch, ob die Entscheidung der Schüler, Markensweatshirts zu kaufen, allein mit der AIDA-Formel zu erklären ist.

3. Wie verstehst du die Überschrift der Karikatur „Alltag und Wahnsinn"?

4. Schaut euch einmal im Klassenzimmer um. Achtet dabei auf Markenartikel, die euch z. B. auf Postern, Schultaschen, Kleidung u. a. begegnen. Wie viele in der Klasse besitzen Artikel derselben Firma? Würdet ihr eure Klasse als „markenbewusst" bezeichnen?

5. Erinnert ihr euch noch, was ihr in der 6. Klasse von „Wirkung und Werbung" gelernt habt? Wenn ja – wendet euer Wissen auf die Karikatur an. Wenn nein – kann euch eure Lehrkraft weiterhelfen.

Multimediales Merchandising

Allein um den RTL-Seifen-Klassiker „Gute Zeiten, schlechte Zeiten" wuchert mittlerweile ein kaum noch überschaubarer Blätterwald aus Rätselheften, Specials und Büchern, in dessen Zentrum sich das „GZSZ"-Fanmagazin behauptet. Auflage: 635 000 Stück monatlich. Über 350 000 davon werden sogar verkauft. Generell sei „der Printbereich[1] neben Musikkooperationen die stärkste Umsatzquelle" des Merchandising-Geschäfts, sagt Holger Strecker von RTL-Enterprises. Zwischen 13 und 17 Prozent vom Ladenpreis jedes Heftchens schöpft beispielsweise RTL ab. (...) Bei den Verlagsleuten sind Seifenopern besonders beliebt, weil sie Wiedererkennung versprechen und damit dauerhaften Gewinn.

Der Spiegel, 27. 11. 2000

[1] *Printbereich:* alles, was gedruckt wird

1. Suche aus diesem kurzen Text (☞ S. 223) alle Medien heraus, über die das Produkt „Gute Zeiten, schlechte Zeiten" verkauft wird.

Unter **Merchandising** versteht man verkaufsfördernde Maßnahmen. Werbemacher wollen ihr Produkt so vielen Menschen wie möglich bekannt machen. Dazu werben sie in möglichst vielen Medien (TV, Radio, Zeitschriften, Zeitungen, Internet), also multimedial.

In der folgenden Abbildung kann man erkennen, dass weitere Produkte an diese Serie sozusagen „angehängt" werden.

2. Erstelle eine Tabelle aller Produkte, für die in diesem „Quiz" direkt oder indirekt geworben wird.

3. Erweitere diese Tabelle, indem du weitere Anzeigen auch aus anderen sogenannten „Fanzines" sammelst und untersuchst. Sprecht euch vorher in der Klasse ab, damit aus unterschiedlichen Bereichen solche Zeitschriften mit in die Klasse gebracht werden (z. B. Stadionzeitschrift einer Fußball-Bundesliga-Mannschaft, Fachzeitschriften für Fitness, Hobby-Zeitschriften u. a.).

Werbung und Sprache

Die Werbesprache als „Fremdsprache"

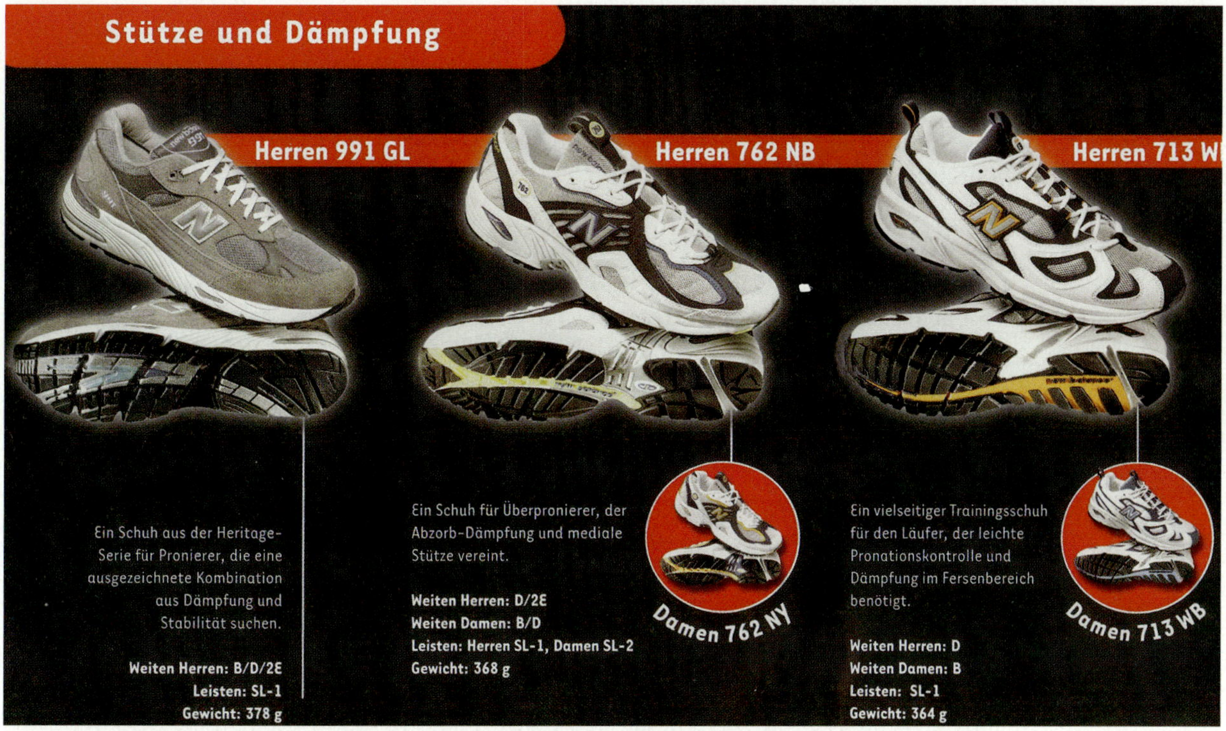

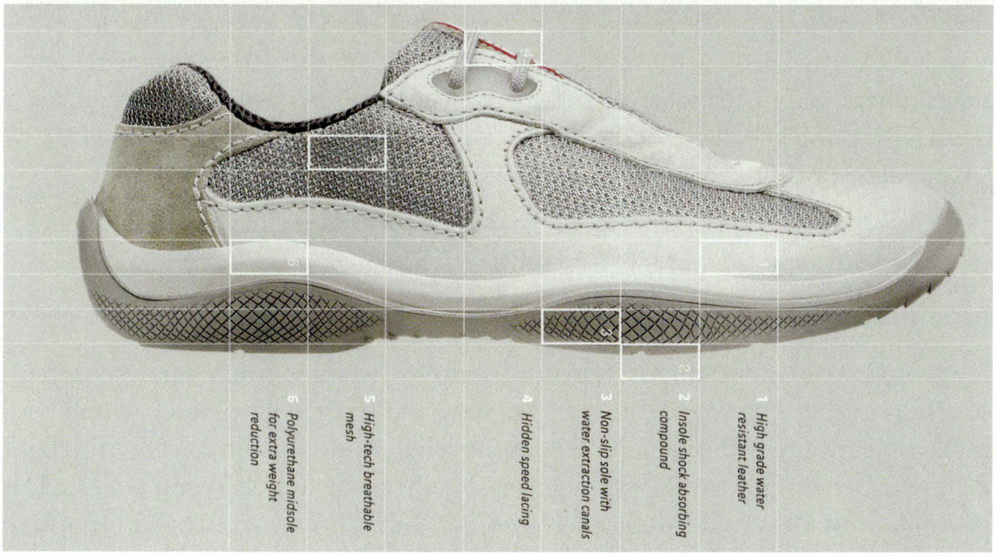

1. Schreibe die Fremdwörter heraus und stelle die gefundenen Wörter aus beiden Anzeigen in einer Tabelle einander gegenüber. Formuliere in einem Satz, welchen hauptsächlichen Unterschied du hinsichtlich der Auswahl der Fremdwörter feststellen kannst.

2. Übersetze die Texte mithilfe eines Wörterbuches – soweit möglich – ins Deutsche.

3. Sprecht in der Klasse darüber, wie ihr die jeweilige Wirkung der Werbeanzeigen am ehesten beschreiben würdet:

informativ – zu kompliziert – überzogen – jung – cool – anbiedernd – lustig – ausdruckslos – langweilig – lächerlich – witzig – zu ungenau – unpassend – aussagekräftig – anregend – unglaubwürdig – verwirrend – nervig – fantasievoll – sachlich – ansprechend

4. Zeige die Anzeigen einer der folgenden Personen – Mutter/Vater/Großmutter/Großvater – und frage, wie die Sprache der Werbung auf sie/ihn wirkt.

5. Schreibe alle Fremdwörter aus der Boxer-Werbung mit den Klitschko-Brüdern (S. 221) heraus.

6. Versucht in Partnerarbeit zu begründen, warum sich der Werbetexter bestimmte „nicht-deutsche" Wörter ausgesucht hat. Welche Rolle spielen dann die deutschen Wörter?

7. Ersetze zusammen mit deinem Banknachbarn alle „nicht-deutschen" Wörter durch deutsche und überprüft die Wirkung dieser Übersetzungen.

> Als **Fremdwort** bezeichnet man einen Ausdruck, der aus einer anderen Sprache übernommen worden ist. Im **Unterschied zum Lehnwort** werden beim Fremdwort meistens die Aussprache und die Schreibweise der Herkunftssprache beibehalten: *Toilette, Chanson, Jeans, Teenager.* Unter den Wörtern fremder Herkunft finden sich auch international gebrauchte Fachbegriffe oder Neubildungen **(Neologismen)**; sie gehen sehr oft auf griechische, lateinische und englische Grundwörter zurück ohne tatsächlich als solche in diesen Sprachen zu existieren: *Astrophysik, Atomreaktor, Kosmonaut, Intercity, Eurovision, Superstar.*

Kaspar H. Spinner

Eine Fremdwortgeschichte

Ich komme aus dem Englischen und man verwendet mich im Deutschen, obschon es hier ein Wort gibt, das mir verwandt ist, das fast gleich klingt und mehr oder weniger die gleiche Bedeutung hat. Aber ich bin gerade in letzter Zeit sehr beliebt geworden, vor allem bei Leuten, die auf Kalorien achten. Das Besondere ist, dass man mich oft hinter das Substantiv setzt, so als wenn man sagen würde „Blume blau" oder „Stein schwer". Besonders häufig verwenden mich Hersteller süßer Getränke, z. B. Coca Cola, und Produzenten von Zigaretten. Auch Biermarken haben es mit mir versucht, wenn auch nicht ganz so erfolgreich.

8. Ihr habt sicher schon erraten, um welches Adjektiv es sich hier handelt. Besprecht in der Klasse, für welche Produkte sich dieses Wort zu eignen scheint. Überlegt dabei auch, warum sich dieses Wort durchsetzen konnte, obwohl es ein ähnlich klingendes deutsches Wort mit fast derselben Bedeutung gibt.

Die Schreibung von Fremdwörtern

1. Schreibe die Bezeichnung für folgende Dinge bzw. Personen auf. Schau erst danach im Wörterbuch nach und frag auch deine Eltern bzw. Großeltern, wie sie die Wörter schreiben würden.

2. Erkläre die Abweichungen, die sich bei der Aufgabe 1 ergeben haben, mit folgender Grundregel:

Häufig gebrauchte Fremdwörter können sich nach und nach **der deutschen Schreibweise** angleichen. Manche fallen als solche gar nicht mehr auf, wie z. B. *Telefon* statt *Telephon*. In vielen Fällen sind seit der Rechtschreibreform zwei Schreibweisen nebeneinander gültig, z. B. *Frisör* neben *Friseur*.
Besonders in den **Fachsprachen** und in der **Bildungssprache** behält man in der Regel die ursprüngliche Schreibweise bei: *Computer* statt *Kompjuter* oder *Philosophie* statt *Filosofie*.

Gegeneinander
Miteinander

Eugen Roth

Das Ferngespräch

Ein Mensch spricht fern, geraume Zeit,
mit ausgesuchter Höflichkeit,
legt endlich dann, mit vielen süßen
Empfehlungen und besten Grüßen,
den Hörer wieder auf die Gabel –
doch tut er nochmal auf den Schnabel,
(nach all dem freundlichen Gestammel)
um dumpf zu murmeln: Blöder Hammel!
Der drüben öffnet auch den Mund
zu der Bemerkung: Falscher Hund!
So einfach wird oft auf der Welt
die Wahrheit wieder hergestellt.

1

Peter Härtling

Theo haut ab

Aufgaben: Seite 237

Theo macht alles, um komisch zu wirken. Und um seine Freunde und Fremde zum Lachen zu bringen. Besonders einfallsreich ist er im Erfinden von lustigen oder derben Wörtern: Seine Ohren, die ein bisschen abstehen, nennt er Windfänger. Die Schüler heißen bei ihm Tintenkulis, die Lehrer Doppelpunkte, die Schulbänke Arschraspeln. Den Hausmeister, der sich bei jeder Kleinigkeit schrecklich aufregt, hat er Ratterton getauft. Niemand ist vor seinen Einfällen sicher. Nur Frau Persig, seine Lehrerin, die mag er heimlich. Er selber hat den Spitznamen Bims.

Zu Hause ist Theo ganz anders. Da hat er es aufgegeben, den Komiker zu spielen und Blödsinn zu machen. Vater schrie ihn dann immer an: Er solle sich wie ein normaler Mensch benehmen. Und die Mutter schiebt die schlechten Noten auf das Blödeln. Dich kann ja keiner ernst nehmen, Theo!

Theo kommt aus der Schule. Vor der Haustür des Hochhauses, in dem sie seit einem Jahr wohnen, verabschiedet er sich von seinem Freund Detlev.

Tschüs Detlev, grüß deine Fünfer.

Tschüs Bims, grüß deine Sechser.

Jetzt steht Theo vor dem Aufzug und wartet. Mit einem Mal ist er ein ganz anderer. Kein Komiker mehr. Er ist still und ernst. So kann er sich verändern. Er merkt das schon gar nicht mehr. Die Aufzugstür geht rasselnd auf. Zusammen mit Theo steigt ein Mann ein, den er nicht kennt. Aber er kennt längst nicht alle, die im Haus wohnen. Theo drückt auf sechs und sieht den Mann fragend an. Neun, sagt der.

In dem stählernen Kasten riecht es ungeheuer süß nach Parfüm. Der Mann zieht schniefend Luft ein.

Mensch ist das ein Gestank, sagt er.

Das ist der Schwellnuss ihr Parfüm, erklärt Theo.

Du drückst dich ganz schön ruppig aus, sagt der Mann, die Schwellnuss …

Theo guckt den Mann prüfend an und verbessert sich: Das ist das Parfüm von Frau Schwellnuss.

Der Mann lacht und sagt: Du hast ja recht. Bei dem Parfüm kannst du auch Schwellnuss sagen.

Der Aufzug hält im sechsten Stock, Theo geht raus, dreht sich zu dem noch immer lächelnden Mitfahrer um und sagt: Tschüs!

Auf Wiedersehen, sagt sehr betont der Mann.

Mahlzeit!, ruft Theo. Aber die Tür schnappt schon zu. Heini! Das hat Theo so leise gesagt, dass es der Mann bestimmt nicht mehr hört.

Er schließt die Wohnungstür auf, horcht in die Wohnung hinein. Mutter ist noch nicht da. Sie ist vormittags Verkäuferin in einem Supermarkt. Meistens kommt sie gegen halb zwei, macht dann das Essen warm, das sie am Tag vorher schon gekocht hat. Vater kommt erst abends. Gegen sieben. Wenn er kommt. Er bleibt häufig bis spät in die Nacht weg, beim Kegeln, beim Skat. Dann ist er betrunken und gereizt. Es ist besser, wenn Mutter dann schon schläft. Vater kann sich über alles ärgern. Besonders aber über seine Arbeit. Er ist seit acht Jahren Buchhalter in einer Kleiderfabrik. Die lassen mich einfach sitzen, schreit er, da komme ich nicht voran. Aber was soll ich machen? Woanders ist es auch nicht besser. Womöglich noch schlechter.

Vater war ein richtiger Schwarzseher.

Theo geht in sein Zimmer: Seit sie in das Hochhaus gezogen sind, hat er ein eigenes. In der alten Wohnung stand sein Bett in der Besenkammer. Die hatte nicht einmal ein Fenster. Jetzt besitzt er auch einen eigenen Schrank und einen Arbeitstisch. An die Wände hat er sich Poster genagelt. Die Eltern waren erst dagegen. Diese Popstars sehen alle scheußlich aus, wie Affen, sagte der Vater. Dann möchte ich auch wie ein Affe aussehen, antwortete Theo. Mir gefallen die. In diesem Fall gab der Vater nach.

Theo schmeißt die Tasche unters Bett, legt sich hin. Das macht er gern. An die Zimmerdecke gucken und vor sich hin träumen. Da fallen ihm tolle Geschichten ein. Mutter schimpft ihn deswegen aus. Er sei ein Träumer. Darum komme er auch in der Schule nicht mit.

Weil er mit seinen Gedanken immer woanders sei.

Frau Persig, die Lehrerin, war nicht dieser Meinung. Du bist gar nicht so schlecht, Theo, sagte sie, nur ist in deinem Kopf so vieles durcheinander.

Das stimmte. Manchmal dachte er so viel auf einmal, dass er sich selber sagte: Du spinnst, Theo.

Er hört die Mutter die Wohnungstür aufschließen. Gleich wird sie rufen: Bist du da?

Jetzt ruft sie es.

Ja, antwortet er. Was gibts heute?

Gulasch!

Prima, Mama.

Sie sitzen sich am Küchentisch gegenüber. Mutter versucht, sich mit ihm zu unterhalten. Hast du die Mathearbeit zurückbekommen?

Nein.

Was habt ihr heute gemacht?

Wie immer.

Sie gibt es auf und schweigt. Das ist ihm lieber. Er überlegt, ob er ihr den Brief neben den Teller schieben soll, den ihm Frau Persig mitgegeben hat. Er weiß, was drin steht. Frau Persig hat ihm den Brief zu lesen gegeben. Ein richtiger Brief ist es nicht, sondern ein Formular. Die Hälfte davon ist gedruckt, aber Frau Persig hat das Gedruckte durchgestrichen und mit der Hand geschrieben: „Sehr geehrter Herr Weißbeck, verzeihen Sie, dass ich Ihnen dieses amtliche Papier schicke. Theo ist manchmal sehr vergesslich. Darum bitte ich Sie, öfter darauf zu achten, ob er seine Schultasche richtig gepackt hat. Vielen Dank und freundliche Grüße, Gisela Persig.“

Morgen reicht das auch noch, denkt er sich.
Hast du was, Theo?
Nein.
Ist doch was in der Schule gewesen?
Nein, Mama. Er steht auf.
Du sollst doch warten, bis ich mit dem Essen fertig bin, Theo!
Er setzt sich mit dem halben Hintern wieder auf den Stuhl, sieht seiner Mutter mit zusammengekniffenen Augen beim Essen zu. Das bringt sie so durcheinander, dass sie schließlich sagt: Du kannst aufstehen. Manchmal bist du richtig bösartig.
Er sagt nichts, geht in sein Zimmer. Ich bin nicht bösartig, denkt er. Nur: Warum soll ich da rumsitzen, wenn Mama immer wieder die gleichen Fragen stellt. Jeden Tag. Soll sie doch was erzählen. Früher hat sie das getan.
Er legt sich wieder aufs Bett.
Mutter ruft: Machst du Hausaufgaben?
Ja, antwortet er. Er starrt an die Decke. Wenn er eine Weile guckt, sieht er dort eine Figur. Einen lustigen Zwerg. Das ist Koknottel. Mit ihm unterhält er sich. Vor allem, wenn er traurig ist, wenn er nicht mehr weiterweiß.
Die lachen immer blöd, Koknottel, sagt er. Die wissen nicht, wie ich heulen könnte.
Heul bloß nicht, lässt er Koknottel sagen.
Mutter fragt von draußen: Redest du mit mir?
Nein, nein. Ich lern Englisch.
Dann ist gut, Theo.

Drei Stunden später.

Vater kam ziemlich früh am Abend. Er hatte gar nicht viel getrunken. Doch irgendwas muss ihm am Tag nicht gepasst haben. Vielleicht war ihm am Tag einer im Büro blöd gekommen. Auf jeden Fall dauerte es nicht lange, bis Vater die Mutter anschrie: Guck mal den Teppich an! Da ist seit Tagen nicht mehr gesaugt worden! Da liegt der Dreck millimeterdick drauf. Ich sehe nichts, erwiderte die Mutter mit bebender Stimme.

Guck doch genau hin, du Schlampe!, brüllte der Vater.

Theo kam aus seinem Zimmer. Papa, bitte nicht, bat er.

Sei still, halt dich bloß zurück, brüllte der Vater.

Ich war das, sagte Theo, ich hab meine dreckigen Schuhe nicht ausgezogen.

Das stimmte nicht. Theo wollte Mutter nur helfen.

Mit der geballten Faust schlug ihm Vater plötzlich gegen die Brust. Vaters Gesicht verzerrte sich.

Nein, nicht mehr!, flehte Theo. Mutter riss ihn weg.

Vater schüttelte, als wüsste er über sich selbst nicht mehr Bescheid, den Kopf.

Geh wieder in dein Zimmer, sagte Mutter.

Er setzte sich an den Schreibtisch und heulte. Wenn es so schlimm war, wünschte er sich, dass er plötzlich tot wäre. Die Eltern würden miteinander ins Zimmer kommen und ihn tot finden. Aber er müsste trotzdem alles miterleben können. Wie Vater und Mutter furchtbar traurig sind. Wie sie sagen, was er für ein guter Junge gewesen ist, fröhlich und eigentlich auch ganz gescheit. Wie sie sagen, ach, hätten wir nur unseren Theo wieder. Wir würden uns auch nie mehr streiten.

So etwas dachte er sich aus. Oder auch, dass er mit einem Schiff übers Meer fährt, nach Rio. Das hatte er in einem Buch gelesen. Dort gab es Kinderbanden. Vor denen hatten sogar die Erwachsenen Angst. Aber vielleicht war das gar nicht so gut wie in dem Buch.

Die Eltern brauchten ihn nicht. Sie würden wahrscheinlich nicht einmal nach ihm suchen lassen, wenn er weg wäre. Wenn er so was dachte, wusste er, dass es nicht stimmte. Dass Mutter sich fürchterlich Sorgen um ihn machen würde. Vater auch. Es war komisch. Er hatte seine Eltern lieb. Trotz all dem Krach und Streit. Seine Mutter konnte schöne und spannende Geschichten von sich erzählen. Wie sie als Kind auf dem Bauernhof gelebt hatte, bei den Großeltern. Die hatte er nur zweimal besuchen dürfen. Inzwischen war die Großmutter gestorben. Mutter konnte auch wunderbar trösten. Sie war dann ganz leise und zart. Und Vater konnte, wenn es ihm gutging, wenn der Betrieb ihn nicht ankotzte, so lachen, dass jeder mitlachen musste. Vater war schon gut, wenn er nicht trank. Er machte aus ein bisschen Draht und Blech tolle kleine Modellautos und Flugzeuge. Theo hatte eine ganze Sammlung davon. Jetzt liegt Theo in seinem Zimmer und wünscht sich, dass er weit weg von zu Hause ist.

Ich gehe, Koknottel, sagte er. Gehst du mit?

Charles M. Schulz

2 Peanuts

Aufgaben: Seite 237

Tomek Tryzna

3 Fräulein Niemand

Aufgaben: Seite 237

„Guten Tag“, sage ich. „Wo ist die Klasse 8 A?“ „Wo kommst du denn her?“, wundert sich die Frau.

„Ich bin in Krzeszów[1] in die Schule gegangen, aber jetzt haben wir eine Wohnung in Walbrzych[2] bekommen ...“ „Geh mal in den zweiten Stock“, sagt die Frau. Ich laufe los, und schon bin ich da. So viele Flure. Soll ich hierhin oder dorthin? Vielleicht dahinten?

Ich sitze in der letzten Bank, an der Wand. Ich weiß nicht, welche Hefte ich herausnehmen soll, weil ich nicht weiß, was für eine Stunde das ist, ich habe glühende Wangen und einen trockenen Mund.

Als ich in die Klasse rannte, bin ich mit einem Jungen zusammengestoßen. Wir fielen hin, er und ich. Ich rappelte mich auf und nahm meine Tasche. Er saß auf dem Fußboden und tastete seine Zähne ab. Ich sagte: „Entschuldige bitte.“ Und er: „Verpiss dich!“ Und alle lachten. Ich ging zu der leeren Bank und setzte mich.

Jemand sagt: „Die Kleine hat sich wohl geirrt.“ Ich hebe den Kopf, ein Mädchen beugt sich zu mir herunter. „Hier sitzt Bogusia. Du musst weg hier.“ Ich stehe auf, sie setzt sich hin. Ich stehe da, schaue mich um. Ich sage: „Gibt es denn irgendwo einen freien Platz?“ „Hier ist frei.“ Das hat ein Dicker gesagt, der ganz rot ist im Gesicht. Er zeigt auf den Platz neben sich. Ich setze mich neben ihn. Der Junge, mit dem ich zusammengestoßen bin, steht vom Boden auf und kommt auf mich zu. Patsch, er schlägt mich mit der flachen Hand auf die Stirn und sagt: „Moment mal, ich sitze hier.“ Ich stehe auf, er setzt sich. „Was denn, Dicker“, sagt er, „willst du die anmachen?“ Der Dicke lacht, alle

[1] *Krzeszów:* sprich: Kscheschof

[2] *Walbrzych:* sprich: Wanbschich

lachen. Eines der Mädchen sagt: „Schaut mal, was die für schicke Strumpfhosen anhat. Gesprenkelt!"

Ich schaue auf meine Beine, die Strumpfhose ist voller Matschspritzer. Ich stehe da und weiß nicht, was ich machen soll. Alle schauen mich an. „Hör mal", sagt jemand, „dort hinten ist eine Bank frei."

Ich gehe hin und setze mich.

Der Lehrer ist hereingekommen, ein ganz junger Mann. Er liest etwas und gähnt. In der Klasse ist es ziemlich still. Eines der Mädchen hebt die Hand. Räuspert sich. Der Lehrer hebt den Kopf und schaut sie an.

„Was denn", sagt er, „schon wieder auf die Toilette?"

„Nein", sagt sie, „aber hier sitzt ein fremdes Mädchen."

Und sie zeigt mit dem Finger auf mich. Ich stehe auf.

„Was machst du denn hier?", fragt der Lehrer.

„Ich bin hier angemeldet."

„Davon weiß ich nichts."

„Mein Vater hat mich angemeldet", sage ich. „Er hat gesagt, ich soll in die Schule Nummer drei an der Maria-Konopnicka[3]-Straße gehen. In die Klasse 8 A."

„Was sagst du?", fragt der Lehrer und legt seine Hand ans Ohr. „Lauter!"

Alle lachen. Mein Mund ist so trocken, dass ich kein Wort herausbringe.

„Komm nach vorne", sagt der Lehrer, „setz dich neben Claudia!"

Ich nehme meine Schultasche und schaue mich um, wo ich mich hinsetzen soll. Plötzlich steht das Mädchen auf, das mich vorher aus ihrer Bank verjagt hat, und sagt: „Aber wirklich, neben mir sitzt doch Bogusia!"

„Warum sehe ich sie dann nicht?"

„Weil sie im Krankenhaus ist."

„Beantworte mir meine Frage, Claudia", sagt der Lehrer. „Wie kann jemand, der im Krankenhaus liegt, gleichzeitig neben dir sitzen?"

„Aber es ist ihr Platz", sagt Claudia.

„Es war ihr Platz", sagt der Lehrer. „Er war es! Jetzt ist ihr Platz im Krankenhaus. Verstanden?"

Der Lehrer schaut mich an und sagt: „Und du setzt dich neben Claudia. Geht mir nicht auf die Nerven, es sei denn, ihr wollt mit Bogusia zusammen im Krankenhaus liegen. Na, worauf wartest du noch?"

Ich komme nach vorn und setze mich auf Bogusias Platz. Claudia rutscht weg, zur Wand. „Entschuldigung", flüstere ich ihr zu, „was für eine Stunde ist das?" Sie antwortet nicht. Ich schaue mich um, vielleicht sind irgendwo auf den Bänken Bücher oder Hefte, aber nirgends liegt etwas. Der Lehrer hat das Klassenbuch geöffnet und blättert es durch.

Das Mädchen vor mir dreht sich um und schaut mich an. Sie hat große, schwarze Augen und schwarzes, glänzendes, kurzgeschnittenes Haar. Sie ist sehr schön. Sie sagt leise zu Claudia:

[3] *Konopnicka:* sprich: Konopnizka

Edvard Munch, Pubertät (um 1892)

„Willst du mich deiner neuen Freundin nicht vorstellen?“

Claudia zuckt mit den Achseln, faucht, antwortet nicht. Das schwarze Mädchen lächelt mich an und sagt:

„Ich heiße Ewa. Und du?“

„Marysia“, sage ich und lächle ebenfalls.

„Ein schöner Name“, sagt Ewa. „Woher kommst du? Sicher aus Paris. Habe ich recht?“

„Nein“, sage ich. „Ich habe zwanzig Kilometer von hier entfernt gewohnt, und jetzt haben wir eine neue Wohnung in Walbrzych bekommen … Und …“

Ich weiß nicht, was ich noch sagen soll.

„In Walbrzych.“ Ewa wiederholt meine Worte langsam und macht ein Gesicht, als ob sie gerade was Leckeres essen würde. „Hm, weißt du, du hast so ein hübsches Kleid, dass ich sicher war, du kommst direkt aus Paris.“

Sie streckt ihre Hand aus und nimmt den Stoff meines Ärmels zwischen die Finger. Es stimmt. Ich habe ein sehr hübsches Kleid. Frau Kamińska hat es geschickt bekommen und es meiner Mutter verkauft, und Frau Marysia, die Ehefrau von Herrn Krzysiek, hat es für mich enger gemacht. Ich lächle Ewa an und sage:

„Es kann sein, dass es aus Paris kommt, weil es als Päckchen geschickt worden ist.“

Und peng! Der Lehrer hat mit der Faust auf den Tisch geschlagen. Er schaut uns an und sagt: „Was ist das hier? Eine Unterrichtsstunde oder ein Kaffeeklatsch?“

„Bis jetzt Kaffeeklatsch“, antwortet Ewa. „Wir haben gerade über unsere berüchtigte polnische Post gesprochen. Unsere neue Klassenkameradin hat ihr Kleid nämlich in einem Päckchen aus Paris bekommen. Nur dass dieses Päckchen, dem Schnitt nach zu urteilen, mindestens zehn Jahre auf der Post gelegen haben muss.“

Eugen Roth, **Das Ferngespräch** *(Seite 229)*

1. Beschreibe, wie die beiden Gesprächspartner sich während des Gesprächs und nach dem Telefonat zueinander verhalten.

2. „Du sollst immer die Wahrheit sagen." „Du sollst nicht unhöflich sein." Sprecht darüber, in welchen Situationen es schon mal schwierig war, beides zu befolgen.

1 *Peter Härtling,* **Theo haut ab** *(Seite 230)*

1. Untersuche das Verhältnis zwischen Theos Mutter und Theos Vater, Theo und seiner Mutter, Theo und seinem Vater, indem du die betreffenden Textstellen heraussuchst und den Inhalt in eigenen Worten wiedergibst.

2. Erläutere, welche Rolle Koknottel im Leben Theos spielt.

3. Notiere dir nach dem Lesen des Textes in Stichpunkten, warum Theo von zuhause weg möchte. Formuliere danach eine kleine Rede an Koknottel als Adressaten.

4. Sprecht mit eurer Lehrkraft darüber, an wen sich Kinder wenden können, die es zuhause nicht mehr aushalten.

2 *Charles M. Schulz,* **Peanuts** *(Seite 234)*

1. Versetze dich in die Rolle von Linus und stell dir vor, du würdest das dargestellte Erlebnis mit Lucy deiner Mutter erzählen. Schreibe das Gespräch auf.

2. Sprecht in der Klasse oder in Kleingruppen darüber, wie andere Kinder ganz anders als Linus in der Situation reagieren würden. Erkläre dabei den Begriff *Gewaltspirale*.

3 *Tomek Tryzna,* **Fräulein Niemand** *(Seite 234)*

1. Schreibe einen Brief Marysias an ihre beste Freundin, in dem sie die Erlebnisse ihres ersten Tages an der neuen Schule und ihre Gefühle dabei mitteilt.

2. Untersuche, wie der Lehrer sich der Klasse und Marysia gegenüber verhält.

3. Überlege, warum der Autor den Titel „Fräulein Niemand" gewählt hat, obwohl das Mädchen einen ganz anderen Namen hat.
Diskutiert, inwiefern das Bild von Edvard Munch auf Seite 236 zum Titel und/oder zum Inhalt des Erzähltextes passt.

4. Überlegt, wie ihr einem Schüler/einer Schülerin, der/die neu in eure Klasse kommt, das Einleben in die fremde Umgebung erleichtern könntet. Besprecht eure Vorschläge mit der Klasse und notiert sie so, dass diese Notizen in einer entsprechenden Situation als hilfreiche Grundlage für euer Verhalten dienen können.

5. Schreibe die Textstelle *„Der Lehrer ist hereingekommen, ein ganz junger Mann ..."* (Z. 31) bis *„Na, worauf wartest du noch?"* (Z. 58) um. In der neuen Version soll Marysia sich in diesen ersten aufregenden Minuten in der neuen Klasse wohl fühlen und nett aufgenommen werden.

Kommunikation

Die vier Seiten einer Nachricht

In den Texten im Lesebuchteil geht es häufig um Gespräche. Oft laufen sie nicht so, wie man es sich eigentlich wünschen würde.
Was Unterhaltungen einerseits so interessant, andererseits aber auch so schwierig machen kann, ist die Tatsache, dass jemand selten ganz genau das hört und versteht, was wir ihm/ihr sagen wollen. Ebenso geht es uns, wenn wir Zuhörer sind.

Beispiel:

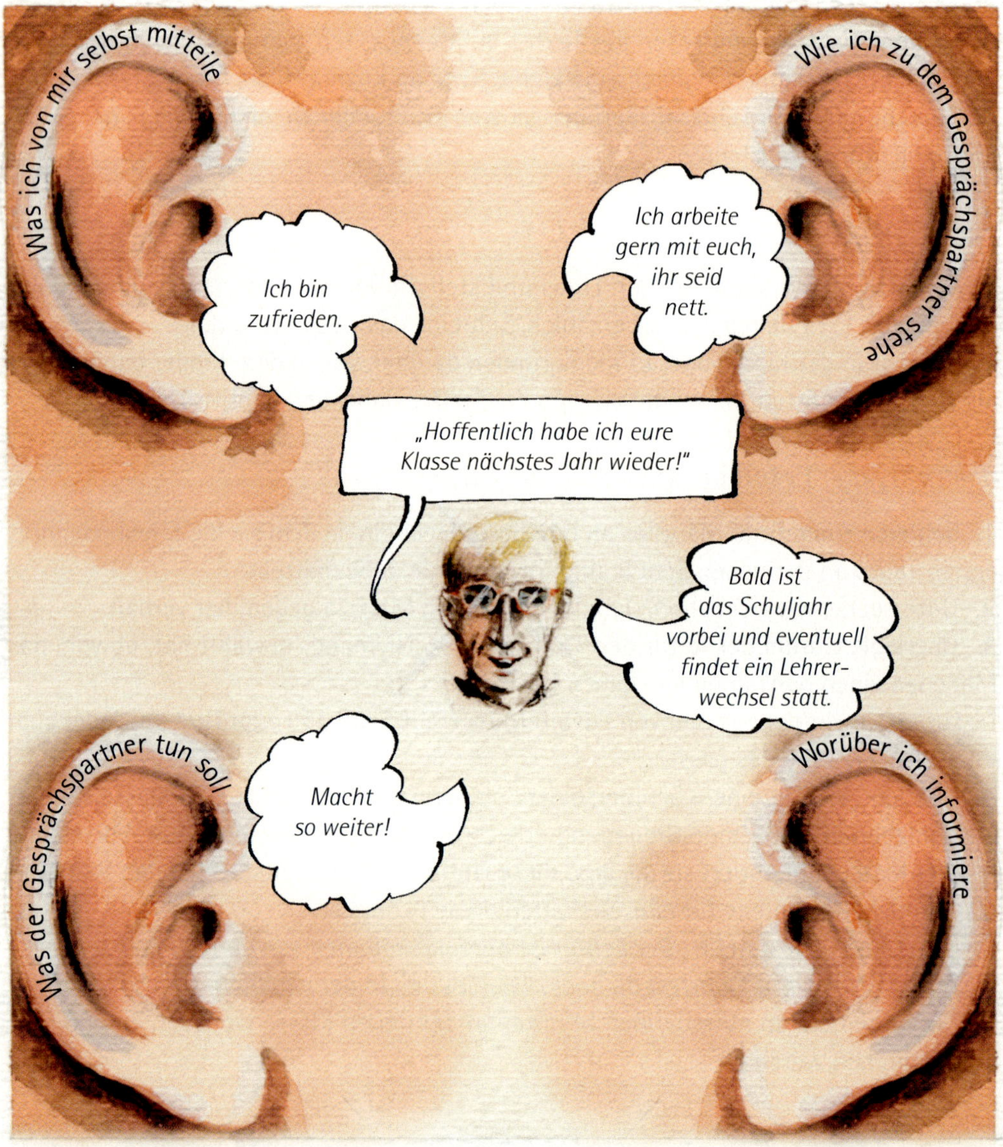

1. Besprich mit deiner Klasse, welche der vier Äußerungen jeweils welcher „Seite" des Vier-Ohren-Schemas entspricht:

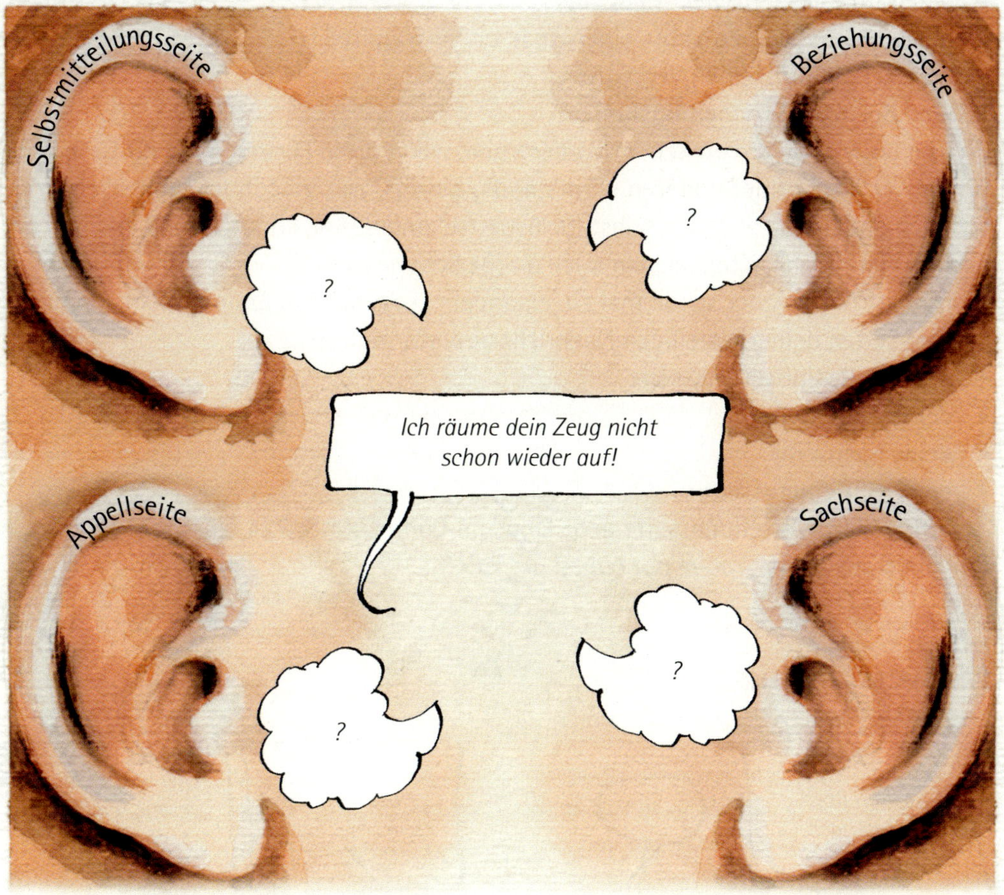

- In deinem Zimmer liegt alles durcheinander.
- Ich bin genervt.
- Räume deine Sachen selbst auf.
- Ich bin sauer auf dich, weil du schlampig bist.

„Vier-Ohren-Modell" der Kommunikation

Ein und dieselbe Nachricht kann ganz unterschiedlich verstanden werden, je nachdem, mit welchem Ohr man hört:

Ohr 1: Selbstmitteilungsseite:
Was ich von mir selbst mitteile

Ohr 2: Appellseite: — Aussage (= Nachricht) — Ohr 3: Beziehungsseite:
Was der Gesprächspartner tun soll | *Wie ich zu dem Gesprächspartner stehe*

Ohr 4: Sachseite:
Worüber ich informiere

2. Beobachte
- eine Lehrerin/einen Lehrer
- eine Mitschülerin/einen Mitschüler
- deine Mutter/deinen Vater/einen anderen Verwandten
- eine Verkäuferin/einen Verkäufer
- eine Busfahrerin/einen Busfahrer

Welche der vier Seiten stehen im Vordergrund, wenn diese Personen mit dir Gespräche führen? (z. B. mir oder anderen wird ständig gesagt, was zu tun ist (Appellseite), sie erzählen andauernd von sich selbst (Selbstmitteilungsseite), erläutern und erklären mir Sachverhalte (Sachseite), lächeln mich an (Beziehungsseite))

3. Du hast doch sicher schon mal zu jemandem *„Lass mich in Ruhe"* gesagt. Versuche, die vier Seiten deiner jeweiligen Nachricht auszuformulieren.
- deine Selbstmitteilungsseite
- deine Appellseite
- deine Sachseite
- deine Beziehungsseite

4. Auf welche Mitteilungsseite geht Linus im Comic auf S. 234 ein, als er im letzten Bild die Frage stellt *„You're not happy, are you?"*

Missverständnisse

1. Vergleiche die Antworten von Thomas. Worum geht es Max nach Thomas' Meinung im jeweiligen Fall?

2. Situation A: Claudia und Anna besuchen gemeinsam Janina, wo sie Musik hören und sich unterhalten. Plötzlich sagt Anna zu Claudia: „Ich möchte jetzt nach Hause gehen." Claudia antwortet: „Ich bleibe aber noch." Annas Reaktion: „Ich habe auch nicht gesagt, dass du mitkommen sollst. Ich wollte ja nur sagen, was ich jetzt vorhabe."

Situation B: Ina kommt in die Klasse und stellt fest, dass Max einen neuen Haarschnitt hat. Diese Frisur hat sein Aussehen völlig verändert. „Wie siehst du denn aus?", ruft sie. „Kümmere dich um dein eigenes Aussehen", gibt dieser zurück. „Mensch, ich war doch nur so überrascht, ich habe dich erst gar nicht wiedererkannt. Aber der Schnitt ist toll", sagt sie daraufhin.

Erkläre die Entstehung der Missverständnisse, indem du die Begriffe *Selbstmitteilung*, *Appell* und *Beziehungsseite* verwendest.

3. Vergleiche den Dialog von Thomas und Max auf S. 240 mit dem folgenden zwischen Anja und Tina. Mit welcher Methode beugt Tina einem möglichen Missverständnis vor?

Missverständnisse entstehen oft dadurch, dass ein Gesprächspartner bei einer Äußerung nicht das versteht, was der Sprechende sagen will. Sie könnten vermieden werden, wenn jeder sich darum bemüht, zu verdeutlichen, was er meint oder wie er den anderen verstanden hat:
„Ich sage dir, was ich meine ...
und du sagst mir, wie du mich verstanden hast,
dann sage ich dir, ob ich es so gemeint habe ..."

4. Überlegt euch, warum diese wünschenswerte Form, Missverständnisse zu vermeiden, oft nicht eingehalten wird.
5. Sprecht darüber, wie man Missverständnisse, die bereits aufgetreten sind, mit dem Verfahren von Tina und Anja noch „heilen" kann.

Höflichkeit – brauch' ich nicht?

1. Diskutiert, worin der Unterschied zwischen den folgenden zwei Gruppen mit Beispielen für „höfliches" Benehmen besteht. Überlegt, ob diese „Vorschriften" einen für euch nachvollziehbaren Sinn haben.

Gruppe a:

- Der Brotteller steht links oberhalb des Tellers.
- Wenn Hüte zum Kleid gehören und zum Beispiel eine Dame mit Hut mit anderen Damen mit Hut Tee trinkt, dann trägt die Gastgeberin zwar keinen, ihre Gäste behalten jedoch den Hut auf.
- Eine Dame, deren Namen man nicht kennt, spricht man mit „Gnädige Frau" an.

Gruppe b:

- Man schnäuzt sich nicht in die Serviette.
- Zu einer Esseneinladung in einem teuren Restaurant nach einer Konfirmation/Firmung erscheint man nicht mit fleckigem Pullover und aufgeschnittenen Jeans.
- Alte Leute, die man nicht kennt, werden nicht mit „Oma/Opa" und „Du" angeredet. *(„Hier stehste falsch, wennde Briefmarken kaufen willst, Oma. Dort drüben musste dich anstellen.")*

2. Stellt euch die folgenden Situationen vor und überlegt, wie ihr euch fühlen würdet.

a) Eure Mathelehrerin vom letzten Jahr begegnet euch auf dem Gang. Es ist zwar recht voll, weil die Pause gerade angefangen hat, aber ihr geht doch dicht aneinander vorbei. Du grüßt in ihre Richtung, aber sie schaut an dir vorbei, obwohl du ziemlich sicher bist, dass sie dich gesehen hat. Das ist dir nun schon zum zweiten Mal passiert.

b) Ein Mann im überfüllten Bus konnte nicht rechtzeitig die Tür erreichen, um auszusteigen. Er beschimpft dich und deine Freunde laut: „So eine Scheiße. Bloß weil ihr Penner zu faul seid, zur Seite zu gehen, muss ich jetzt eine Station zurücktippeln."

c) Du sitzt im Zug und willst ein spannendes Buch lesen. Dauernd hörst du die Handy-Gespräche der anderen: „Ey, geile Idee ... ja, weiß nicht ... irgendwie ... is ja cool", „Thomas, in 10 Minuten kommt unser Zug an, setz schon mal das Essen auf", „Sabrina, frag doch mal Tante Pamela, was sie zum Geburtstag haben will. Ich hatte an eine Mundspülung gedacht ... nein, so was, womit man Essensreste aus den Zähnen entfernen kann ..." usw.

d) Du besuchst eine neue Mitschülerin, die du noch kaum kennst, zum ersten Mal daheim, denn sie ist krank und du hast deinem Klassenlehrer versprochen, ihr die Unterrichtsmitschriften zu bringen. Als du kommst, ist die Mitschülerin gerade beim Arzt, sodass du auf sie warten musst. Ihr Bruder, der ein Jahr älter ist, redet auf dich ein: „Also, wir kommen aus Hamburg. Das ist was anderes als dieses öde Kaff hier.

Da kannst du jeden Film sofort sehen, wenn er herauskommt. Und die Leute sind sowieso viel hilfsbereiter dort, das merkste ja schon, wenn man hier nur in einen Laden geht und dich die Verkäuferin nicht versteht – na klar, weil sie dich eben nicht verstehen will. Mit meinen besten Freunden, Jens und Maike, telefoniere ich jeden Tag, sonst würde ich glatt eingehen. Das sind total coole Typen mit total vielen super Spielen und den geilsten CDs. Hier gibts ja nur Langweiler ..."

Höflichkeit hat etwas mit dem Respekt vor anderen Menschen zu tun:

- mit der Achtung ihrer Würde als Mensch,
- mit dem Wunsch, ihre Gefühle nicht zu verletzen,
- mit der Anerkennung ihrer Bemühungen.

Der Sinn solcher Höflichkeitsregeln ist leicht einzusehen, denn sie funktionieren nach dem Prinzip „Was du nicht willst, dass man dir tu, das füg' auch keinem anderen zu."
Anders gelagert sind Benimmregeln, deren Sinn man oft nicht recht begreift. Oft sind sie Erfindungen einer bestimmten gesellschaftlichen Schicht, die sich mithilfe solcher Regeln von anderen, die nicht zur eigenen Gruppe gehören, abzugrenzen versucht und sich dabei als etwas Besseres fühlen will. Manchmal spiegeln Benimmregeln auch veraltete Verhältnisse, das wirklich gute Benehmen aber ist unabhängig von Zeit, Geschlecht und Alter.

Häufige Fälle unhöflichen Benehmens sind:

- nicht zu grüßen,
- Schimpfworte zu gebrauchen,
- andere mit lauten Privatgesprächen am Handy zu belästigen,
- nur von sich zu reden und kein Interesse am anderen zu zeigen,
- über andere schlecht zu sprechen und sie herabzusetzen.

3. Formuliere für die Fälle 2 a–d je eine Regel, wie man sich stattdessen höflich verhalten sollte. Überlegt dabei:
a) Was gehört zum freundlichen Grüßen alles dazu? Wer grüßt zuerst?
b) Welche Schuld trägt der Schimpfende an seiner Situation? Was könnte man sagen, um sich in einer ärgerlichen Situation „Luft zu machen", ohne andere mit Worten zu belästigen?
c) Wie kann man so telefonieren, dass andere nicht genervt werden?
d) An dem Verhalten des Bruders der Mitschülerin gibt es viel auszusetzen. Analysiere jeden Satz. Was könnte er alles Freundliches sagen, ohne lügen oder schmeicheln zu müssen?
4. Überlegt, welche weiteren Situationen ihr schon erlebt habt, bei denen euch jemand unhöflich vorkam. Formuliere jeweils eine positive Regel, wie man sich besser verhalten sollte.

5. In einem Heft mit Reisetipps für die Dritte Welt ist zu lesen:

„Wir schießen mit der Kamera, wann immer wir es für richtig halten. In Gesichter, in Situationen, die oft genug für den Fotografierten privatester Bereich sind. Wir tun es trotzdem. Weil wir uns im permanenten, selbstauferlegten Wettbewerb üben, den Schnappschuss mit nach Hause zu bringen. Häufig genug bleibt dabei die Achtung vor dem anderen auf der Strecke. Auch der Ärmste verdient seine Würde, die wir immer dann verletzen, wenn wir ihn ablichten, um ihn – sozusagen als Trophäe - zu Hause ins Fotoalbum zu klemmen. Bedenken Sie dies, wenn Sie in fremden Ländern die Kamera zücken. Respektieren Sie die Selbstachtung des Menschen. Das bringt Ihnen mehr als einen flüchtigen Klick [...] Oder würden Sie sich gern ablichten lassen – beim Gebet, in Trauer, in privaten Situationen? Und überhaupt: Fotografieren Sie erst einmal mit Augen und Hirn, dann brauchen Sie manchmal gar nicht mehr auf den Auslöser zu drücken."

a) Überleg dir, wie du dich fühlen würdest, wenn ein steinreicher Tourist dich fotografieren würde, weil er dich so „wunderbar altmodisch" oder „so typisch deutsch" findet.
b) Untersuche den Text auf die dort verwendeten Ausdrücke hin, die etwas mit der Jagd zu tun haben. Überlege, was „jagen" und „Menschen fotografieren" gemeinsam haben.
c) Der Textausschnitt handelt vom richtigen Verhalten in der Dritten Welt, gilt aber im Grunde überall. Es gibt jedoch auch Regeln für „gutes" Benehmen, die in jedem Land unterschiedlich sind. Sucht Beispiele dafür, z. B. indem ihr Mitschüler fragt, die aus anderen Ländern stammen, oder indem ihr Erwachsene berichten lasst, die schon viel gereist sind.

6. Das Kapitel trägt die Überschrift „Höflichkeit – brauch' ich nicht?" – diskutiert, ob und welche Höflichkeitsregeln ihr braucht, um euch wohlzufühlen.
7. Ihr habt sicher im Zusammenhang mit Höflichkeit und gutem Benehmen schon den Namen „Knigge" gehört. Ermittelt im Internet (☞ S. 163 ff.) oder in eurer Bibliothek, um wen es sich dabei handelt und warum sein Name heute noch als Synonym für gutes Benehmen steht.

Diskussionen – gar kein „richtiger" Unterricht?

1. Überlegt, was die drei „Diskussionen", von denen hier die Rede ist, unterscheidet.
2. Diskussionsstunden gelten bei manchen Schülern als „Quasselstunden – kein richtiger Unterricht". Teilt ihr diese Meinung? Begründet! Überlegt, was einen Unterricht zu einem „richtigen" Unterricht macht.
3. Sicherlich habt ihr schon einmal in der Schule über irgendetwas diskutiert. Sammelt in Kleingruppen:

- Was war das Thema?
- Was hat euch an Diskussionen in der Schule nicht gefallen? Was lief schlecht?
- Was hat euch an Diskussionen in der Schule gefallen?

Diskussionen können verschiedene Ziele haben: unterschiedliche Meinungen auszutauschen und dabei vielleicht sogar zu streiten, Ideen zu sammeln oder eine Entscheidung herbeizuführen. Wichtig ist jedenfalls, dass die Diskutanten sich auf dem Gebiet, das diskutiert werden soll, auskennen, dass bei der Diskussion nicht alle durcheinanderreden und dass ein Ergebnis der Diskussion formuliert wird (dass sie also nicht „im Sande verläuft").

4. Ihr wollt sachkundig über das Thema „Wir werden eine Ganztagsschule. Was schlagen wir unserer Schulleitung für die Gestaltung der Nachmittage vor?" diskutieren. Überlegt, was ihr vorab herausfinden solltet und wen ihr dazu befragen könnt. Haltet die Ergebnisse eurer Ermittlungen fest. Macht die Informationen allen zugänglich oder bestimmt ein bis zwei Sprecher, die zu Beginn der Diskussion eine Einführung in das Thema geben, ohne freilich schon eine bestimmte eigene Meinung zu vertreten.
5. Bestimmt einen Moderator, der der Reihe nach aufschreibt, wer sich gemeldet hat (also eine „Rednerliste" führt) und der die Personen, die etwas sagen wollen, aufruft. Der Moderator weist auch darauf hin, wenn die Diskussion zu einem Ende kommen sollte, weil die Zeit abläuft. Er schließt die Rednerliste, d.h., er nimmt keine weiteren Wortmeldungen mehr entgegen.
6. Bestimmt ein bis zwei Schüler, die schon während der Diskussion die Vorschläge stichwortartig an der Tafel festhalten. Der Moderator ruft keinen neuen Sprecher auf, bevor die zwei nicht zuende geschrieben haben.
7. Ein bis zwei Schüler fassen das Gesagte mithilfe des Tafelanschriebs zusammen. Ihr müsst nicht zu einem einstimmigen Ergebnis kommen. Es kann auch festgestellt werden, dass es verschiedene Meinungen gibt und keine Einigung erzielt werden konnte.
8. Versucht, euch klarzumachen, was ihr in der angeblichen „Quasselstunde Diskussion" bei der Bearbeitung der Aufgaben 4–7 gelernt habt.

In meiner Welt

Edvard Munch, Mädchen auf der Brücke (1900)

Rafik Schami

Eine Hand voller Sterne

Dies sind die beiden ersten Tagebucheinträge eines Jungen aus Damaskus. Im Tagebuch werden dreieinhalb Jahre aus dem Leben des Jungen beschrieben.

12.1.4

„Schade, dass ich nicht schreiben kann. Ich habe viel erlebt, und es war wichtig. Heute weiß ich nicht mehr, was mich vor Jahren nächtelang nicht schlafen ließ."

„Du weißt doch eine Menge, Onkel", tröstete ich Onkel Salim.

„Nein, mein Freund", sagte er. „Von der Landschaft bleiben nur die Berge und später nur noch die Gipfel sichtbar, und das Ganze taucht im Nebel unter. Hätte ich schreiben gelernt, könnte ich nicht nur die Berge, Felder und Täler sehen, sondern jeden Stachel einer Rose wiedererkennen. Was für großartige Menschen sind doch diese Chinesen!"

Ich wunderte mich, dass Onkel Salim auf einmal bei den Chinesen gelandet war. Als ich ihn deswegen fragte, erklärte er mir: „Die Chinesen haben es mit der Erfindung des Papiers möglich gemacht, dass die Kunst des Lesens und Schreibens für jedermann zugänglich wurde. Sie brachten die Schrift von den Tempeln der Gelehrten und den Palästen der Könige auf die Straße. Sie sind großartig."

Also beschloss ich nach dem Tee bei Onkel Salim, ein Tagebuch zu führen. Ich vergesse viel. Ich weiß nicht einmal mehr den Namen der Mutter meiner ersten Freundin Samira. Mein Kopf ist wie ein Sieb.

Jeden Tag will ich schreiben!

21.1.4

Ich bin vierzehn Jahre alt und schwöre, dass ich immer wieder schreiben will. Ein sicheres Versteck für das Tagebuch habe ich gefunden. Kein Teufel kommt darauf. Deshalb kann ich mich freischreiben.

1

Aufgaben: Seite 255

Margaret Atwood

Katzenauge

In dem Roman schildert die Ich-Erzählerin Elaine ihre Jugend in den Vierzigerjahren des vorigen Jahrhunderts.
Elaine lebt bis zu ihrem neunten Lebensjahr mit den Eltern und dem älteren Bruder Stephen in der kanadischen Wildnis, in Zelten, Hütten, Motels; der Vater ist Insektenforscher, die Kinder werden von der Mutter unterrichtet.
Als der Vater Universitätsprofessor geworden ist, zieht die Familie nach Toronto. Elaine besucht zum ersten Mal eine Schule. Davon handelt dieser Textauszug.

Die Schule, in die wir geschickt werden, liegt ein ganzes Stück entfernt, an einem Friedhof vorbei, über eine Schlucht hinweg, durch eine breite kurvenreiche Straße, an der ältere Häuser stehen. Sie heißt Queen Mary Public School. Morgens gehen wir mit unserem Mittagessen in Papiertüten in unseren neuen festen Winterschuhen über den gefrorenen Matsch und durch die Überbleibsel eines Obstgartens bis zu der nächsten asphaltierten Straße; dort warten wir, bis der Schulbus angeholpert kommt, den Hügel hinauf und über die Schlaglöcher hinweg. Ich habe meinen neuen Skianzug an, meinen Rock habe ich um die Beine gewickelt und in die weiten Beine der Skihose gestopft, die beim Gehen aneinander reiben. Man kann nicht mit Hosen in die Schule gehen, man muss einen Rock anhaben. Daran bin ich nicht gewöhnt, genauso wenig wie an das Stillsitzen hinter einem Pult.
Wir essen unser Mittagbrot in dem kalten, schlecht beleuchteten Keller der Schule, wo wir unter Aufsicht in einer Reihe auf langen, verschrammten Bänken sitzen, mit einer Girlande aus Heizungsrohren über unseren Köpfen. Die meisten Kinder gehen mittags zum Essen nach Hause, nur die aus dem Schulbus müssen hierbleiben. Wir bekommen kleine Flaschen mit Milch, die wir mit Strohhalmen austrinken, die wir durch die Pappdeckel der Flaschen stecken. Es ist das erste Mal, dass ich mit Strohhalm trinke, und es verblüfft mich.
Das Schulgebäude selbst ist alt und groß, aus leberbraunen Backsteinen, mit hohen Decken, langen bedrohlichen Fluren mit Holzfußböden und Heizkörpern, die entweder voll aufgedreht oder gar nicht an sind, sodass uns entweder zu heiß ist oder wir vor Kälte zittern. Die Fenster sind hoch und schmal und in viele einzelne Scheiben unterteilt, auf denen aus Papier geschnittene Figuren kleben; jetzt sind es Schneeflocken, denn es ist Winter. Es gibt eine Vordertür, die aber niemals von den Kindern benutzt wird. An der Rückseite sind zwei grandiose, mit Schnitzereien verzierte Eingänge, und über den Türen steht in geschwungener, feierlicher Schrift: Mädchen und Jungen. Wenn die Lehrerin auf dem Schulhof ihre Messingglocke läutet, müssen wir uns zu zweit aufstellen, nach Klassen geordnet, Mädchen und Jungen jeweils in einer eigenen Reihe, und durch unsere getrennten Türen gehen. Die Mädchen fassen sich an den Händen, die Jungen nicht. Wenn man durch die falsche Tür geht, kriegt man eins mit dem Riemen – jedenfalls sagen das alle.

Die Jungen-Tür macht mich sehr neugierig. Was mag das für ein Gefühl sein, durch eine andere Tür zu gehen, wenn man eine Junge ist? Was befindet sich dahinter, wofür man sich einen Schlag mit dem Riemen verdienen kann? Mein Bruder sagt, die Treppe dahinter sei nichts Besonderes, eine ganz gewöhnliche Treppe. Ein getrenntes Klassenzimmer haben die Jungen nicht, sie sind mit uns zusammen. Sie gehen durch ihre Tür Jungen und gelangen an denselben Ort wie wir. Ich sehe ein, dass die Jungen vielleicht ein eigenes Klo haben müssen, schließlich pinkeln sie anders als wir, und auch dass sie einen eigenen Schulhof haben, kann ich verstehen, weil sie immer so schubsen und sich prügeln. Aber das mit der Tür wundert mich. Ich würde da gern mal reinsehen.

Außer den getrennten Türen haben Jungen und Mädchen auch verschiedene Schulhöfe. Vorn, vor dem Lehrereingang, befindet sich ein Spielfeld, das mit roter Asche bedeckt ist, da ist der Spielplatz für die Jungen. Neben dem Schulhaus, von der Straße abgewandt, ist ein Hügel, in den Holzstufen gelegt sind, auf denen man raufklettern kann, ausgewaschene Rillen am Hang und oben ein paar verkümmerte Immergrün-Büsche. Nach altem Brauch gehört der Hügel den Mädchen, und die älteren stehen in Dreier- oder Vierergruppen dort oben, stecken die Köpfe zusammen, flüstern. Manchmal rennen die Jungen allerdings auch den Hügel hinauf, brüllend und die Arme schwenkend. Der zementierte Platz vor den Türen für JUNGEN und MÄDCHEN gehört allen, da ihn auch die Jungen überqueren müssen, um zu ihrer Tür zu gelangen. [...]

Meinen Bruder sehe ich in der Schule nur beim Aufstellen. [...] Tagsüber verliere ich ihn aus den Augen, sobald wir aus dem Haus sind. Er geht weit vor mir, wirft mit Schneebällen, und im Bus sitzt er immer hinten, in einem lauten Knäuel älterer Jungen. Und wenn die Schule aus ist, läuft er, nachdem er mit den Prügeleien, die in jeder Schule von einem Neuen erwartet werden, durch ist, auf und davon, um mitzuhelfen, gegen die Jungen von der katholischen Schule in der Nähe Krieg zu führen. [...]

Bei diesen Anlässen hüte ich mich, mit meinem Bruder zu reden oder ihn oder irgendeinen anderen Jungen auf mich aufmerksam zu machen. Jungen, die jüngere Schwestern haben, oder überhaupt eine Schwester oder eine Mutter, werden verspottet; das ist wie mit neuen Sachen zum Anziehen. Wenn mein Bruder irgendwas Neues bekommt, macht er es ganz schnell schmutzig, damit man es nicht merkt; und wenn er mit mir oder meiner Mutter irgendwo hingehen muss, geht er ein Stück vor oder hinter uns oder auf der anderen Straßenseite. Wenn er meinetwegen verhöhnt wird, muss er sich noch mehr prügeln. Es wäre gemein von mir, ihn anzureden, ihn beim Namen zu rufen. Das kann ich verstehen, deshalb passe ich auf.

Und so bleiben mir nur die Mädchen, endlich richtige Mädchen, aus Fleisch und Blut. Aber ich bin es nicht gewohnt, mit Mädchen umzugehen, und ihre Sitten und Gebräuche sind mir fremd. Mir ist unbehaglich, wenn ich mit ihnen zusammen bin, ich weiß nicht, was ich sagen soll. Ich kenne die Spielregeln der

Jungen, die stillschweigend befolgt werden, aber bei Mädchen habe ich ständig das Gefühl, jeden Augenblick am Rande eines unvorhergesehenen, katastrophalen Schnitzers zu stehen.

Ein Mädchen namens Carol Campbell freundet sich mit mir an. Eigentlich kann sie gar nicht anders, denn sie ist das einzige Mädchen aus meiner Klasse, das auch mit dem Schulbus fährt. Die Kinder, die mit dem Bus in die Schule kommen und ihr Mittagbrot im Keller essen, anstatt nach Hause zu gehen, werden ein bisschen wie Ausländer behandelt, und es besteht die Gefahr, dass sie beim Aufstellen, wenn es läutet, niemanden haben, mit dem sie sich in die Reihe stellen können. Daher sitzt Carol im Schulbus neben mir, hält beim Aufstellen meine Hand, flüstert mit mir und isst neben mir auf der Holzbank im Keller.

Carol wohnt in einem der älteren Häuser auf der anderen Seite des aufgegebenen Obstgartens, ein bisschen näher an der Schule; es ist ein gelbes Backsteinhaus, zweistöckig und mit grünen Läden an den Fenstern. Sie ist ein untersetztes Mädchen und lacht gern und oft. Sie sagt, ihre Haare seien honigblond und ihr Haarschnitt ein Bubikopf und dass sie alle zwei Monate zum Friseur gehen müsse, um ihn sich schneiden zu lassen. Ich wusste gar nicht, dass es so was wie Bubiköpfe und Friseure gibt. Meine Mutter geht nicht zum Friseur. Sie trägt ihr Haar lang, nur an den Seiten hochgesteckt, wie bei den Frauen auf den Kriegsplakaten, und meine Haare sind nie geschnitten worden.

Carol und ihre jüngere Schwester haben für den Sonntag Kleider, die zusammenpassen: braune Tweedmäntel mit Samtkragen, runde braune Samthüte mit einem Gummiband unter dem Kinn, damit sie nicht wegfliegen. Sie haben braune Handschuhe und kleine braune Täschchen. Das alles erzählt sie mir. Sie gehören der anglikanischen Kirche an. Carol fragt mich, zu welcher Kirche ich gehöre, und ich sage ihr, dass ich es nicht weiß. In Wirklichkeit gehen wir nie in die Kirche.

Nach der Schule gehen Carol und ich zusammen nach Hause, nicht denselben Weg, den wir morgens mit dem Schulbus fahren, sondern einen anderen Weg, durch Seitenstraßen und über eine zerfallende Holzbrücke für Fußgänger, die über die Schlucht führt. Man hat uns gesagt, dass wir diesen Weg nicht allein gehen und dass wir nicht hinunter in die Schlucht dürfen. Dort unten könnten Männer sein, sagt Carol. Keine gewöhnlichen Männer, sondern solche, die irgendwie anders sind, schattenhaft, namenlos, die einem etwas antun könnten. Sie lächelt und flüstert, wenn sie *Männer* sagt, als handle es sich um einen besonders aufregenden Witz. Wir überqueren die Brücke leichten Fußes, weichen den Stellen aus, an denen die Bretter durchgefault sind, und halten Ausschau nach Männern.

Carol lädt mich nach der Schule in ihr Haus ein und zeigt mir ihren Schrank mit ihren Kleidern. Sie hat eine Menge Kleider und Röcke; sie hat sogar einen Morgenmantel und dazu passende weiche Pantoffeln. Ich habe noch nie so viele Mädchenkleider auf einem Haufen gesehen.

Sie lässt mich von der Tür aus in ihr Wohnzimmer sehen, aber reingehen dürfen wir nicht. Sie selbst darf auch nicht rein, außer wenn sie Klavierspielen übt. Im Wohnzimmer stehen ein Sofa und zwei Sessel und dazu passende Vorhänge, alle aus einem rosageblümten beigefarbenen Stoff, Chintz, wie Carol sagt. Sie spricht es voller Ehrfurcht aus, als wäre es irgendetwas Heiliges, und ich spreche es in Gedanken nach: *Chintz*. Das hört sich an wie der Name eines Flusskrebses oder irgendeines außerirdischen Wesens auf dem fernen Planeten meines Bruders. [...]

Paul Klee, Es war ein Kind, das wollte nie (1920)

Sie erzählt mir von Jungen in der Schule, die angeblich in sie verliebt sind, aber ich muss ihr versprechen, es nicht weiterzusagen. Sie fragt mich, welche Jungen in mich verliebt sind. Darüber habe ich mir noch gar keine Gedanken gemacht, aber ich sehe ein, dass sie darauf eine Antwort erwartet, irgendeine. Ich sage ihr, dass ich mir nicht ganz sicher bin.

Carol kommt zu mir nach Hause und nimmt alles in sich auf – die ungestrichenen Wände, die Drähte, die aus den Decken ragen, die unfertigen Fußböden, die Armeepritschen – mit ungläubigem Frohlocken. „Da drin *schläfst* du?“, sagt sie. „Und da *isst* du? Das sind deine *Kleider*?“ Meine meisten Anziehsachen, nicht gerade viel, sind Hosen und Strickjacken. Ich besitze zwei Kleider, eins für den Sommer und eins für den Winter, und einen Umhang und einen Rock aus Wollstoff für die Schule. Ich habe plötzlich den Verdacht, dass ich vielleicht mehr haben sollte.

Carol erzählt allen in der Schule, dass wir bei uns zu Hause auf dem Fußboden schlafen. Sie tut so, als würden wir es mit Absicht tun, weil wir vom Land kommen; wir glaubten eben daran, das zu tun. Sie ist enttäuscht, als unsere richtigen Betten aus dem Lager eintreffen, mit vier Beinen und Matratzen, so wie die Betten von allen anderen Leuten auch. Sie verbreitet, dass ich nicht wisse, welcher Kirche ich angehöre, und dass wir an einem Kartentisch essen. Sie gibt diese Einzelheiten nicht etwa geringschätzig weiter, sondern so, als handle es sich um exotische Besonderheiten. Schließlich stehe ich beim Aufstellen neben ihr, und sie will, dass man mich bestaunt. Genauer gesagt, möchte sie selbst angestaunt werden, weil sie solch erstaunliche Dinge zu berichten weiß. Es ist, als berichtete sie von den grotesken Riten eines primitiven Stammes: wahr, aber unglaublich.

Walter Helmut Fritz

2 Das Kind sieht den Kreisen nach

Aufgaben: Seite 255

Als der Vormittag
in einem Boot
vorübergefahren ist,
als die Stille
am stärksten leuchtet,
wirft das Kind
den Stein in den See
und sieht den Kreisen nach,
die nicht aufhören
sich auszubreiten,
ihre Grenzen
nicht finden werden.

Robert Delauny, Blumen mit Regenbogen (1925)

Hans-Jürgen Heise

3 Hinter der Ziegelscheune

Aufgaben: Seite 255

Der Wind kam den Pfad entlang
weiter war nichts

Ich hatte ein kleines Feuer
unter den Händen: eine Glasscherbe
voll Sonnenschein
damit spiegelte ich
den Spatzen
Papageienfedern zu

Janet Frame

Ein Engel an meiner Tafel

Der Text stammt aus einer Autobiografie. Janet Frame erzählt die Geschichte ihrer Kindheit in Neuseeland.

4

Aufgaben: Seite 256

Während der ersten Woche in unserem Haus in Glenham entdeckte ich einen Platz, meinen Platz. Ich ging allein auf Entdeckungsreise und fand einen versteckten Platz unter alten, umgefallenen Bäumen an einem winzigen Bach, wo man auf einem moosbedeckten Stamm sitzen konnte und wo die Zweige der Birke mit ihrem frischen Laub ein Dach bildeten, das den Himmel ausschloss, bis auf die ein Muster bildenden Löcher aus Sonnenlicht. Der Boden war mit einer Unmenge alter, abgefallener Blätter bedeckt, matschig, schlüpfrig, nass. Ich saß auf dem Stamm und blickte um mich. Ich wurde überwältigt von einem köstlichen Gefühl der Entdeckung, der Dankbarkeit, des Besitzerstolzes. Ich wusste, dass dieser Platz einzig und allein mir gehörte; mir gehörte das Moos, das Bächlein, der Stamm, das Geheimnis. Es war eine neue Art des Besitzes …

Ich kann mich an mein überwältigendes Gefühl der Vorfreude und Erregung über die Welt erinnern – wobei die Welt mein Platz bei der umgefallenen Birke war, mit dem Gras, den Insekten im Gras, dem Himmel, den Schafen und Kühen und Kaninchen, den Wachsaugen und den Habichten – allen Dingen unter freiem Himmel. Ich erinnere mich an mein besonderes Gefühl für den Himmel, so weit über mir, dort oben ... und wie ich von Sehnsucht danach erfüllt war, von einer Art Heimweh, das mein Bruder und meine Schwestern ein paar Jahre später mit mir teilten, als wir ein altes Schulbuch mit einem Gedicht fanden, welches mit folgenden Worten begann:

Ein Knäblein lag auf dem Rücken im Gras,
das Gesicht zum Himmel gewandt,
und sah zu, wie langsam, träge und sacht
zog vorüber das Wolkenband.

Wir lagen alle zusammen im langen Sommergras, blickten zum Himmel empor, sagten das Gedicht auf und wussten, dass jeder dasselbe Heimweh und dieselbe Sehnsucht nach dem Himmel empfand.

Albrecht Dürer, Großes Rasenstück (1503)

5

Aufgaben: Seite 256

M.C. Escher, Pfütze (1952)

6

Aufgaben: Seite 256

Tschingis Aitmatow

Der weiße Dampfer

Tagsüber, meist um die Mittagszeit, verzog sich der Junge gern ins dichte Schilf. Das Schilf steht hier hoch, Blüten hat es nicht, doch es riecht wunderbar und wächst in Grüppchen stellenweise in Mengen und lässt kein anderes Kraut an sich heran. Die Schilfstängel sind wirkliche Freunde. Besonders, wenn man wieder mal gekränkt wurde und einem zum Heulen war, dann konnte man sich ins Schilf verkriechen, da sah einen keiner. Sie riechen wie Kieferngehölz am Waldesrand. Warm und ruhig war es im Schilf. Vor allem ließen die Halme den Himmel frei. Man brauchte sich nur auf den Rücken zu legen und schon konnte man den Himmel sehen. Zuerst war vor lauter Tränen gar nichts zu erkennen. Dann aber kommen Wolken angeschwebt, werden zu Figuren, alles, was man sich einfallen lässt. Die Wolken wissen, dass es dir nicht sehr gut geht, dass du fortlaufen willst oder wegfliegen, damit dich niemand mehr findet und keiner aus dem Seufzen und Stöhnen herauskommt, jetzt ist er weg, dieser Bengel, ob wir den je wiedersehen. Und damit es dazu nicht kommt, damit du nirgendwohin läufst, sondern still liegen bleibst und der Anblick der Wolken dich tröstet, werden die Wolken jede beliebige Gestalt annehmen, was immer du wünschst. Aus ein und denselben Wolken konnten ganz unterschiedliche Dinge entstehen. Man musste nur erkennen, was die Wolken darstellten.

Im Schilf war es still, und den Himmel verdeckte es auch nicht. So ein Schilf war das, und obendrein roch es warm nach Kiefernnadeln …

Rafik Schami, **Eine Hand voller Sterne** *(Seite 247)*

1. In dem Text erfährst du Gründe, derentwegen Menschen ein Tagebuch führen. Schreibe die Gründe auf.
2. Der Junge wird sein Tagebuch an einem sicheren Ort verstecken. Überlege dir, warum er nicht will, dass irgendjemand sein Tagebuch liest.
3. Verfasse einen Tagebucheintrag über einen Tag in deinem Leben. Zeige, was das Besondere am Tagebuch-Schreiben ist. Aus deinen Tagebucheinträgen kann vielleicht irgendwann einmal eine richtige Geschichte werden.

1 *Margaret Atwood,* **Katzenauge** *(Seite 248)*

1. Formuliere die Verhaltensregeln für Jungen und Mädchen, von denen der Textausschnitt berichtet.
2. Untersuche, an welche Regeln sich Elaine nicht hält, nicht halten will oder nicht halten kann.
3. Verfasse eine „Schulordnung" über die ungeschriebenen Verhaltensregeln, die an deiner Schule gelten.
4. Beschreibe, inwiefern Elaine „anders" als die anderen Mädchen ist. Überlege dir, ob sie an dieser Schule Freundinnen finden könnte.

2 *Walter Helmut Fritz,* **Das Kind sieht den Kreisen nach** *(Seite 252)*

1. *„Als der Vormittag (...) vorübergefahren ist, als die Stille am stärksten leuchtet"* – dies ist die Zeit, als das Kind einen Stein in den See wirft. Du kannst die Tageszeit anders beschreiben, indem du die Temporalsätze ergänzt oder ersetzt.
2. Der Vormittag fährt in einem Boot vorüber. Finde Bilder für die Art und Weise, wie ein Morgen, ein Nachmittag, ein Abend und die Nacht vorübergehen.
3. Versetze dich in das Kind, das vielleicht bäuchlings auf einem Bootssteg liegt und ins Wasser schaut. Schreibe auf, was dem Kind dabei durch den Kopf gehen könnte. Schreibe in der Ich-Form.

3 *Hans-Jürgen Heise,* **Hinter der Ziegelscheune** *(Seite 252)*

1. Beschreibe in eigenen Worten, was die Person im Gedicht tut.
2. *„weiter war nichts"* steht in diesem Gedicht. Verfasse auch du einen kurzen Text über einen Moment, der dich beeindruckt hat, auch wenn eigentlich nichts Besonderes geschehen ist.

4 *Janet Frame,* Ein Engel an meiner Tafel *(Seite 253)*

1. Fertige eine Bild-Collage über Janets Lieblingsplatz an. Beginne damit, dass du den Satz des Textes, den du für den wichtigsten hältst, in die Mitte des Blatts schreibst. Fülle dann das Blatt drumherum mit Wörtern und Zeichnungen.
2. Schreibe alle Wörter heraus, die das Besondere an Janets „Platz" zeigen. Erkläre das „Geheimnis" dieses Platzes.

5 *Bild von M.C. Escher,* Die Pfütze *(Seite 254)*

Beschreibe die Zeichnung in wenigen kurzen Sätzen, die du zu einem Gedicht gestaltest.

6 *Tschingis Aitmatow,* Der weiße Dampfer *(Seite 254)*

1. Schreibe in zwei Spalten heraus:
- wie sich der Junge fühlt,
- was das Schilf und der Himmel für ihn bedeuten.

2. Erkläre den Satz: *„Man musste nur erkennen, was die Wolken darstellten."* (Z. 20)

PROJEKT

Künstlerwelten

Die Schriftsteller, Schriftstellerinnen und Maler, die in diesem Kapitel vertreten sind, stammen aus den unterschiedlichsten Weltgegenden: aus Damaskus in Syrien, aus Deutschland, aus den Niederlanden, aus Italien usw. Sie leben oder haben in New York, Ottawa, Leipzig und an vielen anderen Orten gelebt.
Finde heraus, wo die einzelnen Künstler geboren wurden und wo sie gelebt haben. Für die Recherche steht dir dafür neben den Bibliotheken auch noch das Internet zur Verfügung.
Stelle ihren Lebenslauf in einem kurzen Vortrag vor.
Ihr könnt die Wand des Klassenraums mit diesen Porträts schmücken, die ihr mit Fotos der Personen und der Stationen ihres Lebenslaufs ergänzt. Zeichnungen wären auch schön. Zu den Porträts gehören Zitate aus den Werken.
Anstelle einer Wandzeitung könnt ihr auch eine Broschüre herstellen.

Kreativer Umgang mit Gedichten

Schreibe dein eigenes Gedicht

Wie du auf Ideen kommst

1. Suche dir einen Begriff, z. B. eine Eigenschaft, schreibe ihn mitten auf ein leeres Blatt. Dann schreibst du rund um dieses Wort alles auf, was dir dazu einfällt. Aus diesen Einfällen kann sich ein Text entwickeln.
Wenn du z. B. eine Farbe wählst, kann das, was entsteht, so aussehen:

„Grau"

Der Nebel ist grau, wenn die Wolken über dem Boden schweben.
Grau ist der Himmel, wenn Regen ansteht.
Grau wird der Himmel auch, wenn der Rauch eines Feuers aufsteigt.
Grau sind Ruinen, wo keiner lebt und Asche liegt.
Grau kann eine einsame Farbe sein, wenn man allein ist.
Grau kann auch lebhaft sein wie eine wilde Maus.
Grau werden wir alle, unsere Haare und unsere Gedanken.

2. Beschreibe, wie in diesen Texten die Sätze gebaut und wie sie angeordnet sind.
3. Suche dir ein eigenes Adjektiv und verfasse ein Gedicht darüber.

„Blau"

Blau sind Wollfäden und Lenas Pulli.
Blau ist das Wasser und auch der Himmel.
Blau sind Fensterrahmen und Wärme.
Blau ist eine Augenfarbe, sind aber auch Blutergüsse.
Blau ist unser Franzbuch.
Blau ist Tinte und dadurch auch meine Hand.

Artur Steiner

„Grün“

Wenn ich ein Haus hätte,
müsste es grün sein.

Grüne Hauser
sind grün in der Dürre.

Grüne Häuser
sind grün im Schnee.

In grünen Häusern
wohnen grüne Leute.

Wenn ich ein Haus hätte,
müsste es grün sein.

Dieses Gedicht hat ein Schriftsteller über die Farbe Grün geschrieben.

4. Beschreibe, wie das Gedicht aufgebaut ist.

5. Die Farbe Grün bekommt in diesem Gedicht eine besondere Bedeutung. Erkläre die Bedeutung.

6. Zeichne die grünen Leute aus der 4. Strophe.

Wie du deine Ideen ordnen kannst

Zu dem Begriff *Radfahren* hat eine Schülerin Folgendes aufgeschrieben:

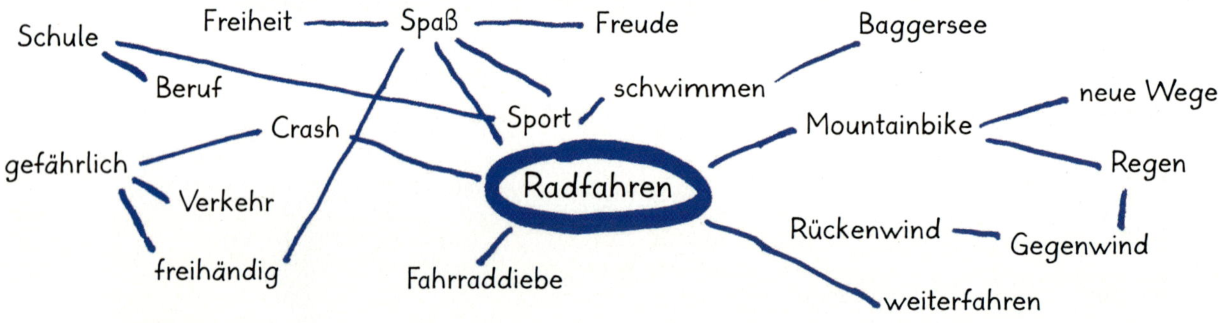

Ideen finden und ordnen

Wörter, die einem spontan zu einem Thema einfallen, nennt man Assoziationen. Wenn man Ideen zu einem Thema, über das man schreiben will, schriftlich sammelt, entsteht ein Cluster.

Ein **Cluster** ist ein Geflecht von Wörtern. Man schreibt einen Begriff in die Mitte eines Blattes; alle Wörter, die einem spontan einfallen, werden um diesen Begriff herum aufgeschrieben. Anschließend werden die Wörter durch Striche miteinander verbunden und so in eine gewisse Ordnung gebracht.

Anschließend haben drei Schülerinnen ihre Fassungen eines Textes formuliert:

Radfahren

Freiheit
Spaß
Freude
Sport
zur Schule fahren
zum Beruf
im Verkehr
und zum Baggersee
schwimmen
freihändig fahren
Gefahr
Crash
Fahrraddiebe
mit dem Mountainbike
im Regen
im Gegenwind
neue Wege fahren.

Radfahren

fahren
zur Schule
zur Arbeit
aus Spaß
als Beruf
als Sport
zur Freude
einfach weiterfahren
Freiheit
freihändig
gefährlich
Rückenwind
Regen
Gegenwind
zum Baggersee fahren und
schwimmen
durch den Verkehr
neue Wege finden
Crash
Mountainbike
Fahrraddiebe

Radfahren

fahren
zur Schule
zur Arbeit
als Sport
zur Freude
Rückenwind
Regen
Gegenwind
einfach weiterfahren
neue Wege finden
Freiheit
freihändig
Crash

1. Vergleiche die drei Fassungen:
- Beschreibe, wie die Texte aufgebaut sind.
- Zeige, was für den Verfasser in den drei Fassungen jeweils das Wichtigste ist.
- Begründe, welche Fassung du für die beste hältst.

2. Erkläre, was die Zeile „*neue Wege finden*" bedeutet.

Darauf sollte man beim **Verfassen eines Gedichts** achten:
- Die Reihenfolge der Zeilen sollte sinnvoll sein, sodass „der Schluss" auch am Ende des Textes steht.
- Jede Strophe hat ein Thema oder einen thematischen Zusammenhang.
- Wiederholungen verwendet man nur, wenn man damit etwas Bestimmtes aussagen will.
- Wörter können eine Doppelbedeutung haben, die man nutzen kann. Eine solche doppelte Bedeutung hat z.B. der Ausdruck *neue Wege finden*. Aber auch die Begriffe *Rückenwind* und *Gegenwind* kann man doppelt verstehen.

Wie du deine Texte verbessern kannst

Wenn du deine Texte verbessern willst, kannst du dir helfen lassen. Eine solche Arbeitsgruppe, die gemeinsam ihre Texte liest, kritisiert und verbessert, nennt man Schreibkonferenz.

METHODE M

Überarbeiten und Verbessern von Texten – Schreibkonferenz

Eine Schreibkonferenz ist eine Arbeitsgruppe, in der jeder den anderen seinen Text vorlegt. Wer den Text gelesen hat, schreibt der Verfasserin/dem Verfasser einen Brief: einen Kommentar zum Text. Der Kommentar soll folgendermaßen aufgebaut sein:

- Zuerst wird dargelegt, wie man den Text verstanden hat oder was einem Besonderes aufgefallen ist.
- Dann wird gezeigt, was einem an dem Text gefallen hat.
- Schließlich schreibt man noch auf, was einem an dem Text stört oder was man nicht versteht. Verbesserungsvorschläge sollten jedoch nicht kommentarlos vorgebracht werden.

In Rätseln sprechen

Reiner Kunze

Radfahren

Ablenken, hin
zu den wäldern

Die autofahrer lächeln
wie erwachsene

und wirklich, im wald
auf ästelndem pfad, knarrt
die kinderknarre[1] in den speichen

Wenn wir absteigen
wie von einem schüttelsieb, ist der geist
feiner sand

und lockt zum spielen

Konrad Klapheck, Schicksal (1978–90)

1. In diesem Gedicht *„ist der geist feiner sand"*; jemand hört *„die kinderknarre in den speichen"* knarren. Das Gedicht steckt voller rätselhafter Formulierungen. Finde weitere rätselhafte Stellen in dem Gedicht.

2. Erkläre die doppelte Bedeutung des Begriffs *ablenken* in der ersten Zeile.

3. Stell dir vor, was der *feine sand* bedeutet oder was der Radfahrer tatsächlich hört, als er über die Äste fährt.

Schreibe nun deine Erklärungen zu den rätselhaften Stellen in Tabellenform auf:

im Text steht	das bedeutet erstens	und zweitens
ablenken	woanders hin lenken	an etwas anderes denken
die Kinderknarre knarrt	der Radfahrer hört die Äste knacken	der Radfahrer …
…	…	

4. Beschreibe nun, wie in diesem Gedicht das Radfahren erlebt wird.

5. Finde Bilder für das Gefühl, das du hast, wenn du aus der Achterbahn steigst.

6. Schreibe dein eigenes Gedicht über Segeln, Skate-Board-Fahren, Surfen oder über Schwimmen.

[1] *Kinderknarre:* ein Stück Plastik oder Pappe, das zwischen die Speichen geklemmt wird und bei jeder Umdrehung knarrt.

7. Das Bild von Giuseppe Arcimboldo ist ein Rätselbild.
Mache aus dem Bild ein Gedicht, in dem du alles, was zum Sommer gehört, aufzählst und untereinander aufschreibst.

Giuseppe Arcimboldo, Der Sommer (1593)

8. Die folgenden Gedichte sind wirkliche Rätsel: Löse sie!

Friedrich Schiller

Unter allen Schlangen ist *eine*,
Auf Erden nicht gezeugt,
Mit der an Schnelle keine,
An Wut sich keine vergleicht.

Sie stürzt mit furchtbarer Stimme
Auf ihren Raub sich los,
Vertilgt in *einem* Grimme
Den Reiter und sein Ross.

Sie liebt die höchsten Spitzen,
Nicht Schloss, nicht Riegel kann
Vor ihrem Anfall schützen;
Der Harnisch – lockt sie an.

Sie bricht, wie dünne Halmen,
Den stärksten Baum entzwei;
Sie kann das Erz zermalmen,
Wie dicht und fest es sei.

Und dieses Ungeheuer
Hat zweimal nie gedroht –
Es stirbt im eignen Feuer,:
Wie's tötet, ist es tot!

Einige Schüler haben rätselhafte Texte über Dinge aus der Schule geschrieben:

Diese dürre, graue
Giraffe nimmt morgens
ganz große Blätter
in den Mund.

Sie schläft von mittags
bis morgens.

Diese grüne Wiese
wandert von Stunde zu Stunde
auf und ab.
Nach jeder Stunde wird
sie gesprengt
und gesäubert.
Damit ein kleiner,
weißer Kerl
sie wieder in der nächsten
Stunde betreten kann.

Damit das Lösen der Rätsel nicht so schwerfällt, findest du im Wortspeicher einige Lösungswörter, natürlich mehr, als du wirklich brauchst:

9. Erfinde eigene Rätsel.

Die folgenden rätselhaften Texte haben Schülerinnen und Schüler verfasst:

Meine Bücher holen mich raus.
Die Aufgaben machen mich.
Lösungen suchen mich.
Die Fragen verzweifeln an mir.

Mein Wecker hört mich klingeln. Meine Decke schmeißt mich weg.
Das Bett wacht in mir auf.

Die Stube geht in mich und sieht fern. Ein alter Krimi schaut mich an. Die Glotze schaltet mich wieder aus, da der Film mich schon kannte.

10. Stelle die „ursprünglichen" Sätze wieder her. Erkläre, wie sich dein Verständnis verändert, wenn du die verdrehten Texte liest.
11. Erfinde eigene Texte. Beschreibe einfache, alltägliche Dinge in zwei oder drei Sätzen und verdrehe die Sätze, indem du Subjekt und Objekt vertauschst.
12. Was ist bei dem folgenden Text passiert?

Rose Ausländer

Das Ziel

Das Ziel ist an mir
vorübergegangen

Als ichs erkannte
war es schon
am Horizont
angelangt

und verlor mich
aus den Augen

Peter Severin Krøyer, Shagens Südstrand (1883)

Gestaltungsmittel in Gedichten

Lyrisches Ich

Im folgenden Kapitel erfährst du, wie viele Gedichte gestaltet sind. Du lernst dabei auch Begriffe kennen, mit denen die Bauformen der Gedichte beschrieben werden.

Johann Wolfgang Goethe

Gedichte sind gemalte Fensterscheiben

Gedichte sind gemalte Fensterscheiben!
Sieht man vom Markt in die Kirche hinein,
Da ist alles dunkel und düster;
Und so sieht's auch der Herr Philister[1]:
Der mag denn wohl verdrießlich sein
Und lebenslang verdrießlich bleiben.

Kommt aber nur einmal herein!
Begrüßt die heilige Kapelle;
Da ist's auf einmal farbig helle,
Geschicht' und Zierat[2] glänzt in Schnelle,
Bedeutend wirkt ein edler Schein;
Dies wird euch Kindern Gottes taugen,
Erbaut euch und ergetzt[3] die Augen!

[1] *Philister:* Kleinbürger, Spießbürger

[2] *Zierat:* Verzierung

[3] *ergetzen:* ergötzen, erfreuen

In diesem Gedicht über Gedichte verwendet Johann Wolfgang Goethe ein zunächst rätselhaftes Bild: Gedichte sind wie bunte Kirchenfenster, die von außen und von innen betrachtet unterschiedlich aussehen.
Du hast entsprechend den Aufgaben in diesem Kapitel selbst Gedichte geschrieben, die möglicherweise in einer Schreibkonferenz (☞ S. 260) von deinen Mitschülern und Mitschülerinnen besprochen wurden. Dabei hast du feststellen können, wie unterschiedlich die Erfahrungen mit Gedichten sind. Vielleicht wollte oder konnte jemand gerade deinen Text nicht verstehen.

1. Setzt euch erneut zu einer Schreibkonferenz zusammen, teilt euch dann in zwei Gruppen, die bestimmte Rollen übernehmen: Die eine Gruppe liebt Lyrik, die andere bemüht sich, sie langweilig oder uninteressant oder lächerlich zu finden. Nehmt euch ein Gedicht als Beispiel; jede der Gruppen erklärt der anderen dieses Gedicht. So könnt ihr zeigen, wie sehr das Verstehen des Gedichts von dieser Voreinstellung abhängt.

Wenn Goethe schreibt, man sollte die Kirchen betreten, verlangt er aber mehr als nur eine positive Grundeinstellung zu Gedichten. Er verlangt auch ein genaues Hinsehen. Dieses genaue Hinsehen kannst du an Goethes Gedicht erproben.

2. Stelle die erste und die zweite Strophe einander gegenüber, indem du die Wörter in einer Tabelle auflistest, die für die eine und die andere Strophe jeweils typisch sind.

3. Untersuche die Begriffe, die du für die 2. Strophe aufgelistet hast. Beschreibe mit eigenen Worten, welche Wirkung Goethe den Lesern verspricht.

4. Auf den folgenden Seiten wirst du über die Gestaltungsmittel in Gedichten einiges lernen. Beschäftige dich zum Abschluss dieser Einheit noch einmal mit Goethes Gedicht und versuche, das Gelernte anzuwenden.

5. Führt das Gedicht pantomimisch auf. Dafür braucht man Passanten, die sich in „Philister" und bereitwillige Besucher der Kirche teilen. Eine Person muss versuchen, die Passanten in die Kirche zu locken. Überlegt, was den Besuchern in der Kirche gezeigt werden kann.

Sicher hast du bemerkt, dass derjenige, der die Passanten in die Kirche lockte, nicht Goethe selbst ist. Ein Jemand spricht in diesem Gedicht die Leser an.

> ERINNERT EUCH
>
> Wenn in einem Gedicht ein „Ich" redet, ist das nicht unbedingt der Autor oder die Autorin selbst. Man nennt dieses Ich **„Lyrisches Ich"**, „Lyrisches Wir" oder „Sprecher". Es gibt auch ein „Lyrisches Du".

Bilder

Georg Heym

April

Das erste Grün der Saat, von Regen feucht,
Zieht weit sich hin an niedrer Hügel Flucht.
Zwei große Krähen flattern aufgescheucht
Zu braunem Dorngebüsch in grüner Schlucht.

Wie auf der stillen See ein Wölkchen steht,
So ruhn die Berge hinten in dem Blau,
Auf die ein feiner Regen niedergeht,
Wie Silberschleier, dünn und zitternd grau.

1. In diesem Gedicht werden Bilder dargestellt. Suche dir eines aus und zeichne es.

2. Vergleicht eure Bilder und beschreibt die Bedeutung der Farben.

3. In der zweiten Strophe findest du zweimal das Wort „wie". Es bezeichnet Vergleiche. Erkläre, wie die Vergleiche zustande kommen.

> Ein **Vergleich** von zwei Dingen – von Bild und Gegenbild – macht Texte anschaulicher. Was verglichen wird, muss etwas gemeinsam („tertium comparationis") haben. Einen Vergleich erkennst du an den Vergleichspartikeln *als*, *als ob* oder *wie*.

4. Schreibe einen Text über deinen Tag:
• Mein Aufwachen ist wie ... • Mein Frühstück ist wie ...

In den beiden folgenden Gedichten werden Flüsse beschrieben.

5. Untersuche, womit die Flüsse bzw. die Flussläufe hier verglichen werden.

6. Untersuche auch einzelne Bilder innerhalb der Vergleiche.

7. Male ein Bild, das eines der beiden Gedichte illustriert.

Georg Britting
Der Strom

Der große Strom kam breit hergeflossen
Wie ein großer silberner Fisch. Wälder warn seine Flossen.
Mit dem hellen Schwanz hat er am Himmel angestoßen.
So schwamm er schnaubend in die Ebene hinein.
Licht wogte um ihn, dunstiger Schein.
Dann war nur mehr er, nur mehr er, der silberne, nur mehr er allein.

Hans Arp
Aus dem irdischen Irrgarten

Wasserfälle fallen
tosend übereinander
tosend durcheinander
zerzausen ihre Schaumbärte
und fressen sich auf.
Verdaut auferstanden und sanft
ziehen sie alsdann
harmonisch durch die Ebene dahin.

8. Nur in einem der beiden Gedichte findest du einen „richtigen" Vergleich. Formuliere für das andere Gedicht eine zusätzliche Zeile, sodass aus dem Bild ein Vergleich wird.

9. Finde ein Vergleichs-Bild für eine Stadt, einen Hafen, einen Berg, deine Schule. Beschreibe dieses Vergleichs-Bild.

Wer in Bildern formuliert, sagt etwas und meint **eigentlich** etwas anderes. Er spricht „uneigentlich":

> Sprachliche Bilder nennt man **Metaphern.** Eine Metapher kann man als abgekürzten Vergleich bezeichnen. Metaphern, die in Gedichten verwendet werden, sind häufig ungewöhnlich, sie lassen uns die Dinge neu und anders sehen.

Der nächste Text ist ein zerschnittenes Gedicht; die Zeilen sind vertauscht und verstreut. Eine der Zeilen ist die Überschrift!

Rinnt grün das junge Licht
Anbricht.
Er reißt den silbernen Fächer
Kühl durch die Windgemächer
Der Morgen graut über die Dächer
Der Morgen
In den Tag, der mit Schlag und Gelächter
Des Himmels auf.
Stumm herauf.

10. Schreibe die einzelnen Zeilen auf Papierstreifen und verschiebe sie so lange, bis ein sinnvoller Text entsteht. Du brauchst nichts an den einzelnen Zeilen zu verändern. Erläutere deinen Bauplan für das Gedicht.

11. Wenn du eine sinnvolle Zeilenfolge gefunden hast, schreibst du die Adjektive und die wichtigen Verben und Substantive in der Reihenfolge der Zeilen heraus.

12. Untersuche die Reihenfolge, verbinde die Wörter, die zueinander gehören, mit Strichen, und beschreibe mit eigenen Worten den Ablauf des Geschehens.

13. Lass dir von deiner Lehrkraft das komplette Gedicht von Georg Britting geben, dessen einzelne Zeilen du nun schon kennst. Vergleiche damit deine Fassung.

14. Untersuche die Bilder und zeige, welche Sinne angesprochen werden. In vielen Gedichten wird eine Stimmung durch Sinneseindrücke wiedergegeben.

15. In einer der Zeilen steht *„rinnt grün das junge Licht"*. *Rinnen* kannst du fühlen, Wasser rinnt *grün*, das siehst du. Zwei Sinneseindrücke sind verschmolzen. Untersuche in dem gesamten Gedicht, welche Sinne angesprochen werden.

16. Schreibe ein Riechen-Sehen-Fühlen-Gedicht über den Sommer. Dieses Gedicht wird dir am besten gelingen, wenn du die Möglichkeit hast, nach draußen zu gehen und dort das Gedicht zu entwerfen.

17. Und wie ist es mit dem Schmecken? Beschreibe, wie ein Tag schmeckt.

Wenn zwei oder mehr Sinneseindrücke auf ungewöhnliche Art in einem Bild verschmelzen, nennt man dies eine **Synästhesie**.

18. Auch im Alltag benutzen wir Synästhesien. Erkläre: Was ist *eine sanfte Melodie, eine kalte Farbe, heiße Musik?*

August Macke, Landschaft bei Hammamet (1914)

19. Erkläre, was mit dem Boot, den Bergen und den Wolken geschehen ist.

20. Die Zitate oben im Bild stammen aus Texten dieses Kapitels (Lesebuch- und Sprachbuchteil). Finde die Texte.

Wenn sich Dinge – Boot, Wolken, Mond – wie Menschen (Personen) verhalten, nennt man diese besondere Art eines Bildes **Personifikation** oder **Personifizierung**.

21. Suche in den Gedichten dieses Kapitels weitere Personifizierungen.

Lyrische Motive

Elisabeth Borchers

Herbst

Es stürzen Blatt um Blatt
Und jedes Blatt stürzt
sich zu Tode

Hilde Domin

Es knospt

Es knospt
unter den Blättern
das nennen sie Herbst

Rainer Brambach

Flugzeit

Laub fällt, und sichtbar werden
leere Vogelhäuser im Geäst.
Es regnet, regnet weiter
bis zum Schnee –
Kommt noch ein Tag, auf Nebelhörnern
kühl November blasend,
stehn wir in Wolle eingewickelt
bis zum Kinn und prüfen unser Dach.
Die offnen Stellen füllen wir mit Sorge.
Zeit wär's zu fliegen.

Auf drei verschiedene Arten haben sich die Autoren mit dem „Herbst" beschäftigt. So wie du verschiedene Fotografien mit demselben Motiv machen könntest, haben sie jeweils etwas anderes über den Herbst ausgesagt. Der Herbst ist ihr **Motiv**.

1. Nimm eines der drei Gedichte, male ein Bild dazu oder gestalte eine Collage. Gib dem Bild oder der Collage eine Überschrift, aus der hervorgeht, welche Bedeutung der Herbst hier hat.

Reime und Klänge

1. Erkläre, wie sich das Wiesel in diesem Gedicht um „Schönheit" bemüht.

Christian Morgenstern

Das ästhetische[1] Wiesel

Ein Wiesel
saß auf einem Kiesel
inmitten Bachgeriesel

Wisst ihr
weshalb?

Das Mondkalb
verriet es mir
im Stillen:

Das raffinierte Tier
tat's um des Reimes willen.

[1] *ästhetisch:* auf die Lehre vom Schönen bezogen

Du hast in diesem Kapitel einige Gedichte kennen gelernt, die ganz ohne Reim auskommen. Für viele Gedichte aber ist der Endreim sehr wichtig. Er hat dir auch geholfen, das Gedicht „Der Morgen" auf Seite 268 in eine sinnvolle Reihenfolge der Zeilen zusammenzusetzen.

2. Beschreibe das Reimschema des Gedichts „Der Morgen", das du zusammengesetzt hast. Jede Zeile erhält einen Buchstaben, zwei sich reimende Zeilen den gleichen Buchstaben. Erinnerst du dich noch daran, was du in der 5. Klasse zum Reim gelernt hast?

ERINNERT EUCH

Drei **Reimarten** kommen in Gedichten besonders häufig vor:

Kreuzreim: a b a b / c d c d / usw.

Paarreim: a a / b b / c c / usw.

Umschließender Reim: a b b a / c d d c / usw.

3. Welches Reimschema hat das von dir zusammengesetzte Gedicht auf Seite 268?

4. Manchmal „stimmen" die Reime nicht ganz, in Schillers Rätsel (☞ S. 262) reimt sich z. B. *Spitzen* auf *schützen*. Solche Reime nennt man **unreine Reime**. Suche in diesem Rätsel weitere unreine Reime.

5. In manchen Gedichten sind nicht nur die Endreime wichtig, auch innerhalb der Zeilen gibt es Reime: **Binnenreime**.
Binnenreime findest du in Wolf Biermanns „Ballade von dem Briefträger William L. Moore aus Baltimore" (☞ S. 293 f.). Suche sie heraus.

6. Diese Binnenreime haben eine besondere Aufgabe und sie stehen an einer besonderen Stelle. Beschreibe die Wirkung der Binnenreime.

7. Ein auffälliges Stilmittel vieler Gedichte findest du im folgenden Beispiel. Um dir etwas zu helfen, wurden einige Buchstaben fett gedruckt. Lies das Gedicht laut und beschreibe, wie seine Klangwirkung zustande kommt.

Christian Morgenstern

Möwenlied

Die Möwen sehen **a**lle **a**us,
als ob sie Emma hießen.
Sie tragen einen weißen Flaus
und sind mit **Sch**rot zu **sch**ießen.

Ich schieße keine Möwe tot.
Ich **l**aß sie **l**ieber **l**eben
und füttre sie mit Roggenbrot
und rötlichen Zibeben[1].

[1] *Zibebe:* große Rosine

Manchmal fangen mehrere betonte Wörter in einer Zeile oder nahe beieinanderstehend mit dem gleichen Laut an.
Für diese besonderen Klänge gibt es den Begriff **Alliteration**.

8. Schreibe einen Text, in dem möglichst viele Wörter mit dem gleichen Laut anfangen, zum Thema „In meiner Welt".

9. Suche die Wiederholungen in Biermanns Ballade „Die Ballade von dem Briefträger William L. Moore aus Baltimore" (☞ S. 293 f.) und beschreibe ihre Wirkung. In dem Gedicht von Georg Britting, Der Strom (☞ S. 267) findest du in der letzten Zeile eine sehr auffällige Wiederholung. Erkläre, was sie aussagt.

10. In manchen Texten gibt es besondere Formen von Wiederholungen. Die verschiedenen Wiederholungen im nebenstehenden Text sagen gleichzeitig etwas über den Inhalt aus. Beschreibe diese Wechselwirkung.
Das ganze Gedicht steht auf S. 267.

Manche Texte wirken besonders stark, weil einzelne Wörter wiederholt werden. Wenn das gleiche Wort am Anfang mehrerer Zeilen steht, fällt dieses Wort besonders auf. Diese besondere Form der Wiederholung nennt man **Anapher**. Auch in Prosatexten gibt es Anaphern. Sie stehen jeweils am Satzanfang.

Es kommt auch vor, dass ganze Zeilen oder Sätze gleich – oder parallel – gebaut sind. Das ist ein **Parallelismus** oder eine Parallelfügung.

Versmaß

Viele der Gedichte unterscheiden sich von anderen Texten durch eine besondere Art, wie die Wörter betont werden. Das geschieht, weil die Wörter einer Zeile in eine bestimmte Ordnung gebracht worden sind. Diese Ordnung kannst du herausfinden, wenn du die einzelnen Zeilen in Silben zerlegst und bei jeder Betonung in die Hände klatschst oder auf den Tisch klopfst. Das hast du schon in der 5. und 6. Klasse gemacht, wenn du die Hebungen und Senkungen eines Gedichts festgestellt hast.

1. Wie musst du bei der folgenden Zeile klopfen?

Das erste Grün der Saat, von Regen feucht

x x́ x x́ x x́ x x́ x x́

2. Und wie klopfst du bei dieser Zeile?

Wasserfälle fallen

x x x x x x

3. Und bei dieser?

Und leerten die Becher mit funkelndem Wein

Unbetonte und betonte Silben können auf unterschiedliche Weise kombiniert werden. Die Einheiten nennt man **Versfüße**.
Es gibt vier verschiedene Versfüße:
Jambus: x x́ usw.: unbetont, betont
Trochäus: x́ x usw.: betont, unbetont
Anapäst: x x x́ usw.: unbetont, unbetont, betont
Daktylus: x́ x x usw.: betont, unbetont, unbetont
Die Anzahl der Betonungen in einer Zeile bestimmen das Versmaß oder Metrum.
Übrigens: Die betonten Silben nennt man auch Hebungen, die unbetonten Senkungen.

4. An den folgenden Gedichtzeilen, die alle in diesem Lesebuch stehen, kannst du üben, wie man das Versmaß bestimmt:

- Die Nacht streckt ihre Finger aus (→ Kirsch, S. 17)
- Hilflos sind wir vor der schwarzen Schrift (→ Britting, S. 14)
- Gedichte sind gemalte Fensterscheiben! (→ Goethe, S. 265)
- Er war ein armer Briefträger nur (→ Biermann, S. 293)
- Black and White, Unite! Unite! (→ Biermann, S. 293)

Wenn du ein Gedicht vorträgst, musst du dich einerseits an das Versmaß halten. Andererseits wird dein Vortrag langweilig, wenn du nur das Metrum beachtest. Dann „leierst" du. Um das zu vermeiden, solltest du wichtige Wörter und Silben stärker betonen und andere Betonungen fast verschwinden lassen. Für den Vortrag sind auch Pausen wichtig. Und du darfst an manchen Stellen über das Zeilenende hinweg lesen. Solche besonderen Betonungen, Pausen und „Zeilensprünge" solltest du im Text markieren (☞ S. 287).

5. Das folgende Gedicht von Mascha Kaleko beschäftigt sich mit einer besonderen Sorte von Bücherfreunden. Lerne es auswendig und trage es vor.
Für den Vortrag ist es wichtig, dass du zuerst die regelmäßige Betonung anhand des Metrums erarbeitest und anschließend die freie Betonung für den Vortrag.

Mascha Kaleko

Ansprache eines Bücherwurms

Der Kakerlak nährt sich vom Mist,
Die Motte frisst gern Tücher,
Ja selbst der Wurm ist, was er isst.
Und ich, ich fresse Bücher.

Ob Prosa oder Poesie,
Ob Mord – ob Heldentaten –
Ich schmause und genieße sie
Wie einen Gänsebraten.

Ich bin ein sehr belesner Herr,
Nicht wie die andern Viecher!
Dass Bücher bilden, wisst auch ihr
Und ich – ich fresse Bücher.

Die Nahrung, sie behagt mir wohl,
Verleiht mir Grips und Stärke.
Was andern Wurst mit Sauerkohl,
Das sind mir Goethes Werke.

Ich fraß mich durch die Literatur
So mancher Bibliotheken;
Doch warn das meiste, glaubt es nur,
Bloß elende Scharteken[1].

Das Bücherfressen macht gescheit.
So denken sich's die Schlauen.
Doch wer zu viel frisst, hat nicht Zeit,
Es richtig zu verdauen.

Drum lest mit Maß, doch lest genug,
Dann wird's euch wohl ergehen.
Bloß Bücher *fressen* macht nicht klug!
Man muss sie auch verstehen.

[1] *Scharteke:* altes, wertloses Buch, Schmöker

FOLGT

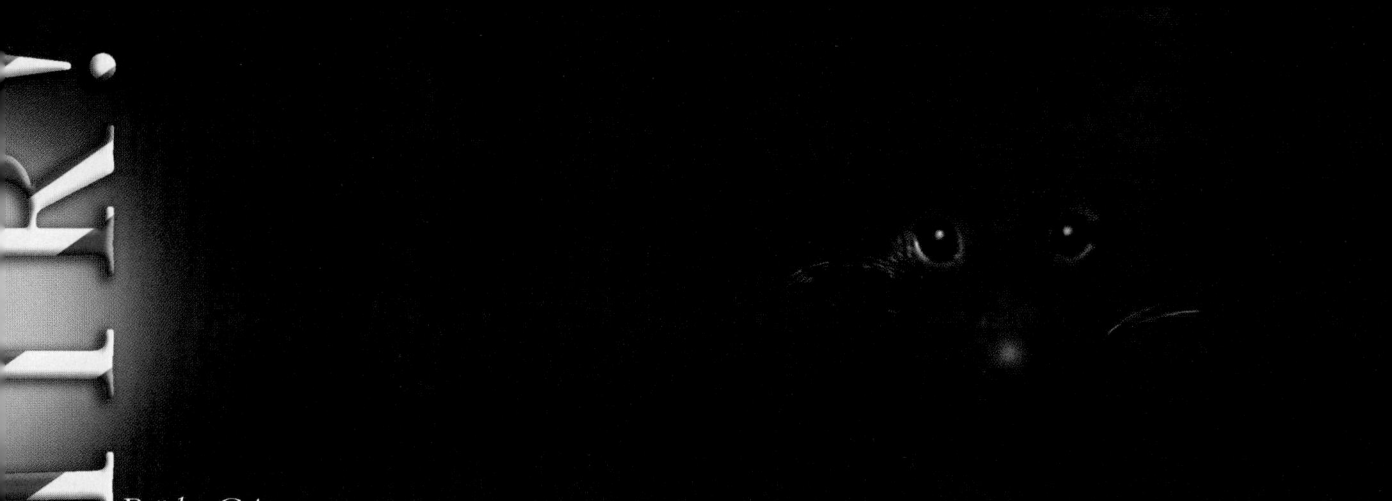

Brüder Grimm

Die Kinder zu Hameln

Im Jahr 1284 ließ sich zu Hameln ein wunderlicher Mann sehen. Er hatte einen Rock[1] von vielfarbigem, bunten Tuch an, weshalben er *Bundting* soll geheißen haben, und gab sich für einen Rattenfänger aus, indem er versprach, gegen ein gewisses Geld die Stadt von allen Mäusen und Ratten zu befreien. Die Bürger wurden mit ihm einig und versicherten ihm einen bestimmten Lohn. Der Rattenfänger zog demnach ein Pfeifchen heraus und pfiff, da kamen alsobald die Ratten und Mäuse aus allen Häusern hervorgekrochen und sammelten sich um ihn herum. Als er nun meinte, es wäre keine zurück, ging er hinaus, und der ganze Haufen folgte ihm, und so führte er sie an die Weser; dort schürzte er seine Kleider und trat in das Wasser, worauf ihm alle die Tiere folgten und hineinstürzend ertranken.

Nachdem die Bürger aber von ihrer Plage befreit waren, reute sie der versprochene Lohn, und sie verweigerten ihn dem Manne unter allerlei Ausflüchten, sodass er zornig und erbittert wegging. Am 26. Juni auf Johannis- und Paulitag, morgens früh sieben Uhr, nach andern zu Mittag, erschien er wieder, jetzt in Gestalt eines Jägers, erschrecklichen Angesichts, mit einem roten, wunderlichen Hut, und ließ seine Pfeife in den Gassen hören. Alsbald kamen diesmal nicht Ratten und Mäuse, sondern Kinder, Knaben und Mägdlein vom vierten Jahr an, in großer Anzahl gelaufen, worunter auch die schon erwachsene Tochter des Bürgermeisters war. Der ganze Schwarm folgte ihm nach, und er führte sie hinaus in einen Berg, wo er mit ihnen verschwand.

[1] *Rock:* früher mantelartiges Obergewand

Hannes Wader

Die Rattenfänger

Aufgaben: Seite 291

1

Fast jeder weiß, was in Hameln geschah,
vor tausend und einem Jahr.
Wie die Ratten dort hausten, die alles fraßen,
was nicht aus Eisen war.
Zu dieser Zeit kam ich nach langer Fahrt
als Spielmann in diese Stadt.
Und ich hörte als erstes den Herold[1] schrein,
als ich den Markt betrat.
Wer mit Gottes Hilfe oder allein
die Stadt von den Ratten befreit,
für den lägen ab nun beim Magistrat[2]
hundert Taler in Gold bereit.

2

Ich packte mein Bündel, die Flöte und Leier
und klopfte ans Rathaustor.
Kaum sah man mich, schlug man die Tür wieder zu
und legte den Riegel vor.
Und ich hörte, wie man den Herren sagte,
es stünde ein Mann vor dem Tor,
zerrissen und stinkend, in bunten Lumpen
mit einem Ring im Ohr.
Dieser Mann nun ließe den Herren sagen,
er käme von weit, weit her,
und er böte der Stadt seine Hilfe, weil
er ein Rattenfänger wär.

3

Ich wartete lange, dann rief eine Stimme
durch die geschlossene Tür:
Vernichte die Ratten, und du bekommst
die versprochenen Taler dafür.
Und ich ging und blies in der Nacht die Flöte,
immer nur einen einzigen Ton,

[1] *Herold:* Ausrufer, Bote

[2] *Magistrat:* Stadtverwaltung

der so hoch war, dass nur die Ratten ihn hörten,
und keine kam davon.
Bis hinein in die Weser folgte mir bald
die ganze quiekende Brut,
und am Morgen trieben an hunderttausend
Kadaver in der Flut.

4
Als die Hamelner Bürger hörten, was alles
geschehen war in der Nacht,
tanzten sie auf den Straßen, nur
an mich hat keiner gedacht.
Und als ich dann wieder vorm Rathaus stand
und forderte meinen Lohn,
schlug man auch diesmal die Tür vor mir zu
und erklärte mir voller Hohn,
nur der Teufel könne bei meiner Arbeit
im Spiel gewesen sein,
deshalb sei es gerecht, ich triebe bei ihm
meine hundert Taler ein.

5
Doch ich blieb und wartete Stunde um Stunde
bis zum Abend vor jenem Haus,
aber die Ratsherrn, die drinnen saßen,
trauten sich nicht heraus.
Als es Nacht war, kamen bewaffnete Kerle,
ein Dutzend oder mehr,
sie schlugen mir ihre Spieße ins Kreuz
und stießen mich vor sich her.
Vor der Stadt hetzten sie ihre Hunde auf mich,
und die Bestien schonten mich nicht.
Sie rissen mich um und pissten mir noch
ins blutende Gesicht.

6
Als der Mond schien, flickte ich meine Lumpen,
wusch meine Wunden im Fluss
und weinte dabei vor Schwäche und Wut,
bis der Schlaf mir die Augen schloss.
Doch noch einmal ging ich zurück in die Stadt
und hatte dabei einen Plan,

denn es war Sonntag, die Bürger traten
eben zum Kirchgang an.
Nur die Kinder und die Alten blieben
an diesem Morgen allein,
und ich hoffte, die Kinder würden gerechter
als ihre Väter sein.

7
Ich hatte vorher mein zerfleischtes Gesicht
mit bunten Farben bedeckt
und mein Wams[1], damit man die Löcher nicht sah,
mit Hahnenfedern besteckt.
Und ich spielte und sang, bald kamen die Kinder
zu mir von überall her,
hörten, was ich sang, mit Empörung und
vergaßen es nie mehr.
Und die Kinder beschlossen, mir zu helfen
und nicht mehr zuzusehen,
wo Unrecht geschieht, sondern immer gemeinsam
dagegen anzugehn.

8
Und die Hamelner Kinder hielten ihr Wort
und bildeten ein Gericht,
zerrten die Bosheit und die Lügen
ihrer Väter ans Licht.
Und sie weckten damit in ihren Eltern
Betroffenheit und Scham,
und weil er sich schämte, schlug manch ein Vater
sein Kind fast krumm und lahm.
Doch mit jeder Misshandlung wuchs der Mut
der Kinder dieser Stadt,
und die hilflosen Bürger brachten die Sache
vor den hohen Rat.

9
Es geschah, was heute noch immer geschieht,
wo Ruhe mehr gilt als Recht,
denn wo die Herrschenden Ruhe woll'n,
geht's den Beherrschten schlecht.
So beschloss man die Vertreibung
einer ganzen Generation.

[1] *Wams:* Jacke

In der Nacht desselben Tages begann
die schmutzige Aktion.
Gefesselt und geknebelt,
von den eigenen Vätern bewacht,
hat man die Kinder von Hameln ganz heimlich
aus der Stadt gebracht.

10

Nun war wieder Ruhe in der Stadt Hameln,
fast wie in einem Grab.
Doch die Niedertracht blühte, die Ratsherren fassten
eilig ein Schreiben ab.
Das wurde der Stadtchronik beigefügt
mit dem Stempel des Landesherrn
und besagte, dass die Kinder vom Rattenfänger
ermordet worden wär'n.
Doch die Hamelner Kinder sind nicht tot,
zerstreut in alle Welt,
haben auch diese Kinder wieder Kinder gezeugt,
ihnen diese Geschichte erzählt.

11

Denn auch heute noch setzen sich Menschen
für die Rechte Schwächerer ein,
diese Menschen könnten wohl die Erben
der Hamelner Kinder sein.
Doch noch immer herrscht die Lüge
über die Wahrheit in der Welt,
und solange die Gewalt und Angst
die Macht in Händen hält,
solange kann ich nicht sterben,
nicht ausruhn und nicht fliehn,
sondern muss als Spielmann und Rattenfänger
immer weiterziehn.
Denn noch nehmen Menschen Unrecht
als Naturgewalt in Kauf,
und ich hetze noch heute die Kinder dagegen
immer wieder auf.
Und ich hetze noch heute die Kinder dagegen
immer wieder auf.

2

Aufgaben: Seite 291

Georg Kaiser

Cäsars Tod

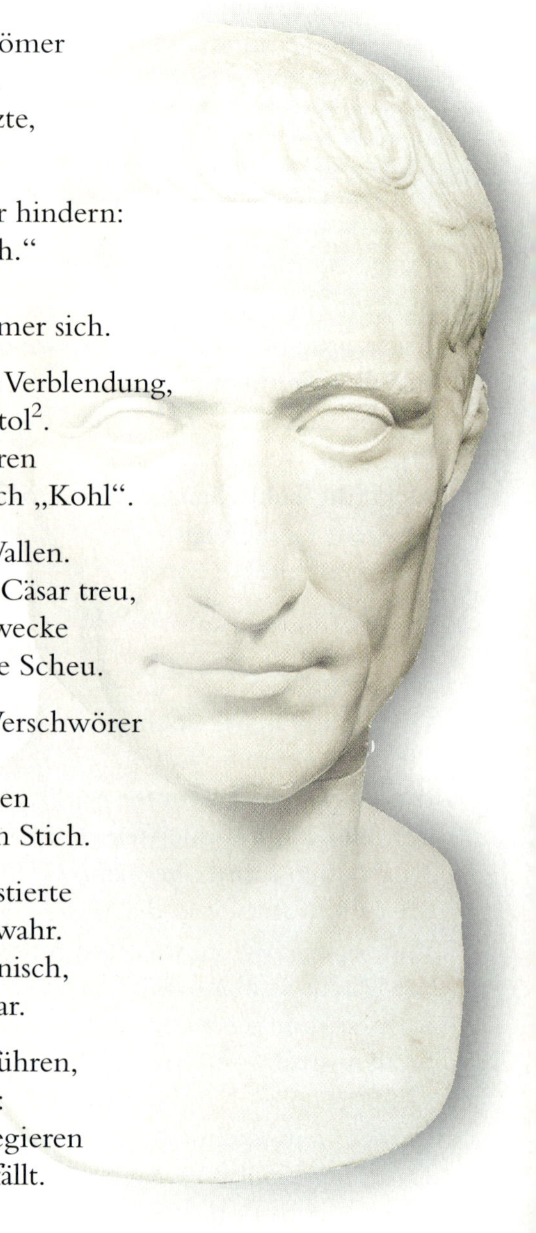

Rom hieß eine Stadt und alle Römer
hatten in den Adern heißes Blut.
Als sie Cäsar einst tyrannisch reizte,
kochte es sofort in Siedeglut.

Nicht die Warnung konnte Cäsar hindern:
„Hüte vor des Märzen Iden[1] dich.“
Er verfolgte seine frechen Ziele
und sah schon als Herrn der Römer sich.

Immer schlimmer schlug ihn die Verblendung,
nur sein Wort galt noch im Capitol[2].
Und den weisen Rat der Senatoren
schmähte er gemein und höhnisch „Kohl“.

Da kam stolzes Römerblut ins Wallen.
Selbst der Freund bleibt keinem Cäsar treu,
wenn ihn dieser nur für seine Zwecke
kalt missbraucht und sagt es ohne Scheu.

Heimlich trafen nachts sich die Verschwörer
und beredeten mit Eifer sich.
Und genau am Tag der Märzesiden
stach ihm Brutus[3] den verdienten Stich.

Cäsar sank von seinem Sitz und stierte
seinen Mörder an, als ob's nicht wahr.
„Et tu, Brute“[4] – rief er auf lateinisch,
wie es dort die Landessprache war.

Lasse keiner sich vom Wahn verführen,
dass er mehr als jeder andre gelt':
Cäsar wollte mit dem Schwert regieren
und ein Messer hat ihn selbst gefällt.

[1] *Iden des März:* 13. oder 15. Monatstag des altrömischen Kalenders

[2] *Capitol:* Hügel, von dem aus das römische Reich gelenkt wurde

[3] *Brutus:* Sohn Cäsars

[4] „Auch du, Brutus?!“

Elisabeth Borchers

Das rote Haus in einer kleinen Stadt

3

Aufgaben: Seite 291

Dramatis personae:

Der Bürgermeister

Die Leute:

Männer	Ein Besenverkäufer
Frauen	Ein Schornsteinfeger
Kinder	Ein Bäcker
Eine Stimme	Ein Gärtner
Zweite Stimme	Ein Pinselmacher
Dritte Stimme	Ein Stoffverkäufer
Ein Kind	
Ein anderes Kind	
Drittes Kind	
Eine Frau	
Mariechen	
Ein Mann	

1. Szene

Auf großen Packpapierbogen malen die Schülerinnen und Schüler die bunten Häuser „einer kleinen Stadt". Diese Bogen werden an der Bühnenwand angebracht.
Zuerst tritt der Bürgermeister auf. Er macht sich dick und eitel und gescheit. Er verbeugt sich vor dem Publikum, zieht seinen Zylinder und setzt ihn wieder auf.

DER BÜRGERMEISTER: Ich bin der Bürgermeister. Guten Tag. Ich bin der Bürgermeister dieser kleinen Stadt. Die Leute der Stadt haben mich gewählt. Sie wollen einen guten Bürgermeister haben. Gleich werden sie kommen, um mich zu begrüßen, denn heute ist der erste Tag, an dem ich Bürgermeister bin. Ich bin der wichtigste Mann in dieser Stadt. Deshalb muss ich mir auch den höchsten Platz aussuchen. Alle müssen mich sehen, damit mich alle bewundern können.
Man hört Leute, die näher kommen. Der Bürgermeister steigt auf ein einfaches Holzpodest, oder er geht hinter die Bühne und stößt, wenn es soweit ist, seinen Kopf durch die Papierwand. Entsprechende Schnitte können schon gemacht worden sein. Oder ein kreisrundes Loch ist eingeschnitten, durch das er seinen Kopf steckt.

DIE LEUTE: *Männer, Frauen, Kinder, stürmen von allen Seiten herein:*
Wo ist er? Wo ist er denn? *Sie entdecken ihn.*
Das ist er ja. Da ist er!
Hoch! Hoch! Hoch! *Die Leute sind vor Freude ganz außer Rand und Band.*

DER BÜRGERMEISTER: Gut soll's euch gehen!
Ihr Leute!
Ich will euer Bestes!

DIE LEUTE: Hoch! Hoch! Hoch! *Sie winken und klatschen im Takt.*

DER BÜRGERMEISTER: Wenn es euch gut gehen soll, ihr Leute, muss unsere Stadt eine saubere und ordentliche Stadt sein.
Rein soll sie sein!

DIE LEUTE: Rein soll sie sein.
Ordentlich soll sie sein.
Sauber muss sie sein.

DER BÜRGERMEISTER: So muss es sein!
Die Leute laufen froh nach allen Seiten, hinter die Bühne, auseinander.

Zum Publikum: Seht, ihr Leute, so ist es richtig.
So muss es sein.
Er zieht den Kopf zurück oder geht hinter die Bühne oder setzt sich zu den Zuschauern in die 1. Reihe.

2. Szene

Sobald der Bürgermeister verschwunden ist, tritt der Besenverkäufer auf. Er hat einen Karren voller Besen, oder er trägt ein Bündel Besen unter dem Arm oder auf den Schultern.

DER BESENVERKÄUFER: Besen! Fleißige Besen!
Besen! Fleißige Besen!
Die Leute stürzen von allen Seiten herbei, sie kommen mit Eimern und Lappen; der Schornsteinfeger trägt eine Leiter. Sie machen sich über die Besen her, während der Besenverkäufer ruft:
Besen! Fleißige Besen!

DIE LEUTE: Wo ist der größte?
Ich will den größten!

Fernando Botero, Der Präsident (1969)

Der ist zu klein!
Ich will einen großen!
Der große ist fleißiger als der kleine!
Ich will keinen kleinen, nimm du den kleinen!
Während sie sich fast streiten, taucht schnell der Bürgermeister auf.

DER BÜRGERMEISTER *zum Publikum, ohne dass ihn die anderen sehen:*
Seht, ihr Leute, so ist es richtig. So muss es sein! *Er verschwindet sofort wieder.*

DIE LEUTE *haben alle Besen an sich genommen:*
Fangen wir an. Schnell, fangen wir an.
Die Frauen tun so, als putzten sie die angemalten Fenster:
Wir putzen und putzen und putzen die Fenster blank.

DIE KINDER: Wir baden die Hunde und Katzen.
Bell nicht.
Kratz nicht.
Jetzt wirst du gebadet.
Die Kinder tun so, als steckten sie Hunde und Katzen in eine Wanne.

DIE MÄNNER: Alles muss rein sein.
Die Straßen

DIE FRAUEN: Die Fenster

DIE KINDER: Die Hunde und Katzen
Alle durcheinander: Die Straßen … nun bell nicht … die Fenster … nun kratz nicht … und auch die Hunde und Katzen.

DER SCHORNSTEINFEGER: Und die Schornsteine. Jedes Haus hat einen Schornstein. Jeder Schornstein muss sauber sein.

DIE MÄNNER: Wenn es uns gut gehn soll, muss alles sauber sein.

DIE FRAUEN: Unsere Stadt muss ordentlich sein.

DER SCHORNSTEINFEGER *trägt eine kleine Leiter von einem zum anderen Haus:*
Ich steige hinauf und fege hinab und hinauf.

DIE KINDER: Alles muss rein sein.

DER BÄCKER: Auch meine Schürze muss rein sein. *Er bindet sich eine saubere Schürze um.*

DIE FRAUEN: Ein Bäcker mit einer Schürze, die nicht rein ist, ist ein schlechter Bäcker.

DIE MÄNNER: Jawohl, ein schlechter Bäcker.

DER GÄRTNER: Ich rupfe das Unkraut. *Er läuft von einem Unkraut zum anderen.*
Hier ein Unkraut, dort ein Unkraut.

DIE KINDER: Hier ist noch ein Unkraut.

DIE FRAUEN: Und hier. Und hier.

DER GÄRTNER: Wo ist noch ein Unkraut?

DIE KINDER: Hier ist noch eins. Und hier.

Der Gärtner läuft von einer Ecke in die andere.

DIE FRAUEN *halten ein, sehen sich um:* Der Abend ist da.

DIE MÄNNER *halten ein, sehen sich um:* Ist schon der Abend da?

DIE KINDER *halten ein, sehen sich um:* Jetzt ist der Abend da.

DIE MÄNNER: Und kein Stäubchen ist mehr zu sehen.
Sie nehmen Besen, Lappen, Eimer und Leiter und gehen wortlos, langsam und müde von der Bühne.

3. Szene

Der nächste Morgen.
Der Bürgermeister nimmt seinen Platz ein.

DER BÜRGERMEISTER: Ihr Leute! *Er horcht.*
Lauter: Ihr Leute!
Die Leute kommen von allen Seiten angelaufen und sind wieder froh.
Ihr wart fleißig, liebe Leute!

DIE LEUTE: Hoch! Hoch! Hoch!

DER BÜRGERMEISTER: Die Stadt blinkt wie ein Wasserkesselchen!
Ich bin stolz auf euch und unsere Stadt!

DIE LEUTE: Hoch! Hoch! Hoch!

DER BÜRGERMEISTER *geheimnisvoll, dass die Leute still werden und zuhören:*
Als ihr noch schlieft … in aller Früh … ging ich durch die Straßen und sah …
ein Haus ist schwarz und das andere weiß
ein Haus ist grün und das andere gelb
ein Haus ist braun und das andere rot.
Wie wär doch unsere Stadt schön anzusehen, wenn ein Haus wie das andere wäre.
Und ich dachte mir:
Schön wären die Häuser grau anzusehn!

EINE STIMME: Grau sollen sie sein …

ZWEI STIMMEN, DANN DREI: Grau sollen sie sein …

ALLE: Grau sollen sie sein.

DER BÜRGERMEISTER: Schön wären die Häuser grau anzusehn!

ALLE: Ja, grau sollen sie sein.
Die Leute laufen nach allen Richtungen, hinter die Bühne, auseinander.

DER BÜRGERMEISTER *zum Publikum, wenn alle fort sind:*
Seht, ihr Leute, so ist es richtig. So muss es sein.
Dann zieht er den Kopf zurück oder geht weg, wie zuvor.

4. Szene

Sobald der Bürgermeister verschwunden ist, tritt der Pinselmacher auf. Er trägt einen großen Korb voller Pinsel.

DER PINSELMACHER: Pinsel! Feine Pinsel!
Pinsel! Feine Pinsel!
Die Leute stürzen von allen Seiten mit Eimern und Kannen herbei, stellen sie ab und machen sich über die Pinsel her, während der Pinselmacher ruft: Pinsel! Feine Pinsel!

DIE LEUTE: Wo ist der größte?
Ich will den größten!
Der ist zu klein!
Ich will den großen!
Der große ist fleißiger als der kleine!
Nimm du den kleinen!
Während sie sich fast streiten, taucht schnell der Bürgermeister auf.

DER BÜRGERMEISTER *zum Publikum, ohne dass ihn die anderen sehen:*
Seht, ihr Leute, so ist es richtig. So muss es sein!
Er verschwindet sofort wieder.

DIE MÄNNER: Und nun an die Arbeit.
DIE FRAUEN: Und nun an die Arbeit.
DIE KINDER: Auch wir machen Arbeit.
Sie tun so, als strichen sie die Wände an, während ein paar Kinder graue Papierbogen vor die bunten hängen. Man kann auch graue Säcke überwerfen. Man kann auch Papier mit Farbe überstreichen.

DIE MÄNNER: Ein Haus war schwarz und das andere weiß.
DIE FRAUEN: Ein Haus war grün und das andere gelb.
DIE KINDER: Ein Haus war braun und das andere rot.
DIE MÄNNER: Und die Fensterläden waren braun.
DIE KINDER: Und die Gartenzäune waren grün.
DIE FRAUEN: Und die Türen waren rot.
DIE MÄNNER: Und die Dächer waren schwarz.
DIE KINDER: Grau sollen sie sein.
DIE FRAUEN: Grau müssen sie sein.
DIE MÄNNER: So muss es sein.
DIE FRAUEN: Und niemand macht eine Pause.
DIE KINDER: Wir wollen nicht spielen.
DIE MÄNNER: Wir trinken kein Bier.
DIE FRAUEN: Wir holen kein Brot aus dem Schrank.
DIE MÄNNER: So muss es sein.
DIE FRAUEN *halten ganz plötzlich ein, sehen sich um:* Der Abend ist da.

DIE MÄNNER *halten ein, sehen sich um:* Ist schon der Abend da?
DIE KINDER *halten ein, sehen sich um:* Jetzt ist der Abend da.
DIE MÄNNER: Und nichts, gar nichts ist mehr zu sehen.
DIE FRAUEN: Und alles ist grau.
Sie nehmen die Eimer, Kannen und Pinsel und gehen wortlos, langsam und müde von der Bühne.

5. Szene

Der nächste Morgen.
Der Bürgermeister nimmt seinen Platz ein.

DER BÜRGERMEISTER: Ihr Leute! *Er horcht.*
Lauter: Ihr Leute!
Die Leute kommen von allen Seiten angelaufen und sind wieder froh.
Ihr wart fleißig, liebe Leute!
DIE LEUTE: Hoch! Hoch! Hoch!
DER BÜRGERMEISTER: Als ich heute Morgen auf das Dach meines Hauses stieg, war die Stadt herrlich anzusehn. Grau wie die Stunde, bevor die Sonne aufgeht. Doch da kamt ihr aus den Häusern … so rot und gelb und blau und grün, als ginge ein Regenbogen durch die Straßen der Stadt. Das hat mich traurig gemacht.
Die Leute murmeln und lassen die Köpfe hängen.
Wie viel ordentlicher wäre doch unsere Stadt, wenn auch ihr, wie die Häuser, ein gleiches Kleid tragen wolltet.
EINE STIMME: Ordentlich wollen wir sein.
ZWEI STIMMEN, DREI STIMMEN: Ordentlich wollen wir sein.
ALLE: Ja, ordentlich wollen wir sein.
Wir wollen nach Hause und ordentlich sein.
Die Leute laufen nach allen Richtungen, hinter die Bühne, auseinander.
DER BÜRGERMEISTER *zum Publikum, wenn alle fort sind:*
Seht, ihr Leute, so ist es richtig. So muss es sein.
Dann zieht er den Kopf zurück oder geht weg, wie zuvor.

Lyonel Feininger, Beleuchtete Häuserzeile (1932)

6. Szene

Sobald der Bürgermeister verschwunden ist, kommt der Leinenverkäufer. Statt des Leinens fährt er einen Karren voller Zeitungen.

DER STOFFVERKÄUFER: Leinen! Gutes Leinen! Leinen! Gutes Leinen!

Die Leute stürzen von allen Seiten herbei und nehmen sich Zeitungen. Während sie sich gegenseitig Zeitungsbogen vorn und hinten mit Wäscheklammern anbringen, reden sie so, als nähten sie graue Kleider.

DIE FRAUEN: Bitte dreiundzwanzig Meter
fünfzehn Meter
neunzehn Meter
einundzwanzig Meter
neun Rollen Garn
fünf Rollen Garn
Nähnadeln zwölf Nähnadeln acht Nähnadeln
Garn bitte Garn
und drei Scheren dazu.
Scheren bitte Scheren.

DIE MÄNNER: Da schnappen die Scheren nach Stoff.

DIE FRAUEN: Da schnappen sie zu.

DIE MÄNNER: Da sticheln die Nadeln hinein.

DIE FRAUEN: Sie sticheln und sticheln hinein.

DIE KINDER: Und die Nähmaschinen rattern.

DIE MÄNNER: Rattern und rattern auf und ab.

DIE KINDER: Und die Bügeleisen zischen.

DIE FRAUEN: Ja, die Bügeleisen zischen.

DIE MÄNNER: Über Jacken über Hosen.

DIE FRAUEN: Über Röcke über Mäntel.

DIE KINDER: Über Mützen Schürzen Schleifen.

Plötzlich halten alle ein, rühren sich nicht mehr.

DIE FRAUEN: Der Morgen ist da.

DIE MÄNNER: Ist schon der Morgen da?

DIE KINDER: Jetzt ist der Morgen da.

ALLE *sehr müde:* Und unsere Kleider sind grau.
Alles ist grau.

EIN KIND: Nur die Katze ist schwarz.

EIN ANDERES KIND: Und die Taube weiß.

DRITTES KIND: Und das Rotkehlchen hat ein rotes Kehlchen.

Der Bürgermeister taucht auf, nimmt seinen Platz ein.

DER BÜRGERMEISTER: Ihr Leute! Wie schön ihr anzusehen seid!
Auch die Schafe auf der Weide haben ein gleiches Kleid, im Sommer und Winter.

DIE LEUTE: *ihre Stimmen klingen nicht froh, sie sind zu müde:* Bravo! Bravo!

DER BÜRGERMEISTER: Ich bin stolz auf eure Kleider, die noch warm sind von der Arbeit!

DIE LEUTE: Bravo, bravo!

DER BÜRGERMEISTER: Aber was nützen uns die besten Kleider, ... wenn einer JA sagt und der andere NEIN.

DIE LEUTE: Das darf nicht sein.

DER BÜRGERMEISTER: Alle Wünsche erfüllt ihr mir!

DIE LEUTE: Alle, alle, alle!

DER BÜRGERMEISTER: In der Nacht, die eben vergangen ist, habe ich mir einen schönen Satz ausgedacht. *Er rollt ein großes Papier auseinander und hängt es an der Wand auf.* ALLES IST GUT SO!

DIE LEUTE *hören und lesen es stumm.*

DER BÜRGERMEISTER:
Alles ist gut so!

DIE LEUTE *klatschen müde in die Hände:*
Alles ist gut so. *Der Bürgermeister verschwindet, das Papier bleibt hängen. Die Leute gehen nacheinander ab, links und rechts gleichzeitig, und jeder wiederholt:* Alles ist gut so.

7. Szene

Wenn alle Leute gegangen sind, ist es Nacht und ganz still. Der Bürgermeister kommt auf Zehen gelaufen und horcht an den Häusern, legt sein Ohr an die Wand, bleibt stehen, überlegt, horcht wieder, hört etwas, bleibt stehen, horcht wieder und so weiter. Dann nimmt er seinen Platz wieder ein. Es ist Morgen.

Paul Klee, Senecio (1922)

DER BÜRGERMEISTER: Ihr Leute!
Er horcht.
Lauter: Ihr Leute!
Die Leute kommen von allen Seiten in ihren neuen Kleidern angelaufen.
Noch nie sah ich eine Stadt wie unsere Stadt.
Noch nie sah ich Leute, wie ihr es seid!

DIE LEUTE: Alles ist gut so!

DER BÜRGERMEISTER *mit sehr ernster Stimme:* Als ich gestern … spät … durch die Straßen unserer Stadt ging … hörte ich seltsame Geräusche …

DIE LEUTE: Alles ist gut so!

DER BÜRGERMEISTER: Ich blieb stehn und legte mein Ohr an die Tür: … Jemand lachte.
Da ging ich weiter und hörte andere seltsame Geräusche …
Ich blieb stehn und legte mein Ohr an die Tür … Jemand weinte.

DIE LEUTE: Alles ist gut so.

DER BÜRGERMEISTER: Nein, ihr Leute! Was hilft uns unsere schöne Stadt, wenn einer lacht und einer weint!
Von nun an soll niemand mehr weinen!

DIE LEUTE: Nein, niemand soll weinen!

DER BÜRGERMEISTER: Nein, niemand soll weinen!
Die Leute fangen an zu lachen, langsam zuerst, hier und da, dann mehr (der Bürgermeister verschwindet) und mehr und lauter und lau-

ter, bis alle ganz wild lachen. Auf einmal bricht das Getöse ab, als habe sie jemand gestört. Da hört man ein Kind weinen.

EINE FRAU: Mariechen, bist du krank?

MARIECHEN *schüttelt den Kopf und weint lauter.*

Alle laufen zusammen und sind entsetzt.

EIN MANN: Warum weinst du, Mariechen?

MARIECHEN: Ich weine, weil ich nicht weinen darf.

EIN MANN *entdeckt etwas:* Seht doch nur, was hat Mariechen doch für schöne Tränen.

Niemand sagt ein Wort.

Kugelrund und blankgeputzt.

Niemand sagt ein Wort.

Ich habe noch nie so schöne Tränen gesehn. *Zu allen:*

Warum darf Mariechen denn nicht weinen?

Warum dürfen die Frauen keine bunten Kleider tragen?

Warum dürfen die Kinder keine bunten Schürzen tragen?

Alle sind ratlos.

Warum sagen alle JA und warum sagt keiner NEIN?

Holt mir einen Eimer mit roter Farbe!

DIE FRAU: Was willst du tun?

DER MANN: Sieh her, was ich tu! *Mitten auf das graue Papier malt er ein dickes rotes Haus.*

DIE LEUTE: Ein schönes Haus!

Was für eine schöne Farbe!

So soll es sein.

Nur so soll es sein.

Wir wollen anders sein.

Die Leute fangen an, sich die Zeitungen herunterzureißen. Sie werfen sie auf den Boden. Das Papier (oder die Säcke) über den bunten Häusern wird fortgenommen. Wenn die bunten Häuser übermalt wurden, können die Kinder sie jetzt wieder bunt malen oder vorbereitete Bogen mit bunten Häusern holen und anbringen. Alles ist in großer und fröhlicher Aufregung. Da kommt der Bürgermeister herein, sieht sich sprachlos um, schreit ZU HILFE! und läuft davon. Wenn sie hinter ihm hergelacht haben, drehen sie sich zum Publikum um:

ALLE: Seht, ihr Leute, so ist es richtig, so muss es sein.

Auftaktseite mit Bild und Text (Seite 274/5)

Beschreibt den Gesichtsausdruck des abgebildeten Mannes und überlegt, zu welcher Figur und welcher Situation in der Sage das Bild passen würde.

1 *Hannes Wader,* Die Rattenfänger *(Seite 276)*

1. Finde heraus, bis zu welcher Stelle das Gedicht der herkömmlichen Rattenfängersage entspricht und wo etwas Neues beginnt. Gib in eigenen Worten wieder, wie der Spielmann das Verschwinden der Kinder erklärt.
2. Gewöhnlich meint man etwas Negatives, wenn man sagt, jemand sei ein „Rattenfänger". Erläutere in deinen eigenen Worten, was damit gemeint ist. Finde sodann heraus, inwiefern es bei Hannes Wader etwas Positives ist, ein „Rattenfänger" zu sein.
3. *„Denn noch nehmen Menschen Unrecht/als Naturgewalt in Kauf".* Sammle Beispiele für echte Naturgewalten, gegen die sich der Mensch nicht zur Wehr setzen kann. Erkläre, was solche Ereignisse von Unrecht, das Menschen zufügen, unterscheidet.
4. Gestaltet eine ähnliche Bildtafel zu Hannes Waders Ballade, wie sie auf S. 296 abgebildet ist bzw. von den Bänkelsängern verwendet wird. Das Gedicht selbst muss nicht unbedingt gesungen werden, ihr könnt es auch sprechen.

2 *Georg Kaiser,* Cäsars Tod *(Seite 280)*

1. Überlegt, was ihr euch unter einem *Tyrannen* vorstellt, und schaut dann in einem Lexikon nach, was dort zu dem Begriff steht.
2. Wenn dir trotz der Worterläuterungen der Handlungsverlauf unklar ist: Lies in einem Schulgeschichtsbuch deiner Altersstufe nach, was du dort über Cäsars Tod findest.
3. In der letzten Strophe wird eine *Moral* ausgedrückt. Zu glauben, man gelte mehr als andere, wird als *Wahn* bezeichnet, der einen *verführen* kann. Überlege, was die Begriffe *Wahn* und *verführen* meinen und wieso sie zu dem Glauben passen, man gelte mehr als jeder andere. Vielleicht fallen dir Beispiele aus der Wirklichkeit ein.
4. Ab und zu drückt sich der Verfasser so aus, dass das an sich ernste Thema auf viele Leser leicht komisch wirkt. Suche solche Stellen und begründe deine Einschätzung.

3 *Elisabeth Borchers,* Das rote Haus in einer kleinen Stadt *(Seite 281)*

1. Stellt schriftlich zusammen: Welche Gebote und Verbote stellt der Bürgermeister der Reihe nach auf? Besprecht, inwiefern sich eine Steigerung erkennen lässt.
2. Stellt Vermutungen an, welche Absicht hinter den Anweisungen steht. Beschreibt, was für ein Verhältnis von Herrscher und Untertanen zum Ausdruck kommt.
3. Sowohl in Waders Lied als auch in Borchers' Stück kommt es Kindern bzw. einem Kind zu, die Tyrannei der Mächtigen ins Wanken zu bringen. Überlegt, warum dies wohl eher den Kindern als den Erwachsenen zugetraut wird.

4. Das Theaterstück könnt ihr mit den im Text genannten einfachen Hilfsmitteln spielen. Es geht sogar noch einfacher. Auf S. 303 f. findet ihr einen Vorschlag, wie ihr euer Klassenzimmer in einen Theaterraum verwandeln könnt. Die Tafel kann als Kulisse bemalt werden. Die meisten Gegenstände, wie Besen, Pinsel, Schürze etc., brauchen nicht wirklich vorhanden sein, sondern können pantomimisch angedeutet werden.

PROJEKT

„Unsere Balladen"

Bildet Kleingruppen mit je drei bis fünf Teilnehmern. Sucht in der Schul- oder Stadtbücherei nach Büchern, die Balladen enthalten, und entscheidet euch für „eure" Ballade. Ihr solltet, bevor die eigentliche Arbeit beginnt, darauf achten, dass sich nicht zwei oder mehr Gruppen mit derselben Ballade beschäftigen. Folgende Aufgaben habt ihr im Zeitraum von zwei Wochen zu erledigen:

1. Arbeit für eine Person (Einzelarbeit): Schreibe die Ballade sauber mit der Hand oder dem Computer ab. Wähle dabei eine schöne grafische Gestaltung.

2. Arbeit für eine Person (Einzelarbeit): Zeichne Bilder zu der Ballade.

3. Arbeit für zwei Personen (Partnerarbeit): Sucht die Lebensdaten und einige Informationen zum Autor/zur Autorin der Ballade und schreibt das Wesentliche zu einem Text von maximal einer Seite sauber und übersichtlich zusammen.

4. Arbeit für die ganze Gruppe: Diskutiert, zu welchen Gedanken euch die Ballade anregt und was euch an ihr gefällt oder nicht. Schreibt eure Meinung auf. Man kann verschiedene Ansichten ruhig nebeneinander stehen lassen.

5. Arbeit für eine Person (Einzelarbeit): Gestalte ein schönes Titelblatt mit Autorenname, Balladentitel, Entstehungsjahr und euren Namen.

6. Gebt eure Blätter der Lehrkraft, die die Ergebnisse der Gruppen zu einem Skript zusammenfasst, das dann allen ausgeteilt wird.

7. Arbeit für zwei Personen (Partnerarbeit): Bereitet einen Vortrag der Ballade vor, indem ihr den Text mit Vortragszeichen verseht (☞ S. 295), und teilt die Textteile für das Vorlesen sinnvoll unter euch auf.

8. Arbeit für eine Person: Fertige von den Bildern aus Aufgabe 2 Folien an und besprich mit den beiden, die die Ballade vorlesen, wann diese Folien gezeigt werden sollen (vor, während oder nach dem Vortrag?).

9. Arbeit für zwei Personen (Partnerarbeit): Sucht Musikstücke, die zu der Ballade passen, oder überlegt, welche passenden Geräusche man selbst erzeugen könnte. Probiert mit den beiden, die die Ballade vortragen, aus, an welchen Stellen des Vortrags Musikeinschübe oder -begleitungen passen.

10. Präsentiert euch gegenseitig eure Balladen.

Ballade

Balladen vortragen

Wolf Biermann

Die Ballade von dem Briefträger William L. Moore aus Baltimore,
der im Jahre 63 allein in die Südstaaten wanderte.

Sonntag
Sonntag, da ruhte William L. Moore
von seiner Arbeit aus.
Er war ein armer Briefträger nur,
in Baltimore stand sein Haus.

Montag
Montag, ein Tag in Baltimore,
sprach er zu seiner Frau:
„Ich will nicht länger Briefträger sein,
ich geh nach Süden auf Tour (that's sure)."
BLACK AND WHITE, UNITE! UNITE!
schrieb er auf ein Schild.
White and black – die Schranken weg!
Und er ging ganz allein.

Dienstag
Dienstag, ein Tag im Eisenbahnzug,
fragte William L. Moore
manch einer nach dem Schild, das er trug,
und wünscht ihm Glück für die Tour.
BLACK AND WHITE, UNITE! UNITE!
stand auf seinem Schild …

Mittwoch
Mittwoch, in Alabama ein Tag,
ging er auf der Chaussee[1],
weit war der Weg nach Birmingham,
taten die Füße ihm weh.
BLACK AND WHITE, UNITE! UNITE!

[1] *Chaussee:* Landstraße

Donnerstag
Donnerstag hielt der Sheriff ihn an,
sagte „Du bist doch weiß!“
Sagte „Was gehn die Nigger dich an?
Junge, bedenke den Preis!“
BLACK AND WHITE, UNITE! UNITE!

Freitag
Freitag lief ihm ein Hund hinterher,
wurde sein guter Freund.
Abends schon trafen Steine sie schwer –
sie gingen weiter zu zweit.
BLACK AND WHITE, UNITE! UNITE!

Sonna'mt
Sonna'mt, ein Tag, war furchtbar heiß,
kam eine weiße Frau,
gab ihm ein'n Drink, und heimlich sprach sie:
„Ich denk wie Sie ganz genau.“
BLACK AND WHITE, UNITE! UNITE!

Last day
Sonntag, ein blauer Sommertag,
lag er im grünen Gras –
blühten drei rote Nelken blutrot
auf seiner Stirn, so blass.
BLACK AND WHITE, UNITE! UNITE!
steht auf seinem Schild.
White and black – die Schranken weg!
Und er starb ganz allein.
Und er bleibt nicht allein.

1. Sammelt Textstellen und begründet eure Meinung: Welche Begegnungen sind auf dem Weg Moores in den Süden entmutigend, welche ermutigend?

2. Klärt das Ende des Gedichts: Was bedeuten die „drei roten Nelken"? Diskutiert: Hat die Ballade ein „gutes" oder ein „schlimmes" Ende?

3. Die Handlung spielt 1963 in den USA, ist also lange her und weit weg. Tauscht eure Gedanken darüber aus, ob die Ballade hier und heute noch aktuell ist.

4. Das Gedicht lässt sich gut auf mehrere Sprecherinnen und Sprecher verteilt vortragen. Übt einen lebendigen, aufrüttelnden Vortrag. Verwendet zur Vorbereitung folgende Vortragszeichen. (Nicht ins Buch malen!) Lernt eure „Rollen" auswendig.

Vortragszeichen

- / Sprechpause
- ◯ Einzelwörter hervorheben
-) Zeilen verbinden
- ↗ Stimme heben
- ↘ Stimme senken (z. B. oft bei Punkten)
- —— laut
- ······ leise

Beispiel:

„Erzähler": Sonna'mt, / ein Tag, war furchtbar heiß, ↘
kam eine weiße Frau, ↗
gab ihm ein'n Drink, / und heimlich sprach sie: ↗
„Frau": „Ich denk wie (Sie) ganz genau."
„Chor": Black and white, unite! unite!

5. Die Abbildung auf der nächsten Seite zeigt eine Bildtafel. Sie trägt den Titel „Die Heldentaten eines jungen Mädchens bei der Erstürmung Richmonds – eine wahre Begebenheit aus dem letzten amerikanischen Kriegsjahr". Versuche, die rührselige Geschichte von der Braut, die sich als Soldat verkleidet, nachzuerzählen. Welche Meinung von den Weißen und von den Farbigen wurde auf diese Weise in Europa verbreitet?

6. Erstellt im Kunstunterricht eine Bildtafel zur Ballade von Biermann. Jeder Wochentag wird durch ein Bild vertreten. Tragt das Gedicht vor und zeigt dabei auf das passende Bild. So haben „Bänkelsänger" früher die Menschen auf öffentlichen Plätzen unterhalten.

Kennzeichen des Bänkelsangs und der Ballade

1. Auf dem folgenden Bild ist zu sehen, wie man sich den Bänkelsang, der im 17. Jahrhundert entstand und im 19. Jahrhundert auf Jahrmärkten sehr beliebt war, vorzustellen hat. Versucht, den Text unter dem Bild zu entziffern.

Der Bänkelsänger.

Was ist denn das für ein Gebrüll? denn Gesang kann man es nicht nennen! Das sind Bänkelsänger. Auf die Tafel, welche die Frau an der Stange hält, sind Mordgeschichten, Feuersbrünste, u. s. w. abgebildet, und der Mann und die Frau singen mit Begleitung der Drehorgel die Erklärung dazu ab, während ein Dritter dieselbe gedruckt zum Verkaufe ausbietet. Da kaufen sie denn die Leute und lesen sie zu Hause nach.

> Im Bänkelsang wurden oft **Moritaten** vorgetragen, also schauerliche und rührselige Geschichten, z. B. von sensationellen Tagesereignissen, aufsehenerregenden Verbrechen und deren Bestrafung.

2. Prüfe, ob einige Moritatenmerkmale auf die Bildtafel auf der Vorseite zutreffen.
3. Überlegt, wer heute die Verbreitung solcher Moritaten übernommen hat.

4. Die Texte von Biermann (☞ S. 293 f.) und Kaiser (☞ S. 280) sind viel künstlerischer und anspruchsvoller als die meisten Moritaten früher waren, aber sie haben mit ihnen einiges gemeinsam: die Form in Strophen und mit Reimen, eine nacherzählbare Handlung (also nicht nur die Darstellung von Gedanken und Gefühlen) und die Möglichkeit, wie ein Theaterstück mit verteilten Rollen gelesen zu werden. Im Mittelpunkt der folgenden Skizze steht der Fachbegriff für solche Texte: Ballade. Gib die grafische Darstellung mit ganzen Sätzen wieder, beginnend mit *„Eine Ballade ist dadurch gekennzeichnet, dass …“*, und verwende die großgedruckten Fachbegriffe für die drei Grundarten der Dichtung.

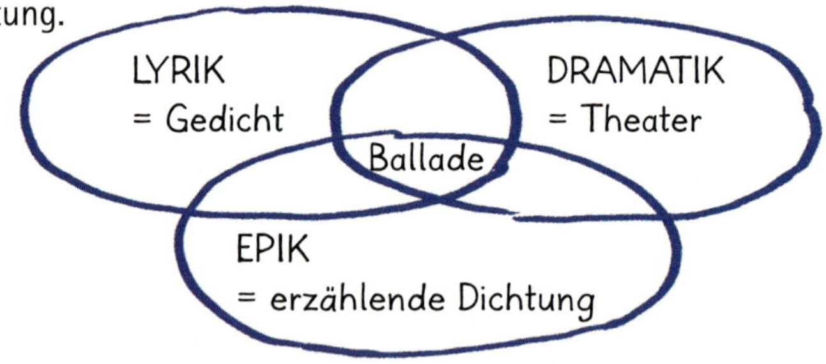

5. Entnimm dem folgenden Kasten die dort genannten Balladentypen und Inhaltsmerkmale und ordne ihnen die Balladen auf den vorangehenden Seiten zu. (Für die Volksballade findest du allerdings kein Beispiel im Buch.)

Ursprünglich entstanden Balladen als Volkslieder (**Volksballaden**). Im 18. und 19. Jahrhundert verwendeten bedeutende Dichter und Dichterinnen die Balladenform und schufen so die **Kunstballade**. Im 20. Jahrhundert und gegenwärtig gab bzw. gibt es in der populären Musik zahlreiche moderne Balladen von Liedermachern und Pop-Musikern. Den Inhalt der Ballade bildet immer ein außergewöhnliches Ereignis: z. B. der Konflikt zwischen Menschen oder zwischen Mensch und Natur, ein besonderes Schicksal, eine Heldentat, eine Geistererscheinung. Manche Balladen haben einen historischen Hintergrund. Moderne Balladen üben oft Kritik an Macht und Ungerechtigkeit.

6. Welche „Balladen“ kennst du aus der heutigen Musikszene? Versucht, einige Texte zu besorgen, und prüft, welche Art von Inhalt hier verarbeitet wurde.

Nena

Rosenstolz

Hannes Wader

Einige Grundbegriffe des Theaters

1. Hier stimmt was nicht! Lest das folgende Theaterstück und äußert eure ersten Eindrücke. Was ist alles anders als gewohnt?

Ulrich Kabitz

An allem ist die Katze schuld

SPRECHER: Der König, die ergebene Königin, der schöne und mutige Herzog, die wunderhübsche Prinzessin, der Vorhang.

Akt 1

VORHANG: Der Vorhang öffnet sich zum ersten Akt.

KÖNIG: Der König tritt auf.

KÖNIGIN: Im Gefolge seine ergebene Königin.

KÖNIG: Der König lässt sich auf seinem Thron nieder, sein Szepter[1] in der Hand.

KÖNIGIN: Die Königin steht anmutig neben ihm und blickt ihn zärtlich an. „Mein Herr“, sagt sie mit sanftem Ton, „warum halten wir die Prinzessin von den Augen der Männer fern? Würde sich nicht bald die Ehe für sie schicken?“

KÖNIG: Der König nimmt eine strenge Miene an. „Königin“, sagt er mit barscher Stimme, „tausendmal habe ich es bereits wiederholt, die Prinzessin soll keines Mannes Weib werden.“

HERZOG: Der schöne und mutige Herzog tritt von der Seite her auf. „O König“, sagt er in männlichem Ton, „ich überbringe Euch eine Botschaft von größter Wichtigkeit.“

PRINZESSIN: In diesem Augenblick tritt die wunderhübsche Prinzessin von der anderen Seite her auf. Wie sie den schönen und mutigen Herzog sieht, erschrickt sie und schreit auf: „Oh, ein Mann!“ Ihre Verlegenheit vermehrt nur ihre Schönheit.

HERZOG: Beim ersten Blick entbrennt der schöne und mutige Herzog in Liebe.

KÖNIG: Voller Erregung steht der König auf. „Sprich!“, brüllt er den Herzog an, „und verlasse das Haus!“

PRINZESSIN: Das wunderschöne Mädchen errötet und schließt seine Augen.

KÖNIGIN: „Tochter“, sagt die ergebene Königin, „was hat dich bewogen, ohne Erlaubnis hier einzutreten?“

PRINZESSIN: Die Prinzessin öffnet den Mund und will sprechen.

HERZOG: Der Herzog hält den Atem an.

PRINZESSIN: „Ach“, sagt das Mädchen in einem von Süßigkeit schmelzenden Ton, „mein Angorakätzchen ist davongelaufen, und ich kann es nirgends finden.“

[1] *Szepter: öster.* für Zepter

HERZOG: „Wunderschöne Prinzessin“, so lässt der schöne und mutige Herzog seine von tiefstem Gefühl bewegte Stimme vernehmen, „ich werde überglücklich sein, Euch dienen zu können. Vernehmet meinen Schwur: Noch heute liegt das Angorakätzchen in Euren Armen!“ Der Mut beflügelt seine Schritte. Ab durch die Mitte.

KÖNIG: „Haltet ihn! Haltet ihn!“, schreit der König voller Zorn. „Meine Knechte sollen das Angorakätzchen der Prinzessin finden!“ Der König tritt ab.

KÖNIGIN: Im Gefolge seine ergebene Königin.

PRINZESSIN: Und mit anmutigem Schritt entfernt sich auch die Prinzessin.

VORHANG: Sodann schließt sich der Vorhang nach dem ersten Akt.

Akt II

VORHANG: Nun öffnet sich der Vorhang zum zweiten Akt.

PRINZESSIN: Die wunderschöne Prinzessin lehnt am Fenster. Sie hört in der Ferne Hufe klappern! „Er ist es“, haucht sie in die abendliche Stille und legt ihre zarte Hand auf das klopfende Herz.

KÖNIG: Der König tritt auf.

KÖNIGIN: Im Gefolge seine ergebene Königin.

HERZOG: Strahlend tritt der schöne und mutige Herzog ein und hält das Kätzchen im Arm.

PRINZESSIN: „Mein Angorakätzchen! Mein Angorakätzchen!“, ruft die Prinzessin. Sie nimmt ihren Liebling auf den Arm. Aber ihre Augen hängen an der anmutigen Gestalt des schönen und mutigen Herzogs.

KÖNIG: Der König ist voll Eifersucht.

HERZOG: Der Herzog fällt vor dem König auf die Knie. „O König“, so lässt er seine wohltönende Stimme vernehmen, „ich habe das Angorakätzchen gefunden. Nun bin ich gekommen, um mir die Belohnung zu holen, nämlich die Hand Eurer Tochter, der wunderhübschen Prinzessin.“

KÖNIG: Der König erbebt vor Zorn. „Hinaus!“, ruft er mit allen Anzeichen angesammelter Wut. „Die Hand meiner Prinzessin soll nicht durch eine Katze gewonnen werden!“

HERZOG: Der schöne und mutige Herzog wendet sich gefasst zum Gehen. Wie er an der Prinzessin vorbeikommt, berührt er ihre zarte Hand. „Ich komme wieder“, flüstert er ihr zu.

PRINZESSIN: Die Prinzessin schweigt, aber ihre himmelblauen Augen spiegeln die Bewegung ihres Herzens wider.

KÖNIG: Der König tritt ab.

KÖNIGIN: Im Gefolge seine ergebene Königin.

PRINZESSIN: Und mit anmutigem Schritt entfernt sich auch die Prinzessin.

VORHANG: Sodann schließt sich der Vorhang nach dem zweiten Akt.

Akt III

VORHANG: Der Vorhang öffnet sich zum dritten Akt.

KÖNIG: Der König tritt auf.

KÖNIGIN: Im Gefolge seine ergebene Königin.

KÖNIG: Der König steht nachsinnend in der Mitte der Bühne.

KÖNIGIN: Die Königin steht traurig neben ihm. „Mein Herr“, sagt sie mit gramumflorter[1] Stimme, „habt ein Einsehen! Die Prinzessin weint Tag und Nacht und will sich nicht mehr trösten lassen.“

KÖNIG: Der König dreht sich um. „Schweig!“, herrscht er sie an.

KÖNIGIN: Die Königin verstummt.

HERZOG: Der schöne und mutige Herzog tritt auf. An der Seite ein Schwert. „O König“, ruft er voll glühender Leidenschaft, „ich habe Euch vorhin um die Hand der wunderhübschen Prinzessin gebeten!“

KÖNIG: Der König zeigt eine abweisende Miene. „Hinaus, hinaus!“, schreit er noch einmal.

HERZOG: Der Herzog zieht ein Schwert und ersticht den König.

KÖNIG: Der König röchelt und stirbt.

KÖNIGIN: „Mein Herr, mein Herr“, schreit die Königin in aufwallendem Schmerz und sinkt tot über den König.

HERZOG: „O furchtbares Entsetzen! Was habe ich getan?“, schreit der Herzog mit allen Anzeichen heftiger Reue. Er trinkt einen Becher voll Gift und fällt tot um.

PRINZESSIN: Die Prinzessin hört den Schrei und stürzt herein. Sie erstarrt bei dem entsetzlichen Anblick, der sich ihr bietet. „Weh mir!“, schreit sie und ringt ihre zierlichen Arme. „Der Kummer wird mich töten“, so waren ihre letzten Worte. Dann fällt sie tot über die Brust des Geliebten.

KÖNIG: Weh! Weh! Der König des Landes ist tot.

KÖNIGIN: O Jammer, o Jammer! Die ergebene Königin ist tot!

HERZOG: Schmerz lass nach! Der schöne und mutige Herzog ist tot!

PRINZESSIN: Lasst eure Tränen fließen! Die Prinzessin ist tot, doch immer noch strahlt ihre Schönheit.

VORHANG: Sodann schließt sich der Vorhang nach dem dritten Akt.

[1] *gramumflort:* wie mit einem Schleier von Kummer umgeben

Nachspiel

VORHANG: Noch einmal öffnet sich der Vorhang zum melodramatischen[1] Nachspiel. *Ein feierlicher Chor oder entsprechende Instrumente sorgen für Untermalung. Die Auswahl ist groß von „Unrasiert und fern der Heimat", hier besser auf den Text: „Eduard und Kunigunde, Kunigunde Eduard …" zu singen, bis zu „Guter Mond, du gehst so stille!"*

[1] *melodramatisch:* übertrieben gefühlvoll, tränenreich

KÖNIG: Der König ist immer noch tot.
KÖNIGIN: Die ergebene Königin ist immer noch tot.
HERZOG: Der schöne und mutige Herzog ist immer noch tot.
PRINZESSIN: Die wunderhübsche Prinzessin ist immer noch tot – und immer noch reizend.
VORHANG: Der Vorhang fällt für immer.

2. Nun geht's ans Spielen. Zunächst müssen die Rollen vergeben werden. Bilde ganze Sätze nach dem folgenden Muster und übe so die Fachbegriffe ein:

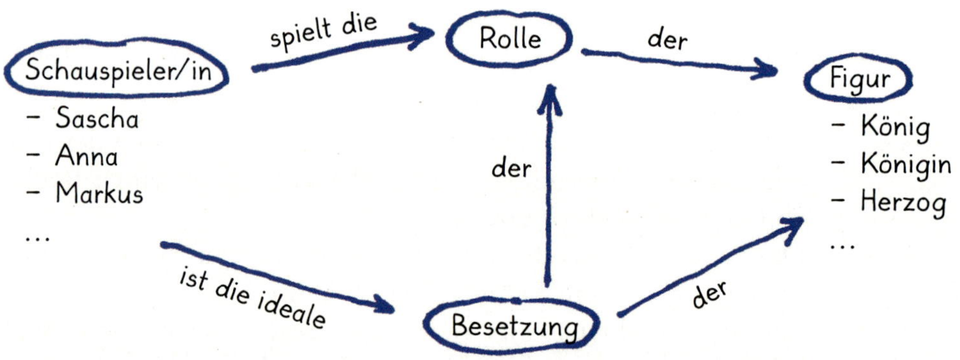

3. In „An allem ist die Katze schuld" wird die direkte Rede der Figuren mit Hinweisen, was die Figur gerade tut (Regieanweisungen), vermischt. Wie wirkt dieses Verfahren auf euch?
4. Trennt Figurenrede und Regieanweisungen, die dann ungesprochen bleiben. Vergleicht die Wirkung mit derjenigen der ursprünglichen Fassung.

Bei Theaterstücken werden die **Regieanweisungen** (Hinweise, was die Figuren tun sollen und wie die Bühne aussehen soll) von der **Figurenrede** (den Äußerungen der Personen auf der Bühne) unterschieden. Bei der Figurenrede wiederum unterscheidet man **Dialoge** (Gespräche zwischen zwei oder mehreren Figuren) und **Monologe** (Selbstgespräche).

5. Sucht einen Monolog im Stück „Das rote Haus in einer kleinen Stadt" (☞ S. 281 ff.) und überlegt, was die Autorin mit dem Monolog erreicht.

Die Gliederung von Theaterstücken

Theaterstücke, die ihr in diesem Kapitel finden könnt, sind in Teile gegliedert. Sucht die Bezeichnungen der Teile heraus und vergleicht sie mit folgender Definition. Prüft, ob die Bezeichnungen in den Stücken korrekt verwendet werden.

Dramen bestehen aus größeren, in sich relativ geschlossenen Handlungsabschnitten, den **Akten**. Diese werden auch als „Aufzüge" bezeichnet, weil sie früher (und teils heute noch) vom Auf- und Zuziehen des Bühnenvorhangs begrenzt wurden. Ein Akt ist wiederum unterteilt in einzelne **Szenen**. Diese werden auch als Auftritte bezeichnet, weil eine neue Szene oft damit beginnt, dass eine weitere Figur auftritt, bzw. dann endet, wenn eine Figur abtritt.

Was man zum Spielen braucht

Für eine Theateraufführung braucht ihr ganz wenige Hilfsmittel. Hier ein Vorschlag für die Umgestaltung eures Klassenzimmers:

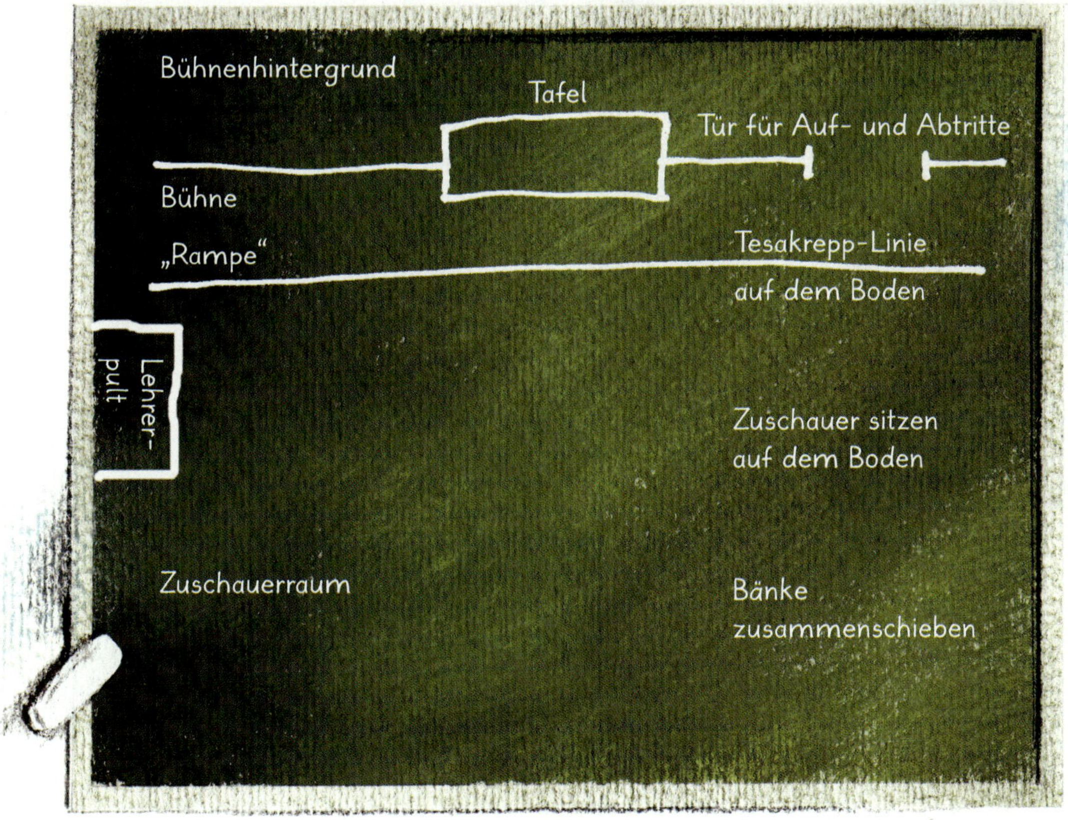

Die Gestaltung des Bühnenhintergrunds ist im Klassenzimmer recht einfach, weil die Tafel bemalt werden kann. Schöner ist natürlich eine Kulisse, die die ganze Rückwand der Bühne einnimmt. Bewährt haben sich Papierbahnen, wie ihr sie als Bodenabdeckung für Malerarbeiten kaufen könnt. Sie können gut bemalt und an der Wand befestigt werden.

1. Erkläre die Wendung „im Rampenlicht stehen".
2. Oft genügen wenige, aussagestarke Gegenstände, „Requisiten" genannt, um den Zuschauern klarzumachen, was das für eine Figur ist, die gerade die Bühne betritt. Deutet die Requisiten der Männer-Figuren auf den abgebildeten Spielkarten auf den Seiten 299 ff.
3. Dass auch bei den Kostümen oft mit wenigen Mitteln die gewünschte Wirkung erzielt werden kann, zeigen ebenfalls die auf den Seiten 299 ff. abgebildeten Spielkarten. Welche Kostümbestandteile fallen auf und welchen Eindruck von der Person vermitteln sie?

4. Besprecht, wer was von zuhause mitbringt, damit mit einfachen Mitteln die Figuren in „An allem ist die Katze schuld" kostümiert werden können. Wenn ihr eine Aufführung vor Publikum plant: Fragt bei der Theatergruppe eurer Schule nach, ob ihr einige Kostüme entleihen dürft.

Die besten Requisiten und die schönsten Kostüme nützen natürlich nichts, wenn ihr auf der Bühne steht wie Säulen und mit „Pokerface" eure Rollen sprecht. Bei Gesichtsausdruck und Körpersprache kann in diesem Fall ruhig etwas übertrieben werden. Auch die Schauspieler, die nichts zu sprechen haben, können durch stummes Spiel ihren Rollen stärkeren Ausdruck verleihen.

Um die Vorstellung einer zweiten Wirklichkeit auf der Bühne zu geben, treten die Figuren in **Kostümen** auf. Sie bewegen sich vor einer **Kulisse** und benutzen **Requisiten**. Wenn sich ein Darsteller besonders an das Publikum wenden will, tritt er an die (Bühnen)-**Rampe**. Besondere Bedeutung kommt dem Gesichtsausdruck (**Mimik**) und der Körpersprache (**Gestik**) zu. Ein stummes Spiel heißt **Pantomime**.

PROJEKT

Szenischer Abend

In diesem Kapitel fandet ihr zwei Theaterstücke, die sich leicht nachspielen lassen:

- Elisabeth Borchers,
  Das rote Haus in einer kleinen Stadt
- Ulrich Kabitz,
  An allem ist die Katze schuld

Außerdem habt ihr mehrere Möglichkeiten kennengelernt, Balladen wirkungsvoll vorzutragen.
Vielleicht habt ihr euch sogar an einem Bänkelsang versucht: Material genug, um einen szenischen Abend für Freunde und Eltern zu gestalten.

Auf einem Programmblatt nennt ihr die einzelnen „Nummern" mit Autor und Titel und den Namen der Mitwirkenden. Am Abend selbst sollten eine Schülerin und ein Schüler durch die verschiedenen Teile des Programms führen, indem sie zwischendurch auftreten und kleine Ansagen (Moderationen) machen. Sie könnten z.B. – wenn nötig – erklären, was Bänkelsang ist oder ein paar Worte dazu sagen, warum der Text aufführenswert ist. Überlegt euch auch eine wirkungs- und abwechslungsreiche Abfolge der Nummern.
Die eurer Meinung nach beste Darbietung gehört als Höhepunkt an den Schluss.

Nein – diesmal machen wir es ohne Menschen!

Erich Kästner

Die Entwicklung der Menschheit

Einst haben die Kerls auf den Bäumen gehockt,
behaart und mit böser Visage.
Dann hat man sie aus dem Urwald gelockt
und die Welt asphaltiert und aufgestockt,
bis zur dreißigsten Etage.

Da saßen sie nun, den Flöhen entflohn,
in zentralgeheizten Räumen.
Da sitzen sie nun am Telefon.
Und es herrscht noch genau derselbe Ton
wie seinerzeit auf den Bäumen.

Sie hören weit. Sie sehen fern.
Sie sind mit dem Weltall in Fühlung.
Sie putzen die Zähne. Sie atmen modern.
Die Erde ist ein gebildeter Stern
mit sehr viel Wasserspülung.

Sie schießen die Briefschaften durch ein Rohr.
Sie jagen und züchten Mikroben.
Sie versehn die Natur mit allem Komfort.
Sie fliegen steil in den Himmel empor
und bleiben zwei Wochen oben.

Was ihre Verdauung übrig lässt,
das verarbeiten sie zu Watte.
Sie spalten Atome. Sie heilen Inzest.[1]
Und sie stellen durch Stiluntersuchungen fest,
dass Cäsar Plattfüße hatte.

So haben sie mit dem Kopf und dem Mund
den Fortschritt der Menschheit geschaffen.
Doch davon mal abgesehen und
bei Lichte betrachtet sind sie im Grund
noch immer die alten Affen.

[1] *Inzest:* Sexualität zwischen Blutsverwandten

Aufgaben: Seite 315

Aldous Huxley

1 Schöne neue Welt

Der folgende Text ist ein Ausschnitt aus dem Roman „Schöne neue Welt" (1932) von Aldous Huxley. Der Engländer schildert darin eine Zukunftsgesellschaft, die den Menschen durch vorgeburtliche Programmierung und Einteilung in Klassen („Alpha", „Beta", ...) und durch eine „Soma" genannte Droge ein scheinbar problemloses und glückliches Leben ermöglichen soll. Menschliche Wesen werden nicht mehr gezeugt und geboren, sondern in Teströhren entwickelt und aus Flaschen entkorkt.

Der Direktor öffnete. Sie betraten einen großen kahlen Raum, sehr hell und sonnig; die ganze Südwand war ein einziges Fenster. Sechs Pflegerinnen in den Jacken und Hosen der vorgeschriebenen Uniform aus weißer Viskoseleinwand, das Haar aseptisch[1] unter weißen Hauben verborgen, waren soeben dabei, Schalen voller Rosen in langer Reihe auf den Boden zu stellen. Große Schalen, dichtgefüllt, Tausende von Rosen, voll erblüht und seidenglatt.

Die Pflegerinnen standen stramm, als der BUND[2] eintrat.

„Stellen Sie die Bücher auf!", befahl er kurz.

Schweigend gehorchten sie. Zwischen die Rosenschalen wurden Bücher gestellt, eine Reihe Kinderbücher in Quarto[3], jedes einladend beim bunten Bild eines Vierfüßlers, Fisches oder Vogels aufgeschlagen.

„Nun bringen Sie die Kinder!"

Die Pflegerinnen eilten hinaus und kehrten nach ein paar Minuten zurück; jede schob so etwas wie einen hohen stummen Diener vor sich her, dessen vier drahtvergitterte Flächen mit acht Monate alten Kindern beladen waren, alle einander genau gleich (eine Bokanowskygruppe[4] offenbar) und alle, da sie der Deltakaste angehörten, in Khaki gekleidet.

„Setzen Sie sie auf den Boden!"

Die Kinder wurden abgeladen.

„Nun wenden Sie sie so, dass sie die Blumen und Bücher sehen können!"

Kaum war das geschehen, als die Kinder verstummten und auf die seidig schimmernden Farbklumpen, die bunt leuchtenden Bilder auf den weißen Buchseiten loszukrabbeln begannen. Die Sonne, einen Augenblick lang verdunkelt, kam hinter einer Wolke hervor. Die Rosen flammten auf, wie von jäh erwachter Leidenschaft durchglüht; neue, tiefere Bedeutsamkeit schien die leuchtenden Bildseiten zu erfüllen. Aus den Reihen der krabbelnden Kinder ertönten kleine aufgeregte Schreie, freudiges Lallen und Zwitschern.

Der Direktor rieb sich die Hände. „Großartig!", sagte er. „Fast wie auf Bestellung!"

Die Flinksten unter den Krabblern waren schon am Ziel. Zaghafte Händchen streckten sich aus, berührten, erfassten und entblätterten die vom Sonnenlicht verklärten Rosen, zerknitterten die bebilderten Buchseiten. Der Direktor war-

[1] *aseptisch:* keimfrei

[2] *BUND:* hier: Brut- und Norm-Direktor

[3] *in Quarto:* im Großformat

[4] *Bokanowskygruppe:* völlig identische Kinder, die dadurch entstanden sind, dass nach einem bestimmten Verfahren aus einem Ei mehrere Embryos entwickelt wurden

tete, bis alle seelenvergnügt beschäftigt waren. „Und nun passen Sie auf!", sagte er und gab mit erhobener Hand ein Zeichen.

Die Oberpflegerin, die am anderen Ende des Saals vor einem Schaltbrett stand, drückte einen kleinen Hebel nieder.

Ein heftiger Knall. Gellendes und immer gellenderes Sirenengeheul. Rasendes Schrillen von Alarmklingeln.

Die Kinder erschraken und schrien auf, die Gesichtchen von Entsetzen verzerrt. „Und jetzt", brüllte der Direktor, denn der Lärm war ohrenbetäubend, „werden wir die Lektion mittels eines elektrischen Schlägelchens einbläuen."

Er winkte abermals, die Oberpflegerin drückte einen zweiten Hebel nieder. Das Plärren der Kinder hörte sich plötzlich anders an. Verzweiflung, fast Wahnsinn klang aus diesen durchdringenden Schreikrämpfen. Ihre Körperchen wanden und steiften sich, ihre Glieder zuckten wie von unsichtbaren Drähten gezogen. „Wir können durch diesen ganzen Streifen des Fußbodens elektrischen Strom schicken", brüllte der Direktor erklärend.

„Aber jetzt genug!", bedeutete er der Pflegerin.

Die Detonationen hörten auf, die Klingeln verstummten, das Sirenengeheul erstarb Ton für Ton. Die zuckenden Kinderleiber lösten sich aus ihrem Krampf, das irre Stöhnen und Schreien ebbte zu einem gewöhnlichen Angstgeplärre ab.

„Geben Sie ihnen nochmals die Blumen und Bücher!"

Die Pflegerinnen gehorchten, aber bei der leisesten Annäherung der Rosen, beim bloßen Anblick der bunten Miezekatzen, Hottehüpferdchen und Bählämmer wichen die Kinder schaudernd zurück; ihr Geplärr schwoll sogleich wieder zu Entsetzensgeschrei an.

„Beachten Sie das, meine Herren", sagte der Direktor triumphierend, „beachten Sie das wohl!" Bücher und Getöse, Blumen und elektrische Schläge – schon im kindlichen Geist waren diese Begriffspaare nun zwanghaft verknüpft, und nach zweihundert Wiederholungen dieser oder ähnlicher Lektionen waren sie untrennbar. Was der Mensch zusammenfügt, das kann Natur nicht scheiden.

„So wachsen sie mit einem, wie die Psychologen zu sagen pflegten, ‚instinktiven' Hass gegen Bücher und Blumen auf. Wir normen ihnen unausrottbare Reflexe an. Ihr ganzes Leben lang sind sie gegen Druckerschwärze und Wiesengrün gefeit." Der Direktor wandte sich an die Pflegerin. „Schaffen Sie sie hinaus!"

Noch immer plärrend, wurden die Khakikinder wieder auf die stummen Diener verladen und hinausgefahren; sie hinterließen den Geruch saurer Milch und eine höchst willkommene Stille.

Ein Student hob zwei Finger: Er sehe ja ein, dass es nicht gehe, Angehörige der unteren Kasten ihre der Allgemeinheit gehörende Zeit mit Büchern vergeuden zu lassen, ganz abgesehen von der Gefahr, dass sie etwas läsen, was unerwünschterweise einen ihrer angenormten Reflexe abbiegen könnte, und doch … nein, er verstehe das mit den Blumen nicht. Warum nehme man sich die

Mühe, den Deltas die Freude an Blumen psychologisch unmöglich zu machen? Geduldig erklärte es der BUND. Dass man die Kinder beim bloßen Anblick einer Rose in Schreikrämpfe versetzte, entsprang einer höchst ökonomischen Voraussicht. Vor gar nicht langer Zeit, etwa hundert Jahre war es her, hatte man Gammas, Deltas, sogar Epsilons die Liebe zu Blumen und überhaupt Freude an der Natur angenormt, um ihnen den Hang, bei jeder sich bietenden Gelegenheit ins Grüne zu pilgern, einzuimpfen und sie so zu Benutzern der Verkehrsmittel zu machen.

„Und benutzten sie sie?“, fragte der Student.

„Jawohl, ausgiebig“, erwiderte der BUND. „Aber sonst nichts.“ Primeln und Landschaft, dozierte er, hätten einen großen Fehler: Sie seien gratis. Liebe zur Natur halte keine Fabrik beschäftigt. Man hatte daher beschlossen, die Liebe zur Natur abzuschaffen, wenigstens unter den niederen Kasten, nicht aber den Hang, die Verkehrsmittel zu benutzen. Denn es war natürlich unerlässlich, dass sie auch weiterhin ins Grüne fuhren, selbst wenn es ihnen zum Hals herauswuchs. Das Problem lag darin, einen triftigeren wirtschaftlichen Grund zur Benutzung der Verkehrsmittel zu finden als bloßes Wohlgefallen an Primeln und Landschaft. Man fand ihn prompt.

„Wir normen den Massen den Hass gegen landschaftliche Schönheiten an“, schloss der Direktor, „doch zugleich auch die Liebe zum Freiluftsport. Dabei achten wir darauf, dass jeder Sport den Gebrauch besonderer und komplizierter Geräte nötig macht. Sie benutzen also nicht nur die Verkehrsmittel, sondern verbrauchen auch Fabrikate. Und darum diese elektrischen Schläge.“

„Ich verstehe“, sagte der Student und schwieg, von Bewunderung übermannt.

Eirik Newth

Biotechnologie

2

Aufgaben: Seite 315

In der Biotechnologie geht es darum, Organismen so zu verändern, dass sie den Bedürfnissen der Menschen entsprechen. Wir wissen seit langem, dass die Biotechnologie Hungerkatastrophen verhindern kann. In den Sechzigerjahren wurde ein internationales Projekt ins Leben gerufen mit dem Ziel, auch in ärmeren Regionen neue Sorten Reis, Mais oder Weizen anzubauen. Das Projekt erhielt den Namen „grüne Revolution", weil viele glaubten, es würde die Landwirtschaft der ärmeren Länder revolutionieren. „Wunderreis", eine Reissorte, die viel mehr Reiskörner pro Ähre hervorbrachte und gegen Krankheiten besser geschützt war, wurde daraufhin in weiten Teilen Asiens angebaut.

Die grüne Revolution hatte dann auch zur Folge, dass zum Beispiel Indien hinsichtlich der Ernährung zum Selbstversorger wurde. Ein Land, das vorher unter großem Nahrungsmangel gelitten hatte, war plötzlich in der Lage, Getreide zeitweise sogar ins Ausland zu verkaufen. Aber die grüne Revolution hat auch dazu geführt, dass Bauern von Kunstdünger und Pflanzenschutzmitteln abhängiger wurden als früher. Derlei künstliche Hilfsmittel können in der Natur beträchtlichen Schaden anrichten und an vielen Orten zeigte sich, dass die herkömmlichen Getreidearten der dortigen Umgebung wesentlich besser angepasst waren. Trotzdem gilt die grüne Revolution als einigermaßen geglückt, sodass viele Wissenschaftler an einer neuen Revolution in der Landwirtschaft arbeiten. Heute bedient man sich modernster verfügbarer Hilfsmittel. Bei der Gentechnologie geht es darum, das Erbgut von Pflanzen und Tieren zu verändern. Sobald das Erbgut in einem Organismus erforscht ist, wissen wir, wie der Organismus seine Eigenschaften entwickelt.

Die Gentechnologie kann einer Tier- oder Pflanzenart nun Eigenschaften von anderen Arten verleihen. Das liegt daran, dass die Erbmasse aller Organismen auf der Erde die gleiche „Sprache" spricht. Somit lassen sich zum Beispiel die Gene eines Fischs in das Erbgut einer Pflanze einschleusen. Was in der Natur unmöglich ist, nämlich einen Lachs mit einer Erdbeerpflanze zu „paaren", ist für Gentechniker kein Problem.

Diese Art von Gentechnologie wurde in den Siebzigerjahren entwickelt, hat aber bis in die Neunzigerjahre hinein kaum Anwendung gefunden. 1999 haben Wissenschaftler einer Flunder, einem Fisch, der große Kälte verträgt, Gene entnommen und sie in Pflanzen eingebaut, um diese kälteverträglicher zu machen. Gene, die beim Menschen das Wachstum auslösen, wurden in das Erbgut eines Fischs eingebaut, damit dieser rascher wächst.

Gentechniker haben auch das Erbgut von Pflanzen verändert, damit sie Angriffen von Käfern, Bakterien, Viren und Pilzen besser standhalten. Sie haben Pflanzen entwickelt, die Pflanzenschutzmittel sehr viel besser vertragen, als das normalerweise der Fall ist. So lassen sich Unkraut und Schädlinge effektiver bekämpfen.

Es gibt auch genmodifizierte („genveränderte“) Pflanzen mit besonders langer Haltbarkeit. Das erste Beispiel dafür war eine Tomate, die in den Achtzigerjahren in den USA entwickelt wurde. Dass Pflanzen länger haltbar sind, ist von Vorteil, denn viele Lebensmittel verfaulen in Schiffscontainern oder Lastwagen und bis zu einem Drittel aller Nutzpflanzen verdirbt aufgrund von Krankheiten oder durch Insektenfraß, bevor sie den Verbraucher erreichen. Wenn wir Gentechnologie einsetzen, um zu verhindern, dass Pflanzen verderben, gelingt es uns damit indirekt, die Lebensmittelproduktion auf der Erde zu steigern.

Das wird in Zukunft noch wichtiger sein. Die Wissenschaftler werden Pflanzen entwickeln, die extrem schwierigen Wachstumsbedingungen ausgesetzt werden können, zum Beispiel in den Randgebieten von Wüsten oder hoch oben in Gebirgen, sodass wir Boden urbar machen können, der heute noch als unfruchtbar gilt. Sie können auch Pflanzen hervorbringen, die den Klimaveränderungen des 21. Jahrhunderts angepasst sind. Wenn ein wichtiges landwirtschaftlich genutztes Gebiet von Trockenheit oder zu viel Regen bedroht ist, können die Wissenschaftler entsprechende Nutzpflanzen gewissermaßen so „maßschneidern“, dass sie genau dieses Klima vertragen.

Alle Pflanzen produzieren Energie mithilfe der Fotosynthese. Das ist ein ziemlich ineffektiver Prozess. Einige Genforscher glauben, dass wir „Superpflanzen“ hervorbringen können, die Sonnenlicht, Kohlendioxid und Nährstoffe viel effektiver in Nahrungsmittel umwandeln können. Die Superpflanzen könnten auch mehr Vitamine und andere wichtige Nährstoffe enthalten. Besonders in den ärmeren Ländern ist Proteinmangel in der Ernährung ein großes Problem. Wissenschaftler arbeiten zurzeit daran, Gene von proteinreichen Erbsen auf Reispflanzen zu übertragen, die zwar weniger Proteine besitzen, aber leichter in großen Mengen anzubauen sind.

Eins der größten Probleme der Gentechnologie ist, dass dabei das Erbgut verändert wird. Wenn wir eine neue Pflanze mit besonderen Eigenschaften geschaffen haben, können diese Eigenschaften auch auf andere Pflanzen vererbt werden. Wenn eine genmodifizierte Pflanze auf einem Acker angebaut wird, ist sie von wilden Pflanzen umgeben, die Eigenschaften der neuen Pflanze übernehmen können. Wissenschaftler machen sich vor allem Sorgen bei Nutzpflanzen, denen man Widerstandskräfte gegen Insekten- und Unkrautvernichtungsmittel eingebaut hat. Auf dem Acker wachsen diese Pflanzen Seite an Seite mit Unkraut und es besteht durchaus die Gefahr, dass wir „Superunkraut“ erhalten, das genauso widerstandsfähig wird wie die Nutzpflanzen.

Wir wissen noch sehr wenig darüber, warum Menschen gegen bestimmte Nahrung allergisch sind und welche Stoffe genau Allergien hervorrufen. Manche Allergieformen sind ziemlich ausgeprägt, zum Beispiel Erdbeerallergien. Wenn ein Teil des Erbguts einer Erdbeere in anderen Pflanzen verwendet wird, ist es möglich, dass Allergiker auch auf die genmodifizierte Pflanze reagieren. Viele Lebensmittel, die wir kaufen, enthalten eine Vielzahl Inhaltsstoffe und wenn eine genmodifizierte Pflanzenart zu diesen Inhaltsstoffen gehört, sollten zum Beispiel Allergiker auf der Hut sein. Deshalb wird in vielen Ländern gefordert, dass alle Lebensmittel, die genmodifizierte Pflanzen enthalten, gekennzeichnet werden, damit die Leute wissen, was sie kaufen.

Vielleicht ist das größte Problem der genmodifizierten Superpflanzen, dass sie von großen Firmen in reichen Ländern entwickelt werden. Die armen Länder haben nicht das Geld, Pflanzen gentechnisch zu verändern. So können Bauern in Afrika und Asien ganz davon abhängig werden, Samen im Ausland zu kaufen, während sie ihn bisher selbst herstellen konnten. Manche Firmen haben sich einen besonderen Trick einfallen lassen. Sie haben genmodifizierte Pflanzen entwickelt, die nur Pflanzenschutzmittel vertragen, welche von der gleichen Firma hergestellt werden. Deswegen haben viele Menschen Bedenken dagegen, dass nur wenige große Firmen die Kontrolle über die Produktion von Nutzpflanzen haben.

Aber es kann durchaus passieren, dass es den genmodifizierten Lebensmitteln so ergeht wie der Atomkraft, denn jeder von uns kann verhindern, dass diese Technik massiv weiterentwickelt wird. Wenn wir keine genmodifizierten Lebensmittel kaufen, wird die Entwicklung nicht lange weitergehen.

3

Aufgaben: Seite 315

Nachruf

Tütensuppen

waren die Rettung für kochfaule Singles und der endgültige Sieg der Chemie über die nervende Natur, die nie tellergerecht sein wollte. Heißes Wasser zauberte blitzschnell aus steinharten Brocken und buntem Staub köstliche, oft asiatische Suppen mit Einlagen, die an irgendwas aus der Echtwelt erinnerten. Was, war ja egal. Hauptsache schnell – und runter damit. Es wurde immer raffinierter. Bald kamen ganze Sonntagsbraten in Bröselform daher. Ab 2003 gab es nur noch Pulver, aber leider kein Wasser mehr. 2004 schniefte sich der letzte Hungrige an einer Nudelsuppe zu Tode.

4 Alles wird einfacher

Aufgaben: Seite 315

EINKAUF VON ZU HAUSE
Per Katalog oder Teleshopping kann man schon lange von zu Hause aus einkaufen. Inzwischen ist auch der Einkauf per Internet möglich, doch völlig anders, als es diese ca. 50 Jahre alte Zukunftsvision zeigt.

Vielleicht stehst du gerade an einer Bushaltestelle, wenn dein elektronischer Anstecker signalisiert, dass die Person neben dir die gleiche Musik mag wie du. Das genügt, um ein Gespräch zu beginnen und vielleicht Freundschaft zu schließen. Erfindungen wie dieser Anstecker, den es heute noch nicht gibt, könnten unser Leben von Grund auf verändern. Freundliche Roboter würden in der Zukunft alle möglichen Aufgaben erledigen, während intelligente Mülleimer den Abfall sortieren. Zu besonderen Anlässen könnte man Gefühle in kostbaren Gefäßen verschenken. Einkäufe und Bankgeschäfte würden wir – wie es bereits jetzt schon möglich ist – von zuhause per Internet erledigen und auch den Gang zum Arzt könnten wir uns sparen, wenn medizinische Ferndiagnosen und -therapien möglich geworden sind.

URLAUBSFREUDEN
Bei der Planung von Ferienreisen und unterwegs hilft ein ausziehbarer Bildschirm, der die Reiseroute sowie alles Wissenswerte über das Ziel anzeigt.

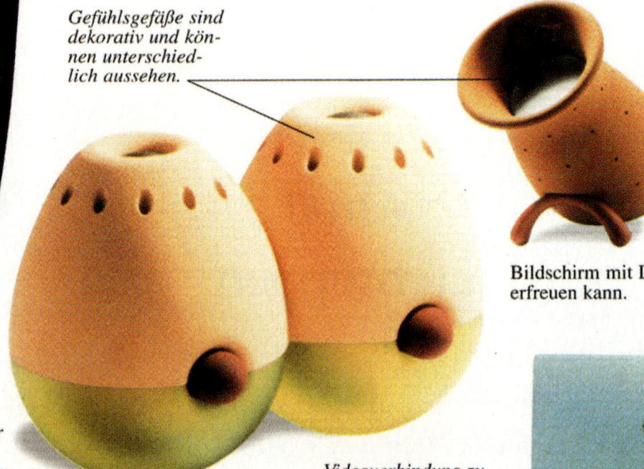

Gefühlsgefäße sind dekorativ und können unterschiedlich aussehen.

GEFÜHLE IN GEFÄSSEN
In kleinen Gefäßen aus wertvollem Material sind besonders bewegende Augenblicke festgehalten, z.B. die ersten Worte oder Schritte eines Babys. Versehen mit dem Lieblingsduft sind sie ein ganz besonderes Geschenk, an dem man sich über einen kleinen Bildschirm mit Lautsprecher immer wieder erfreuen kann.

Hier wird der Abfall hineingeworfen.

INTELLIGENTE MÜLLEIMER
Probleme mit der Mülltrennung könnte dieser Mülleimer lösen, der den Abfall selbständig sortiert und für den Abtransport zu handlichen Paketen verarbeitet.

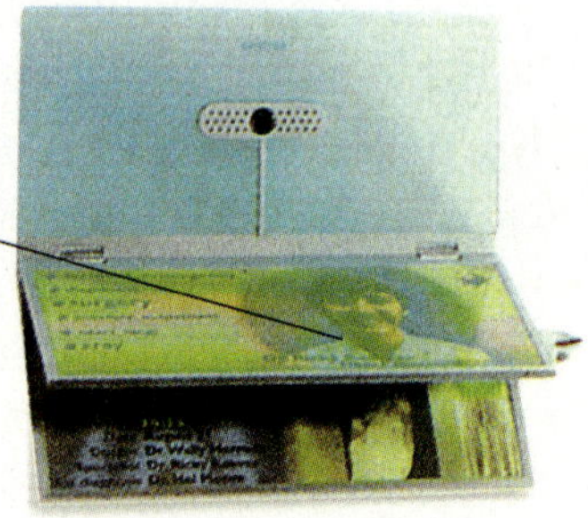

Videoverbindung zu Hausarzt oder Klinik

DER ARZT IM HAUSE
Dieses Kästchen enthält eine medizinische Enzyklopädie und Instrumente zur Messung von Temperatur, Blutdruck und Puls. Ein kleiner Computer, den man in der Hand hält, erkennt Krankheitsanzeichen und erstellt eine komplette Diagnose, die per Videoverbindung an den Hausarzt geht. Dieser gibt entsprechende Anweisungen und kontrolliert regelmäßig den Zustand des Patienten.

Erich Kästner, **Die Entwicklung der Menschheit** *(Seite 307)*

1. Beschreibt mit eigenen Worten, welche Errungenschaften laut Gedicht der Mensch im Laufe seiner Geschichte gemacht hat.
2. Erläutert, was wir über die Beziehung von Mensch und Natur erfahren.
3. Erkläre die Schlussthese Kästners, dass „im Grunde (die Menschen immer) noch die alten Affen sind".

1 *Aldous Huxley,* **Schöne neue Welt** *(Seite 308)*

1. Diskutiert, was die hier dargestellte Wirklichkeit mit unserer Welt zu tun hat.
2. Erklärt, wie der Textausschnitt den Titel des Buches verdeutlicht.
3. Beschreibt anhand ausgewählter Textstellen die Beziehung zwischen dem BUND und den anderen Personen. Welche Rolle spielt das Individuum in dieser Welt?
4. Diskutiert mit eurer Biologielehrkraft, ob Genbabys, wie auf S. 308 ff. dargestellt, tatsächlich Wirklichkeit werden könnten.

2 *Eirik Newth,* **Biotechnologie** *(Seite 311)*

1. Erläutere mithilfe des Sachtextes, was man unter Biotechnologie versteht. Schreibe deine Definition auf und vergleiche sie mit einem Eintrag in einem Jugendlexikon. Ergänze nun, falls notwendig, deine Definition von Biotechnologie.
2. In dem Text werden sowohl Vorzüge als auch Nachteile bzw. Gefahren der Biotechnologie aufgezeigt. Stelle diese in einer Tabelle gegenüber.
3. Stell dir vor, du wärst Mitglied einer Gruppe von Experten für Biotechnologie, die neue Gesetze für den Einsatz der Biotechnologie entwerfen soll. Formuliere in Partnerarbeit Gebote und Verbote, die bei dem Einsatz der Biotechnologie nach deiner Meinung zu beachten wären.

3 **Nachruf Tütensuppen** *(Seite 313)*

1. Bei der Beschreibung der Tütensuppe handelt es sich um einen sogenannten Nachruf, der normalerweise einen Verstorbenen würdigt. Beschreibe, in welcher Art und Weise die Tütensuppe hier gewürdigt wird. Achte besonders auf die Wortwahl.
2. Schreibe selbst einen humorvollen Nachruf auf alltägliche Gegenstände wie z.B. *das Fahrrad, den Staubsauger* oder *den Fön* oder Berufe wie z.B. *den Schornsteinfeger, U-Bahn-Fahrer* oder *Lehrer*, die es am Ende des 21. Jahrhunderts vielleicht nicht mehr geben wird.

4 **Alles wird einfacher** *(Seite 314)*

1. Unter dem Titel „Alles wird einfacher" seht ihr Verschiedenes, was in Zukunft Wirklichkeit werden könnte. Diskutiert, was euch davon sinnvoll und wünschenswert erscheint und was nicht. Begründet eure Meinungen.
2. Sprecht auch darüber, für wie wahrscheinlich ihr diese Erfindungen haltet. Begründet eure Meinungen – manches ist ja schon ansatzweise Realität.

Jugendbuch

Gute Bücher finden

Marie Luise Kaschnitz

Das letzte Buch

Das Kind kam heute spät aus der Schule heim. Wir waren im Museum, sagte es. Wir haben das letzte Buch gesehen. Unwillkürlich blickte ich auf die lange Wand unseres Wohnzimmers, die früher einmal mehrere Regale voller Bücher verdeckt haben, die aber jetzt leer ist und weiß getüncht, damit das neue plastische Fernsehen darauf erscheinen kann. Ja und, sagte ich erschrocken, was war das für ein Buch? Eben ein Buch, sagte das Kind. Es hat einen Deckel und einen Rücken und Seiten, die man umblättern kann. Und was war darin gedruckt, fragte ich. Das kann ich doch nicht wissen, sagte das Kind. Wir durften es nicht anfassen. Es liegt unter Glas. Schade, sagte ich. Aber das Kind war schon weggesprungen, um an den Knöpfen des Fernsehapparates zu drehen. Die große weiße Wand fing an, sich zu beleben, sie zeigte eine Herde von Elefanten, die im Dschungel eine Furt durchquerten. Der trübe Fluss schmatzte, die eingeborenen Treiber schrien. Das Kind hockte auf dem Teppich und sah die riesigen Tiere mit Entzücken an. Was kann da schon drinstehen, murmelte es, in so einem Buch.

1. Diskutiert, ob ihr es für wahrscheinlich haltet, dass es eines Tages so kommt, wie im Text beschrieben.

2. Empfiehl dem „Kind" einige Buchtitel, die deiner Meinung nach das Interesse auch noch so großer Fernsehfreaks am Buch wecken könnten. Erzähl dem „Kind" auch, wie du auf das Buch aufmerksam wurdest.

3. Besucht in Gruppen eure Stadtbücherei und sucht eines der abgebildeten Jugendbücher.

4. Wie seid ihr vorgegangen? Beschreibt den Weg zu dem gesuchten Buch, indem ihr folgende Begriffe verwendet:

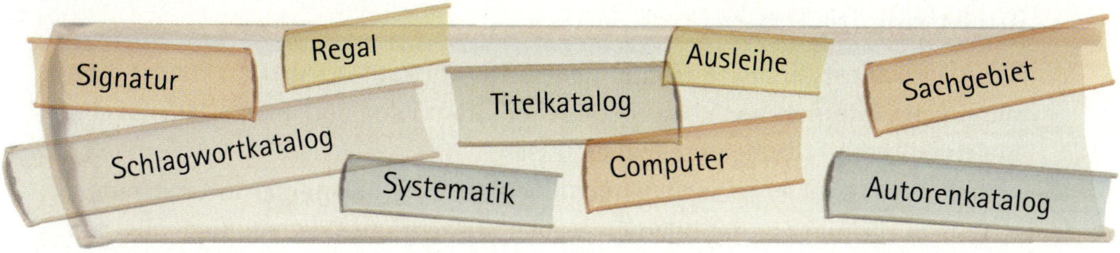

5. Wenn du das gesuchte Buch in der Hand hältst, findest du auf den eingefalteten Schutzumschlagklappen oder auf der Rückseite des Umschlags den sogenannten Klappentext. Lies die Klappentexte der Jugendbücher gründlich durch und stelle zusammen, welche Informationen sie enthalten.

6. Suche in der Umgebung, in der du das Buch gefunden hast, nach weiteren Titeln, die dich interessieren würden. Bei der Auswahl hilft dir natürlich der Klappentext.

7. Verfasse nun eine Buchempfehlung zu einem von dir gelesenen Buch und präsentiere sie anschließend deinen Mitschülern.

Eine Buchempfehlung präsentieren

- Nenne zuerst Autor/Autorin (evtl. auch Informationen zum Lebenslauf, Titel, Verlag, Umfang des Buches, Buchtyp, Altersstufe und evtl. den Preis).
- Gib dann den Inhalt wieder (Ort, Zeit, Handlungsgerüst, wichtige Personen), ohne zu viel zu verraten. Deine Zuhörer sollen neugierig auf das Buch werden und es noch mit Spannung lesen können.
- Wähle ein oder zwei Textstellen, die dir besonders aussagekräftig für das Buch erscheinen, zum Vorlesen aus. Das Vorlesen solltest du zuvor laut geübt haben. Dabei helfen dir die Vortragszeichen von S. 295.
- Sage zum Schluss, was dir an diesem Buch gefallen hat und warum und wem du es empfehlen kannst. Ein Spickzettel kann als Gedächtnisstütze dienen. Als besonders hilfreich haben sich Karteikarten erwiesen, die einseitig beschriftet und durchnummeriert nur die wesentlichen Stichpunkte des Buchreferats enthalten sollten. Einem nach Stichworten frei formulierten und deshalb auch lebendigeren Vortrag können die Zuhörer besser folgen als einem abgelesenen.

PROJEKT

Buchtipps im Internet

Natürlich kannst du heute Bücher übers Internet kaufen. Aber du kannst dich mithilfe des Internets auch nur über Bücher informieren und andere Jugendliche an deinen Leseerfahrungen teilhaben lassen.

1. Jede Schülerin/jeder Schüler sucht sich mithilfe geeigneter Internetseiten (z.B. www.buchtips.net oder www.buchinformationen.de) ein Buch aus, das sie/er gerne lesen würde. Bei der Auswahl helfen dir mehr oder weniger ausführliche Beschreibungen, die auf den genannten Seiten zu jedem Buch mitgeliefert werden. Du findest sie unter dem Stichwort „Rezensionen".
2. Jetzt legt jeder/jede eine größere Karteikarte zum jeweiligen Buch an, die dann im Klassenzimmer nach Sachgruppen (z.B. Krimi, Fantasy, Sachbuch etc.) geordnet an eine Pinnwand gehängt werden. So könnt ihr euch jederzeit Informationen zu interessanten Büchern im Klassenzimmer holen.
3. Zunächst liest jetzt jede/jeder ein empfohlenes Buch und schreibt im Anschluss selbst eine Rezension, d.h., sie/er begründet, warum das Buch gefallen hat oder nicht, ob die Erwartungen erfüllt wurden oder nicht, ob er/sie das Buch weiterempfehlen würde oder nicht. Diese Beurteilung könnt ihr nun eurerseits auf die entsprechende Internetseite stellen, damit alle Interessierten von eurer Leseerfahrung profitieren können. Im Klassenzimmer entscheidet ihr selbst, ob ihr Karteikarten über Bücher, die sich als nicht empfehlenswert herausgestellt haben, von der Pinnwand entfernt.

Sich mit einem Jugendbuch auseinandersetzen

Figuren

Der Zukunftsroman „Wenn die Nachtigall verstummt" von Isolde Heyne erzählt die Geschichte der sechzehnjährigen Maret Jansen, die im Jahr 2035 mit ihrer Familie in einer deutschen Großstadt lebt. Die folgenden Auszüge sind den Anfangskapiteln des Romans entnommen.

Ausschnitt 1:

Ich heiße Maret. Ich bin sechzehn Jahre alt. Seit heute weiß ich: Ich werde bald sterben.
Heute ist der 1. Juli 2035.
Ich will verhindern, dass jemand die Niederschrift meiner Gedanken durch einen Tastendruck auf dem Computer löscht. Deshalb bringe ich alles in diesem alten Tagebuch zu Papier. Es gehört meiner Großmutter. Als sie ihre Probleme

aufschrieb, war sie so alt, wie ich heute bin. Seit Dezember 1990 hat Gromy nichts mehr in ihr Tagebuch notiert. Die leeren Seiten werden für mich reichen. Noch nie habe ich meine Gedanken und Gefühle auf diese Weise festgehalten. Unlöschbar. Unkorrigierbar. Es fällt mir schwer. Ich werde es trotzdem versuchen. Was ich hier aufschreiben will, soll noch für mich sprechen, wenn ich es längst nicht mehr tun kann.

Wie viel Zeit mir noch bleibt? Ich weiß es nicht. Vielleicht einige Tage, ein Jahr, vielleicht auch länger. Erfahren habe ich es nur zufällig, weil die Gegensprechanlage noch eingeschaltet war. „Maret Jansen, V 27-7, positiv …" Es hat mich getroffen wie ein Schlag. Ich weiß, was die Diagnose bedeutet. Alle wissen es. Das tödliche Virus, ich trage es jetzt auch in mir.

Hier in der City fühlten wir uns bisher davor sicher. Die Luftfilter werden genau überprüft, das Wasser und die Lebensmittel laufend kontrolliert. Leute, die im zweiten oder dritten Ring wohnen, dürfen nicht in die City hinein, wenn sie keine Codekarte haben. Dabei gelten strengste Vorschriften. Trotzdem ist es jetzt also geschehen, dass das Virus auch in die City eingedrungen ist. Durch die Luft? Durch das Wasser? Durch die Nahrung?

Die Mediziner sagen, man könne unter Umständen jahrelang mit dem Virus leben, ohne dass die Krankheit ausbricht, in seltenen Fällen werde sie nie akut. Welche Chance wäre das für mich? 99 : 1?

Ich bin positiv. Mich wird es treffen. Irgendwann, wie aus einem Hinterhalt, wird es kommen – vielleicht; wenn ich es nicht erwarte, mich schon an die Hoffnung gewöhnt habe, dass ich verschont bleibe. Sie reden einem ein, dass die Forschung dicht daran sei, herauszubekommen, wie man diese Krankheit besiegen kann. Aber bevor man wusste, wie Tuberkulose, Krebs oder Aids behandelt werden können, sind Millionen Menschen daran gestorben.

Sie werden vermutlich etwas finden, was Hilfe bringt. In zehn Jahren vielleicht oder in zwanzig. Aber so lange habe ich nicht Zeit. Kann sein, ich brauche das Medikament schon in einem Monat oder in einem Jahr.

Vor zehn Jahren etwa sind die ersten Viren dieses Typs festgestellt worden. An sich harmlose, hieß es damals. Die hätten sich aber plötzlich ganz anders verhalten, als bisher von ihnen bekannt war. Es sei alles unter Kontrolle, wurde gesagt, als die Bevölkerung Aufklärung verlangte. Dann wurden die ersten akuten Erkrankungen mit tödlichem Verlauf aus den Slums der Ballungsgebiete gemeldet. Unter dem Druck der Öffentlichkeit musste zugegeben werden, dass die Verbreitung des V 27–7 nicht unter Kontrolle war, die genauen Übertragungswege blieben unklar. Doch es starben Menschen, erst ein paar, dann immer mehr. Und es betraf ausschließlich die Bevölkerung von Ballungsgebieten, die unter schlechten Umweltbedingungen lebte. Die Medien haben darüber berichtet. Erst in Panik, später beschwichtigend, jetzt kaum noch. Wir haben uns daran gewöhnt, wie an die anderen Katastrophen vorher auch. Und solange man selbst ohne Schaden davonkommt …

Wäre ich nur nicht zu dieser Routineuntersuchung gegangen. Niemand zwingt einen dazu. Wenn ich es nicht wüsste, könnte ich weiterleben wie bisher. Bis ich sie spüre, die Krankheit. [...]
Leo erfuhr es von Maret noch am gleichen Tag. Sie war einfach nicht dazu fähig, ihm etwas vorzumachen. Aber Leo reagierte nicht so, wie sie es erhofft hatte. Er nahm sie nicht in die Arme. Sie sah nur, dass er die Hand zur Faust ballte.
„Regt dich das so wenig auf?“, fragte sie aggressiv. „Denkst du, das lässt sich schon in den Griff kriegen? So wie du meinst, dass sich die gesamte Situation bessern wird, wenn du nur deine Umwelteinsätze machst und Bäumchen pflanzt, die nach vier Wochen vertrocknet sind?“
Leo schwieg eine Weile und sah sie an. „Du weißt, wie ungerecht du bist“, sagte er dann leise. „Was erwartest du von mir? Soll ich sagen, wie leid es mir tut? Was für Antworten könnte ich jetzt geben?“
„Ach Leo“, sagte Maret. „Es ist plötzlich nichts mehr so, wie es vorher war.“
Inzwischen war es dunkel geworden. Maret und Leo liefen durch die Straßen der Großstadt, die nicht in der geschützten Zone lagen. Tagsüber war es hier wie ausgestorben. Wer nicht draußen sein musste, mied die gefährliche Sonne. Und wer hier wohnte, konnte sich auch den Luxus teurer Fensterscheiben nicht leisten, die UV-Strahlen absorbierten. Man ließ die Jalousien geschlossen. Abends aber erwachten auch diese Stadtviertel zum Leben.

1. Lest den Romanauszug gründlich durch und tragt zusammen, was ihr über die Hauptperson Maret und ihre Krankheit erfahrt.
2. Die Nachricht von ihrer Erkrankung trifft Maret wie ein Keulenschlag. Wie geht Maret mit dieser schrecklichen Diagnose um und wie beurteilt ihr diese Reaktion?
3. Stelle dir vor, du wärst Marets Freund oder Freundin. Beschreibe, wie du dich ihr gegenüber verhalten würdest.
4. Sicherlich wären auch andere Möglichkeiten denkbar, wie Maret auf diese Nachricht hätte reagieren können. U.a. ist folgende Verhaltensweise denkbar:
Maret will ihre verbleibende Zeit noch voll auskosten und stürzt sich deshalb in alle möglichen Vergnügungen und Zertreuungen. Ihr Freund Leo hält dieses Verhalten für nicht sinnvoll. Entwerft hierzu in Kleingruppen einen kurzen Dialog und bestimmt aus eurer Gruppe zwei Personen, die das Gespräch präsentieren.

Schauplatz

Marets Lebensraum einer Großstadt im Jahr 2035 unterscheidet sich wesentlich von dem einer heutigen Großstadt.

Ausschnitt 2:

Fast unbewusst lenkte sie ihre Schritte in die Stadt. Sie wollte nicht sofort nach Hause gehen, weil sie sich fürchtete, darüber zu sprechen. Es schien ihr, als würde sich dadurch, dass andere davon erfuhren, ihre Krankheit erst manifestieren. Nun lief sie durch die mit Glas überdachten Straßen der City. Die Sonne kam hier nur gefiltert durch, keiner musste eine Überdosis an schädlicher Strahlung befürchten. Da der gesamte Verkehr unterirdisch verlief, herrschte gepflegte Sauberkeit – ein Bestandteil der Sicherheitsvorkehrungen, erdacht für Privilegierte, die es sich leisten konnten, jeder nur möglichen Gefahr aus der geschädigten Umwelt auszuweichen.

Und doch ist die Krankheit nun auch hierher gekommen, dachte Maret verstört. Bin ich die Erste, die es erwischt hat? Oder hält das Gesundheitsministerium nur geheim, dass das Virus jetzt auch in der City ist, damit keine Panik ausbricht?

Sie achtete nicht auf die exklusiven Auslagen in den Geschäften, sie irrte durch Warenhäuser, vorbei an Cafés und Restaurants, ohne sich ablenken zu können. Nichts, was um sie herum geschah, konnte den Gedanken verdrängen: V 27–7, positiv. Endlich, nach Stunden, entschloss sie sich, nach Hause zu gehen.

Es war keiner da. Sonst hatte Maret es nie als bedrückend empfunden, allein in der geräumigen Wohnung zu sein, die über zwei Etagen des Hochhauses ging. Aber jetzt hätte sie jemanden gebraucht, mit dem sie reden konnte. Nicht über die Untersuchung – über irgendetwas, nur reden. [...]

Von Genias Ausflügen in den dritten Stadtring wusste niemand aus der Familie. Genia hielt es sogar vor Maret geheim, mit der sie sonst über fast alles sprach. Sie befürchtete, dass die Eltern ihr verbieten könnten, dorthin zu fahren. Dritter Stadtring – das war für Menschen, die in der City wohnten, gleichbedeutend mit mangelnder hygienischer Sicherheit, ungenügendem Schutz vor Luftbelastung und UV-Strahlung, engsten Wohnverhältnissen, Kriminalität.

Vorurteile!, dachte Genia, als sie am Samstagvormittag die City verließ, um mit der E-Bahn so weit wie möglich hinauszufahren. Wer von den City-Bewohnern hat den dritten Stadtring schon mal mit eigenen Augen gesehen?

An der Endstation Südwest stieg sie in den Solarbus um. Das war für sie fast so, als beginne hier ein Abenteuer. Immerhin war der Bus an diesem Samstagvormittag stadtauswärts wenig besetzt; so bekam sie zumindest einen Sitzplatz. Als sie die anderen Male zu ihrer Freundin Silvie gefahren war – und das war bisher dreimal geschehen –, war der Bus überfüllt gewesen und sie hatte das Gefühl gehabt, keine Luft mehr zu bekommen.

Die Häuser im zweiten Stadtring, durch den sie nun fuhr, stammten noch aus der Zeit vor der Jahrtausendwende. Da an diesem Tag keine Sonne schien, wirkten die Blocks nicht so verlassen wie sonst: Die Rollläden der meisten Fenster waren hochgezogen, manche Fenster oder Balkontüren waren sogar geöffnet. Je mehr sich der Bus dann dem dritten Stadtring näherte, desto niedriger wurden die Bauten. […]

Sie waren inzwischen vor dem Häuserkomplex angekommen, in dem Maret mit ihrer Familie wohnte. Durch die gläserne Überdachung, die Straßen und Plätze der City mit schützenden Kuppeln überwölbte, ragten die Fassaden der Hochhäuser steil in den Himmel. Irgendwo da oben war auch Marets Zimmer. Bisher hatte sie sich immer geborgen gefühlt hinter den dicken Mauern und den strahlensicheren Fenstern, in der gefilterten Luft, die aus der Klimaanlage kam. Luxushöhlen, nannte Leo die Wohnungen der strengbewachten City. Es klang abschätzig, auch wenn er und seine Familie noch komfortabler lebten als Maret und ihre Angehörigen. Sie hatten ab und zu darüber geredet und einmal war Leo bei einer solchen Gelegenheit heftig geworden, als er Maret klarzumachen versuchte, dass die Sicherheit der City zu Lasten derer ging, die es nicht geschafft hatten, privilegiert zu sein.

Sicherheit?, dachte Maret verbittert. Das ist vorbei.

„Ich fahre allein nach oben“, sagte sie. „Ein paar Minuten will ich noch für mich sein, bevor die Familie mit ihrer Fürsorge über mich hereinbricht. Versprichst du mir etwas?“

„Ja?“

„Ich möchte, dass wir so wenig wie möglich über V 27–7 reden. Und ich möchte mehr darüber wissen, wie du dich in deinem Projekt engagierst. Weil … weil ich nicht mehr so viel Zeit haben werde, abzuwarten, ob man mit so etwas Erfolg haben kann oder ob es ein Kampf gegen Windmühlenflügel ist.“

„Windmühlenflügel? Woher hast du denn diesen Ausdruck?“

„Aus einer alten Geschichte“, sagte Maret. „Darin kommt einer vor, der es mit allen aufnehmen wollte.“

Leo strich ihr eine Haarsträhne aus dem Gesicht. „Du und deine alten Geschichten. Ich möchte sie gern hören.“

„Ja“, sagte Maret. „Irgendwann erzähle ich sie dir.“

1. Tragt alle Informationen zum Leben in der Stadt der Zukunft zusammen, indem ihr die unterschiedlichen Stadtbereiche gegenüberstellt. Berücksichtigt dabei die folgenden und die vorangegangenen Textauszüge.

2. Überlegt, was diese Gegenüberstellung über die Gesellschaft der Zukunft allgemein aussagt.

3. Erläutert, wie sich diese Lebensbedingungen auf das menschliche Miteinander auswirken.

4. Schlüpfe in Gedanken in die Rolle Marets und Genias, die im Zentrum leben, bzw. in die Rolle der Freundin Genias, Silvie, die im äußeren Stadtbereich lebt. Maret und vor allem Genia sind erstaunt über die Wohn- und Lebensverhältnisse der Freundin. Berichte in Tagebuchform über die jeweiligen Erlebnisse. Beziehe in deine Tagebucheinträge die Informationen aus den Romanauszügen mit ein.

5. Baut ein Modell der Stadt der Zukunft oder entwerft einen Stadtplan. Berücksichtigt auch hierbei die im Roman gegebenen Informationen. Eine Zusammenarbeit mit dem Kunsterzieher oder der Kunsterzieherin wäre hilfreich. Stellt eure Modelle in der Schule aus.

Themen

Bäumchenpflanzer – so nennt Maret liebevoll-spöttisch ihren Freund Leo, der sich in einem Umweltprojekt engagiert, indem er mit anderen Jugendlichen versucht, Wälder wieder aufzuforsten. Maret steht diesem Projekt zunächst skeptisch gegenüber, will aber nun die Gruppe unterstützen.

Ausschnitt 3:

Sie waren schon drei Stunden unterwegs; das Umweltprojekt „Papillon“ lag etwa vier Stunden Fußmarsch von der letzten Station einer öffentlichen Verkehrsverbindung entfernt. Maret war erschöpft und sehnte das Ziel herbei. Noch mehr aber quälten sie auf diesem nächtlichen Weg ihre Gedanken. Die anderen gingen scheinbar mühelos und hatten schweres Gepäck zu tragen. Leo hatte bereits einen beträchtlichen Teil aus Marets Rucksack mit in seinen gestopft, trotzdem konnte sie sich kaum noch vorwärts schleppen. Ist das die Krankheit?, dachte sie immer wieder. Bin ich schon so schlapp, dass ich nicht aushalte, was die anderen ohne Probleme schaffen?

Sie waren etwa zwanzig junge Leute. Mädchen und Jungen, fast alle in Leos Alter. Maret war die Jüngste, aber die anderen hatten sie fraglos akzeptiert. Fleur wartete auf sie, weil sie gerade als Letzte hinter den anderen herging. „Anstrengend, nicht wahr? Na, du bist es nicht gewöhnt. Wir sind den Weg schon oft gegangen. Nur zweimal haben sie uns einen Helikopter genehmigt. Für alles andere ist eben Geld da, nur nicht für unsere Projekte.“ (...)

„Jeder von uns hat schon mal ein zuhause aus Samen gezogenes Bäumchen ins Camp mitgenommen“, erzählte Fleur. „Anfangs haben viele, die nicht daran glaubten, dass es uns ernst mit diesem Projekt ist, über uns gespottet. Bäumchenpflanzer nannten sie uns. Heute sind einige der Skeptiker bei Projekteinsätzen dabei. Nächstes Jahr wirst du hoffentlich deine kleine Birke mitnehmen. Im Frühjahr kannst du es riskieren.“

Marets Zorn sank in sich zusammen. Sie blieb jetzt sogar stehen, als Fleur selbst eine Pause einlegte. „Ist der Setzling dann schon groß genug?“, fragte sie.

„Birken wachsen schnell. Und sie sind nicht sehr anspruchsvoll.“

Dann, nach einer Zeit, die Maret plötzlich gar nicht mehr so lang erschien, erreichten sie ihr Ziel. Ich schaffe es, frohlockte Maret zuletzt immer wieder innerlich. Sie lenkte sich von den körperlichen Strapazen auch dadurch ab, dass sie an das dachte, was Leo ihr von dem Fleck Erde erzählt hatte, den sie nun mühsam rekultivierten. Einen Rest von kranken Bäumen hatten sie anfangs vorgefunden und einen fast ausgetrockneten Weiher. Der Boden war aus eigener Kraft kaum noch in der Lage gewesen, neue Vegetation hervorzubringen. Aber gerade diese kümmerlichen Reste waren für die meisten derartigen Projekte ein Ausgangspunkt. Eine Herausforderung. Die Papillon-Projekte konnten inzwischen schon Erfahrungen weitergeben an jene, die neu begannen. Hier hatten die Mitarbeiter Stück für Stück, sich wochenweise abwechselnd, der Natur abgezwungen, was sie von sich aus nicht mehr zu leisten vermochte. Nach gründlichen Bodenanalysen wurde die Erde behutsam mit Nährstoffen angereichert. Das kostete Geld, viel Geld. Aus dem zuständigen Ministerium flossen aber nur spärliche Zuschüsse, in zähen Verhandlungen von staatlichen Umweltprojekten abgezweigt. „Sie nehmen uns nicht ernst!“, hatte Leo vor kurzem wütend gesagt. „Weil sie nicht gleich spektakuläre Erfolge sehen. Aber

wenn einer ihrer groß angekündigten Versuche, die Wahnsinnssummen verschlingen, danebengeht, dann wird einfach nicht mehr darüber geredet." Die Papillon-Projekte wurden hauptsächlich aus Spenden finanziert. „Die ganze Uni macht bei unserem Projekt mit", hatte Leo gesagt. Und nach Marets skeptischem Blick: „Na ja – fast alle. Selbst Leute, die längst mit dem Studium fertig sind. Und wenn sie nicht mehr selbst mitarbeiten, dann sammeln sie zumindest Geld. – Ich war nicht unter den ersten Teilnehmern, aber ich werde von diesem Stück Erde nie loskommen. Und so geht es den meisten …"
Nun sah Maret also selbst, wovon Leo ihr bisher nur erzählt hatte. Sie hatte unterwegs nicht rechts und nicht links geschaut; jetzt bot sich ihr ein völlig ungewohntes Bild.

1. Fasst den Inhalt des Romanauszugs zusammen, indem ihr stichwortartig die folgenden Fragen beantwortet:

- Worin besteht die Tätigkeit der Jugendlichen?
- Welche Beweggründe haben sie?
- Mit welchen Problemen haben die Jugendlichen zu kämpfen?
- Wie reagieren andere auf ihre Aktionen?

2. Sprecht darüber, welche konkreten Möglichkeiten ihr seht, für die Verbesserung und Entlastung der Umwelt zu sorgen.
Hier sind einige Bereiche des Alltags angeführt, in denen ihr umweltschützendes Verhalten zeigen könnt: zuhause • in der Schule • beim Einkaufen • im Sportverein ...
Ergänzt die Liste der Lebensbereiche und benennt für die einzelnen Bereiche konkrete Möglichkeiten des Umweltschutzes.

3. Verfasst einen sachlichen Zeitungsbericht aus dem Jahre 2035 aus Anlass der Gedenkfeier zum „Tag der letzten Nachtigall"

- entweder unter der Bedingung, dass die Naturzerstörung fortschreitet,
- oder unter der Bedingung, dass der Naturzerstörung Einhalt geboten werden kann.

Bei der Auseinandersetzung mit einem Jugendbuch können folgende u.a. inhaltliche Aspekte von Bedeutung sein:

- Das Leben der **Hauptfigur** bzw. der Hauptfiguren, ihr Charakter, ihr Verhalten, ihre Beziehungen zueinander,
- Orte bzw. **Schauplätze**, an denen die Geschichte spielt, da die Welt, in der die Figuren leben, oft ihre Möglichkeiten und Grenzen bestimmt,
- die **Themen** und Problemfelder, da sie die Leser häufig zum Nachdenken über ihr eigenes Leben und ihre eigene Umwelt anregen.

Wissensspeicher – Glossar

Adjektiv, das
Adjektive beschreiben Dinge, Lebewesen und Gefühle genauer, können also Auskunft über deren Aussehen, Zustand und Verhalten geben. Adjektive, die direkt bei einem Substantiv stehen und dieses näher bestimmen, werden ebenso wie das Substantiv dekliniert: *des schönen Kindes*. Sie können auch gesteigert werden (Komparation): *schön, schöner, am schönsten.*

Adverb, das
Wörter, die die Umstände eines Geschehens oder einer Aussage näher bestimmen, nennt man Adverbien. Adverbien werden nicht verändert. Man unterscheidet Adverbien des Ortes *(hier, unten ...)* der Zeit *(heute, oft, jetzt ...)*, der Art und Weise *(kaum, gern, sehr ...)* und des Grundes *(deshalb, trotzdem ...).*

Adverbialsatz, der 58
Nebensatz, der wie ein Adverb das Prädikat des Hauptsatzes näher erläutert. Man unterscheidet Kausalsatz (Grund, Ursache), Finalsatz (Zweck, Absicht), Temporalsatz (Zeit), Modalsatz (Art und Weise), Konzessivsatz (Einräumung), Konditionalsatz (Bedingung), Konsekutivsatz (Folge), Adversativsatz (Gegensatz).

Adversativsatz → **Adverbialsatz**

Akt, der............................ 303
Aufzug, Gliederungseinheit eines Theaterstücks, so benannt, weil ursprünglich vom Öffnen und Schließen des Bühnenvorhangs begrenzt.

Aktiv, das.......................... 84f.
Stellt zusammen mit dem **Passiv** die beiden Genera des Verbs dar, die es im Deutschen gibt. Damit wird die Perspektive benannt, aus der ein Geschehen dargestellt wird; im Aktiv aus der Sicht der handelnden Person oder Ursache *(Der Sturm hat die Häuser abgedeckt.)*, im Passiv aus Sicht der betroffenen Sache *(Die Häuser wurden [vom Sturm] abgedeckt.)*. Man unterscheidet darüber hinaus ein sogenanntes Vorgangspassiv *(Die Tür wird geöffnet.)* vom sog. Zustandspassiv *(Die Tür ist geöffnet.).*

Alliteration, die 271
Mehrere Wörter, die nahe beieinander stehen, fangen mit dem gleichen Laut an *(Des Wassers weiche Wellen).*

Anapäst → **Gedichte untersuchen**

Anapher, die......................... 272
Mehrere Sätze oder Zeilen beginnen mit dem gleichen Wort.

Antonym, das
Als Antonyme bezeichnet man Wörter mit entgegengesetzter Bedeutung: *lang – kurz, laut – leise, gefallen – missfallen, aufsteigen – absteigen.*

Apposition, die....................... 117
Nähere Erläuterung zu einem Bezugswort, durch Kommas abgetrennt *(Gutenberg, der Erfinder des Buchdrucks, ist weltberühmt.).*

Argumentieren, das
Wenn in einem Gespräch, in einer Diskussion der persönliche Standpunkt dargelegt und mit Begründungen abgesichert wird, spricht man von Argumentieren. Die Begründungen werden auch Argumente genannt.

Artikel, der
Begleitet Substantive und gibt im Singular dessen grammatisches Geschlecht (Genus) an. Man unterscheidet den bestimmten *(der, die, das)* und den unbestimmten *(ein, eine, ein)* Artikel. Im Plural lautet der bestimmte Artikel immer *die*, der unbestimmte entfällt.

Attribut, das......................... 121
Ein Satzgliedteil, der ein Bezugswort erläutert und nur zusammen mit seinem Bezugswort verschoben werden kann.

Attributsatz, der 125
Nebensatz, der für ein Attribut steht. Da es sich nicht um ein selbstständiges Satzglied handelt, ist ein Attributivsatz auch kein Gliedsatz, sondern kann nur als Nebensatz klassifiziert werden.

Auftritt → **Szene**

Aufzug → Akt

Ballade, die 298
Literarische Form, die epische, dramatische und lyrische Elemente vereinigt. Im Unterschied zu Kunstballaden entstanden Volksballaden ursprünglich aus Volksliedern.

Bänkelsang, der 297
Kunstloser Vortrag von Liedern über schauerliche Ereignisse, meist zu einer Bildtafel und auf Jahrmärkten dargeboten.

Bedeutungswandel, der 68
Historische Veränderung dessen, was ein Wort bezeichnet (*Zeitung* urspr. *Ereignis*, *Nachricht*, später *Druckerzeugnis*).

Berichten, das .... 104 ff.
Über Ereignisse oder Tätigkeiten informieren.

Beschreiben, das .... 80 ff.
Einen Vorgang, eine Person, einen Gegenstand (z. B. ein Bild) sprachlich darstellen.

Brainstorming, das
Spontanes, freies und ungesteuertes Sammeln von Einfällen zu einem bestimmten Wort, Thema, Begriff etc. Das Verfahren kann z. B. zur Stoffsammlung bei Erzählungen herangezogen werden.

Cluster, der 258
Assoziative Anordnung von Wörtern in einer bestimmten grafischen Form (Äste, die von einem Mittelpunkt ausgehen). Methode der Ideensammlung.

Daktylus → Gedichte untersuchen

das-dass-Schreibung, die............. 145
„das" ist entweder ein Artikel, ein Demonstrativpronomen oder ein Relativpronomen. „Dass" ist eine Konjunktion. Ist die Ersatzprobe mit „dieses" oder „welches" möglich, steht „das".

Dehnung, die 140
Gedehnte, d. h. lang gesprochene Vokale können durch einen Doppelvokal *(Saal)*, durch ein Dehnungs-h (häufig vor l, m, n, r; *Wahl, lahm, Wahn, wahr*), durch -ie *(Tier)* oder durch -ß *(Maß)* gekennzeichnet werden. Oft wird die Dehnung allerdings gar nicht gekennzeichnet.

Dialekt, der
Als Dialekte bezeichnet man regionale Varianten des Deutschen mit starken Abweichungen von der Hochsprache. Auch wenn man z. B. von dem „Bairisch" spricht, gibt es dort – wie in fast allen Dialekten – noch einmal mehr oder weniger starke regionale Varianten, die sich örtlich auf viel kleinere Gebiete als z. B. Bayern beschränken lassen.

Dialog, der 302
Gespräch zwischen zwei Personen.

Diphthong, der
Ist ein Doppellaut. Im Deutschen gibt es die Diphthonge *au*, *eu* und *ei*.

direkte Rede, die 62
Auch wörtliche Rede genannt. Ist eine Form der Redewiedergabe. Sie weist eine Redeeinleitung auf, die vorangestellt, nachgestellt oder auch dazwischen geschoben sein kann, und den Redeinhalt, der in Anführungszeichen steht.

Diskussion, die...................... 245
Hat verschiedene Ziele: unterschiedliche Meinungen austauschen, Ideen sammeln, Entscheidungen herbeiführen. Alle Diskussionsteilnehmer sollten sich beim Thema der Diskussion auskennen und sich gegenseitig ausreden lassen. Am Ende sollte ein Ergebnis formuliert werden.

Epos, das .... 66 f.
Epische Großform in Versen.

Erzählbericht → Erzählung untersuchen

Erzählerrede → Erzählung untersuchen

Erzählung schreiben .... 21 ff.
Eine Erzählung besteht aus drei Teilen: der Einleitung, dem Hauptteil und dem Schluss. Wichtig ist, dass die einzelnen Erzählschritte

des Hauptteils aufeinander aufbauen und in einer sinnvollen Reihenfolge angeordnet sind, sodass sich die Spannung stetig bis zum Höhepunkt steigert. Die Handlung (das äußere Geschehen) wird aus einer bestimmten Sicht dargestellt, der sogenannten Erzählperspektive. Man unterscheidet den Er-Erzähler, der die Gesamthandlung sowie die Gedanken und Gefühle aller Personen kennt, und den Ich-Erzähler, der aus seiner ganz persönlichen Sichtweise erzählt. Dessen Äußerungen sind folglich auf das beschränkt, was er sieht oder was er zu erkennen glaubt. Um eine Erzählung abwechslungsreich und spannend zu gestalten, kann man verschiedene Erzählmittel verwenden. Erzählzeit ist das Präteritum. Vorzeitiges steht im Plusquamperfekt.

Erzählung untersuchen
Folgende Fachbegriffe weisen auf Untersuchungsaspekte hin:
- **Erzählerrede** 24
Erzähler berichtet über die Figuren.
- **Figurenrede** 24
Gedanken der Personen oder Figuren werden unmittelbar wiedergegeben.
- **Perspektiven** 25
Außenperspektive: Darstellung des äußeren Geschehens, **Innenperspektive:** Darstellung der Gedanken und Gefühle der Figuren.
- **Erzählerbericht** 28
Erzählweise eines literarischen Textes, bei der das Geschehen deutlich von einem Erzähler dargestellt wird. Im Gegensatz dazu erweckt die **szenische Darstellung** den Eindruck der Unmittelbarkeit.
- **Zeitraffung** 28
Erzählzeit (= der zeitliche Umfang, der benötigt wird, um eine Geschichte zu erzählen) ist kürzer als die erzählte Zeit (= der Zeitraum, über den sich eine Erzählung erstreckt).

exzerpieren 52
Etwas aus einem Text herausschreiben.

Figurenrede → Erzählung untersuchen → Regieanweisung

Fiktion, die
Dazu gehören die Adjektive „fiktiv" und „fiktional". Alle Inhalte von Texten, die nicht Bestandteile der Wirklichkeit sind, sondern die sich der Autor/die Autorin ausgedacht hat, nennt man fiktiv. Die Texte, die in der Regel, Nichtreales, also Erfundenes, enthalten, nennt man fiktionale Texte. Nicht-fiktionale Texte sind Sachtexte, Berichte, Reportagen, etc.

Finalsatz → Adverbialsatz

flektierbare Wortarten → Wortarten

Fremdwort, das 226
Ausdruck, der aus einer anderen Sprache übernommen wurde, bei dem meist Aussprache und Schreibweise der Herkunftssprache erhalten ist.

Gedichte untersuchen
Folgende Fachbegriffe weisen auf Untersuchungsaspekte hin:
- **lyrisches Ich** 266
Der Sprecher/die Sprecherin in einem Gedicht, wobei das Ich nicht notwendig den Autor/die Autorin selbst bezeichnet.
- **Synästhesie** 268
Verknüpfung verschiedener Sinneseindrücke.
- **Reimarten** 270
Kreuzreim: a b a b / c d c d / usw.
Paarreim: a a / b b / c c / usw.
umschließender Reim: a b b a / c d d c / usw.
- **Verfuß** 272
Kombination von unbetonten Silben (Senkungen) und betonten Silben (Hebungen).
Häufig sind: **Jambus** (unbetont, betont), **Trochäus** (betont, unbetont), **Anapäst** (unbetont, unbetont, betont), **Daktylus** (betont, unbetont, unbetont). Die Anzahl der Betonungen in einer Zeile bestimmen das **Versmaß** oder **Metrum**.
→ Metapher, → Personifikation, → Alliteration, → Anapher, → Parallelismus

Gegenstandsbeschreibung → Beschreiben

Gestik, die. 304
Gesamtheit der Gebärden.

Getrennt- und Zusammenschreibung, die
. . . . 142
Bei Wörtern, die unmittelbar benachbart und aufeinander bezogen sind, muss man ent-

scheiden, ob sie eine Wortgruppe oder eine Zusammensetzung bilden.

1. Bestandteile von **Wortgruppen** schreibt man **getrennt**, sie bilden keine feste Sinneinheit: Dazu gehören fast alle Verbindungen aus Verb + Verb (*Peter muss jeden Tag* ***schreiben üben.***) Ausnahmen sind Verbindungen mit *lassen, bleiben* und das Wort *kennenlernen.* Diese können sowohl getrennt als auch zusammengeschrieben werden (*hängenlassen/hängen lassen; liegenbleiben/liegen bleiben* und *kennenlernen/kennen lernen.*) Alle Verbindungen mit *sein* (*fertig sein, vorbei sein, zufrieden sein*) schreibt man ebenfalls auseinander.

2. **Zusammensetzungen** schreibt man dagegen **zusammen**, da die darin enthaltenen Wörter eine neue Sinneinheit bilden, d.h., die Bestandteile haben ihre Merkmale als frei vorkommende Wörter verloren (*Er wollte seinen politischen Gegner* ***kaltstellen.***). Die meisten Zusammensetzungen sind trennbar, d.h., man schreibt sie nur im Infinitiv, im Partizip I und im Partizip II zusammen (wiederbringen: *Er hat das Werkzeug gestern wiedergebracht.* Aber: *Bringst du mir das auch wieder?*). Manche Zusammensetzungen von Verben mit Nomen, Adjektiven, Präpositionen oder Adverbien sind so fest miteinander verbunden, dass sie in allen Formen untrennbar sind (*Er schlafwandelt jede Nacht.* Nicht: Er wandelt jede Nacht schlaf.)

3. Manchmal können **identische Einheiten sowohl** als **Wortgruppe als auch** als **Zusammensetzung** auftreten, je nachdem was gemeint ist. Als Prüfmethode zur Unterscheidung zwischen Wortgruppe und Zusammensetzung kann die Betonungsprobe dienen (*frei sprechen*: **beide Bestandteile gleich betont → Wortgruppe**: *Vor großem Publikum konnte er nicht frei sprechen.* Oder: *freisprechen*: **Hauptakzent auf 1. Bestandteil → Zusammensetzung**: *Das Gericht musste den Angeklagten aus Mangel an Beweisen freisprechen.*)

Gliedsatz, der 123
Abhängiger Satz, der anstelle eines Satzgliedes steht, wird mit Komma vom Hauptsatz abgetrennt. Gemäß der Unterscheidung der Satzglieder in Subjekt, Objekt und Adverbiale unterscheidet man auch die Gliedsätze Subjektsatz, Objektsatz und Adverbialsatz.

Groß- und Kleinschreibung, die 139
Großgeschrieben werden:
- der Satzanfang
- Substantive (Nomen)
- Wörter, die als Substantive verwendet werden (Substantivierung)
- Zeitangaben *(am Nachmittag)*; wenn es sich um Adverbien handelt, werden sie kleingeschrieben; man erkennt es am -s *(vormittags)*.

Von geografischen Namen abgeleitete Wörter mit der Endung -er *(der Bamberger Dom)*.

Homograf, das 147
Wörter, die gleich geschrieben werden, aber unterschiedliche Bedeutung haben und auch unterschiedlich ausgesprochen bzw. betont werden: *Tenór – Ténor.*

Homophon, das 147
Wörter, die gleich klingen, aber unterschiedlich geschrieben werden: *Wal – Wahl*

Homonym, das 147
gleichlautende Wörter, die unterschiedliche Bedeutung haben:

Bank
/ \
Sitzbank Geldinstitut

Hypotaxe → Satzgefüge

Ich-Erzähler → Erzählung untersuchen

indirekte Rede, die 62
Wird verwendet, um Aussagen von Personen nicht direkt (wörtliche Rede) wiederzugeben. Der Modus der indirekten Rede ist der Konjunktiv. Alle Verbformen stehen in der indirekten Rede in der 3. Person, es gibt nur Zeitstufen (Vergangenheit, Gegenwart, Zukunft): *Er sagt, heute sei schönes Wetter. Deshalb komme seine Schwester. Darauf habe er sich schon lange gefreut. Sie würden spazieren gehen.* Imperative werden umgeschrieben: *Sie sagt, er solle sie am Bahnhof abholen.* Wortfragen werden in den Konjunktiv gesetzt, Satzfragen in indirekte Fragen (mit ob eingeleitet) umgewandelt. *Ob sie über Nacht bleibe,*

wüssten sie alle noch nicht und deswegen auch nicht, wie lange sie insgesamt bleibe.

Infinitivsatz, der .... 117 f.
Satzwertiger Infinitiv an Stelle eines Nebensatzes *(Ich bat ihn darum, mir ein Eis zu kaufen.).*

Informieren, das
Von Informieren spricht man, wenn es um die Übermittlung von Tatsachen ohne jede persönliche Bewertung oder Kommentierung geht. Dem Hörer oder Leser werden sachliche Informationen dargeboten, die der Sprecher oder Schreiber sich nicht selbst ausgedacht, sondern aus unterschiedlichsten Informationsquellen erschlossen hat. Informieren kann man u.a. im Bericht, in einer Inhaltsangabe oder einer Beschreibung.

Inhaltsangabe, die.................... 46 ff.
Informiert darüber, worum es in einer Geschichte (ob gedruckter Text oder Film) geht; bei Texten auch: Textzusammenfassung.
→ Redewiedergabe, → Sinnabschnitte, → Zeitenfolge

Jambus → Gedichte untersuchen

Kausalsatz → Adverbialsatz

Kleinschreibung →
Groß- und Kleinschreibung

Kommaregeln .... 115 ff.
Das Komma steht bzw. Kommas stehen

1. bei Aufzählungen, wenn die einzelnen Glieder der Aufzählung nicht durch *und* verbunden sind *(Äpfel, Birnen, Pfirsiche und Bananen.).*
2. bei der Anrede (*Paul, kommst du endlich?).*
3. bei Datums- und Zeitangaben *(Wir sehen uns am Freitag, dem 13. Oktober, um 20.00 Uhr.).*
4. bei Ausrufen *(Ach, das ist aber schade.).*
5. vor und nach Einschüben (*Robert, mit dem Problem alleine gelassen, verzweifelte.).*
6. zwischen Hauptsatz und Nebensatz *(Claudia arbeitete, während Rebecca schlief.).*
7. vor erweiterten Infinitiven, wenn dadurch der Sinn des Satzes leichter verständlich ist *(Wir versuchten, die Torte mit Sahne zu verzieren.),* wenn im übergeordneten Satz ein Stellvertreterwort auf den Infinitiv hinweist *(Sie freute sich lange darauf, ihre Eltern endlich wiederzusehen.),* wenn der Infinitiv von einem Substantiv (Nomen) abhängt *(Die Freude, sie zu sehen, war groß.)* oder wenn der Infinitiv mit *um*, *ohne*, *statt*, *anstatt* und *als* eingeleitet wird *(Er ging früh nach Hause, um am nächsten Tag fit zu sein.)*

Konditionalsatz → Adverbialsatz

Konjunktion, die 58
Bindewort, nicht flektierbare Wortart. Man unterscheidet beiordnende (auch: nebenordnende), z.B. *denn, und, aber* und unterordnende Konjunktionen, z.B. *als, obwohl, damit* etc.

Konjunktiv, der .... 62 f.
Möglichkeitsform. Einer der drei Modi des Verbs, unterteilt in K I und K II. Die Formen des K I bezeichnen eine Möglichkeit, eine Vermutung oder eine indirekte Rede und werden vom Präsensstamm des Verbs abgeleitet. Die Formen des K II stellen eine Möglichkeit in Frage, lassen eine Aussage als unwirklich erscheinen oder bezeichnen in bestimmten Fällen die indirekte Rede und werden vom Präteritumstamm des Verbs abgeleitet.

Konsekutivsatz → Adverbialsatz

Konzessivsatz → Adverbialsatz

Kreuzreim → Gedichte untersuchen

Kunstballade → Ballade

Lehnwort, das 226
Aus einer fremden Sprache entlehntes Wort, das sich lautlich und in der Flexion der einheimischen Sprache angepasst hat *(Fenster < lat. fenestra).*

Lesetagebuch, das
Darin werden während der Lektüre eines Buches nach jeder „Lese-Etappe" die persönlichen Leseeindrücke, eine grobe Handlungsübersicht und die Anzahl der gelesenen Seiten

mit Datum eingetragen. Ein solches Lesetagebuch kann sehr hilfreich sein, wenn man nach der Lektüre andere über das Buch informieren will.

Lyrisches Ich → **Gedichte untersuchen**

Medien, die (Singular: das Medium)
Radio und Fernsehen sind neben Druckerzeugnissen wie Zeitungen und Zeitschriften die verbreitetsten Medien. Hinzu kommt heute noch der PC als weitverbreitetes Medium. Da sie alle Teile der Bevölkerung bedienen, ist ihr Angebot entsprechend vielfältig und nicht immer für Kinder und Jugendliche geeignet. Die Sendungen dienen sowohl der Information als auch der Unterhaltung.

Metapher, die....................... 267
Bildlicher Ausdruck (*Segler der Lüfte* statt *Wolken*).

Metrum → **Gedichte untersuchen**

Mimik, die 304
Gesichtsausdruck, Bewegungen des Gesichts.

Mind-Map, die 160
Sachlogische Anordnung von Wörtern in einer bestimmten grafischen Form (Äste, die von einem Mittelpunkt ausgehen). Methode der optischen Gliederung.

Modalsatz → **Adverbialsatz**

Modus, der (Plural: die Modi)
Ist die Verbform, die den Wirklichkeitsbezug einer Aussage, die Aussageweise deutlich macht. Man unterscheidet zwischen Indikativ, dem Modus von eindeutigen Aussagen und klaren sachlichen Zusammenhängen, die als real dargestellt werden und ohne Bedenken anerkannt sind, und Konjunktiv, mit dem mögliche oder unmögliche Gegebenheiten und nicht sichere Tatsachen ausgedrückt werden, die Geltung einer Aussage eingeschränkt wird sowie indirekte Aussagen (→ indirekte Rede) getroffen werden. Der Imperativ ist der Modus der Aufforderung. Die Modalität einer Aussage kann aber auch zum Beispiel durch Modalverben *(wollen, sollen, können, ...)* oder Modalwörter *(wahrscheinlich, angeblich, vermutlich, ...)* markiert werden.

Monolog, der 302
Selbstgespräch, längerer Redeanteil einer Person.

Neologismus, der 226
Wortneubildung

Novelle, die.......................... 35
Von einem einzelnen, ungewöhnlichen Ereignis handelnde, geradlinig sich steigernde Erzählung, deren Umfang sich dem eines kurzen Romans annähern kann.

Numeralia, die
Als Numeralia bezeichnet man alle die Wörter, die eine bestimmte oder unbestimmte Zahl oder Menge angeben. Dazu gehören auch die Kardinal- und Ordinalzahlen. Kardinalzahlen geben eine bestimmte Anzahl an und werden in der Regel nicht dekliniert *(ein, zwei, drei, hundert, tausend ...)*. Ordinalzahlen legen eine bestimmte Reihenfolge fest. Da sie beim Substantiv stehen, können sie dekliniert werden *(der erste Platz, auf dem zweiten Platz, das zwölfte Haus ...)*.

Objekt, das
Es gibt im Deutschen vier verschiedene Arten von Objekten: Genitiv-, Dativ-, Akkusativ- und Präpositionalobjekt. Sie alle werden von der Bedeutung des Prädikats im Satz gefordert. Es handelt sich um selbständige Satzglieder, die mithilfe der Umstell- und Ersatzprobe ermittelt werden können.

Paarreim → **Gedichte untersuchen**

Pantomime, die
Gebärdenspiel ohne Sprache.

Parallelgeschichte, die................. 31
Ausgestaltung des Grundmusters einer Erzählung mit eigenen Ideen.

Parallelismus, der 272
Gleichartiger Bau von Sätzen oder Zeilen.

Parataxe → **Satzreihe**

Partizipialsatz, der .... 117 f.
Satzwertiges Partizip an Stelle eines Nebensatzes *(Tim, unendlich gelangweilt, ging nach Hause.)*.

Passiv → **Aktiv**

Personifikation, Personifizierung, die ... 269
Sprachliches Bild, bei dem sich Dinge wie Menschen (Personen) verhalten.

Perspektiven → **Erzählung untersuchen**

Prädikativ, das
Wenn das Prädikat eines Satzes neben dem Subjekt noch ein weiteres Satzglied im Nominativ fordert, heißt dieses Satzglied Prädikativ *(Sabine wird Automechanikerin)*. Es heißt auch Subjektsprädikativ. Dasselbe Phänomen bezogen auf das Akkusativobjekt heißt Objektsprädikativ *(Sie nennen ihn einen Feigling.)*.

Präposition, die
Sie gibt an, in welchem Verhältnis Dinge, Lebewesen oder Vorgänge zueinander stehen. Sie steht immer in Verbindung mit einem Substantiv oder Pronomen, dessen Kasus sie bestimmt *(auf dem Dach)*. Präpositionen werden nicht gebeugt und können mit dem bestimmten Artikel verschmelzen *(im = in dem Kino)*.

Pronomen, das
Pronomen heißen auf Deutsch „Fürwörter". Sie werden dekliniert (gebeugt) und je nach Art stehen sie alleine oder auch in Verbindung mit Substantiven. Folgende Arten von Pronomen gibt es: Personalpronomen *(ich, dir, euch, uns ...)*, Possessivpronomen *(mein, unser, sein, ihr... Haus)*, Interrogativpronomen *(wer?, wessen Kleid?, welcher Mann? ...)*, Demonstrativpronomen *(der, diese, welche, dieses)*, Relativpronomen *(welcher, das, die ...)*.

Redewiedergabe, die .... 60 ff.
Direkte Rede kann in Form einer Inhaltszusammenfassung oder in Form der indirekten Rede wiedergegeben werden. Bei der indirekten Rede verändern sich die Satzzeichen, die Personalpronomina und der Modus des Prädikats. Der Modus ist der Konjunktiv I, in manchen Fällen der Konjunktiv II → Konjunktiv.

Regieanweisung, die 302
Hinweise darauf, was die Figuren in einem Theaterstück tun sollen und wie die Bühne aussehen soll.

Reim → **Gedichte untersuchen**

Relativsatz, der 125
Ein Nebensatz, der durch ein Relativpronomen *(der, die, das; welcher, welche, welches; wer, was)* oder Adverbien *(wo, wie, woher, wodurch)* eingeleitet wird.

Rhythmus, der
Bezeichnet vor allem in Gedichten den Sprechfluss, der sich vor allem an Hebungen und Senkungen, aber auch am Sinn der Texte, ausrichtet. Basis des Rhythmus ist aber grundsätzlich die mehr oder weniger regelmäßige Abfolge von betonten und unbetonten Silben.

Rolle, die 209, 302
In Theater, Film und Fernsehen die darzustellende Gestalt, im erweiterten Sinn ein Verhaltensmuster, das eine Person typischerweise zeigt.

Satzart, die
Im Deutschen unterscheidet man folgende drei Satzarten: Aussagesatz *(Claudia geht gerne ins Kino.)*, Fragesatz (Wortfrage: *Wer bist du?* oder Satzfrage: *Kommst du heute noch zu mir?)* und Ausrufe- und Aufforderungssatz *(Komm nicht so spät nach Hause!)*.

Satzgefüge, das (die Hypotaxe) 116
Verbindung von Haupt- und Nebensätzen, erkennbar an der Stellung des konjugierten Verbs (Endstellung im Nebensatz).

Satzglied, das .... 120 ff.
Grammatische Gliederungseinheiten des Satzes. Sie können aus einem einzelnen Wort, aber auch aus einer Wortgruppe bestehen. Man erkennt sie daran, dass man sie im Satz verschieben kann (Verschiebe- oder Umstellprobe), ohne dass er grammatisch falsch wird: Satzglieder sind z. B. das Subjekt, das Objekt, das Prädikat, das Adverbiale → Gliedsatz.

Satzreihe, die (die Parataxe) 116
Die Verbindung von Hauptsätzen.

Schärfung, die 140
Auf kurz gesprochene, d.h. geschärfte Vokale folgen stets zwei oder mehr Konsonanten. *(Sonne, hatte, Pflaster).*

Schildern, das 29
Subjektive Darstellung einer Umgebung, Atmosphäre, von Sinneseindrücken und Gefühlen.

Schreibkonferenz, die 260
Form der gemeinsamen Überarbeitung von Texten.

Schreibplan, der..................... 109
Wichtige Hilfe für alle schriftlichen Aufsatzformen; er enthält die Notizen zur Konzeption der schriftlichen Arbeit in sachlogisch richtiger Reihenfolge.

s-Schreibung, die .... 144f.
Den stimmhaften s-Laut schreibt man mit einfachem s: *der Hase*; der stimmlose s-Laut wird nach einem kurzen Vokal -ss geschrieben: *hassen*; nach langem Vokal bzw. Diphthong -ß: *heiß*.

Sinnabschnitt, der.................... 52
Gliederungseinheit eines Textes. Liegt in der Regel dann vor, wenn eine neue Person auftritt, bei einem Zeitsprung, Schauplatzwechsel, wenn die Handlung eine Wendung nimmt oder eine Handlung neu einsetzt.

Substantiv, das
Substantive bezeichnen Lebewesen und Dinge (Konkreta), Stimmungen, Gedanken, Gefühle und Zustände (Abstrakta). Sie gehören zu den deklinierbaren Wortarten, d.h., sie sind in Numerus und Kasus veränderlich. Der Artikel als Begleitwort zeigt das grammatische Geschlecht (Genus) an.

Suffix, das
Eine Möglichkeit im Deutschen neue Wörter zu bilden, nennt man Ableitung. Mittels bestimmter Wortbildungselemente wird aus einem Grundwort ein neues Wort abgeleitet. Ein solches Wortbildungselement ist ein Suffix oder auch Nachsilbe *(Anweis-ung; Bildnis).* Viele Suffixe sind speziell für die Ableitung bestimmter Wortarten zuständig (*-bar* → Adjektiv; *-ung, -heit* → Substantiv; *ieren, -en* → Verb).
Daneben werden auch mittels Vorsilben oder Präfixen Wörter gebildet (*Miss-verständnis; Un-menge*).

Synästhesie → **Gedichte untersuchen**

Synonym, das....................... 159
Bedeutungsgleiche oder sinnverwandte Wörter.

Szene, die 206, 303
Auftritt. Kleinste Gliederungseinheit eines Theaterstücks oder Drehbuchs, vom Auf- und Abtreten einer Person begrenzt.

szenische Darstellung → **Erzählung untersuchen**

Temporalsatz → **Adverbialsatz**

Tempus, das
Es gibt im Deutschen sechs Tempora, die sich auf drei Zeitstufen verteilen: Gegenwart: Präsens; Vergangenheit: Perfekt (vorzeitig zum Präsens), Präteritum und Plusquamperfekt (vorzeitig zum Präteritum); Zukunft: Futur I und Futur II (vorzeitig zum Futur I). Bis auf Präsens und Präteritum handelt es sich bei den Tempora um zusammengesetzte Zeitformen. Die Vergangenheitstempora werden – je nach Verb – mit den Hilfsverben *haben* oder *sein* gebildet *(er hat gearbeitet; sie ist gereist)*; die Futurformen werden mit dem Hilfsverb *werden* gebildet *(Hans wird dich besuchen).*

Textzusammenfassung → **Inhaltsangabe**

Thesaurus, der .... 159f.
Wörterbuch

Trochäus → **Gedichte untersuchen**

umschließender Reim → **Gedichte untersuchen**

unflektierbare Wortarten → **Wortart**

Verb, das
Verben, die Träger der „Satzaussage" sind, nennt man Vollverben. Sie drücken eine Tätigkeit *(abdrehen)*, einen Zustand *(liegen)* oder einen Vorgang *(abstürzen)* aus. Jeder vollständige Satz enthält ein Verb. Verben kommen in unterschiedlichen Formen vor. Die Grundform *(schreiben)* nennt man Infinitiv. Die konjugierte (gebeugte oder auch finite) Form gibt an, wer (was) etwas tut *(ich schreibe, du schreibst ...)*. Deshalb nennt man diese Form des Verbs auch Personalform. Im Gegensatz dazu stehen die nicht gebeugten Formen Infinitiv und Partizip I und II *(denkend, gedacht)*. Diese Formen werden häufig zur Bildung komplexerer Verbalformen eingesetzt, wie z. B. Tempusformen *(sie hatte **gesehen**)*, Modalverbformen *(sie musste **gehen**)*. Darüber hinaus treten Verben im Deutschen in drei Genera auf: Indikativ *(Paula lernt.)*, Konjunktiv I/II *(Man sagt, Paula lerne.)* und Imperativ *(Lerne so viel wie möglich!)*.
Man unterscheidet die Vollverben auch noch danach, ob sie ein Akkusativ-Objekt nach sich ziehen oder nicht. Verben mit einem Akkusativ-Objekt heißen transitive Verben *(Maria schreibt **einen Brief**.)*. Alle anderen Verben sind intransitiv *(Hanna lacht)*.

Versfuß → Gedichte untersuchen

Vier-Ohren-Modell der Kommunikation, das 239
Modell, mit dem erklärt wird, warum ein und dieselbe Nachricht unterschiedlich verstanden werden kann. Unterschieden werden die Selbstmitteilungsseite, Sachseite, Appellseite, Beziehungsseite einer Aussage.

Volksballade → Ballade

Vortragszeichen, das 295
Zeichen, mit denen ein Text für den lauten Vortrag markiert wird.

Wortart, die 119
Der Wortschatz einer Sprache ist nach Wortarten gegliedert. Diese werden in veränderbare (flektierbare) und unveränderbare (unflektierbare) unterteilt.

- Wortarten
  - flektierbar
    - Verben – konjugierbar
    - Substantive, Adjektive, Artikel, Pronomen, Numerale – deklinierbar
  - unflektierbar
    - Adverbien, Präpositionen, Konjunktionen, Interjektionen

Wortfamilie, die 160
Gruppe von Wörtern, die denselben Wortstamm haben *(Spiel, spielen, verspielt)*.

Wortfeld, das 160
Wörter der gleichen Wortart, die in ihrer Bedeutung ähnlich sind, bilden ein Wortfeld (*Pferd, Ross, Gaul, Zosse* etc.).

Zeichensetzung → Kommaregeln

Zeitenfolge, die 59
Regel, durch welches Tempus Vorzeitigkeit ausgedrückt wird. Die Vorzeitigkeit zum Präsens wird durch das Perfekt, die vom Präteritum durch das Plusquamperfekt ausgedrückt.
→ Tempus

Zusammenschreibung → Getrennt- und Zusammenschreibung

Autoren- und Quellenverzeichnis

S. 254 **Aitmatow, Tschingis** (geb. 1928 Scheker/Kirgistan)
Der weiße Dampfer, aus dem Russischen übersetzt von Uwe Groth, Suhrkamp, Frankfurt/ Main, 1993, S. 18 f., auf Russisch erschienen 1984

S. 267 **Arp, Hans** (geb. 1887 in Straßburg, gest. 1966 in Basel)
Aus dem irdischen Irrgarten, aus: Deutsche Dichtung der Neuzeit, für die Oberstufe höherer Schulen, ausgewählt von Ernst Bender, Verlag G. Braun, Karlsruhe, 1966, S. 408 f.
zitiert nach: ders., Worte mit und ohne Anker, Limes-Verlag, Wiesbaden, 1957, S. 40

S. 248 **Atwood, Margaret** (geb. 1939 in Ottawa)
Katzenauge, ins Deutsche übersetzt von Charlotte Franke, Fischer-Taschenbuch, S. 38 f., dt. Erstausgabe Fischer Verlag, Frankfurt/Main, 1990, Originalausgabe © 1988 by O. W. Toad, Ltd.

S. 264 **Ausländer, Rose** (geb. 1907 im österreichisch-ungarischen Czernowitz, dem heutigen Chernovtsy; gest. 1988 in Düsseldorf)
Das Ziel, aus: dies., Aschensommer. Ausgewählte Gedichte, hrsg. v. Berndt Mosblech, dtv, München, 1978, S. 115

S. 211 **Bachmann, Ingeborg** (geb. 1926 in Klagenfurt, gest. 1973 in Rom)
Reklame, aus: dies., Werke, Band I, Piper Verlag, München und Zürich, 1978, S. 50

S. 153 **Balan, Bruce** (geb. 1959 in Long Beach, Kalifornien)
Cyber.kdz.Virenjagd, Argument Verlag, Hamburg, 2000, S. 49 ff., übersetzt von Martin Grundmann

S. 172 **Behrens, Katja** (geb. 1942 in Berlin)
Alles Sehen kommt von der Seele, Die Lebensgeschichte der Helen Keller, Beltz Verlag, Weinheim und Basel, 2001, S. 45–48

S. 293 **Biermann, Wolf** (geb. 1936 in Hamburg)
Die Ballade von dem Briefträger William L. Moore aus Baltimore, aus: ders., Die Drahtharfe. Balladen, Gedichte, Lieder, Verlag Klaus Wagenbach, Berlin, 1965, S. 26-29

S. 72 **Boie, Kirsten** (geb. 1950 in Hamburg)
Ich ganz cool, Verlag Friedrich Oetinger, Hamburg, 1992, S. 5-8

S. 281 **Borchers, Elisabeth** (geb. 1926 in Homberg/ Niederrhein)
Das rote Haus in einer kleinen Stadt, aus: Das große Lalula, Verlag Ellermann, München, 1971, S. 29-37
S. 269 Herbst, aus: dies., Von der Grammatik des heutigen Tages. Gedichte, Suhrkamp, Frankfurt/ Main, 1992, S. 37

S. 21/30 **Bradbury, Ray** (geb. 1920 in Waukegan/Illinois)
Die Reisende, aus dem Amerikanischen übersetzt von Jürgen Bauer und Alastair Ker, aus: ders., Familientreffen, Diogenes, Zürich, 1986, S. 82 f.
a. a. O., S. 193 f.

S. 269 **Brambach, Rainer** (geb. 1917 in Basel, gest. 1983 ebenda)
Flugzeit, aus: Rainer Brambach, Wirf eine Münze auf. Gesammelte Gedichte, S. 37, © Diogenes, Zürich, 2003

S. 197 **Brecht, Bertolt** (geb. 1898 in Augsburg, gest. 1956 in Berlin)
Morgens und abends zu lesen, aus: W. Hecht et al (Hg.), Bertolt Brecht Werke. Große kommentierte Berliner und Frankfurter Ausgabe, Berlin/ Weimar/Frankfurt/Main 1993, Gedichte (Bd. 14), S. 353

S. 268 **Britting, Georg** (geb. 1891 in Regensburg, gest. 1964 in München)
Der Morgen, aus: ders., Gedichte 1919-1939, Gesamtausgabe in Einzelbänden, Nymphenburger Verlagshandlung, München, 1957, S. 8
S. 14 Krähenschrift, aus: ders., Sämtliche Werke 1987–1996, Bd. 4, List Verlag, München, o. J., S. 184
S. 267 Der Strom, aus: Gedichte 1919-1939, ebd., S. 69

S. 10 **Carroll, Lewis** (geb. 1832 in Daresbury bei Warrington, gest. 1898 in Guildford)
Alice hinter den Spiegeln, aus dem Englischen übersetzt von Christian Enzensberger, Insel-Verlag, Frankfurt/Main, 1974, S. 19–22, © Insel-Verlag 1963

S. 46 **Carstensen, Richard** (geb. 1906)
Klappentext zu: Griechische Sagen. Die schönsten Sagen des klassischen Altertums von Gustav Schwab, bearbeitet und ergänzt von Richard Carstensen, dtv, München, Umschlagtext © by Ensslin & Laiblin KG Verlag, Reutlingen, 1985, 8. Auflage
S. 38 Das trojanische Pferd. aus: Griechische Sagen. Die schönsten Sagen des klassischen Altertums von Gustav Schwab, bearbeitet und ergänzt von Richard Carstensen, dtv, München, S. 203-211, © by Ensslin & Laiblin KG Verlag, Reutlingen, 1985, 8. Auflage

S. 43 **Creech, Sharon** (geb. 1945 in South Euclid einer Vorstadt von Cleveland/Ohio)
Mary Lou Finney liest die „Odyssee", aus: dies., Das total normale Chaos, Fischer, Frankfurt/ Main, 1997, S. 63-65, S. 127-129

S. 37 **de Crescenzo, Luciano** (geb. 1928 in Neapel)
Der Listenreiche. Roman, C. Bertelsmann Verlag, München, 2000, S. 13, © by C. Bertelsmann Verlag, München, 1998

S. 97 nach: **Dickens, Charles** (geb. 1812 in Portsmouth, gest. 1870 in Gadshill Place bei Rochester)
Im Internat, aus: ders., David Copperfield, nacherzählt von Dirk Walbrecker, illustriert von Doris Eisenburger, Betz Verlag, Wien, 1994, S. 11-15

S. 162 **Döhl, Reinhard** (geb. 1934 in Wattenscheid)
Apfel, aus: Konkrete Poesie, Reclam Verlag, Stuttgart, 1983, S. 38

S. 269 **Domin, Hilde** (geb. 1912 in Köln)
Es knospt, aus: dies., Gesammelte Werke, aus: Was für ein Zeichen mache ich über die Tür, 1962-64, S. Fischer, Frankfurt/Main, 1987, S. 293

S. 9 **Dragt, Tonke** (geb. 1930 in Batavia dem heutigen Jakarda)
Meere von Zeit. Erstes Buch: Auf der anderen Seite der Tür, aus dem Niederländischen übersetzt von Marianne Holberg, Verlag Freies Geistesleben, Stuttgart, 1999, S. 41, Originalausgabe Niederlande 1992

S. 199 **Duve, Karen** (geb. 1961 in Hamburg)
Es gibt keine niedlichen Jungs, aus: Anne Bender, Dagmar Kalinke (Hg.), Alles Liebe – oder was, dtv, München, 1999, S. 33

S. 143 **Enzensberger, Hans Magnus** (geb. 1929 in Kaufbeuren)
wortbildungslehre, aus: landessprache, Suhrkamp Verlag, Frankfurt/Main, 1960, o. S.

S. 74 **Fendrich, Rainhard** (geb. 1955 in Wien)
Es lebe der Sport, Fechter Musikverlag KG, Wien, Gedur Musikverlag Brunn

S. 95 **Fertig, Ludwig** (geb. 1932)
Rute und Strafe geben Weisheit, aus: ders., Zeitgeist und Erziehungskunst, Wissenschaftliche Buchgesellschaft, Darmstadt, 1984, S. 99-102

S. 212 **Fischer, Susanne** (geb. 1960 in Hamburg)
Verwandtenbesuch, aus: Achim Szymanski/Gerd Stahlschmidt, Der Rabe. Magazin für jede Art von Literatur, Haffmanns Verlag, Zürich, 1996, S. 198-202

S. 253 **Frame, Janet** (geb. 1924 in Dunedin)
Ein Engel an meiner Tafel, Die vollständige Autobiografie (Drei Bände: 1. Zu den Inseln, 2. Ein Engel an meiner Tafel, 3. Der Gesandte aus der Spiegelstadt) in einem Band, aus dem Englischen übersetzt von Lilian Faschinger, Piper-Verlag, München, 1998, S. 16f. , englische Originalausgabe 1983

S. 128 **Fried, Erich** (geb. 1921 in Wien, gest. 1988 in Baden-Baden)
Verwehrte Kelt, aus: ders., Die Schnabelsau. Leilieder und Knüllverse, hrsg. von Volker Kaukoreit, Verlag Klaus Wagenbach, Berlin, 1998, S. 9, S. 24, S. 47

S. 129 Ich, ebd.

S. 252 **Fritz, Walter Helmut** (geb. 1929 in Karlsruhe)
Das Kind sieht den Kreisen nach, aus: ders., Gesammelte Gedichte (Gedichte 1976-78), Hoffmann und Campe, Hamburg, 1979, S. 270

S. 141 **Gernhardt, Robert** (geb. 1937; gest. 2006),
Setzen, Stellen, Legen U. A., aus: ders., Gedichte, Haffmans Verlag, Zürich, 1999, S. 172ff.

S. 126 Dorlamm liest, aus: ders., Wörtersee, Zweitausendeins, Frankfurt/Main, 1993, S. 180

S. 127 Alltag, aus: ebd., S. 308

S. 265 **Goethe, Johann Wolfgang** (1749 in Frankfurt/Main, gest. 1832 in Weimar)
Gedichte sind gemalte Fensterscheiben, aus: Goethes Werke, Bd. 1, Hamburger Ausgabe, hrsg. v. Erich Trunz, Christian-Wegner-Verlag, Hamburg, 6. Aufl. 1962, S. 326

S. 33 **Gotthelf, Jeremias** (geb. 1797 in Murten, gest. 1854 in Lützelflüh im Emmental)
Der Kuss, aus: ders., Die schwarze Spinne (1842), Bibliothek der Erstausgaben, dtv, München, 1997, S. 45-49

S. 275 **Grimm, Jacob und Wilhelm** (geb. 1785 in Hanau, gest. 1863 in Berlin; geb. 1786 in Hanau, gest. 1859 in Berlin)
Die Kinder zu Hameln, aus: dies., Deutsche Sagen, Bd. 1, Goldmann Verlag, München, o. J., S. 223

S. 144 **Hacks, Peter** (geb. 1928 in Breslau, gest. 2003 in Groß Machnow)
Der Walfisch, aus: So viele Tage wie das Jahr hat. Gesammelt und hrsg. von James Krüss, Eulenspiegel Verlag, Berlin, 2001, o. S.

S. 230 **Härtling, Peter** (geb. 1933 in Chemnitz)
Theo haut ab, Beltz Verlag, Weinheim und Basel, 1977, S. 5-13

S. 252 **Heise, Hans-Jürgen** (geb. 1930 in Bublitz/Pommern)
Hinter der Ziegelscheune, aus: ders., Gedichte und Prosagedichte 1949–2001, Wallstein Verlag, Göttingen, 2002, © beim Autor, zitiert nach: Gedichte und Kurzprosa, Claassen Verlag, Düsseldorf, 1977, S. 34

S. 266 **Heym, Georg** (geb. 1887 in Hirschberg/heute Jelenia Góra, gest. 1912 in Berlin)
April, aus: Gedichte aus 7 Jahrhunderten, Buchners Verlag, Bamberg, 2002, S. 84, zit. nach: Dichtungen und Schriften, Bd. 1, Heinrich Ellermann Verlag, Hamburg und München, 1964, S. 66

S. 318 **Heyne, Isolde** (geb. 1931 in Prödlitz bei Aussig)
Wenn die Nachtigall verstummt, Arena-Taschenbuch, Würzburg, 1. Auflage 1998, S. 5-7; 10/11; 18/19; 21/22; 38/39; 103/106

S. 308 **Huxley, Aldous** (geb. 1894 in Godalming, gest. 1963 in Hollywood/Californien)
Schöne neue Welt. Ein Roman der Zukunft, Piper Verlag, München, 2. Auflage 1981, S. 36-39

S. 299 **Kabitz, Ulrich** (geb. 1920)
An allem ist die Katze schuld, aus: Budenz, Toni und Lutz, Edmund, Das Fünfzehnminutentheater, deutscher Theaterverlag, Weinheim, 1974, S. 33-38

S. 280 **Kaiser, Georg** (geb. 1878 in Magdeburg, gest. 1945 in Ascona)
Cäsars Tod, aus: Laufhütte, Hartmut (Hg.), Deutsche Balladen, Reclam, Stuttgart, 2000, S. 428

S. 273 **Kaleko, Mascha** (geb. 1907 in Chrzanów, gest. 1975 in Zürich)
Ansprache eines Bücherwurms, aus: dies., Heute ist morgen schon gestern, dtv, München, 1983, S. 20/21, © arani-Verlag GmbH, Berlin

S. 307 **Kästner, Erich** (geb. 1899 in Dresden, gest. 1974 in München)
Die Entwicklung der Menschheit, aus: Gesammelte Schriften für Erwachsene, Atrium Verlag, o. S.

S. 161 Emil und die Detektive, Cäcilie Dressler Verlag, Hamburg, 1968, S. 38

S. 316 **Kaschnitz, Marie Luise** (geb. 1901 in Karlsruhe, gest. 1974 in Karlsruhe)
Das letzte Buch, aus: dies., Steht noch dahin, Suhrkamp, Frankfurt/Main, 1972, S. 75.

S. 23ff. **Kelleher, Victor** (geb. 1939 in London)
Der Herr der dunklen Mächte, aus dem Englischen übersetzt von Johannes Piron, Ellermann Verlag, München, 1998, S. 7-10

S. 215 **Keller, Gottfried** (geb. 1819 in Zürich, gest. 1890 ebenda)
Kleider machen Leute, aus: ders., Die Leute von Seldwyla II, Diogenes Verlag, Zürich, 1978, S. 4-6 und S. 46

S. 101 **Kerber, Bärbel** (geb. 1963 in Stuttgart)
Chemiestunde am Küchentisch, Die ZEIT Nr. 19 v. 04.05.2000, S. 43

S. 17 **Kirsch, Sarah** (geb. 1935 in Limlingerode)
Die Nacht streckt ihre Finger, aus: Landaufenthalt (1969/77), aus: dies., Katzenkopfpflaster, Gedichte, dtv, München, 2. Auflage, 1979, S. 47

S. 140 **Krüss, James** (geb. 1926 auf Helgoland, gest. 1997 auf Gran Canaria)
Wenn die Möpse Schnäpse trinken, aus: ders., James Tierleben, o. V., o. J., o. S.

S. 46 **Kuhn, Wolfgang** (geb. 1928 in Friedberg/Hessen, gest. 31.01.2001)
Klappentext zu: Mit Jeans in die Steinzeit, dtv, München, 1996, Umschlagtext

S. 261 **Kunze, Reiner** (geb. 1933 in Oelsnitz/Erzgebirge)
Radfahren, aus: ders., Sensible Wege, Rowohlt Verlag, Reinbek, 1976, S. 23

S. 99 **Lebert, Benjamin** (geb. 1982 in Freiburg im Breisgau)
Im Internat, aus: ders., Crazy, Verlag Kiepenheuer und Witsch, Köln, 1999, S. 9-22

S. 146 **Lobe, Mira** (geb. 1913 in Görlitz/Schlesien, gest. 1995 in Wien)
O du Wal meiner Wahl!, aus: Winfried Ulrich, Sprachspiele, Hahner Verlagsgesellschaft, Aachen, 1999, S. 248

S. 198 **Loriot** eigentlich **Bernhard Victor (Vicco) Christoph-Carl von Bülow** (geb. 1923 in Brandenburg an der Havel)
Brief eines Astronauten an die ferne Geliebte, aus: Liebesbriefe für Anfänger, © 1983 by Diogenes Verlag, AG Zürich, S. 58/59

S. 144 **Maar, Paul** (geb. 1937 in Schweinfurt)
Schwierige Entscheidung, aus: Dann wird es wohl das Nashorn sein, Beltz & Gelberg, Weinheim und Basel, 1998, S. 35

S. 174 **Manguel, Alberto** (geb. 1948 in Buenos Aires)
Eine Geschiche des Lesens, Verlag Volk und Welt GmbH, Berlin, S. 326-328

S. 12 **McEwan, Ian** (geb. 1948 in Aldershot)
Der Kater, aus: ders., Der Tagträumer, aus dem Englischen übersetzt von Hans-Christian Oeser, Diogenes Verlag, Zürich, 1995, Originalausgabe London 1994 „The Daydreamer", S. 47ff.

S. 132 **Moravia, Alberto** (geb. 1907 in Rom, gest. 1990 ebenda)
Als die Gedanken in der Luft gefroren, aus: Wie der Hund und der Mensch Freunde wurden. Italienische Kindergeschichten, hrsg. von Klaus Wagenbach, übersetzt von Marianne Schneider, Verlag Klaus Wagenbach, Berlin 1999, S. 24-32

S. 270 **Morgenstern, Christian** (geb. 1871 in München, gest. 1914 in Meran)
Das ästhetische Wiesel, aus: ders., Die Galgenlieder, Textfassung nach dem ersten Sammelband bei Bruno Cassirer in Berlin, Haffmanns Verlag, Zürich, 2000, S. 36

S. 271 Möwenlied, aus: ebd., S. 77

S. 201 **Nena** (geb. 1960 in Hagen)
Irgendwie, irgendwo, irgendwann, Carlo Karges, Hate Edition der EMI Songs Musikverlag GmbH, Hamburg

S. 311 **Newth, Eirik** (geb. 1964 in Oslo)
Biotechnologie, aus: Abenteuer Zukunft. Projekte und Visionen für das dritte Jahrtausend, Carl Hanser Verlag, München und Wien, 1999, S. 72-76.

S. 215 **Plenzdorf, Ulrich** (geb. 1934 in Berlin-Kreuzberg)
Jeans, aus: ders., Die neuen Leiden des jungen W., Suhrkamp Taschenbuch Verlag, Frankfurt/Main, 1976, S. 26-28

S. 170 **Reich-Ranicki, Marcel** (geb. 1920 im poln. Wloclawek)
Mein Leben, dtv, München, ^{2}2001, S. 33-39, gekürzt

S. 15 **Rilke, Rainer Maria** (geb. 1875 in Prag, gest. 1926 in Val-Mont / gehört heute zu Montreux)
Die Aufzeichnungen des Malte Laurids Brigge, aus: ders., Sämtliche Werke, hrsg. v. Rilke-Archiv in Verbindung mit Ruth Sieber-Rilke, besorgt durch Ernst Zinn, Bd. 6, Insel-Verlag, Frankfurt/Main, 1966, S. 793-795

S. 229 **Roth, Eugen** (geb. 1895 in München, gest. 1976 ebenda)
Das Ferngespräch, aus: Das neue Eugen-Roth-Buch, Carl Hanser Verlag, München, 1970, S. 25

S. 247 **Schami, Rafik** (geb. 1946 in Damaskus)
Eine Hand voller Sterne, Beltz Verlag, Weinheim und Basel, 1987/92, S. 5f.

S. 262 **Schiller, Friedrich** (geb. 1759 in Marbach am Neckar, gest. 1805 in Weimar)
Unter allen Schlangen ist eine, aus: ders., Sämtliche Werke, 1. Band, Carl Hanser Verlag, München, 4. Aufl. 1965, S. 447

S. 89 **Schlüter, Andreas** (geb. 1958 in Hamburg)
Am Strand, aus: ders., Jagd im Internet, Altberliner Verlag, Berlin-München, 1997, S. 14f.

S. 70/71 **Schulz, Charles M.** (geb. 1922 in Minneapolis, gest. 2000 in Santa Rosa/Californien)
Was hast du da, Schröder?, © 2005 United Features Syndicate Inc./distr.kipkakomiks.de

S. 234 Peanuts. You're not happy, are you?, © 1997 United Feature Syndicate Inc./distr.kipkakomiks.de

S. 138 **Simon-Schaefer, Roland** (geb. 1944 in Berchtesgaden)
Liebe Nike, aus: ders., Kleine Philosophie für Berenike, Reclam Verlag, Stuttgart, 1996, S. 39-42, S. 15f. (leicht verändert)

S. 139 Wie lernen die Kinder überhaupt die Sprache?, aus: ebd., S. 19f.

S. 226 **Spinner, Kaspar H.** (geb. 1941)
Eine Fremdwortgeschichte, aus: ders., Wie sich fremde Wörter in der deutschen Sprache zurechtfinden. Praxis Deutsch 139, Friedrich Verlag, Velber, 1996, S. 46

S. 258 **Steiner, Arthur** (geb. 1934)
Grün, aus: ders., Schneegrün. Gedichte, Suhrkamp Verlag, Zürich/Frankfurt/Main, 1979, S. 52

S. 202 **Süskind, Patrick** (geb. 1949 in Ambach am Starnberger See)
Der Weg nach Unternsee, aus: ders., Die Geschichte von Herrn Sommer, Diogenes Verlag, Zürich, 1991, S. 49-65

S. 234 **Tryzna, Tomek** (geb. 1948)
Fräulein Niemand, übersetzt von Agnieszka Grzybkowska, Luchterhand Literatur Verlag, München, 1999, S. 20-24

S. 115 **Twain, Mark** (geb. 1835 in Florida, gest. 1910 in Conneticut)
Mein erstes selbstverdientes Geld, aus: Helmut Höfling (Hg.), Wenn alles schläft und einer spricht ..., Ensslin und Laiblin Verlag, Reutlingen, 1995, S. 166

S. 150 **Updike, John** (geb. 1932 in Shillington/Pa.)
Johannes Gutenberg und Bill Gates – ein virtuelles Treffen, aus: ders., Wenn ich schon gefragt werde, darin: Druckkunst. Ein Dialog, Rowohlt Verlag, Reinbek, 2001, S. 121-128

S. 130 **Valentin, Karl** (geb. 1882 in München, gest. 1948 ebenda)
Im Zoologischen Garten, aus: Michael Schulte (Hg.), Alles von Karl Valentin, Piper Verlag, München und Zürich, 1979, S. 197ff.

S. 96 **Vesper, Bernward** (geb. 1938 in Frankfurt/Oder, gest. 1971 in Hamburg)
In der ersten Klasse, aus: Günter Rickers (Hg.), Schulerinnerungen aus Niedersachsen, Selbstverlag, Husum, 1990, S.160-162

S. 146 **da Vinci, Leonardo** (geb. 1452 in Vinci bei Florenz, gest. 1519 in Schloss Cloux/heute Clos-Lucé bei Amboise)
Anekdote, aus: Rudolf Schäfer (Hg.), Anekdoten, Reclam Verlag, Stuttgart 1996, S. 38

S. 276 **Wader, Hannes** (geb. 1942 in Bielefeld)
Die Rattenfänger (Fast jeder weiß), Rechte beim Urheber

S. 66 **Walther von der Vogelweide** (geb. um 1170; gest. um 1230)
Uns ist in alten maeren ..., und Übersetzung des Nibelungen-Lieds: Das Nibelungenlied, 1. Teil, hrsg. und übersetzt von Helmut Brackert, Fischer Verlag, Frankfurt/Main, 1979, S. 7, © Fischer Bücherei GmbH, Frankfurt/Main, 1970

S. 18/27 **Wilde, Oscar** (geb. 1854 in Dublin, gest. 1900 in Paris)
Das Gespenst von Canterville, aus: ders., Werke in zwei Bänden, 1. Band, hrsg. v. Rainer Gruenter, aus dem Englischen übersetzt von Hannelore Neves, Carl Hanser Verlag, München, 1970 (Hanser Klassiker Volksausgaben), S. 352ff. und S. 355f.

ohne Autor/in:

S. 223 Allein um den RTL-Seifen-Klassiker ..., aus: Der Spiegel, 27.11.2000 (ermittelter Autor: Thomas Tuma)

S. 314 Alles wird einfacher, aus: Zukunft. Sehen – Staunen – Wissen, © Gerstenberg Verlag, Hildesheim, 1999, S. 30

S. 67 Aus einem Lexikon, Epos, aus: Grützmacher, Jutta, Literarische Grundbegriffe kurz gefasst, Ernst Klett Verlag, Stuttgart, 1987, S. 18

S. 136 (Autoren nicht einzeln zuordenbar) Limericks. aus: Sprachspiele, hrsg. von Rainer Weller, Reclam Verlag, Stuttgart, 1977, S. 63f.

S. 120 ff. Das Bild zeigt, ... aus: http://www.frank.vollmer.net/schulmuseum/html/raum1.html

S. 178 Das Buch, Kommunikation und Wissen. Von der Keilschrift zum Internet, Arena Verlag, Würzburg, 2002, S. 45

S. 60 Der Streit der Königinnen, aus: Diekhans, Johannes (Hg.), Germanische und deutsche Sagen, Schöningh Verlag, Paderborn, 1999, S. 34-37

S. 182 Die Gestaltung eines Buches, Kommunikation und Wissen. Von der Keilschrift zum Internet, Arena Verlag, Würzburg, 2002, S. 47

S. 183 Die Herstellung eines Buches, Kommunikation und Wissen. Von der Keilschrift zum Internet, Arena Verlag, Würzburg, 2002, S. 48

S. 177 Die Schrift, aus: Kommunikation und Wissen. Von der Keilschrift zum Internet, Arena Verlag, Würzburg, 2002, S. 43

S. 76 Die Shell Studie – Jugendliche berichten von ihrer Freizeit, Deutsche Shell (Hsg.), Jugend 2000, 2 Bde., Leske und Budrich, Opladen, 2000, Bd. 2, S. 219-220, S. 230, S. 234f.

S. 46 Filmvorschau, aus: Süddeutsche Zeitung, Das Fernsehmagazin vom 28. August bis 4. September 2000

S. 180 Geschichte des Buchdrucks, aus: Meyers Großes Taschenlexikon in 24 Bänden; Bibliographisches Institut & F. A. Brockhaus AG, Mannheim 1981, Bd. 4, S. 89 (inzwischen Neuauflage 2003 erhältlich)

S. 207 Gute Zeiten Schlechte Zeiten - Das offizielle Magazin, Dino Entertainment AG, Stuttgart, Heft 6/2000

S. 156 Hi friends in the Bronx!, aus: Spiegel, Nr. 9, 1994, S. 77

S. 193 Balkendiagramm, aus: Dokumentation „Leseverhalten der Deutschen im neuen Jahrtausend" der Stiftung Lesen, aus der Internetseite der Stiftung

S. 186 Jede Zeile voller Action, aus: Sonntag aktuell, 5. Mai 2002, Stuttgart, 2002, S. 13

S. 217 Kidsverbraucher Analyse 2003: Das Markenbewusstsein Jugendlicher in Deutschland 2003, aus. www.bauermedia.com/pdf/Studien/konferenzen/kids 2003/Teens_13-19pdf zuletzt besucht am 18.11.2004

S. 194 Nutzungsdauer - Säulendiagramm, Quellen: MA 2004 Radio II; GFK-PC#TV (2003), Massenkommunikation 2000, ARD/-ZDF-Online-Studie 2003

S. 313 Nachruf, Tütensuppen, aus: ZEIT-Magazin, Nr. 41 vom 03.10.1997, S. 27

S. 136 Neue Berufe, dem Arbeitsamt noch nicht bekannt, aus: Sprachspiele. Arbeitstexte für den Unterricht, hrsg. von Rainer Weller, Philipp Reclam jun., Stuttgart, 1977, S. 41

S. 136 Schüttelreime, aus: Sprachspiele, hrsg. von Rainer Weller, Reclam Verlag, Stuttgart, 1977, S. 58f.

S.168/169 Sinnsprüche zum „Lesen", aus: Stundenbuch für Letternfreunde, hrsg. von Horst Kliemann, Harenberg Kommunikation, Dortmund, 1984, S. 14ff.

S. 49 Vom Fluch, der auf dem Golde liegt, aus: Diekhans, Johannes (Hg.), Germanische und deutsche Sagen, Schöningh Verlag, Paderborn, 1999, S. 14-18

S. 56 Wie Brünhild betrogen wurde, aus: Diekhans, Johannes (Hg.), Germanische und deutsche Sagen, Schöningh Verlag, Paderborn, 1999, S. 28-30

S. 42 Wer war Homer?, aus dem Anmerkungsteil zu: Altklassisches Erbe. Beiband zum Lesebuchwerk für höhere Schulen, bearbeitet von Dr. Leo Krell u.a., bsv, München, 1956, S. 123

S. 53 Wie Siegfried den Drachen erschlug, aus: Diekhans, Johannes (Hg.), Germanische und deutsche Sagen, Schöningh Verlag, Paderborn, 1999, S. 24f.

Textsortenverzeichnis

Bildquellenverzeichnis

S. 8 Max Ernst, Les Dieux obscurs, 1957, Museum Folkwang, Essen
S. 10/11 M.C. Escher, Stillleben mit Spiegel, © 1971 by Koninklijke uitgeverij Erven J. J. Tijl N. V. Zwolle
S. 13 Ando Hiroshige, Katzen, Nationalbibliothek Paris
S. 14 Verlagsarchiv
S. 15 Verlagsarchiv
S. 16 M.C. Escher, Drawing Hands-Zeichnen-Dessiner, © 1971 by Koninklijke uitgeverij Erven J.J. Tijl N.V. Zwolle
S. 23 Superbild, Unterhaching
S. 28f. Peter Lowin, Bremen
S. 36f. Alan Lee Illustration zu Sutcliff, Schwarze Schiffe vor Troja, Verlag Freies Geistesleben, Stuttgart, 1996, © by Alan Lee 1193
S. 40 Verlagsarchiv
S. 42 Verlagsarchiv 2 x
S. 43 Der Spiegel, Hamburg
S. 47 Julius Schnorr von Carolsfeld, Ermordung Siegfrieds, Residenz München (Kat. Nr. 17)
S. 49 Verlagsarchiv, Germanisches Nationalmuseum, Nürnberg
S. 53 Kaulbach, aus: Katalog „Das Nibelungen-Lied. In den Augen der Künstler vom Mittelalter zur Gegenwart"
S. 56 u. 61 Nibelungen-Motive, aus: Das Nibelungen-Lied, Richard-Wagner Gedächtnisausgabe, Askanischer-Verlag, Carl Albert Kindle, Berlin, 1933, S. 54 und S. 35
S. 74 Peter Lowin, Bremen
S. 76 Ullstein-Bild, Berlin
S. 77 Superbild, Unterhaching, Mauritius, Mittenwald
S. 79 Superbild, Unterhaching (3); Mauritius Mittenwald
S. 88 Superbild, Unterhaching, Mauritius, Mittenwald (2)
S. 89 Superbild, Unterhaching
S. 90 Adrian Dever, Bamberg
S. 92 Archiv für Kunst und Geschichte/Erich Lessing, Berlin
S. 93 Cinetext, Frankfurt (2)
S. 94/95 David Copperfield, illustriert von Doris Eisenburger, Betz Verlag, Wien, 1994
S. 96 DPA/Patrick Seeger, Frankfurt
S. 97 Interfoto, München
S. 99 Cinetext, Frankfurt
S. 100 Ullstein Bild, Berlin
S. 102 Lichtbild Wiesinger, Freiburg
S. 104 Markus Knebel, Bamberg
S. 105f. Calvin und Hobbes, © 1999 Bill Watterson
S. 114 Markus Knebel, Bamberg
S. 115 Verlagsarchiv
S. 120 Belser Verlag, Stuttgart
S. 124 Schulmuseum Friedrichshafen am Bodensee, 1992
S. 131 Verlagsarchiv
S. 143 Deutsches Literaturarchiv, Marbach
S. 144 Verlagsarchiv
S. 148 Ullstein-Bild, Berlin (2)
S. 149 Bildarchiv Preußischer Kulturbesitz, Berlin
S. 150 Ullstein-Bild, Berlin
S. 151 Ullstein-Bild, Berlin
S. 168 Deutsche Presse-Agentur, Frankfurt
S. 169 Deutsche Presse-Agentur, Frankfurt
S. 173 Beltz Verlag, Weinheim und Basel, 2001
S. 175 Verlag Volk und Welt GmbH, Berlin
S. 177–179 Arena Verlag, Würzburg, 2002
S. 180 Interfoto, München; Verlagsarchiv
S. 183 u. 184 Peter Lowin, Artbox
S. 186 Verlagsarchiv
S. 196 © Rowohlt Verlag, Reinbeck
S. 198 Peter Lowin, Bremen
S. 202 Sempé, Edition Gallimard Paris
S. 204 Cinetext, Frankfurt (4)
S. 209 Artbox, Bremen
S. 211 Verlagsarchiv
S. 228f. Peter Lowin, Bremen
S. 230 Peter Lowin, Bremen
S. 232 Peter Lowin, Bremen
S. 236 Archiv für Kunst und Geschichte, Berlin
S. 238–240 Peter Lowin, Bremen
S. 244 Verlagsarchiv
S. 246 August Macke, Mädchen auf der Brücke, Hamburger Kunsthalle, Inv. 5052
S. 249 Paul Klee, Er war ein Kind, das wollte nie, coll. A. Rosengart, Nouvelles Images S.S. éditeurs, 45700 Lombreuil, France
S. 252 Robert Delauny, Blumen mit Regenbogen, Galerie Gmurzyniska, Köln
S. 253 Archiv für Kunst und Geschichte/Erich Lessing, Berlin
S. 254 M.C. Escher, Pfütze, © 1971 by Koninklijke uitgeverij Erven J.J. Tijl N.V. Zwolle
S. 261 Konrad Klapheck, Schicksal, Sammlung Siegfried Loch, Neues Museum in Weserburg, Bremen
S. 262 Archiv für Kunst und Geschichte, Berlin
S. 264 Peter Severin, Kroyer, Shagens Südstrand, Kunsthalle Kiel
S. 269 Verlagsarchiv
S. 274 Christine Krais, ohne Titel, © by Carl Überreuter Verlag Wien
S. 276ff. Peter Lowin, Bremen
S. 280 Verlagsarchiv
S. 282 Verlagsarchiv
S. 287 Kunstmuseum, Basel
S. 288/289 Verlagsarchiv
S. 289 Kunstmuseum, Basel
S. 298 Ullstein-Bild, Berlin (2), Deutsche Presse-Agentur, Frankfurt
S. 304 Ullstein, Berlin
S. 305 Deutsche Presse-Agentur, Frankfurt (3)
S. 310 Stern Syndication, Hamburg
S. 316 William Nicholson: Der Windsänger, © Umschlagbild von Christine Sobrauck, 2001, dtv, München; Margret Peterson Haddix: Schattenkinder, © Umschlagbild von Jan Roeder, 2000, dtv, München; Verlag Beltz & Gelberg, Weinheim
S. 318ff. Arena Verlag, Würzburg (2)
S. 320 Peter Lowin, Bremen
S. 323 Peter Lowin, Bremen

Trotz entsprechender Bemühungen ist es nicht in allen Fällen gelungen, den Rechtsinhaber ausfindig zu machen. Gegen Nachweis der Rechte zahlt der Verlag für die Abdruckerlaubnis die gesetzlich geschuldete Vergütung.

Sachregister